本书出版得到云南大学民族学一流学科建设经费资助

石鸿 著

# 生死区隔
## 哈尼族生死观的民俗考察
—— 以滇中元江流域豪尼人为中心

学苑出版社

## 图书在版编目（CIP）数据

生死区隔：哈尼族生死观的民俗考察：以滇中元江流域豪尼人为中心 / 石鸿著. -- 北京：学苑出版社，2025.6. -- ISBN 978-7-5077-7227-2

Ⅰ.B083

中国国家版本馆 CIP 数据核字第 2025ZP7218 号

| | |
|---|---|
| 出 版 人 | 洪文雄 |
| 责任编辑 | 战葆红 |
| 出版发行 | 学苑出版社 |
| 社　　址 | 北京市丰台区南方庄 2 号院 1 号楼 |
| 邮政编码 | 100079 |
| 网　　址 | www.book001.com |
| 电子信箱 | xueyuanpress@163.com |
| 联系电话 | 010-67601101（销售部）010-67603091（总编室） |
| 印 刷 厂 | 北京建宏印刷有限公司 |
| 开本尺寸 | 710 mm×1000 mm 1/16 |
| 印　　张 | 30.25 |
| 字　　数 | 385 千字 |
| 版　　次 | 2025 年 7 月第 1 版 |
| 印　　次 | 2025 年 7 月第 1 次印刷 |
| 定　　价 | 88.00 元 |

# 目 录

**绪 论** /1
  一、选题缘起及意义 /1
  二、研究内容概述 /7
  三、研究综述及关键词界定 /11
  四、研究方法与资料来源 /44

**第一章 民族互嵌：哈尼族的族源、历史与现状** /49
  第一节 哈尼族的族源与迁徙 /49
  第二节 元江流域的哈尼族 /62
  第三节 哈尼族的丧葬史 /82
  小结："生死区隔"产生的历史背景 /90

**第二章 死亡分类："正常"与"非正常"死亡者及其丧葬礼仪** /95
  第一节 "区隔"亡灵下的死亡分类 /95
  第二节 "正常"死亡者的丧葬礼仪 /99
  第三节 "非正常"死亡者的丧葬礼仪 /162
  小结：丧家在丧葬礼仪中的"生死区隔" /175

**第三章 专家系统：豪尼人丧葬礼仪中的专家与仪式** /181
  第一节 "摩批"的社会地位及其演变 /181
  第二节 豪尼人日常生活中的仪式专家 /186
  第三节 豪尼人丧葬礼仪中的专家与仪式 /207
  小结：专家系统在丧葬礼仪中的"生死区隔" /248

## 第四章 多主体性：豪尼人的丧葬礼仪与地方社会的关系 /253

第一节 差序格局：豪尼人丧葬礼仪中的社会关系 /253

第二节 村落自治：豪尼人丧葬礼仪中的村落组织 /273

第三节 从国家到地方：移风易俗下的殡葬改革 /279

小结：地方民众在丧葬礼仪中的"生死区隔" /300

## 第五章 豪尼人丧葬礼仪中的信仰与观念 /305

第一节 认知与认同：豪尼人的灵魂观 /305

第二节 自然与世界：豪尼人的神灵观 /329

小结："生死区隔"背后的文化认知 /353

## 结论与讨论 /357

一、多民族交融下哈尼族的丧葬礼仪 /358

二、豪尼人丧葬礼仪中的"核心民俗文化" /365

三、豪尼人"为我们存在"的日常生活 /372

## 参考文献 /377

## 附 录 /405

一、豪尼人丧葬礼仪的个案 /405

二、豪尼人"父子连名制"家谱选录 /413

三、咪哩村老年活动室管理制度 /415

四、元江流域流传的哈尼族古歌选录 /416

五、哈尼族各支系、称谓及居住地表 /469

六、部分豪尼语对应的国际音标与汉语含义 /470

七、元江县关于进一步加强和规范殡葬管理工作告知书 /471

## 后 记 /473

# 绪 论

## 一、选题缘起及意义

在中国现代民俗学的研究中,"家乡"作为一个起点和支点,具有重要的地位和意义。[1] 在中国现代民俗学发轫初期,北京大学成立歌谣征集处向全国征集近世歌谣。随着这场"眼光向下"的民间文化运动的不断发展,其中不乏收集者对各自家乡的歌谣、风俗等进行收集与调查,包括刘半农、顾颉刚、钟敬文等。诚如曾被钟敬文先生喻为从事"土著之学"[2] 的学者安德明所言,中国民俗学最初是以家乡民俗研究为基础,随后学者们才逐步走出家乡,拓宽了民俗学的研究道路。[3] 进而,家乡民俗学研究才能"为地方性的社会文化同更大的区域文化、国家文化,乃至全球文化的交融,为不同的文化之间的相互理解与融合,发挥不容忽视的促进作用"。[4] 家乡成为中国现代民俗学发展的源流之一,在民俗学研究中具有重要的意义。当然,在家乡民俗研究者中,不乏少数民族学者,前辈学者包括朝戈金(蒙古族)、纳日碧力戈(蒙古族)、巴莫曲布嫫(彝族)、白永芳

---

[1] 安德明:《家乡——中国现代民俗学的一个起点和支点》,《民族艺术》2004年第2期。

[2] "土著之学"为钟敬文在为安德明博士学位论文出版时,作序言而引用柳田国男的观点。参见安德明:《天人之际的非常对话——甘肃天水地区的农事禳灾研究》,中国社会科学出版社,2003年,序言页。

[3] 安德明:《中国民俗学史中的家乡民俗研究》,刘迎秋主编,文学国副主编《社科大讲堂》第2辑第2卷下册,北京:经济管理出版社,2015年,第757—774页。

[4] 安德明:《家乡民俗学》,石家庄:河北教育出版社,2021年,第258页。

（哈尼族）等。笔者作为生长于少数民族地区的少数民族，自觉将研究视野聚焦于家乡及本民族，即以聚居于滇中哀牢山区的哈尼族豪尼支系为研究主体。

自在的中华民族实体，是在中国历史发展长河中由各自独立的民族相互交融后逐渐形成的多元统一体[1]，而各独立民族的形成也同样经历了相互交融的过程。换言之，在"你来我去、我来你去，我中有你、你中有我"的中华民族内部，整体呈现大交融与小交融并存的现象。以哈尼族的形成为例，哈尼族先民源于甘青高原的氐羌氏族，经藏彝走廊由北向南迁徙而到达云贵高原，于秦汉后期在云南境内逐步分化为叟族和昆明族，两族杂居并与其他族群融合后，逐渐形成包括哈尼族在内的近代彝语支的若干民族。[2] 在民族自觉之下，经过交往交流交融后形成的哈尼族等现代民族，成为中华民族共同体之一员。

我国是经民族自觉而形成的多元一体的现代民族国家，在此社会结构的基础之上，中国民俗学研究的对象便是关注各民族的民俗文化，在强调民族文化整体性的原则之下，进行"多民族的一国民俗学研究"。[3] 同时，起源于西方的现代民族学在传入中国后，亦以各民族的群体文化为研究旨趣，并自创立初期便在少数民族地区开展了大量的田野调查与研究[4]，推动了少数民族地区的现代化进程。笔者希望在民俗学、民族学等多学科交叉融合的研究理念和方法之下，以历史与变迁的整体视角，通过研究哈尼族的丧葬礼仪，从观念层

---

[1] 费孝通主编《中华民族多元一体格局》，北京：中央民族大学出版社，2018年，第17页。

[2] 尤中：《尤中文集》（第1卷），昆明：云南大学出版社，2009年，第20—25页。

[3] 钟敬文：《建立中国民俗学派》，哈尔滨：黑龙江教育出版社，1999年，第29页。

[4] 王建民：《中国民族学史（上卷）：1903—1949》，昆明：云南教育出版社，1997年，第1、107—111页。

面阐述蕴含其中的生死信仰与文化逻辑。

在人类文明的演进过程中，丧葬礼仪的出现是文明发展到一定阶段的产物。人类从早期遗弃尸体，到出于对生存环境的考虑而掩埋尸体，再到灵魂观念产生后围绕尸体而发生的一系列仪式和想象，皆是人类在生产力发展的基础上追求精神生活的体现。[1]丧葬礼仪中的繁杂仪式连接着生与死的世界，反映了不同时空中人们不同的生死观。据考古资料显示，世界各地的人们在埋葬过程中，存在往尸体上撒象征血液的红赭石、埋葬随葬品，甚至是殉葬等现象，这喻示着人们对死后世界的想象与认知。通过丧葬礼仪，人们用有限的生命去探索无限的精神世界，即作为一种有意义的文化现象，人们在"Z字形态的时间感"下，在有限的生命与无限的世界之中穿梭。[2]

日常生活是生与死之间的存在，死亡是生命向死的存在，死是人类无法摆脱的确知，但人们却以一种"两可地承认"，即"人总有一天会死，但暂时尚未"来遮蔽和削弱死亡。[3]很多人"谈死色变"，而丧葬礼仪的研究又不可避免地触碰到此类确知的话语禁忌。丧葬礼仪中的很多仪式与生者相关，彼岸世界是围绕生者世界而建构的同一世界，即"以生的世界为范本模拟想象死后世界"。[4]在中国传统礼俗中，死的仪式再生产了生的意义，了解死才能更好地理解生。

生与死作为人类生命历程的中心议题，也是民俗学、民族学、社会学等社会科学研究中的重要内容。日常生活中与生死相关的民俗，包括诞礼、成人礼、婚礼、丧礼等，皆融入了地方民众的情感、态度与信仰等。丧葬礼仪作为人生仪礼的终结，虽在不同地方性知

---

[1] 万建中：《中国历代葬礼》，北京：北京图书馆出版社，1998年，第2—14页。

[2] 王铭铭：《人类学讲义稿》，西安：世界图书西安出版公司，2011年，第408页。

[3] [德]海德格尔：《存在与时间》（修订译本），北京：生活·读书·新知三联书店，2012年，第293页。

[4] 李泽厚：《由巫到礼 释礼归仁》，北京：生活·读书·新知三联书店，2015年，第133页。

识下展现出各异的仪式形态，但却集中体现了地方民众与生死相关的信仰与文化逻辑。20世纪30年代，日本民俗学家柳田国男将民俗资料分为"有形文化""语言艺术""心意现象"等。[1]丧葬礼仪既具有属于"有形文化"的物质形式，也具有符合"心意现象"的观念内核。地方民众外在的仪式实践，亦是其内在信仰观念的表达，即其生死观的映射，是表达其信仰文化的基本模式。但这并非强调仪式与观念的二分与对立，相反，二者相辅相成，仪式是民众表达观念的象征性行为，观念又通过仪式实践得以展现。丧葬礼仪作为哈尼族豪尼人重要的人生礼仪之一，仪式主体在特定的仪式时空中，因受不同礼俗规约而承担着相应的责任和义务，通过信仰实践，集中体现了其对生与死的思考与认知。

当前我国社会在变迁中面临人口老龄化、殡葬改革等问题，这使丧葬礼仪的研究更具现实意义。我国老龄人口早已超过国际判断人口老龄化社会的标准[2]，自1999年起，我国已正式进入老龄化社会，2030到2050年将是我国人口老龄化的高峰期，预计2050年我国老年人口将超过4亿，约占总人口的30%。[3]因此，除须面对老年人的养老、医疗、保险等问题外，殡葬服务也是当下亟须面对的现实问题。[4]20世纪50年代，我国拉开了殡葬改革的序幕，随后逐步建立

---

1 [日]柳田国男：《民间传承论与乡土生活研究法》，王晓葵、王京、何彬译，北京：学苑出版社，2010年。

2 国际判定人口老龄化社会的标准为当一个国家或地区60岁以上老年人口占人口总数的10%，或65岁以上老年人口占人口总数的7%，即意味着这个国家或地区的人口处于老龄化社会。根据中国国家统计局2020年第七次人口普查数据，我国60岁及以上有264018766人，占总人口比重18.7%，其中，65岁及以上为190635280人，占总人口比重13.5%。

3 全国老龄工作委员会办公室：《中国人口老龄化发展趋势研究报告》，《中国社会报》2006年2月27日第6版。

4 据国家统计局2010年的普查数据显示，2009年11月1日至2010年10月31日，全国死亡人数约742万；云南省死亡人数约29万；在少数民族死亡人数中，哈尼族总死亡人数为10540人。

并完善了殡葬制度。[1] 殡葬改革主要是解决物质文化变迁中人与自然、社会等的关系问题。在相关政策推行的过程中，如何更好地推进殡葬改革，尤其在偏远少数民族地区，这值得思考与商榷。

笔者希望以豪尼人的丧葬礼仪为观察对象，以其中体现的生死观为研究主线，通过阐释地方性知识，揭示不同主体在仪式实践中体现的生死信仰与文化逻辑。本研究将从民俗学、民族学、社会学等多学科交叉融合的研究视角提供学理参照，推进社会科学关于日常生活、社会变迁、实践研究等问题的认知与把握。

第一，豪尼人的丧葬礼仪与日常生活研究。民俗学通过民俗进行研究，从民众理所当然的日常生活现象中发现其自身不可知、无意识的事象，并揭示蕴含其中的文化逻辑。[2] 日常生活并非对象化的存在，非异化的日常生活是"为我们存在"的[3]，这强调了民众个体的自由实践与存在意义。"日常生活"研究作为民俗学研究的重要方法路径，着重关注普通民众具有主体性的思想观念与行为实践。丧葬

---

[1] 我国从1956年推行殡葬改革以来，丧葬方式经历了从保留遗体到保留骨灰的重大变革。1985年2月8日，《国务院关于殡葬管理的暂行规定》的施行，是我国现行殡葬制度创建的重要标志，后民政部和各地政府陆续出台了若干个与殡葬活动相关的法规、规章和规范性文件。1997年7月21日《殡葬管理条例》正式施行，标志着我国现行的殡葬制度的基本形成，也意味着对殡葬习俗改革的规制纳入法规。但是自此，中国殡葬法规的改革也开始进入长时间停滞期。2005年，国务院将修改《殡葬管理条例》列入立法计划。2007年，国务院向全国征集《殡葬管理条例修订草案》意见；《殡葬管理条例》修订自2010年从国务院一档立法计划退为二档后，2011年又再退为三档。在2007年的《殡葬管理条例修订草案征集意见稿》中，对殡葬方式改为强制性规定，就是否"强制推行火葬"争议最大。2013年1月1日，我国开始施行《殡葬管理条例（2012年修正本）》，将《殡葬管理条例》第二十条修改为"将应当火化的遗体土葬，或者在公墓和农村的公益性基地以外的其他地方埋葬遗体、建造坟墓的，由民政部门责令限期改正"，同时废止了1985年2月8日颁布的《国务院关于殡葬管理的暂行规定》。2018年9月7日，民政部公布《殡葬管理条例（修订草案征求意见稿）》。此后的2019至2023年，《殡葬管理条例》皆被列入民政部的立法工作计划中。

[2] 岩本通弥：《以"民俗"为研究对象即为民俗学吗——为什么民俗学疏离了"近代"》，《文化遗产》2008年第2期。

[3] [匈] 阿格妮丝·赫勒：《日常生活》，衣俊卿译，重庆：重庆出版社，2010年，第288—292页。

礼仪是豪尼人日常生活的重要组成部分，从某种角度而言也是一种日常之中的"非常"。作为与死亡相关的事件，它蕴含着危机与转机。本研究将豪尼人的丧葬礼仪置于地方民众日常生活的整体中进行考察，以其"标志性"的生死观为阐释主线[1]，呈现其围绕生与死所构建的日常生活及其变迁。

第二，豪尼人的丧葬礼仪与社会变迁研究。民俗具有历史性与结构性的特征，民俗生活是在不断变迁、层累积淀中形成的，其变迁受生活于其中的人与自然、社会、超自然世界等关系的限定。[2]从社会发展的历程来看，变迁贯穿于民众日常生活的各方面，包括与制度文化、精神文化等相关的适应文化，以及与之相对应的物质文化。在社会生活中，与制度、风俗、观念等前经验性的、非主题的、主观层面相关的适应文化的变迁速度，远比物质文化滞后。[3]因此，本研究试图在社会变迁的研究视角下，对豪尼人丧葬仪礼中的适应文化，即与生死相关的礼仪、认知等进行动态研究，从长时段的历史脉络中观察其观念的变迁路径，以深入理解其生死信仰与文化逻辑。

第三，豪尼人的丧葬礼仪与实践研究。民俗学在将生活文化转化为学术对象，并在对民俗资料的阐释过程中，形成具有体系化的学科理论和研究方法，进而以学术研究作用于社会发展的实践，即从资料之学到阐释之学，再到实践之学的研究路径。[4]在民俗学研究中，实践性除了直接参与实践外，还代表一种观念的产生和表述，

---

1 刘铁梁：《"标志性文化统领式"民俗志的理论与实践》，《北京师范大学学报》2005年第6期。

2 刘晓春：《番禺民俗》，广州：中山大学出版社，2017年，前言页。

3 [美]威廉·费尔丁·奥格本：《社会变迁——关于文化和先天的本质》，王晓毅、陈育国译，杭州：浙江人民出版社，1989年，第106—112页。

4 刘晓春：《资料、阐释与实践——从学术史看当前中国民俗学的危机》，《民俗研究》2011年第4期。

以研究唤起民众心性道德的重新建构。[1]本研究欲在田野深描的基础上，抽象出哈尼族在丧葬礼仪中"形于外，本于内"[2]的生死观念，并展现其如何被地方民众自由实践及其意义。此外，本研究将豪尼人的丧葬礼仪嵌入当下社会转型的过程之中，推进民俗学在移风易俗方面的实践研究，体现民俗学"经世致用"的学术传统。更为重要的是，本研究将通过对豪尼人丧葬礼仪及其生死观的研究，体现其在丧葬文化上的多元性与统一性，为铸牢中华民族共同体意识提供哈尼族丧葬文化的鲜明个案。

## 二、研究内容概述

本研究在绪论、结论与讨论部分外，分五章进行论述。

第一章主要利用民间文献与历史文献，阐述哈尼族的族源、迁徙与丧葬史，以图展现其民族历史与文化记忆。具体而言，哈尼族是族源主体为古羌的哈尼族先民在南迁过程中与其他民族互动与交融后形成的，是"多元一体"的。哈尼族由北向南分东、中、西三条路线迁徙，大致路线在今四川西昌—云南文山一带、今四川西昌—越南莱州一带、今四川攀枝花—泰国清迈一带。其中，东线的哈尼族先民在清朝康熙年间，因战乱与汉民入迁等原因，或回迁中线，或与当地其他民族融合。从文献记载来看，哈尼族的丧葬礼仪经历了以火葬为主，到逐渐产生对死后世界的构想，以及逐步从火葬过渡到土葬，再到土葬习俗的发展历程。在此过程中，其他民族的文化对之产生了重要影响。从历史再到当下，结合哈尼族的迁徙历史，现今哈尼族主要分布在中、西两条迁徙线上，元江流域的哈尼族正

---

[1] 吕微：《实践民俗学的提倡》，《民间文化论坛》2016年第1期。
[2] 王霄冰：《也谈人生礼仪研究的实践性》，《民间文化论坛》2016年第1期。

好位于这两条迁徙路线的交汇处。关于元江流域哈尼族豪尼人生存现状的介绍，包括生存地的自然、人文环境等，笔者主要以田野资料为主，兼及部分民间文献与民族志材料。咪哩乡是元江流域豪尼人的聚居区，咪哩村的豪尼人是中、西两条迁徙路线上哈尼族先民的后裔，其丧葬礼仪以土葬为主、火葬为辅。咪哩村豪尼人丧葬礼仪的变迁，也是民族互动与交融后的结果，是中华民族整体史中的一部分。

第二章以丧家为主体研究视角，通过对豪尼人丧葬礼仪的整体描述，介绍了丧家在以"生死区隔"为核心的生死观的指导下，对死亡情况进行"正常"与"非正常"的分类，并据之安排相应的仪式。通常，"正常"死亡者指那些60岁及以上，无直系长辈健在，在家中主榻儿孙围绕之下安然离世的老者，其他情况下的逝者则属于"非正常"死亡。豪尼人的丧葬礼仪由丧家主导，丧家在处理与逝者的关系问题时，最关注的就是将逝者"区隔"出生者世界，即处理生与死的问题。丧家通常在家屋为"正常"死亡者举办丧葬礼仪，逝者得享完整的丧葬仪式，甚至是更高级的"莫搓搓"丧葬仪式。通过仪式，丧家逐渐将逝者与生者分离。对于"非正常"死亡者，丧家多在村外为其举行丧葬礼仪，逝者的仪式规格更低。有时，丧家甚至不为其举行丧葬礼仪，仅通过必要的驱赶仪式，将之尽快驱逐出生者世界。在丧葬礼仪中，丧家注重对亡灵的"区隔"，以便更好地"融入"生者世界。

第三章介绍豪尼人丧葬礼仪中以职业"摩批"为主，测算先生、长者为辅的专家系统，他们指导并参与仪式实践，全面体现了豪尼人的信仰文化。其中，职业"摩批"负责传承豪尼人流动的集体经验与历史记忆，拥有特殊的演化过程与历史地位。现在，职业"摩批"是豪尼人丧葬礼仪中最主要的仪式专家，其通过仪式将不同死亡情况下的逝者及其亡灵有差别地安置，以维护丧家与豪尼村寨日常生活的秩序。测算先生通过丧葬礼仪的时间测算，使丧家能够严格按照相应的时间节点，完成与逝者的"区隔"。不同性别的、有经验的长者则通过"体化实践"[1]，不断强调"生死区隔"的重要性。在专家系统的共同协助下，逝者最终完成了死与死的"聚合"，即亡灵之间的"聚合"，生者与逝者之间的"区隔"关系亦得到强化，便于丧家在丧葬礼仪之后重新"聚合"到生者世界中。

第四章强调了豪尼人丧葬礼仪中除丧家、仪式专家之外的其他参与者，以揭示豪尼人丧葬礼仪与地方社会的关系结构，突出了生者与生者之间的"聚合"关系。这些社会关系，主要体现在豪尼人在丧葬礼仪中集中体现的亲属关系、友邻关系；在豪尼人丧葬礼仪中发挥的自治组织能力的老年协会与同乡会。此外，国家殡葬改革政策落实到地方社会的实践过程中，地方民众因变化而产生的矛盾、冲突与应对策略等，也是丧葬礼仪中地方社会关系的重要体现。豪尼人在强调生者之间的"聚合"关系时，也突出了亡灵具有的危险性，注重生者与逝者之间的"区隔"。丧家在丧葬礼仪中，除了能得到家族、村落集体的协助外，也需在他们的监督之下，谨慎地处理生与死的危险关系。在殡葬改革下，豪尼人习惯从地方性知识的角度，以地方文化的逻辑去建构相关政策的合理性，强调改革政策与"区隔"亡灵之间的联系，并突出了火具有的"区隔"与"净化"亡灵的作用，以此维护了地方社会在指导性变迁下的稳定秩序。

第五章结合豪尼人完整的丧葬礼仪，特别是不同角色的参与者具有差异化的仪式行为，从整体上阐述豪尼人仪式实践背后蕴含的灵魂观与神灵观，进而展现其对自我、自然及世界的朴素认知，揭

---

[1]〔美〕保罗·唐纳顿：《社会如何记忆》，纳日碧力戈译，上海：上海人民出版社，2000年，第90—91页。

示其"为我们存在"的日常生活及其意义。具体而言，豪尼人通过丧葬礼仪中涉及的灵魂观念，认识了自我的构成，即人由肉体和灵魂构成，其中男人有七个灵魂、女人有九个灵魂；认识到人死后的终极归宿，即除被神灵收回的亡灵外，其他亡灵或回归祖地，或在村外游荡。此外，豪尼人通过丧葬礼仪中涉及的神灵观念，认识了自然世界及其运转规律，同时也明确了个体生命对家族的责任与义务，明确了自我在世界中的位置及存在意义。

从整体来看，本研究按一定的逻辑结构可分为三个部分。

第一部分为第一章，主要叙述与豪尼人丧葬礼仪相关的历史与文化，以期在传统村落研究的小传统视野之外，将豪尼人丧葬礼仪的研究嵌入更宏大的体系中，使之成为整体文化研究的一部分。此外，本部分关注在豪尼人丧葬礼仪的变迁、"生死区隔"生死观的形成过程中，其他民族文化对之产生的影响。第二部分包括第二、三、四章，作为本研究的主体部分，本部分从整体上展现了豪尼人丧葬礼仪的主体、过程与功能；同时亦从丧家、仪式专家、丧家的亲属与乡邻等不同仪式主体的角度，阐释他们对"生死区隔"的标志性生死观的表达与实践。第三部分为第五章，豪尼人的丧葬礼仪中包含着民族历史、地方文化及其社会生活缩影。结合前面各章叙述，本部分对豪尼人丧葬礼仪中蕴含的信仰与观念进行了解构与剖析。

总体而言，本研究欲关注作为主体的民俗之"民"，通过民俗之"民"体现民俗之"俗"；同时，亦通过民俗之"俗"反观民俗之"民"。[1]在哈尼族民族历史与文化变迁的整体观照下，本研究关注其他民族文化对哈尼族文化发展产生的影响。通过深入的田野调查，本研究

---

[1] 王加华：《个人生活史：一种民俗学研究路径的讨论与分析》，《民俗研究》2020年第2期。

以豪尼人丧葬礼仪中的不同参与者，即地方民众的立场与角度，阐释其丧葬礼仪中以"生死区隔"为主的"核心民俗文化"，进而探求豪尼人"有意义的"日常生活。此外，本研究将以民俗学、民族学、社会学等多学科交叉融合的研究视角，为地方政府在少数民族地区进行移风易俗提供学理支撑，促使殡葬改革更加文明有序地推进。

## 三、研究综述及关键词界定

### （一）研究现状

1. 丧葬礼仪研究

丧葬礼仪研究作为文化研究的重要组成部分，历来受到学界重视。丧葬礼仪的发展演变过程，展现了古今礼俗之间的紧密联系；丧葬礼仪中包含各民族的神鬼、灵魂等信仰与观念，是观测其文明发展与理性化程度的重要窗口；通过对不同地域与民族丧葬礼仪的研究，能充分展现我国丧葬礼仪文化的多样性。从相关学术研究的梳理来看，学界对丧葬礼仪的研究大体可分为历史与考古层面、文化与观念层面、区域与民族层面。

（1）历史与考古层面

丧葬史研究包含在历史学的研究之中，通过对丧葬礼仪的发展历程进行全面研究，有效地将作为部分的丧葬史嵌入更宏大的历史文化整体之中。学界关于历史与考古层面的丧葬礼仪研究，多以"二重证据法"，整理历史上丧葬礼仪的发展过程，揭示历代丧葬礼仪中的文化、制度与思想等。此类研究主要包括两部分，即利用古代文献典籍研究丧葬礼仪的历史演变，通过不同分类做关于丧葬史的线性研究。

第一，古代礼仪是后代礼仪形成的基础。有学者通过对历史文献的辑录或研究，展现了丧葬礼仪的形成与演变过程，揭示了蕴含其中的思想观念。最早对我国丧葬礼仪进行系统整理的，是清末学者张亮采，他分"浑朴""驳杂""浮靡""由浮靡而趋敦朴"四个时代，对黄帝之前到明代之间，对包括丧葬礼仪文化在内的社会风俗史进行了全面叙述。这使《中国风俗史》一书，成为我国第一部带有社会文化史意义的民俗专著。[1] 20世纪30年代，学者杨树达从《汉书》《后汉书》等史籍中辑录了大量汉代丧葬礼仪的史料文献，包括沐浴含饭、衣衾、棺椁等内容，系统性地展现了汉代丧葬礼仪的全貌，拉开了我国近代丧葬礼仪学术研究的序幕。[2] 在此研究传统之下，部分学者通过回溯《礼记》《周礼》《仪礼》等文献，对古代丧葬礼仪与制度进行了系统而全面的研究。[3] 其中，章景明以《仪礼·丧服》篇为主要参考，以先秦丧服制度为切入点，论述丧服的起源与制度、丧服与丧期、服制与居丧生活等，揭示了丧服背后蕴含的民众信仰与思想观念，阐明了社会风俗与思想文化之间的关系。[4] 李玉洁参考《礼记》《仪礼》等文献，研究了我国从石器时代到周朝的丧葬制度，包括墓葬文化、丧服制度、丧葬礼仪、祭祀制度等，较完整和全面地展现了我国古代丧葬文化与制度的演变脉络，并在制度性的礼仪文化中探讨了蕴含其中的思想文化。[5]

---

1 张亮采：《中国风俗史》，南昌：江西教育出版社，2012年。

2 杨树达：《汉代婚丧礼俗考》，上海：上海文艺出版社，1988年。

3 相关记载包括：《礼记》中的《曲礼》《檀弓》《曾子问》《郊特牲》《丧服小记》《大传》《杂记》《丧大记》《祭法》《祭义》《祭统》《奔丧》《问丧》《服问》《间传》《三年问》《丧服四制》等篇；《周礼》中的《春官宗伯》篇；《仪礼》中的《丧服》《士丧礼》《既夕礼》《士虞礼》等篇。

4 章景明：《先秦丧服制度考》，台北：台湾中华书局，1971年。

5 李玉洁：《先秦丧葬制度研究》，郑州：中州古籍出版社，1991年；李玉洁：《先秦丧葬与祭祖研究》，北京：科学出版社，2015年。

第二，也有学者从传统丧葬史研究的角度，或按丧葬内容、礼仪进行分类，或以编年体的叙述形式，梳理了我国丧葬礼仪的发展历程。如徐吉军、贺云翱按丧葬内容分类，对不同丧葬观念下的厚葬与薄葬、因不同的思想观念而产生的丧葬仪礼、不同地域生态下的葬法与葬式、墓室及棺椁的历史发展、丧服制度的发展及背后的思想观念、儒家思想影响下的居丧生活、明器的发展历史与殉葬制度的演变等进行了系统论述。[1] 万建中将丧葬礼仪分为初丧、治丧、出丧、墓葬、葬后等，全面阐述了我国丧葬礼仪的形成与历代发展的过程。他的研究展现了我国历代葬礼的基本形式及背后体现的思想观念。[2] 杨晓勇、徐吉军则以编年体的叙述方式，展现了我国丧葬礼仪从原始社会到民国的发展与演变史，指出我国丧葬礼仪随社会生产力的发展、鬼神观念的形成而得到发展，且在制度、形式、仪式等方面受到了儒道释三家思想的影响，从而形成了具有严格等级制度的丧葬文化。[3]

（2）文化与观念层面

文化与观念层面的丧葬礼仪研究，集中于鬼文化、死亡文化、丧葬文化及殡葬文化等，并对蕴含其中的生死观、鬼神观、灵魂观等进行剖析，揭示了这些观念与社会发展、改革之间的联系，展现了丧葬礼仪中蕴含的思想观念与社会文化信息。

第一，民众在死亡存在的基础上，产生了与生死相关的思考与实践。有学者对民众在死亡事件之下产生的生死、鬼神、灵魂等观念，进行了抽象化的学理剖析。20世纪90年代，郭于华以民俗学的研

---

[1] 徐吉军、贺云翱：《中国丧葬礼俗》，杭州：浙江人民出版社，1991年。
[2] 万建中：《中国历代葬礼》，北京：北京图书馆出版社，1998年。
[3] 杨晓勇、徐吉军编著：《中国殡葬史》，北京：中国社会出版社，2008年；徐吉军：《中国丧葬史》，武汉：武汉大学出版社，2012年。

究视角，对中国民间丧葬仪礼及其蕴含的传统生死观进行了理论分析。她首先回溯了文化进化主义、"通过仪礼"、文化功能主义等中西方学者的理论研究，对丧葬仪礼具有的功能与意义进行了整体阐述，描述了在灵魂信仰观念下，民众在生死世界之间所构想出的连接与过渡，从传统认识论与宗教观念的角度揭示了民众对"生"的执着。[1] 死亡的存在，亦催生了民众对鬼神的信仰与崇拜。赖亚生就中国鬼文化的根源、事象及影响进行探究，指出中国鬼文化具有鬼魂与祖灵观念相结合的特点，随着儒释道文化对中国传统生死观念的影响和改造，鬼文化在中国社会中呈现了更加丰富的形态和内涵，也不断影响着人们的社会生活。[2] 段德智将死亡上升到生命哲学的重要地位，指出死亡哲学具有人生观与价值观、世界观与本体论的意义。在人生观与价值观方面，民众在死亡意识的导向下，进一步意识到生命的整体性和有限性，从而通过有限的生命赋予人生以无限的意义与价值；在世界观与本体论方面，人生观与价值观建立在世界观与本体论的基础之上，二者相互区别又相互贯通，对死亡问题的哲学思考是对世界本质与总体达到普遍认识的重要途径。[3] 靳凤林认可对死亡的研究是认识生命价值的前提，民众围绕生死的思考促使了哲学与宗教的产生，在不同文化形态下地方民众形成了不同的生死观，人类社会在避死求生观念的影响下得到了不断发展。他还分析了儒释道思想在死亡文化研究中的重要意义，对具有完整意义的中国死亡文化进行了学理解构。[4]

第二，丧葬礼仪是展现社会文化的重要窗口，体现了社会发展

---

[1] 郭于华：《死的困扰与生的执著：中国民间丧葬仪礼与传统生死观》，北京：中国人民大学出版社，1992年。

[2] 赖亚生：《神秘的鬼魂世界：中国鬼文化探秘》，北京：人民中国出版社，1993年。

[3] 段德智：《死亡哲学》，武汉：湖北人民出版社，1996年。

[4] 靳凤林：《窥视生死线：中国死亡文化研究》，北京：中央民族大学出版社，1999年。

的进程与需求。有学者通过丧葬礼仪的研究，揭示了蕴含其中的社会、经济与文化信息，并指出殡葬改革在当下社会所具有的现实意义。罗开玉通过研究，指出丧葬礼仪与宗教、科技、民族、自然环境、社会、婚育、教育功能等具有的联系，他结合民众具体的仪式实践，通过分析葬前仪礼、埋葬方式及葬后祭祀等，揭示了蕴含其中的文化与制度。[1]高海生、郑生权等学者分历史、文化、改革、产业等四部分对殡葬文化及改革进行了全面研究。从历史发展来看，殡葬文化的发展与社会生产力、统治政策、经济水平等紧密相关，不同的社会文化背景促使其呈现不同的形态及特点。从文化方面来看，殡葬文化与社会文化、经济、心理等相关，中国殡葬文化的发展因受传统儒释道等思想的影响，与国外殡葬文化在观念、安葬、礼仪等方面皆有所不同。从殡葬改革及产业发展的视角来看，文明的殡葬方式建立在正确的生死观、孝道观和殡葬观之上，应通过教育、宣传、政策引导、法律规范等途径，促使民众树立与当代精神文明建设相适应的殡葬文化观。随着殡葬改革的推进，殡葬产业随之得到发展，包括殡葬产品与市场、企业经营与管理等，而殡葬产业指标体系的设立能更合理有效地推动殡葬产业化的发展。[2]从广义上来说，殡葬文化包含在死亡文化之中，王夫子通过对死亡文化进行研究，指出死亡文化是社会以死亡事件为核心形成的认知体系，其内涵包括与死亡相关的观念、行为、器物等。社会经历、经济、心理、国家作用等要素与农业社会、宗法制度、偶像崇拜等形态皆对中国殡葬文化的形成有重要影响。从古代传承至当下丧葬仪式程序、居丧制度、丧服制度与祭祀制度等，因与社会经济、生态、文化等紧密相关，

---

[1] 罗开玉：《丧葬与中国文化》，海口：三环出版社，1990年；罗开玉：《中国丧葬与文化》，海口：海南人民出版社，1988年。

[2] 高海生、郑生权、高庆荣、赵国顺主编：《殡葬文化与殡葬改革》，北京：红旗出版社，2003年。

而使中国的殡葬改革有难度也更具意义。[1]

（3）区域与民族层面

我国地域广袤文化多元，作为"多元一体"的现代民族国家，丧葬礼仪在各文化时空中具有明显的地域性、民族性、多样性等特点。在中国境内，学者对区域与民族层面的丧葬礼仪研究，展现了不同地域与群体多元化的仪式样貌。相关研究根据研究者国籍的不同，主要分为中国学者的中国丧葬研究，以及外国学者的中国丧葬研究。此外，也有外国学者关注其本国的丧葬礼仪，这为区域与民族层面的研究提供了更广阔的研究视角。

第一，中国学者结合区域与民族的视角，对中国丧葬礼仪进行了全面研究，展现了我国各地丧葬礼仪的文化特点。云南是少数民族的聚居地，丧葬礼仪具有多样性与民族性的特色。20世纪80年代末，杨知勇、秦家华等将丧葬礼仪作为了解云南省民族文化的重要窗口之一，对云南省23个少数民族的丧葬礼仪进行了概述。聚居云南的各少数民族注重生育、相信神秘力量，他们使用巫术，并信仰灵魂和死后世界。因社会发展的不平衡性，各民族的丧葬礼仪呈现出不同形态，反映了其不同的生死观。丧葬礼仪蕴含着各民族的历史文化、道德观念等信息。在仪式功能和意义上，丧葬礼仪有利于促进其家庭、社区关系的整合。[2]90年代初，杨知勇进一步对包括云南省在内的，聚居于"西南文化区"的33个民族的生死观进行了综合研究。[3]一个民族对生与死的认知与实践是其生死观的体现，也是其价值观的重要组成。西南地区封闭的自然环境，使各民族的传统

---

[1] 王夫子：《殡葬文化学：死亡文化的全方位解读》，长沙：湖南人民出版社，2007年。

[2] 杨知勇、秦家华、李子贤编：《云南少数民族生葬志》，昆明：云南民族出版社，1988年。

[3] 杨知勇在《西南民族生死观》一书中界定的"西南文化区"，主要包括青海、西藏、四川、云南、贵州、广西等地。

文化得到较完整的保存。他们对生与死的思考，集中体现在其生殖崇拜、丧葬祭祀等信仰与仪式之中，表达了其崇宗敬祖、重视家庭伦理，及对生死两界的构想等。[1] 进入21世纪，赵泽洪对云南省普洱地区的哈尼族、彝族、拉祜族等少数民族的丧葬文化进行了系统研究。普洱地区少数民族间的相互交融，使各民族丧葬文化中既有个性也有共性。赵泽洪认为，虽然丧葬礼仪具有促进社会教化、文化传承、历史教育、群体凝聚、人生教育等功能，但在现代化进程下，丧葬礼仪中的消极部分亦须进行适应性改造。[2] 此外，有学者将研究视野投向其他地区或民族的丧葬文化，包括四川地区的古蜀巴人、金沙江流域与甘南地区的藏族、江浙地区的汉族等。霍巍、黄伟梳理了自史前到近代四川地区的丧葬文化发展脉络，指出四川地区的蜀人、巴人及各少数民族的丧葬礼仪因受不同自然环境、社会文化等影响而具有不同的形态，其中包含了大量物质、制度与精神文化，尤其在观念层面，地方民众丧葬的形式、礼制等受其灵魂观、鬼神信仰等影响而呈多样性面貌。[3] 叶远飘对金沙江峡谷地区的藏族的丧葬文化，进行了民族志式的田野研究。他围绕青海、四川、云南三个藏区田野点的历史发展概况，对地区丧葬文化产生的根源及表现、不同文化融合下的丧葬文化特征，及各田野点丧葬文化的差异与成因等进行了分析与阐释，并指出地区民众基于地方信仰、生计模式、社会结构等，围绕死亡与重生建构出了带有地方性特色的丧葬文化模式。[4] 宗喀·漾正冈布、杨才让塔对甘南藏区夏河县藏族的丧葬习俗及其当代变迁进行了系统研究，并强调随着民族交往交流交融的

---

[1] 杨知勇：《西南民族生死观》，昆明：云南教育出版社，1992年。

[2] 赵泽洪：《魂归人间：普洱地区少数民族丧葬文化研究》，昆明：云南大学出版社，2008年。

[3] 霍巍、黄伟：《四川丧葬文化》，成都：四川人民出版社，1992年。

[4] 叶远飘：《青藏高原东部的丧葬制度研究》，广州：中山大学出版社，2013年。

深入，居住在拉卜楞寺周边藏族的丧葬礼仪还将持续变迁。[1]何彬指出丧葬礼仪包含观念、行为和器物等要素，且充分体现在丧葬的丧仪、葬法、祭礼三个阶段中。她以民俗学的研究视角，关注到江浙地区汉族具有代表性的拾骨二次葬所形成的"椅子坟"，并对此地区墓葬习俗的产生原因、文化特征、思想观念等进行了剖析，尤其在观念层面，她对江浙汉族民族在墓葬习俗中体现的生死观、灵魂观、信仰观、祖先崇拜观等进行了分析，全面展现了江浙地区墓葬文化具有的独特性。[2]

第二，外国学者对中国丧葬礼仪的研究，为区域与民族层面的丧葬礼仪研究提供了新的研究视角。德国学者罗梅君（Mechthild Leutner）以社会变迁的视角，关注自19世纪至当代北京民众的丧葬礼仪文化。她对下层民众与新、旧上层人士等各阶层在不同时期的生死观念与行为实践做了全面梳理，并从习俗演化的角度阐明上、下层文化之间的互动与影响。不同阶层者出于不同的目的，如下层民众以家庭为主导，上层人士则更多关注个体、家庭与国家之间的关系，使上、下阶层的民众在推行改革的过程中存在对抗性，呈现了巫术信仰的解释被理性、经济的理由取代的过程。[3]

第三，外国学者关于其本国丧葬礼仪的研究，为区域与民族层面的丧葬礼仪研究，提供了比较研究的新视角。日本学者山折哲雄结合日本王权发展的历史与当代社会少子化、老龄化的现状，选取日本民众与死亡相关的三个概念，即灵魂、肉体与遗骨等，探讨日本民众的死生观，尤其追溯了日本民众具有标志性的遗骨崇拜文化

---

1 宗喀·漾正冈布、杨才让塔：《甘南夏河藏族的丧葬习俗及其当代变迁——以拉卜楞寺周边村庄为中心》，《民族研究》2021年第4期。

2 何彬：《江浙汉族丧葬文化》，北京：中央民族大学出版社，1995年。

3 ［德］罗梅君：《北京的生育、婚姻和丧葬——19世纪至当代的民间文化和上层文化》，王燕生、杨立、胡春春译，北京：中华书局，2001年。

的源流。他结合日本王权的继替问题,阐述了死亡所具有的生理与社会之双重含义,进一步阐明了日本民众对死亡问题的认知。[1]

2. 哈尼族丧葬文化研究

丧葬文化是理解哈尼族文化的重要窗口。哈尼族通过丧葬礼仪中的艺术表达、信仰观念、仪式实践等,展现了其丧葬文化的多样性与复杂性。学界现有的与哈尼族丧葬文化相关的研究,主要包括哈尼族丧葬艺术研究、哈尼族丧葬观念研究、哈尼族丧葬仪式研究。

(1)哈尼族丧葬艺术研究

哈尼族丧葬艺术的研究,主要以丧葬祭词、丧葬音乐与丧葬舞蹈为主。现有研究主要通过剖析丧葬艺术中的文化意蕴与艺术特色,展现蕴含其中的多元文化价值。以下按学界对哈尼族丧葬艺术的主要研究内容,分丧葬祭词、丧葬音乐与丧葬舞蹈三个方面进行文献梳理。

第一,在丧葬祭词方面。20世纪90年代,李期博、米娜在红河州哈尼族哈尼支系中收集到殡葬祭歌《斯批黑遮》并整理出版,学界既有的与丧葬祭词相关的研究多围绕此出版物展开。虽然全套丧葬祭词由75个短小祭词组成,共1万余行,但已出版的《斯批黑遮》仅收录了其中主要的5000余行。全书分5部分,以倒叙手法描述了哈尼人从"不祥的预兆"到"请贝玛",再从"万物的诞生与衰亡"到象征哈尼人生死过程的"帝孟"的孕育、出世、童年、恋爱、娶亲与生老病死等,展现了哈尼人完整的生命历程及其朴素的世界观与人生观。[2]王清华通过分析《斯批黑遮》,指出此丧葬祭词通常由哈尼族的仪式专家"摩批"在丧葬礼仪中为逝者唱诵,"斯批"为哈

---

[1][日]山折哲雄:《民俗学中的死亡文化:日本人的生死观与丧葬礼仪》,熊淑娥译,北京:社会科学文献出版社,2015年。

[2] 赵呼础、李七周演唱,李期博、米娜译:《斯批黑遮:哈尼族殡葬祭歌》,昆明:云南民族出版社,1990年。

尼族宗教祭司"摩批"中的最高级,"黑遮"则是其宗教祭词的总称。他通过对《斯批黑遮》进行宗教信仰、人生仪礼、农耕居住等习俗的文本分析,认为此套祭词体现了哈尼人朴素的自然宇宙观与人生观。《斯批黑遮》源于哈尼人的社会生活,亦是其重要的非物质文化遗产。此祭词在充分展现哈尼人社会生活文化的同时,也指导了其现实生活。[1] 瑞典学者汉森曾将此套丧葬祭词与其在泰国收集的哈尼族阿卡人的丧葬祭词进行比较研究,指出二者在内容、结构、意识、措辞等方面的一致性。从哈尼族的迁徙历史与迁徙路径来看,泰国的阿卡人经云南迁徙出境,其与中国境内的哈尼族有相似的族源与迁徙史,二者在丧葬祭词上的一致性,进一步证实了他们之间的同源关系。[2]

第二,在丧葬音乐方面。哈尼族丧葬礼仪中的音乐,主要包括哭丧歌、指路歌、赞歌、叫魂歌等,是体现哈尼族历史与文化的重要窗口。白学光将哈尼族丧葬音乐置于丧葬的起源、形式与类别的具体语境下,细致描述了不同丧葬音乐的表现形式,并指出丧葬音乐在不同仪式阶段所具有的功能和意义。[3] 曹军通过对红河州绿春县下子雄寨哈尼族哭丧歌"谜萨威"的考察与分析,认为哈尼族哭丧歌"谜萨威"集哈尼族音乐之大成。在哈尼族的丧葬礼仪中,中老年女性根据逝者身份,将哭丧歌分为"搓莫""威却""阿亚阿尼""然阿咕"四类,分别代表其为老人、伴侣、兄妹、孩子进行哭诵。哭诵的内容主要包括报丧、找垫脚石、做寿衣、找草药、寻棺木、赶街、为死者种棉制寿衣、寻找寿命树、以家庭的形式招魂,以及亲

---

[1] 王清华:《哈尼族非物质文化遗产〈斯批黑遮〉研究》,《云南民族大学学报》2007年第1期。

[2] [瑞典]汉森:《哈尼与阿卡丧葬祭词比较》,刘晓红译,李子贤、李期博:《首届哈尼族文化国际学术讨论会论文集》,昆明:云南民族出版社,1996年,第348—360页。

[3] 白学光:《哈尼族丧葬音乐初探》,《艺术探索》1997年第S1期。

戚送葬结束回家等，完整体现了哈尼族丧葬仪礼的全过程。[1]曾静、郑宇一改学界对哈尼族传统民歌形式"哈巴惹"的民间文学与民间音乐分析视角，对红河州元阳县黄草岭村哈尼族丧葬仪式中的"哈巴惹"进行戏剧特征分析，从戏剧结构角度分析了"哈巴惹"的剧本、表演者、观众、剧场等。他们通过分析指出，"哈巴惹"通常由姻亲邀请演唱者在丧葬礼仪中演唱。演唱者在演唱过程中带有伦理批评的竞技性，演唱造成丧家与姻亲之间微妙的矛盾冲突，是"哈巴惹"表演的核心。演唱者在表演的多重互动中，不仅从侧面展现了哈尼人家庭基本的亲属结构，也嵌入了其民族文化与社会生活的内涵。[2]

第三，在丧葬舞蹈方面。哈尼族丧葬礼仪中的舞蹈，主要根据舞蹈道具的不同而被称作棕扇舞或扇子舞。[3]有学者通过研究哈尼族丧葬舞蹈，分析了蕴含其中的文化与价值。曹天明通过考察红河州元阳县牛角寨乡骂哈村的扇子舞，指出扇子舞是一种古老的祭祀性舞蹈，在明清时期便存在于哈尼族的丧葬礼仪中。此舞蹈由男性哈尼人在年长逝者的"莫搓搓"丧葬礼仪中表演，以娱治丧的扇子舞既是哈尼人对逝者敬意的表达，也为生者解忧并促其铭记先祖。扇子舞除具有象征性意义外，本身亦具有较高的艺术价值。完整的扇子舞有16套，除前三套为定式外，其余舞蹈可根据仪式情境灵活安排，舞蹈风格通常包括：以单腿控制舞动、模仿鸟类的动作形态、无大幅度式的跳跃动作、以扇子变幻舞动等。[4]陶钰的硕士学位论文

---

1 曹军：《哈尼族葬礼仪式中的"歌"——云南省红河州绿春县下子雄寨哈尼族葬礼音乐"谜萨威"调查》，《中国音乐》2013年第2期。

2 曾静、郑宇：《哈尼族丧礼中"哈巴惹"的戏剧特征探析》，《北方民族大学学报》2018年第1期。

3 "棕扇舞"的"棕扇"通常为棕扇叶；"扇子舞"的"扇子"主要为纸质、布质或塑料制成的折扇。

4 曹天明：《哈尼族丧葬礼俗中的扇子舞》，《民族艺术研究》2000年第2期；曹天明：《哈尼族丧葬舞蹈保存现状调查》，《民族艺术研究》2003年第1期。

通过研究红河州绿春县子雄村的哈尼族丧葬礼仪中的棕扇舞，对其整体特征进行了总结，包括模拟性、象征性、功用性、场景性、程序性等。其通过研究指出，棕扇舞与哈尼族的宗教信仰、灵魂观念、祖先崇拜、男尊观念、民族认同等具有文化相关性，哈尼人通过棕扇舞表达了自身文化与精神需求。棕扇舞是研究哈尼族历史与文化的重要内容，在传统与现代碰撞的当下，亟须对棕扇舞传承对策进行研究。[1]

（2）哈尼族丧葬观念研究

丧葬观念研究是哈尼族丧葬文化研究中的重要组成部分，丧葬礼仪中的仪式行为、器物择用等皆受此影响，对哈尼族丧葬观念的剖析是阐释其丧葬礼仪文化的基础与前提。学界对哈尼族丧葬观念的研究主要侧重于两方面，包括生死与灵魂信仰、祖先崇拜与伦理教化等。

第一，在生死与灵魂信仰方面，有学者剖析了哈尼族在丧葬礼仪实践、民间叙事中体现的生死认知与灵魂观念。陶贵学通过考察玉溪市新平县哈尼族卡多支系的丧葬仪礼，提到"正常"死亡与"非正常"死亡之亡魂归宿的差别。哈尼人死后，通常由"莫批"念诵"指路经"送亡魂。根据其死亡情况的不同，"正常"死亡者的亡魂被送去"莫咪"处成为祖先神，反之则送去"萨咪"处成为鬼。去往"莫咪"处的路线与哈尼族的祖源地及民族迁徙路线相一致，安置逝者灵魂归宗是哈尼族丧葬礼仪的主要目的。[2] 洛婕通过对西双版纳州勐腊县两地的两次丧葬进行考察得出相似观点，哈尼人认为肉体生命完结后，人的灵魂会经作为巫师的"贝玛"（男）或"尼帕"（女）念诵"指

---

1 陶钰：《哈尼族丧葬仪式中的舞蹈研究——以绿春县戈奎乡子雄村"棕扇舞"为例》，云南艺术学院艺术人类学硕士学位论文，2014年。

2 陶贵学：《新平哈尼族的丧葬习俗及其灵魂观念》，李子贤、李期博：《首届哈尼族文化国际学术讨论会论文集》，昆明：云南民族出版社，1996年，第361—372页。

路经"而回到祖先亡灵的居住地，这是哈尼族基于灵魂不灭而形成的生死信仰。哈尼人对灵魂可生死转换的朴素认知，是其能够从容面对个体生命由生到死过程的主要原因。[1]

此外，白宇认为哈尼族神话传说、史诗中与生命过程相关的叙述，体现了哈尼人对生死的认知，这类作品主要包括哈尼族殡葬祭歌《斯批黑遮》及挽歌《米刹威》等。《斯批黑遮》中对"帝孟"孕育与死亡过程的描述，是哈尼人对个体生死历程的象征性阐释；挽歌《米刹威》中天神"摩密"的生死意志贯穿于哈尼人生命的始终，生死由天定的信仰是其能够坦然面对生与死的主要原因。哈尼人根据死亡原因与逝者角色，对不同个体的生命终结有不同的解释："非正常"死亡者死后灵魂变为鬼，而"正常"死亡者死后灵魂经跋涉回到祖先灵魂聚居地成为祖先神。[2] 史军超通过对哈尼族神话故事中的"不死药"进行文本解构，阐释了蕴含其中的哈尼人对生死轮回的认知。史军超认为，"不死药"神话中石头、月亮等隐喻反映了早期哈尼族社会的女性崇拜。他通过比较哈尼族"不死药"神话故事与弗雷泽《金枝》中死亡神话，从传消息型、消长月形型、蛇蜕皮型、香蕉树型等神话故事的分类中，论证了哈尼族"不死药"神话与世界神话大系的一致性，也通过哈尼族"不死药"神话得出哈尼人对宇宙万物生生不息的生命观与秩序观。[3] 此外，史军超还通过对哈尼族殡葬祭歌《斯批黑遮》的文本研究指出，在哈尼族的生命观中，生与死对立统一且能相互转化，哈尼人重视生命，且能够遵守生命规律而安然面对死亡。[4]

---

[1] 洛婕：《试论哈尼族的死亡观——以丧葬仪式为考察》，《吉首大学学报》2013年第S2期。
[2] 白宇：《哈尼族生死观浅析》，《思想战线》1993年第1期。
[3] 史军超：《哈尼族神话中的不死药与不死观》，《民族文学研究》1989年第2期。
[4] 史军超：《哈尼族文学史》，昆明：云南人民出版社，2015年，第523—527页。

哈尼族对灵魂的信仰衍生了其关于招魂、固魂等仪式行为，而这些仪式行为亦是其信仰观念的体现。李期博通过研究指出，在哈尼族的宗教信仰观念中，灵魂与个体生命相互依存，包括人在内的万物皆有灵魂。哈尼人认为人有12个灵魂，每个灵魂各司其职，当灵魂留恋某地、被神灵摄走或受到惊吓时，便会离开身体而使人的健康受损，故此哈尼人形成了包括即兴招魂、祝福招魂、为病患招魂等较为完备的招魂习俗。招魂后还需保魂或固魂，尤其是为老者保魂，其方式主要是将个体灵魂与天地万物的灵魂相联结。李期博指出哈尼人的这些习俗与信仰产生于特定生产力条件下，对研究哈尼族文化具有重要意义。[1] 毛佑全对哈尼族"叶车"支系原始灵魂观念考察后亦得出相似结论，叶车人亦认为人有12个灵魂，根据灵魂离开身体的不同程度会导致人的生病或死亡，人死后其魂根据死亡原因、角色等转化为界限分明的鬼或祖先神。叶车人除崇拜父系祖先神外，还信仰天神、地神、水神、火神、山岩神、树林神等6类自然神灵，而对源自其母系氏族社会的恶神"常"抱有恐惧。叶车人将抽象的信仰具象化，用传说故事予以解释，并产生了相应的祭祀仪式。在叶车人日常生活中，这类混沌繁杂的崇拜与祭祀实践皆是其为保护个体灵魂而产生，亦是其原始宗教信仰的核心。[2]

在灵魂信仰观念下，哈尼人的丧葬礼仪与其日常生活紧密相关，包括精神生活与物质生活。事实上，哈尼人灵魂信仰观念的产生，多建立在其对祖先灵魂信仰的基础之上。罗兆均、王思亓通过考察普洱市墨江县哈尼族豪尼支系的丧葬仪式，以象征符号理论、过渡

---

[1] 李期博：《哈尼族招魂与保魂习俗探析》，李子贤、李期博：《首届哈尼族文化国际学术讨论会论文集》，昆明：云南民族出版社，1996年，第438—449页。

[2] 毛佑全：《叶车人的"灵魂"观念与原始宗教调查》，中国民间文艺研究会云南分会、云南省民间文学集成编辑办公室编：《云南民俗集刊》（第一集）内部刊物，1984年，第39—48页。

礼仪理论等阐释了豪尼人在具体仪式实践中将抽象的灵魂信仰予以具象化的过程，并在此过程中对其信仰的灵魂世界予以再建构，表达了生者希望通过对灵魂世界的建构而对现实生活产生积极影响与作用。[1]马昌仪通过研究指出，哈尼人认为死后亡灵最好的归宿便是回归祖地，丧葬仪式是亡灵成为祖灵的媒介，"指路经"记录的返祖路线与哈尼人的迁徙路线相一致。哈尼族社会中的生死有别、生者和死者有不同领域等，在哈尼人的丧葬习俗、村寨聚落布局、建寨时的驱邪逐鬼祭词与人生礼仪中皆有体现。在哈尼人的信仰世界中，祖居地与人间世界的构置别无二致。哈尼人在丧葬礼仪中体现了包括对天神、地神与祖先神等的多神信仰，而其中尤为重要的"亡灵返祖地"，集中体现了哈尼族以父系血统为宗的家族秩序。[2]卢鹏的研究认为，哈尼族除了对生死世界二分外，还对死亡世界做了进一步细分。根据逝者死亡原因与角色的不同，哈尼人将逝者亡灵分为祖先神与野鬼，二者在祭祀方面有不同的礼遇。祖先神被供奉在大神龛中，是经生育、寿终正寝于村落中，在丧葬仪式中经"摩批"念诵"送魂经"而返回祖源地的亡魂，受到后辈的定期祭祀；野鬼则多为未生育、夭折或在村外死亡者的亡魂，其没有后辈也无人祭献。哈尼人对死亡世界的二元划分，在社会生活中具有重要的作用，如可鼓励哈尼人为共同体延续生育后代，约束哈尼人的行为实践以免意外死亡，也在一定程度上使哈尼人以村寨生活为中心而减少人口流动。[3]

---

1 罗兆均、王思亓：《丧葬仪式操作下灵魂世界的建构——基于对墨江哈尼族豪尼人的田野调查》，《西藏民族学院学报》2013年第3期。

2 马昌仪：《原始返祖：灵魂回归的一种途径》，李子贤、李期博：《首届哈尼族文化国际学术讨论会论文集》，昆明：云南民族出版社，1996年，第450—474页。

3 卢鹏：《哈尼族鬼魂世界的二元划分——基于箐口的个案分析》，《宗教学研究》2012年第2期。

第二，在祖先崇拜与伦理教化方面，有学者分析了哈尼族丧葬礼仪中的祖先崇拜及蕴含其中的伦理道德观念。何作庆、瞿东华认为，哈尼族的祖先崇拜体现在具体的丧葬仪式与传统节日中。逝者亡魂通常被供奉在家中称作"候沟"的祭台上，由家中女主人专门负责祭献；在传统节日中，供奉在祭台的祖先亦会受到隆重的祭献。祖先在哈尼人日常生活中具有重要作用，对其信仰与实践产生了积极的影响，包括在社会道德评价、行为约束、情感凝聚等方面。[1] 蒋颖荣认为，丧葬仪式充分展现了哈尼人的伦理观，包括其道德生活史、社会伦理关系、生命伦理体验、生态伦理关怀等。完整的哈尼族丧葬礼仪，是哈尼人实践与传承传统伦理道德的重要场所。哈尼人的丧葬仪式建立在灵魂不灭的信仰之上，并产生了与道德相关的仪式实践，增加了哈尼人家族内部与村落共同体间的凝聚力。在丧葬仪式中，不同辈分、关系的亲友具有明确的社会伦理关系划分，尤其是舅家与后辈对祖先的崇敬态度，体现了丧葬仪礼对维护家庭、家族和乡土伦理秩序的重要作用。丧葬礼仪是哈尼人灵魂转换的重要过渡，表达了其积极的生命理论观。丧葬礼仪中，哈尼人通过模仿鸟类的舞蹈动作，亦表达了其人与自然合一的朴素伦理关系。[2]

（3）哈尼族丧葬仪式研究

哈尼族丧葬仪式研究主要是通过对仪式道具、仪式过程、仪式消费等的研究，揭示蕴含其中的历史文化信息，包括历史记忆、社会变迁、经济互动、社会整合、社会规范等，体现哈尼族丧葬仪式所具有的功能与意义。

第一，在丧葬仪式与历史记忆方面，有学者通过丧葬仪式道具

---

[1] 何作庆、瞿东华：《哈尼族祖先崇拜丧葬习俗及调适作用探讨》，《宗教学研究》2010年第3期。

[2] 蒋颖荣：《哈尼族丧葬仪式的伦理意蕴》，《思想战线》2009年第2期。

的考察，揭示了蕴含其中的历史记忆。20世纪80年代，长石通过考察红河州元阳县哈尼族女歌手在唱诵葬歌"密刹厄"时所佩戴的"吴芭"，揭示了"吴芭"所蕴含的历史文化内涵。在"吴芭"的图案与色彩中，包含了与哈尼族迁徙、战乱、定居、信仰、社会组织等相关的历史文化信息。长石通过对哈尼族丧葬配饰"吴芭"、哈尼族迁徙史诗《哈尼阿培聪坡坡》与"老话"的对比研究，指出并分析了三者之间的对应关系与联系。他通过考释哈尼族迁徙地的地名，进一步指出"吴芭"对研究哈尼族历史记忆具有重要的价值。[1]

第二，在丧葬仪式与社会变迁方面，相关研究通过对哈尼族的丧葬仪式的研究，揭示了蕴含其中的宗教、等级与制度的变迁过程。王亚军、杨云借用吉登斯的"脱域"理论，分析了西双版纳州景洪市勐宋村哈尼族丧葬仪式中蕴含的宗教文化的传承与变迁。他们结合村落中哈尼族的迁徙历史、民族文化与生存空间，对哈尼族丧葬仪式进行了考察，阐述了蕴含其中的象征与隐喻，包括哈尼人对神、魂、鬼的认识与区分、趋吉避害的民俗符号、为民族文化延续而产生的娱乐行为，对血缘、地缘下的共同体维护，以及对民族文化的传承等。王亚军、杨云通过分析指出，随着现代社会的发展，哈尼人的历史文化在相对稳定地传承，但也不断地进行着调适性建构，这既维护也拓宽了哈尼族社会文化的发展空间。[2] 张宁通过对西双版纳州哈尼族僾尼人的丧葬仪式进行考察，分析了多等级制度下的哈尼族丧葬仪式及其变迁过程。僾尼人根据逝者离世的地点、年龄、婚育等因素，筹办不同等级的丧葬仪式，其等级性差异主要体现在裹尸布、棺材材质与形式、棺材制作程序与仪式、停灵时间、祭牲

---

[1] 长石：《历史的迹化——哈尼族送葬头饰"吴芭"初考》，《山茶》1988年第2期。
[2] 王亚军、杨云：《脱域与调适——西双版纳景洪勐宋哈尼族丧葬仪式考察》，《宗教学研究》2017年第4期。

数类、跳丧、亡灵归宿等方面。僾尼人严格的丧葬等级制度产生的原因，主要包括基于灵魂不灭及"完人"思想、父子连名的制度、民族繁衍的社会基础等。张宁通过研究指出，随着社会的发展，僾尼人的丧葬等级制度在国家生育政策实行、生育技术改善、生态环境及多元文化融合等因素作用下，处于不断的调适与变革中。[1]

第三，在丧葬仪式与经济互动方面，相关研究展现了在丧家的社会关系网之下，地方民众在丧葬礼仪中的经济交往与互动。2009年，郑宇、谭本玲通过考察红河州元阳县箐口村哈尼族昂倮支系的丧葬仪式，从经济学的角度对丧葬仪式中的消费与礼物流动做了分析。他们分别对丧家及其姻亲、血亲，以及其他家庭在丧葬礼仪中消耗的财力、物力、人力等资源进行分析，揭示了哈尼族丧葬礼仪中的经济消耗是在特定生产力条件下，共同体应对突发事件时的一种长期、带有契约式、能代际延续的互助体现。在以丧家为中心的丧葬礼仪中，各亲友间以经济流通的方式，维持和巩固着共同体间的关系与其结构的再生产。[2]此外，郑宇还分析了箐口村哈尼族丧葬仪式中，献祭礼物"即赠即还"具有的象征性意义。他指出，这种特殊的交换形式，是赠予者与亡灵之间在超自然时间与现实生活层面开展的，看似未在事实上转移的礼物，实际在所有权上发生了改变。亡灵接受了礼物，而逝者后辈也因此需要承担债务。此类象征性的礼物流动，主要基于传统哈尼族社会生活中的祖先崇拜观，合理且多层次的经济分配原则，是其存在的客观因素与现实基础。在具有生命过渡意义的丧葬仪式中，社会性互助有利于哈尼族共同维

---

[1] 张宁：《西双版纳僾尼人的丧葬等级制及其变迁》，《民族研究》2010年第1期。

[2] 郑宇、谭本玲：《经济消耗与社会构建——箐口村哈尼族丧礼的经济人类学阐释》，《广西民族研究》2009年第1期。

护基于血缘与地缘而建构的社会生活秩序。[1]

第四，在丧葬仪式与社会整合方面，相关研究揭示了丧葬仪式具有促进地方民众人际关系交往与整合的功能。白玉宝通过分析哈尼族丧葬礼仪的筹备过程，指出哈尼族丧葬礼仪的终极指归是指向生者，这有利于促进地方社会整合。在丧葬礼仪的过程中，生者通过延续逝者气脉、承接逝者衣食等仪式行为，将逝者的福分承接于后辈子孙；生者慎重地选择墓地，是为了后代能在祖先庇佑下顺利生活。此外，不同亲属在丧葬礼仪中所分担的责任与义务，共同巩固了父系与母系亲族共同组成的亲属关系网；哈尼人通过举村治丧、在丧礼中预测村落前景，维系了村落共同体间的紧密联系。哈尼族丧葬礼仪中生死交融的特性，使其在死亡场景下亦包含生殖意识，如男女青年在出殡前夜跳"莫搓搓"的集体舞蹈，具有的社会交往的意义，亦从不同侧面体现了哈尼族丧葬礼仪中对"生"的指向。[2]白永芳通过考察红河州建水县咪的村哈尼族的丧葬仪式，完整描述了一位高寿辞世的哈尼族男性长者从"暮年睡掌"到辞世，再到其丧葬仪式的全过程。她指出，以逝者为中心形成的亲友关系网是逝者与生者、生者与生者间复杂人际关系的体现。在丧葬仪式中，丧家、本家、外家、乡邻、同好等参与者间的关系，因逝者而得到进一步整合。其中，外家与本家为巩固婚姻圈而产生了更多的仪式互动。哈尼族对死的郑重处理，实质是对生的执着。[3]何作庆对哈尼族丧葬仪式进行了分类研究，运用美国社会学家莫里诺的"社会网"理论，

---

[1] 郑宇：《箐口村哈尼族丧礼献祭礼物的象征性交换》，《民族研究》2009 年第 4 期。

[2] 白玉宝：《论哈尼族葬礼的终极指归》，《西南民族学院学报》1994 年第 5 期。

[3] 白永芳：《丧葬仪式：村落人际关系网络的梳理和强化——一个哈尼族老者丧葬的调查报告》，邢莉主编：《民间信仰与民俗生活》，北京：中央民族大学出版社，2008 年，第 304—323 页；白永芳：《丧葬仪式：生命的另一种延续——哈尼族丧葬个案调查》，《中南民族大学学报》2009 年第 1 期。

分析了哈尼族丧葬礼仪中二元多维的人际关系模式，包括生者与逝者、仪式参与者之间等带有血缘与地缘混合的人际关系。正确认识哈尼族丧葬活动中的人际关系，能够促进哈尼族社会的和谐发展。[1]

第五，在丧葬仪式与社会规范方面，相关研究通过分析丧葬仪式中的"舅权""换装"等，揭示了其对哈尼族社会生活的规范与正序作用。李云霞通过考察红河州元阳县水沟脚村一位哈尼族"多尼"女性的丧葬仪式，发现"舅权"在其中具有的特殊规范作用。"舅权"是哈尼族母系氏族社会向父系氏族社会过渡时的遗留，从血缘、利益、性别上，既与母系社会紧密联系，又符合父系社会的伦理规范。丧葬仪式中突出的"舅权"，在哈尼族社会生活中具有重要作用，特别是在维护社会规范与秩序方面。[2] 邓启耀通过考察红河州金平县哈尼族糯美人的丧葬习俗，指出"换装"在哈尼族丧葬仪式中具有的正序作用。在哈尼族的丧葬仪式中，逝者通过换装既代表了生死、阴阳的转换，又维护了生死两界的秩序。而且，哈尼人只有在入殓时穿上传统民族服饰，其亡魂才能被祖先认归；生者在丧葬仪礼中的换装行为，尤其是舅舅将白色孝布换作黑色包头，代表了哈尼人对生死秩序的象征性调适。哈尼族丧葬仪式中的换装，为哈尼族社会因死亡而引起的短暂性失衡带来了调节与正序的作用。[3]

3. 殡葬改革研究

我国的殡葬改革自1956年拉开序幕，在相关规定与条例的出台下，殡葬制度不断完善。面对当前社会的人口老龄化趋势、有限的土地资源、生态环境问题等，殡葬改革成为当下社会的热点问题，

---

[1] 何作庆:《哈尼族丧葬习俗中的人际关系》,《云南民族大学学报》2007年第4期。
[2] 李云霞:《哈尼族丧葬礼仪中的舅权——以元阳县水沟脚村哈尼族多尼人为例》,《中南民族大学学报》2003年第S1期。
[3] 邓启耀:《金平哈尼族丧葬换装象征意义》,姜彬主编:《中国民间文化——民间仪俗文化研究》1993年第1期(总第九集),上海:学林出版社,1993年,第203—214页。

学者亦围绕此课题做了大量研究，其关注点主要包括两方面，即反思当下的殡葬改革政策的合理性，关注殡葬改革中存在的问题并提出相应的解决策略。

首先，关于反思殡葬改革政策合理性的研究。针对殡葬改革中涉及的具体问题，有学者反思了当前殡葬改革的合理性。如陈华文回顾了我国殡葬改革的历程，介绍从新石器时期出现的火葬，到当代逐步建立的殡葬制度及其中存在的问题。他关注并比较了殡葬改革下与传统殡葬中涉及的土地、木材、经济等相关问题，以具体的统计数据指出，殡葬改革的相关政策不一定会节约地方民众在土地、木材、经济等方面的消耗，提倡相关的改革者在尊重地方民众传统文化与认知的基础上，以人为本、因地制宜，多元化地解决殡葬改革所面临的问题。[1] 王长征、彭小兵认为，公众在殡葬改革等权威体制的解释中缺席，导致其在改革推行的过程中"消极响应"。他以"框架联合"的分析视角，从框架沟通的初步建立，到框架的放大与扩展，再到框架转型，建议地方政府在动员社会公众参与殡葬改革的过程中，分阶段与社会公众达成在目标、追求、利益等方面的一致性；解决在动员过程中因利益不协调、价值不公正、政治不信任等原因而造成的"共识弱势"，使公众参与到地方治理的过程中。[2] 崔家田认为，在多元话语视角下，以公职人员为主体的火葬论者虽从信仰、经济、秩序等维度对土葬弊端提出指责，但其话语建构更多根植于现实利益诉求，而非对客观事实的纯粹呈现。在土葬传统下，丧葬礼仪中涉及的信仰与土地等因素，对地方民众而言具有多重意义；土葬中涉及的社会与自然问题也并非无化解之法，且这些问题

---

[1] 陈华文：《殡葬改革：土地、木材和金钱浪费及其讨论》，《民俗研究》2020年第1期。
[2] 王长征、彭小兵：《殡葬改革中的公众"消极响应"现象研究——基于动员过程的跟踪分析》，《公共行政评论》2020年第6期。

也多存在于火葬中；地方民众在土葬过程中有其与火葬论者不同的内在秩序，而非失序状态。相关公职人员在推行殡葬改革的过程中，应结合地方社会的实际与地方民众的本土知识，以人为本地实现相关政策的在地化。[1]

其次，关于现行殡葬改革中存在的问题与解决策略的研究。这部分研究是当下殡葬改革研究中的重点，学者围绕此课题做了大量研究。如吴飞关注到了丧葬礼仪在当代社会的乱象，指出在当代的殡葬改革中，强制火葬带来的地方冲突随处可见，这激化了矛盾。面对混乱的丧礼制度、殡葬市场，以及新墓园带来的人地矛盾，吴飞认为应以现代性的眼光重新思考百年来殡葬改革中涉及的观念、形式、信仰、功能等问题，更加关注地方民众的精神生活与价值归属，以期构建共同体意识。[2]其后吴飞再次发文，概述了我国现行殡葬改革及其中存在的问题，并结合农村地区与城市地区的不同改革案例，具体指出殡葬改革在农村引发了群体性冲突、恶化了政府与群众的关系、破坏了村庄和谐等；城市中的殡葬改革则涉及城市管理、殡葬行业、土地使用等问题。吴飞倡议殡葬改革应与民间社会的传统礼制相结合，与地方民众一起推动并完善殡葬改革。[3]蒋悟真以法治化的角度，揭示了殡葬改革中执法秩序混乱、殡葬行业暴利垄断的乱象，而其背后的根源是地方政府面临的改革压力、殡葬领域的立法缺失、管办不分的体制弊端等。他倡导地方政府在殡葬改革过程中，应妥善处理多主体间的平衡关系，区分在殡葬改革中私人事务与公共事务的界限、明确殡葬服务中的政府供给与市场供给，以包容性理念制定相关政策、处理改革中涉及的多元关系，使殡葬改革

---

[1] 崔家田：《农村土葬之"弊"：事实抑或话语》，《武汉理工大学学报》2013年第1期。
[2] 吴飞：《慎终追远：现代中国的一个童话》，《读书》2014年第4期。
[3] 吴飞：《论殡葬改革》，《开放时代》2022年第1期。

得到社会广泛的认同，保证殡葬改革执法的合法化与正当性，在法治化的基础上完善殡葬服务市场的供需平衡。[1]陈先义基于安庆殡葬改革的考察，指出农村殡葬改革在执法、埋葬、火化率、丧葬费用等方面存在异化现象，主要原因在于殡葬改革进程过快且缺乏弹性、农村殡葬服务供给能力不足、农民传统思想观念的梗阻等。地方政府在推行殡葬改革的过程中，应该因地制宜，制定弹性殡葬政策。文明执法，循序渐进推行殡葬改革。增加投入，提升殡葬服务供给力。注重宣传，促进民众思想观念变革。[2]伍德志同样以安庆市殡葬改革为例，指出殡葬改革在地方社会推行时面临的多重合法性困境。殡葬改革在当下社会具有合理性与紧迫性，但地方政府在推行过程中却遇到很多现实问题，也与地方民众产生了严重冲突，这导致殡葬改革在地方社会的合法性逐渐消解，政府为继续推行殡葬改革不得不投入更多精力与成本。鉴于村干部在地方社会推行殡葬改革中体现的"灰色合法性"，伍德志认为应该抛弃"协商民主"式的解决策略，而应以"再造熟人"与"主观程序正义"的方式，即培养、选拔群众熟悉的基层干部，用充满"道德温情"的执法方式，重构主体层面与行动层面的合法性，推进殡葬改革的有序进行。[3]王琴通过对粤北瑶族在殡葬改革下丧葬仪式再造的考察，从民俗学的角度探讨了殡葬改革过程中法制与习俗的融合关系，为殡葬改革提供了地方性实践的鲜明个案。[4]

---

[1] 蒋悟真：《殡葬改革的法治挑战及应对》，《政治与法律》2021年第10期。
[2] 陈先义：《农村殡葬改革的异化现象及其治理策略——基于安庆殡葬改革的考察》，《湖南农业大学学报》2017年第3期。
[3] 伍德志：《基层治理合法性的多重困境——以安庆市殡葬改革为例》，《安徽师范大学学报》2019年第1期。
[4] 王琴：《法制与习俗的融合：粤北瑶族丧葬仪式的再造》，《世界宗教研究》2022年第9期。

## （二）研究现状评述

### 1. 丧葬礼仪研究方面

在丧葬礼仪研究方面，既有研究内容丰富，具有一定的开拓性。但是，在研究的视角、方法、材料等方面难免存在不足。

第一，在历史与考古层面，已有研究之不足主要体现在研究材料与研究视角上。从研究材料上来说，学者多以官方典籍、上层礼制文书等为参照，如《礼记》《周礼》《仪礼》《汉书》《唐会要》《司马氏书仪》《元典章》等，未注重对民间文献材料的使用，这未能突破传统史学的研究路径，也导致研究视角"眼光向上"，仅关注到上层丧葬礼仪与制度的传统，而缺少对底层民众丧葬文化与礼仪实践的关注。虽有部分学者结合考古学资料关涉到不同地域与民族的丧葬文化，如李玉洁在先秦丧葬制度的研究中，关注到了两周时期边疆地区少数民族的墓葬文化，但受制于材料有限，多在既有考古学资料的基础上做综合、笼统的概述，未关注到两周时期少数民族迁徙对其丧葬文化产生的影响；徐吉军、贺云翱的研究虽略有涉及民间丧葬仪式及部分少数民族的丧葬礼仪，但多建立在诸如《颜元集》《古杭杂记》《草木子》《杭俗遗风》等文集、小说、风俗辑录，以及二手材料的基础上，以粗线条的方式勾勒地方民众丧葬礼仪的概貌，未能充分显现底层民众丧葬礼仪文化的全貌。

第二，在文化与观念层面，已有研究之不足主要体现在研究的方法、材料与视角上。从研究方法上来说，既有研究多结合已有的理论或先入为主的研究观点，直接对丧葬礼仪中蕴含的生死观、鬼魂观、死亡观等进行抽象分析，而未在丧葬礼仪的"深描"基础上，抽象出蕴含其中的文化传统与思想观念。从研究材料和研究视角上来说，许多研究在材料上参照历史文献与二手材料，即使是以民俗学研究视角出发的民间丧葬文化的研究，也较少涉及田野调查的第一手材料，更未结合个案做分析。此外，研究者在对诸如鬼文化、死亡文化与丧葬文化进行研究时，常忽视研究对象具有的地域性、民族性、阶段性等差异，亦缺乏以文化变迁的整体研究视角。

第三，在区域与民族层面，已有研究之不足主要体现在研究材料与研究方法上。在既有研究中，除叶远飘、何彬等运用田野研究法获取一手资料外，其他研究多建立在二手材料的基础上，未进行实地考察，且有部分研究为资料集，如杨知勇、秦家华关于云南23个少数民族的丧葬文化研究。此外，有些研究过分注重普遍性而忽视地域文化的特殊性，如杨知勇关于西南民族生死观的研究，对"西南"的定位过于宽泛，忽视了研究主体的地域性与民族性。

综上，本研究至少在以下方面可继续推进：

第一，历史与考古层面的已有研究，为本研究第一章中哈尼族的族源、迁徙史，及其丧葬史的考察，提供了研究借鉴与学理参照。鉴于既有研究在材料与视角上的局限，本研究重视充分运用文献资料与田野调查的第一手资料。尤其在田野资料方面，本研究注重对民间口述史、民间神话传说和民间故事等资料的运用，以"眼光向下"的视角，关注底层民众的集体记忆与历史记忆的演变过程。

第二，文化与观念层面的已有研究，是本研究的主要参照。鉴于其在研究方法、材料与视角上的不足，本研究在研究方法上注重从哈尼族丧葬礼仪的"深描"中，发掘历史文化信息，注重抽象观念与具象实践之间的联系。在研究材料与研究视角上，本研究注重对田野资料的运用，在充分掌握地方性知识的基础上，以地方文化分析地方民众的丧葬礼仪，从文化整体的角度关注其礼仪文化的变迁。

第三，区域与民族层面的已有研究，为本研究关注豪尼人丧葬礼仪文化提供了参考。针对既有研究在研究材料与方法上的不足，本研究在继续强调以田野调查方法获取第一手田野调查的资料之外，更注意结合"多点民族志"（multi-locale ethnographies）式的比较研究，以文化变迁的整体视角，将豪尼人的丧葬礼仪纳入更宏大的"多元一体"的民族历史文化之中，在强调普遍性的同时亦凸显其特殊性。

总之，本研究注重运用文献资料与田野资料，尤其是田野资料，以民俗学、民族学、历史学等多学科的研究视角从整体上关注哈尼族丧葬文化的发展。本研究通过对特定区域文化空间中豪尼人丧葬礼仪的考察，剖析地方民众的传统生死观念，并阐述丧葬礼仪在其整体性的日常生活中具有的功能与意义，进而揭示地方民众带有地域性、民族性的生死信仰与文化逻辑。

### 2. 哈尼族丧葬文化研究方面

既有研究从多个角度展现了哈尼族丧葬文化的样貌，具有较高的学术参照价值，但在研究的视角、内容与方法等方面同样存在不足。

第一，哈尼族丧葬艺术研究之不足主要体现在研究视角与研究方法上。研究者多关注于丧葬礼仪体现的艺术性与艺术形式，而未结合具体的仪式语境，这使丧葬祭词、丧葬音乐与丧葬舞蹈被迫从丧葬礼仪的整体语境中抽离，亦削弱了"人"在仪式中的主体性问题，导致"为艺术而艺术"的分析。如王清华、汉森关于哈尼族丧葬祭词的研究，主要基于葬祭词作文本的比较与分析；曹军、曹天明的丧葬乐舞研究，侧重于丧葬艺术的内容与表现形态。此外，白学光的丧葬音乐研究等虽关注到丧葬礼仪中的仪式过程，但却未能使礼仪实践与艺术分析形成有效结合。

第二，哈尼族丧葬观念研究之不足主要体现在研究的内容、方法与材料上。在研究内容方面，早期研究多为描述性，缺少一定的学理分析，如李期博、毛佑全、马昌仪等学者对哈尼族灵魂观的研究。在研究方法与研究材料方面，研究者多运用二手民族志材料，虽有学者结合田野调查展开个案研究，但或将仪式情境与理论分析剥离，显得阐释力不足；或未抽象出蕴含于丧葬礼仪中的思想观念，陷入描述性的研究困境。如白宇对哈尼族生死观的分析基本建立在二手民族志材料之上；陶贵学、洛婕的研究则侧重于丧葬仪式的描述，将仪式描述与仪式分析进行了剥离。

第三，哈尼族丧葬仪式研究主要针对丧葬礼仪中的具体仪式，其不足主要体现在研究方法与研究材料，以及研究视角上。在研究方法与研究材料上，与哈尼族丧葬观念研究中存在的问题相似，部分研究未注重使用田野调查法与田野材料，虽有学者结合田野个案进行研究，但仍旧停留于仪式性描述的资料之学阶段。如长石对送葬仪式中头饰"吴芭"的考察，未与丧葬仪式的具体语境相结合；白永芳结合丧葬仪式对村落人际关系的研究、李云霞对丧葬礼仪中舅权的研究等，皆侧重于对丧葬仪式的描述。在研究视角上，有的研究虽涉及社会变迁、仪式功能等内容，但却未从历史与文化的整体视角分析哈尼族丧葬仪式，缺少将丧葬礼仪与宏观的民族历史、社会结构、国家权力等相联系。如王亚军、杨云在对哈尼族丧葬礼仪研究中，开篇虽对民族历史与文化进行了介绍，但仅将其作为背景性资料，而未与丧葬礼仪的叙述与分析相结合，忽视了宏大的民族历史与文化整体的存在；张宁虽将哈尼族丧葬仪式及其变迁与社会、文化、自然相关联，但未采用长时段的历史与整体研究视角，未将丧葬礼仪的变迁与民族历史文化相结合，亦看不到哈尼族丧葬仪式中等级制度的演变过程。

综上，本研究至少在以下方面可继续推进：

第一，在丧葬艺术研究方面，本研究注重丧葬艺术与丧葬仪式的结合。丧葬艺术是丧葬仪式的组成部分，本研究在仪式整体的情境下进行艺术分析。另外，丧葬艺术作为一种外在表演形式，是丧葬仪式参与者进行情感、信仰、观念等表达的重要途径，本研究注重艺术主体，即仪式参与者的主体性及其艺术表达。

第二，在丧葬观念研究方面，观念作为一种抽象的存在，通过具体的仪式行为、器具择用等进行表达，需要研究者通过实地田野调查，在掌握第一手资料的基础上，对丧葬仪式进行深入剖析，抽象出思想观念。本研究注重使用田野调查的方法与材料，将仪式描述与分析阐释相结合，对思想观念进行剖析。

第三，在丧葬仪式研究方面，仪式研究应在田野调查的基础上展开，在仪式研究的过程中，除了仪式描述、地方性知识的呈现外，还应进行文化分析与阐释，以达到通过丧葬仪式进行研究，而非仅仅研究丧葬仪式。本研究以田野调查的方法获取第一手的田野资料，对丧葬礼仪中蕴含的文化信息进行分析，同时，以历史与文化的整体研究视角，将豪尼人的丧葬礼仪纳入更宏大的历史文化、社会结构、国家治理的视野之中，探究豪尼人移风易俗的可能性与可行性。

总之，本研究希望在前人研究的基础之上，发挥民俗学、民族学、社会学等多学科交叉融合研究的优势，充分运用田野调查方法获取一手资料，关注地方民众的主体性问题，注重材料与问题的结合。本研究通过全面考察豪尼人的丧葬礼仪，以标志性生死观念为研究主线，剖析文化认知与信仰观念，集中呈现其历史文化与社会生活的变迁。

3. 殡葬改革研究方面

既有研究反思了现行殡葬改革政策的合理性，也对实施过程中出现的问题进行了梳理，并提出了相应的解决策略，但在研究方法、研究材料、研究视角上仍存在不足。

第一，反思殡葬改革政策合理性研究之不足主要体现在研究材料、研究方法与研究视角上。殡葬改革与民生问题紧密相关，因此需要参考地方民众的态度与立场。此类研究在参照国家统计数据、相关新闻报道的基础上，没有运用田野调查方法深入地方民众的社会生活，所以也没有第一手的田野调查材料做支撑与相互印证。如陈华文运用了大量国家统计局、相关学者的统计数据，但却缺少田野调查的数据，尤其在讨论金钱浪费问题时更是如此。有的研究缺乏地方民众的立场与视角，而是站在地方政府的角度提出殡葬改革政策需要修正的问题。如王长征、彭小兵在关于公众"消极响应"殡葬改革政策现象的研究中，即完全站在地方政府的公共管理角度。

第二，关于殡葬改革问题解决策略的研究。大部分学者从政治学、法治学的学科视角，站在政策制定者即公权力的角度，探讨殡葬改革中存在的具体问题与相关的解决策略，忽略地方民众。有的学者甚至批评"协商民主"策略，如伍德志即认为这不能保证协商过程的合法化，也会耗费更多的时间成本，改革必须依靠强有力的政府进行自上而下的推进。这些撇开地方民众谈地方治理政策的研究，难以推进与民生紧密相关的殡葬改革的实行，也不能从根本上解决问题。

综上，针对既有研究在研究材料、研究方法与研究视角上的不足，本研究在更广泛文献阅读的基础上，以田野调查为主要方法，获取地方政府在地方社会推行殡葬改革的具体政策、实施过程。同时，本研究关注地方民众的理解与应对，最终站在地方民众的主体视角，探讨文明有序地推行殡葬改革的策略。

### （三）关键词界定

1."生死区隔"

"区隔"（distinction）发生在社会生活的各方面，可以是表现形式的，也可以是观念意义上的。日常生活中的"区隔"，包括疯癫与文明话语所区分的失序与有序的世界，不同趣味导向下生活风格的差异，洁净与污秽所构建的安全与危险世界，以及基于原初社群之外部世界的恐惧等[1]，对立性的双方往往位于"区隔"的两边。换言之，每个被区分的事物是"被一切把它和它不是的一切尤其是它与之对立的一切区分开来的东西确定"。[2]

生与死是有机体中一体两面的存在。它不像艺术作品一样"只对掌握一种编码的人产生意义并以引起他的兴趣"[3]，只要有生命存在，其中便包含着生与死。豪尼人在以生与死为分类模式的系统中，根据有机体不同的生命体征，对之进行了"聚合"与"区隔"的划分。即他们将有相同生命体征的生者或逝者"聚合"在一起，将有不同生命体征的生者与逝者进行"区隔"。这种分类明显地体现在其丧葬礼仪中，笔者将之概括为"生死区隔"。

"生死区隔"是豪尼人在丧葬礼仪中体现的标志性生死观，这主要表现在对生与死关系的处理。豪尼人在丧葬礼仪中严格区分了生与死的界限，并通过生与生、死与死的各自"聚合"来进一步"区隔"生与死之间的界限。具体来说，"生死区隔"的生死观在豪尼人的丧葬礼仪中主要通过生与死、生与生、死与死的三层关系体现。首先，生与死的关系，这主要指丧家与逝者的"区隔"关系。这既体现在丧家对逝者死亡情况"正常/非正常"的分类，也体现在筹办丧葬礼仪的过程中，逐渐将逝者"区隔"出生者世界，以便其后更好地"聚合"到生者世界。其次，生与生的关系，这主要指丧家与其他丧葬礼仪参与者的"聚合"关系，主要包括亲属关系、友邻关系。同样地，

---

1 相关研究参见［法］米歇尔·福柯：《疯癫与文明》，刘北成、杨远婴译，北京：生活·读书·新知三联书店，2019年；［法］皮埃尔·布尔迪厄：《区分：判断力的社会批判》（上、下），刘晖译，北京：商务印书馆，2015年；［英］玛丽·道格拉斯：《洁净与危险》，黄剑波、柳博赟、卢忱译，北京：民族出版社，2008年；王明珂：《毒药猫理论：恐惧与暴力的社会根源》，台北：允晨文化，2021年。

2［法］皮埃尔·布尔迪厄：《区分：判断力的社会批判》（上），刘晖译，北京：商务印书馆，2015年，第270页。

3［法］皮埃尔·布尔迪厄：《区分：判断力的社会批判》（上），刘晖译，北京：商务印书馆，2015年，第3页。

丧家与生者的"聚合"关系中，隐含着其对亡者的"区隔"。最后，死与死的关系，主要指新近离世者与已逝祖先或其他亡灵之间的"聚合"关系。生者安置亡者的"聚合"，实际是在创造生者间的"聚合"。

总之，对生与死的区分及其关系的处理是豪尼人丧葬礼仪的主要目的，其丧葬仪式的过程不可避免地带有"结构—反结构—结构"的特征。在死亡引发的失序状态下，豪尼人通过丧葬礼仪，安置逝者并将逝者逐渐地从生者世界"区隔"，最终完成了逝者与生者的各自"聚合"，维护了生与死的秩序。

2. 元江流域

元江—红河，是跨境中越的国际性河流，发源于云南省大理州巍山县茅草哨与祥云县波多岭。其中，发源于茅草哨的西源为主源，与发源于波多岭的东源在大理州南涧县汇合后，自西北向东南流。该河流在境内流经大理、楚雄、玉溪、红河四地州后，流至境外的越南北部，后经北部湾汇入南海。河流全长1280千米，流域总面积11.3万平方千米，其中云南境内流域面积74870平方千米，占全流域面积的66.3%。[1]

元江—红河在不同的流经地域有不同的称谓，其称谓之多为云南各河之首。在西源大理州巍山县境内，其上段称大西河，下段称巍山河；在南涧县，则被称为南涧河。东源流经祥云县、弥渡县境内，上段称毗雄河，下段称苴力河。两河源在南涧县汇合后，被称作礼社江。礼社江自西北向东南流，在楚雄州双柏县至玉溪市新平县水塘镇之间，上段称石羊江，下段称马龙河。在新平县水塘镇，其与东侧支流绿汁江汇合后始称元江，主要流经新平县西南部与元江县境内，其中在新平县境内流经戛洒镇、漠沙镇的河段又分别被称为

---

[1] 何大明、汤奇成等：《中国国际河流》，北京：科学出版社，2000年，第194—209页。

戛洒江、漠沙江；流至红河州红河县境内后称红河。[1] 笔者参照学界对此河流的相关研究，以及此河流在中国境内的流经概况，整体上将其干流划分为上中下三段：上游为礼社江，中游为元江，下游为红河。

结合此河在中国境内的流经地域、哈尼族的历史迁徙与现今分布，以及元江县域在历史上的变更，本研究将以"元江流域"的地理概念取代"元江县"的行政概念。"元江流域"在本研究中主要指，礼社江与绿汁江汇流后，至红河县之间的河流干流，其支流主要包括清水河、南溪河等。流经地包括今云南省玉溪市新平县西南部与元江县境内，以元江县境内为主。河流两岸的山区，是哈尼族的主要聚居地。

3. 哈尼族豪尼人

哈尼族源于西北古羌部族，秦汉时期在云南省境内分化为叟族、昆族，并在唐朝初年被称作"和蛮"，此后历代文献对其称谓皆有不同，包括"和蛮""和泥""斡泥""禾泥""窝尼""窝泥"等。[2] 据国家统计局 2021 年的统计数据显示，中国哈尼族总人口为 1733166 人[3]，主要分布在云南省境内。

哈尼族分散聚居于云南省各山区，内部支系繁多且发展不平衡，有自称和他称数十种。在 20 世纪 50 年代中央民族识别工作中，结合哈尼族内部支系繁多的情况，以自称人数最多的"哈尼"作为本民族的第三人称，哈尼族成为我国少数民族之中的一员。

"豪尼"是哈尼族支系之一，以自称命名。但一些资料或既有研

---

[1] 何大明、汤奇成等：《中国国际河流》，北京：科学出版社，2000 年，第 194—209 页。

[2] 尤中：《云南民族史》，昆明：云南大学出版社，1994 年。

[3] 数据来源：国家统计局网中国统计年鉴 2021 年数据：http://www.stats.gov.cn/sj/ndsj/2021/indexch.htm。

究，多以他称"惰塔"或"多塔"相称。其中，"惰塔"作为豪尼人的他称，晚近才载于民国方志中。[1] 从整体来看，豪尼人主要分布在云南省元江县、宁洱县，此外在镇沅县、景谷县、墨江县、江城县、红河县、绿春县、普洱市亦有分布。[2] 本研究希望以"局内人"或主体性的学术研究视角，尊重民族文化与认同，将聚居在元江流域自称为"豪尼"的哈尼人作为研究主体。

元江流域的民族成分较为多元。以元江县为例，主体民族包括哈尼族、彝族、傣族等。傣族耐热喜水，主要聚居于元江河谷坝区；河谷外以河流为界的山区，主要分布着彝族和哈尼族这两支山地民族。其中，彝族聚居于气候较为干燥的河流东岸，主要从事旱作农业；哈尼族聚居于气候较为湿润的河流以西，主要从事水田农业。[3] 余下的其他民族则分散杂居在主体民族周围，包括汉族、白族、拉祜族等。元江县的哈尼族主要分布在因远镇、曼来镇、那诺乡、咪哩乡。其中，咪哩乡是豪尼人的主要聚居地，也是本研究的主要田野点。

4."摩批"

哈尼族的巫师，俗称"摩批"，在哈尼族社会中具有重要地位。在头人、"摩批"、工匠"三位一体"时期，"摩批"承担着部落社会中与信仰活动相关的职能；在"政教合一"的"鬼主"制度时期，"摩批"作为巫师同时担任部落首领；在"政教分离"后，"摩批"成为"首领"制度下的专职祭司，并在"土司"制度时期延续相应职能。随着哈尼族传统"政治—宗教"制度的崩析，原本属于上层阶级的"摩批"从政治神坛跌落民间社会，逐渐成为民间文化的代表，并发展

---

1《哈尼族简史》编写组：《哈尼族简史》（修订本），北京：民族出版社，2008年，第6页。
2 郭思九等主编《云南文化艺术词典》，昆明：云南人民出版社，1997年，第134页。
3 胡鸿保、周星、刘援朝、陈丁昆：《人类学本土化与田野调查——元江调查四人谈》，《广西民族学院学报》1998年第1期。

出新的存在形式。"摩批"进入民间社会以后，分化为"铺批""奥吉"、职业"摩批"[1]，他们被哈尼人统称为"摩批"，但其各自的职能、传承方式有所不同。

各地区的哈尼族对"摩批"的称呼有所不同。哀牢山、无量山等地的哈尼族习惯称"摩批"为"贝玛""批玛""贝摩""白马""白姆""毕摩"等，西双版纳地区的哈尼族则习惯称之为"背摩""贝玛"或"追玛"等。[2] 民国方志中，还将"摩批"写作"白姆""白母"等。[3] 已有研究对之也未形成统一的称谓，其中有"贝玛""莫批""摩匹""贝母""母仳"等。笔者根据田野点咪哩乡哈尼族豪尼支系的方言，音译并书写为"摩批"。至于具体语境下的"摩批"，笔者遵从地方社会的习惯，称之为"铺批""奥吉"与职业"摩批"等。

## 四、研究方法与资料来源

### （一）研究方法

1. 文献资料法

文献资料法是本研究的重要研究方法。在确定选题初期，笔者通过阅读大量的文献资料，从已有的学术研究脉络中确定选题，并检视选题的价值；确定选题后，笔者结合多学科的综合研究视角阅读相关文献，检验选题可行性、拓展研究思路、明确问题意识等。整体而言，文献资料的阅读贯穿于本研究的全部过程，笔者通过阅

---

[1] 此处的职业"摩批"与哈尼人统称意义上的"摩批"有所不同。哈尼人在日常生活中习惯将职业"摩批"直接称作"摩批"，他们能根据具体语境对之进行区分。笔者为便于将其与统称意义上的"摩批"进行区别，根据其仪式职能、仪式对象，以及当地人的解释，特在哈尼人的习惯称谓前加上"职业"二字。

[2] 史军超：《哈尼族文学史》，昆明：云南民族出版社，2015年，第466页。

[3] 包括在民国《墨江县志稿》《墨江县地志资料》等地方志中。

读与本研究相关的文献资料，在借鉴前人研究成果的基础之上，对本研究领域的理论与现状有了更清晰的认识。

2. 田野调查法

田野调查法是本研究的主要研究方法。在前期文献阅读的基础之上，笔者通过制定详细的田野调查提纲，在深入田野调查的基础上进一步论证选题的可行性。在正式的田野调查过程中，笔者充分运用参与观察法、深度访谈法、入户调查法、主题座谈会、实地考察法、问卷调查法等，并利用录音笔、照相机等数码设备进行科学记录，获取本研究的第一手资料。

3. 比较研究法

在展开比较研究之前，笔者将研究集中于元江流域豪尼人聚居的特定区域内，以期在一个明确界定的文化区域内对其丧葬礼仪体现的生死观进行研究。在此基础上，本研究参照了美国学者乔治·E.马库斯（George E. Marcus）所提倡的"多点民族志"式的研究方法，兼顾在同一文化区域内，即主要田野点之外其他村落的豪尼人，甚至是其他哈尼族支系的丧葬礼仪文化，在田野点之外的不同村落与支系或民族中进行对比考察，并分析其在历时性与共时性上与田野点豪尼人丧葬礼仪文化所具有的关联。[1]

## （二）资料来源

1. 文献类资料

通过文献阅读，笔者收集了秦汉以来汉文典籍中关于哈尼族丧葬礼仪的记载。从相关的研究专著与论文、已出版的哈尼族民间叙

---

[1]［美］乔治·E. 马库斯：《现代世界体系中民族志的当代问题》，李霞译，［美］詹姆斯·克利福德、乔治·E. 马库斯编《写文化——民族志的诗学与政治学》，高丙中、吴晓黎、李霞等译，北京：商务印书馆，2006年，第215—216页。

事文本中，笔者获得了与哈尼族丧葬礼仪相关的文献与材料。在田野调查的过程中，笔者收集到了元江县历代志书，包括清康熙《元江府志》、清道光《元江州志》、民国《元江志稿》、1993年《元江哈尼族彝族傣族自治县志》，以及地方统计部门、档案局收集整理的相关年鉴、历史档案等。此外，笔者还收集到了包括元江县哈尼族文化学会、咪哩乡同乡会、咪哩村老年协会、紫驼骆同乡会等地方自治组织编纂与修订的内部文件与资料。

2. 田野类资料

田野资料是本研究的重要资料来源。本研究以咪哩乡下辖的村落为主要田野点，并以咪哩村为田野调查的中心，兼与咪哩村周边其他村寨进行"多点民族志"式的比较研究。自2013年起，笔者就开始关注哈尼族的丧葬礼仪。2018年预调查期间，笔者完整参与了田野点咪哩村、紫驼骆村的两起丧葬礼仪，对豪尼人丧葬礼仪有了整体性认识。2019年，笔者在田野点完成了持续6个月的田野调查，共参与了12起豪尼人的丧葬礼仪，获取田野调查录音210余小时，并部分整理完成74万余字的田野资料。此次田野调查涉及的村落主要包括咪哩村、紫驼骆村、瓦纳村、甘岔村、大芭蕉村、小芭蕉村、裸裸城村等。调查对象主要包括当地村民、村级干部、元江县民政局殡葬改革领导小组工作人员、元江县殡仪馆工作人员等。调查内容主要包括豪尼人与生死相关的民间故事、豪尼人丧葬礼仪的过程、豪尼人的祭祖习俗、元江县殡葬改革组织与进展情况等。

3. 网络类资料

网络类资料在研究中具有工具性与辅助性的重要价值。结合互联网获取资料的便利性，本研究结合各门户网站、数据库，获取研究所需的数据、图片等资料。第一，门户网站，如国家统计局网、中华人民共和国民政部网、中华人民共和国民政部一零一研究所网、全国地理信息资源目录服务系统网、中国殡葬协会网、云南省人民政府网、云南省测绘地理信息局网、玉溪市人民政府网、元江县人民政府网、元江县政府信息公开网等；第二，数据库，如中国农村数据库、皮书数据库、中国数字方志库、爱如生古籍库与方志库等。此外，笔者还通过微信、QQ等社交软件，加入田野点的微信群、QQ群，持续获取与田野点相关的信息与资料。

# 第一章 民族互嵌：哈尼族的族源、历史与现状

民族作为稳定的共同体，经历了漫长的发生、发展与消亡的过程。[1] 现聚居于云南省的哈尼族拥有漫长的迁徙史，其民族文化不可避免地与其他民族文化产生互嵌，包括在丧葬礼仪方面。元江流域是哈尼族的主要聚居地之一，从哈尼族的迁徙路径来看，此地处于其自北向南迁徙路线的交汇处，集中分布着不同支系的哈尼人。本章通过梳理哈尼族的族源、迁徙历史、丧葬文化，以及元江流域的哈尼族，欲为后文的研究提供重要参照，同时也将本研究的主体——豪尼人及其丧葬礼仪，纳入哈尼族整体历史的发展与变迁之中，亦从侧面展现其作为中华民族共同体之一员的发展历程。

## 第一节 哈尼族的族源与迁徙

习近平总书记在中央民族工作会议上强调，我国历史演进的特点，促使各民族在分布、文化、经济、情感上相互交融，形成多元一体格局。[2] 换言之，中华民族的主流，是由各独立民族在互动与交融后形成的多元统一体。事实上，各独立民族的形成也是多元一体的，哈尼族的形成即是如此。族源主体源于西北古羌的哈尼族先民，曾分东、中、

---

1 中央民族干部学院教材编写组编著：《中国共产党的民族理论与民族政策》，北京：民族出版社，2013年，第13页。

2 新华网2014年9月29日报道：《中央民族工作会议暨国务院第六次全国民族团结进步表彰大会在京举行》，http://www.xinhuanet.com//politics/2014-09/29/c_1112683008.htm.

西三条路线由北向南迁徙，并在迁徙途中与其他民族产生互动与交融，最终成为"我中有你、你中有我"的中华民族共同体之一员。

## 一、"多元一体"：哈尼族的族源与形成

哈尼族跨境而居，中国境内的哈尼族有173万余人[1]，主要聚居于云南省境内的哀牢山、无量山，红河、李仙江、澜沧江，即"两山三江"之间的山区与半山区；境外的哈尼族有40余万人，主要聚居于缅甸、泰国、老挝与越南等东南亚国家的北部山区。[2]云南在旧石器时期便有人类居住，而现今作为少数民族聚居的主要省份，境内的原始族群与西北、中原、东南沿海、东南亚等地区的族群皆有文化联系，且在新石器时期便形成了多族群聚居、杂居的文化景观。[3]从2020年的人口统计数据来看，我国境内的哈尼族在云南省少数民族人数中位居第二，仅次于彝族。[4]可以补充的是，彝族与哈尼族具有"同源异流"的文化关系，二者在族源主体上皆属于西北古羌。

学界关于哈尼族族源的讨论，主要集中于20世纪末，常见的有"土著说""东来说""北来说""二元融合说"等四种说法。[5]其中，

---

[1] 2021年，哈尼族在中国境内的总人数为1733166人，数据来源：国家统计局网中国统计年鉴2021年数据，http://www.stats.gov.cn/tjsj/ndsj/2021/indexch.htm。

[2] 杨六金：《中南半岛哈尼族文化研究》，昆明：云南人民出版社，2018年，第3、6、10、13页。据学者杨六金的叙述，哈尼族在越南有1.7万至2万人，在老挝约有6.7万人，在缅甸有约20万人，在泰国有1.8万至9.5万人。

[3] 尤中：《云南民族史》，昆明：云南大学出版社，1994年，第1—11页。

[4] 2020年，在云南省境内的少数民族人数中，彝族位居第一，有5071002人；哈尼族位居第二，有1632981人。数据来源：国家统计局网第七次人口普查，http://www.stats.gov.cn/sj/pcsj/rkpc/7rp/zk/indexch.htm。

[5] 相关研究参见史军超：《哈尼族与"氐羌系统"》，《民族文化》1987年第5期；史军超：《论"和夷"——兼及哈尼族历史文化渊源》，《云南民族学院学报》2002年第5期；孙官生：《从传说与历史看哈尼族族源》，《云南社会科学》1990年第2期；毛佑全：《哈尼族原始族称、族源及其迁徙活动探析》，《云南社会科学》1989年第5期；毛佑全：《评哈尼族族源四说》，《思想战线》1992年第5期；王清华：《哈尼族的迁徙与社会发展——哈尼族迁徙史诗研究》，《云南社会科学》1995年第5期。

哈尼族族源之"土著说"认为，哈尼族是红河流域的土著与当地其他民族融合后形成的。持此说的学者为少数，如孙官生结合考古学研究，认为红河两岸是"早期人类发祥地"。他结合哈尼族民间叙事与历史文献，从自然环境、稻作文化、生活习俗等方面进行比较研究，认为哈尼族先民自古生活在云南，并在红河流域世代繁衍，他们与当地其他民族经过多次交流与融合，最终形成了多支系的民族。[1]

哈尼族族源之"东来说"，是将华东、华南、华北等地的汉族作为哈尼族的源流。持此说的学者指出，哈尼族的父子连名制家谱与云南部分汉族的宗谱一致，皆能追溯到南京、山西、河南、江西、湖南、贵州等地。[2]但哈尼族族源的"东来说"，只在少数哈尼人中流传，在学界亦未得到广泛的认同。

哈尼族族源的其余"两说"，即"北来说"与"二元融合说"，在学界有一定的影响。其中，"北来说"又称"南迁说"，持此观点的学者认为，哈尼族源于青藏高原古羌，其由西北向东南迁徙，是今聚居于云南省境内哈尼族的祖先。持此观点的学者，主要从历史文献的零星记载，及哈尼族迁徙史诗、殡葬祭歌、民间歌谣等民间叙事中寻找证据。由国家民委组织编写《民族问题五种丛书》之一的《中国少数民族》与《哈尼族简史》等即持此说法。[3]

出现时间稍后，由哈尼族学者史军超根据哈尼族迁徙史诗《哈尼阿培聪坡坡》提出的哈尼族族源之"二元融合说"，将哈尼族的形成看作是青藏高原南下的北方游牧民族与云南高原北上的夷越民族

---

[1] 孙官生：《古老·神奇·博大——哈尼族文化探源》，昆明：云南人民出版社，1991年，第1—55页。

[2] 毛佑全：《评哈尼族族源四说》，《思想战线》1992年第5期。

[3] 国家民委民族问题五种丛书编辑委员会《中国少数民族》编写组：《中国少数民族》，北京：人民出版社，1981年，第334页；国家民委民族问题五种丛书编辑委员会《哈尼族简史》编写组编《哈尼族简史》，昆明：云南人民出版社，1985年，第19页。

融合而成的新型稻作农耕民族,哈尼族在族源上是双向且复合的,文化上是两种族群文化的合体。[1]此观点提出后,曾在学界得到更为广泛的认同。

作为现代民族的哈尼族,是族源主体为西北古羌的哈尼族先民在由北向南迁徙过程中与其他民族互动与交融后形成的。具体而言,哈尼族的形成具有历史过程性,结合民族史、考古学、民族学的既有研究,哈尼族"族源四说"的产生都有一定道理,但任何一说都不够完善。

首先,关于哈尼族族源的"土著说"。从相关的考古学、民族史研究来看,云南在旧石器时期便有人类居住,而在"我中有你、你中有我"的民族互嵌下,由西北迁徙入西南的哈尼族先民在血缘、文化上与当地"土著"有融合的可能。

其次,关于哈尼族族源的"东来说"。早在汉、晋时期,中原王朝便在今云南省设置郡县,并驱使一部分内地汉人进行移民垦殖,以巩固统治;及至唐、宋时期,在南诏国、大理国等地方政权的统治下,云南长期处于分裂割据状态。此时,云南境内的汉人与当地土著民族在人数上相比仍占少数,且汉人因与当地以"白蛮"为主的土著民族相互交错杂居而逐渐融入其中;时至元、明时期,中原王朝为巩固统治,将大量的内地汉人以军屯、商屯、民屯的方式迁入云南少数民族地区进行屯田垦殖,汉人的数量开始逐渐占据上风,汉文化开始对云南土著民族产生更大的影响。[2]从民族互嵌的角度来看,"东来说"的产生有一定的历史依据。另外,从田野调查的资料来看,元江流域少部分哈尼族豪尼人自认为其祖先来自今北京、南

---

[1] 史军超:《滨海文化与高原文化的嫡裔——哈尼族迁徙史诗研究》,红河哈尼族彝族自治州民族研究所编《哈尼族研究文集》,昆明:云南大学出版社,1991年,第30—54页。

[2] 尤中:《云南民族史》,昆明:云南大学出版社,1994年,第352—359页。

京等地，尤其在哈尼族与汉族杂居的咪哩乡瓦纳村、紫驼骆村、甘岔村等，那些在身份上被认定为"哈尼族"的民众，自认为曾经属于汉族。《玉溪地区民族志》中亦记载道："在元江县哈尼族中，部分老人称其祖宗有来自河北、江苏、广东，等等不一。同历史上汉族融于哈尼族有关。"[1]

再次，关于哈尼族族源的"北来说"。哈尼族族源的"土著说""东来说"仅代表在哈尼族主体族源，即古羌中注入了其他族群单位，他们并未达到将哈尼族的族群特性完全分解或消亡的地步，作为哈尼族形成的主流族群，即"北来说"中曾居于西北的古羌族依旧是哈尼族族源的主体，但不应忽略其他民族及其文化对之产生的作用与影响。

最后，关于哈尼族族源的"二元融合说"。"二元融合说"虽然关注到了在哈尼族的形成过程中，其他族群文化对之产生的影响，但此说仅认为哈尼族的族源是古羌与夷越这两个独立族群交融后的结果。虽然此观点不够全面，但其关注到了民族形成的多元统一性，具有一定的学术价值与意义。

总体而言，哈尼族的形成是民族交往交流交融的结果。既有的"族源四说"中，"土著说""东来说""北来说"皆忽略了其他族群文化对哈尼族产生的影响；"二元融合说"则仅看到哈尼族形成过程中两类族群间的相互交融。这些关于哈尼族族源的探讨皆过于片面，不符合哈尼族形成的历史过程与历史事实。民族是由人类社会经济、文化发展的历史因素形成的共同体。[2]哈尼族的形成，是"多元一体"的，也正是因为族源主体为西北古羌的哈尼族先民在长期迁徙的过

---

[1] 玉溪地区民族事务委员会：《玉溪地区民族志》，昆明：云南民族出版社，1992年，第63页。

[2] 方国瑜：《云南民族史讲义》，昆明：云南人民出版社，2013年，第22页。

程中，有机会在广阔地理空间与众多民族接触交往，才形成了其具有多元性和极富适应性的民族文化。[1]

## 二、由北向南：族群迁徙的三条路线

哈尼族先民由北向南的迁徙路线，在汉文典籍中有零散记载，包括《尚书》《蛮书》《新唐书》《元史》《云南志略》《明史》《滇志》等。根据记载，哈尼族先民自公元前3世纪起，经由今大渡河流域分东、中、西三条路线进行南迁。现今依旧流传于哈尼族聚居地的民间叙事，包括《斯批黑遮》《哈尼阿培聪坡坡》《雅尼雅嘎赞嘎》等，印证了其由北向南的迁徙路线。

（一）汉文典籍对哈尼族先民迁徙的记录

秦、汉时期，云南境内的"西南夷"主要包括氐羌、百越、白濮三个系统。[2] 其中，属于氐羌系统的叟族与昆明族常杂居一处，故《华阳国志·南中志》言："夷人大种曰昆，小种曰叟"，两族群经过"同源异流"或"异源合流"的分化与融合，形成了包括今哈尼族在内的5个彝语支民族。[3]

哈尼族无传统文字，汉文典籍中对哈尼族先民的记载较零星且分散。自唐代以来，尤其是明、清两代官方兴修地方志后，汉文典籍中对哈尼族的记载才逐渐增多。汉文典籍中最早对包括哈尼族先民在内的少数民族"和"的记载，出现在《尚书·禹贡》中："华阳黑水惟梁州。岷、嶓既艺，沱、潜既道，蔡、蒙旅平，和夷厎绩。厥土青黎，厥田惟下上，厥赋下中，三错。"其中的"和夷"，包括

---

[1] 王清华：《哈尼族的迁徙与社会发展——哈尼族迁徙史诗研究》，《云南社会科学》1995年第5期。

[2] 尤中：《云南民族史》，昆明：云南大学出版社，1994年，第18—19页。

[3] 尤中：《云南民族史》，昆明：云南大学出版社，1994年，第29页。

了西南夷中的哈尼族先民，他们在公元前3世纪生活于今大渡河南岸、雅砻江以东及安宁河流域。[1] 其时，"和夷"聚居地主要在今四川省境内。唐代《蛮书·云南界内途程》中也有关于哈尼族先民"河子"，聚居于"河子镇"，即今四川省会理市南金沙江北岸的记载。[2] "从目集驿至河子镇七十里"[3]，"目集驿""河子镇"皆在今四川省会理市境内。这些记载，除指涉了哈尼族先民由北向南的迁徙路线外，还记录了其生计方式的重要转变，即从游牧转变为农耕，并按耕地的质量分类缴纳赋税。哈尼族先民生计方式的转变，亦将促使其生活习俗、信仰文化等发生改变。

此外，汉文典籍中对哈尼族先民的历史称谓，还包括"和蛮""和泥""禾泥""窝泥""倭泥""俄泥""阿泥""哈尼""斡泥""阿木""苦聪""罗缅""糯比""路弼""卡惰""毕约""惰塔"等。[4] 其中，"和蛮"的称谓出现在《新唐书·南蛮传下》中："显庆元年，西洱河大首领杨栋附显、和蛮大首领王罗祁、郎昆梨盘四州大首领王伽冲率部落四千人归附，入朝贡方物。……开元中，首领始入朝，授刺史。会南诏蒙归义拔大和城，乃北徙，更羁制于浪穹诏。浪穹诏已破，又徙云南柘城"，其主要分布在今楚雄州南部至普洱市一带。[5] 此时，哈尼族先民已从古羌部族中分化，汉文典籍中将之称为"和蛮"。根据记载，唐显庆元年（656年），"和蛮"已形成"大首领"制度，并有使用汉姓的现象，与中原王朝结有朝贡关系。及至开元中期，"和蛮"

---

[1]《哈尼族简史》编写组：《哈尼族简史》（修订本），北京：民族出版社，2008年，第18页。

[2] 国家民委全国少数民族古籍整理研究室编《中国少数民族古籍总目提要·哈尼族卷》，北京：中国大百科全书出版社，2008年，第3页。

[3]（唐）樊绰：《蛮书》。

[4]《哈尼族简史》编写组：《哈尼族简史》（修订本），北京：民族出版社，2008年，第4页。

[5] 尤中：《云南民族史》，昆明：云南大学出版社，1994年，第118页。

与其他西洱河地区的首领一道，接受中原王朝的敕封。因哈尼族先民的聚居区位于中原王朝统治的边缘，又因在区域内没有形成强大的民族政权[1]，局部战乱导致族群内部迁徙不断。此部分哈尼族先民，最终多南迁至滇南、滇东南一带。[2]

另外，在唐开元年间（713—741 年），张九龄《敕安南首领爨仁哲书》中记载："敕安南首领峒州刺史爨仁哲、潘州刺史潘明威、僚子首领阿迪、和蛮大鬼主孟谷悮、姚州首领左威卫将军爨彦徵、将军昆州刺史爨嗣绍、黎州刺史爨曾，戎州首领右监门卫大将军南（宁）州刺史爨归王、南宁州司马威州刺史都大鬼主爨崇道、升麻县令孟躭：卿等虽在僻远，各有部落，俱属国家，并识王化"。[3]张九龄将羁縻州首领分安南、姚州、戎州三组，分属安南都护府、姚州都督府、戎州都督府。其中，"和蛮大鬼主孟谷悮"所属的安南都护府的管辖地，即在今文山州与红河州境内。[4]

由此可见，"和蛮"在唐代主要有两大分布区。除唐显庆元年记载的，在"和蛮大首领王罗祁"的统治之下，与"白蛮"（今白族之先民）、"乌蛮"（今彝族之先民）杂居在今楚雄州南部至普洱市一带的"和蛮"之外，还有唐开元年间记载的，归"和蛮大鬼主孟谷悮"统治，聚居于滇东南，即今文山州与红河州地区的"和蛮"。

唐代之后，汉文典籍中出现了哈尼族先民的其他称谓。其中，"和泥""禾泥""斡泥""阿木""阿宁"的称谓，初现于元代文献，如《元文类》《元史》《赛平章德政碑》《云南志略》《圣朝混一方舆胜览》《读

---

[1] 朱映占、曾亮、陈燕：《云南民族通史》（上），昆明：云南大学出版社，2016 年，第 215 页。

[2] 朱映占、曾亮、陈燕：《云南民族通史》（上），昆明：云南大学出版社，2016 年，第 230 页。

[3]（唐）张九龄：《张九龄集校注》（中册），熊飞校注，北京：中华书局，2008 年，第 693 页。

[4] 尤中：《中国西南边疆变迁史》，昆明：云南大学出版社，2015 年，第 41 页。

史方舆纪要》等。其时，哈尼族先民主要分布在哀牢山东、西两麓，少数散布在乌蒙山、无量山，即今云南省安宁市、元江县、墨江县、普洱市、建水县、红河县、元阳县、绿春县、金平县，贵州省赫章县、毕节市、大方县等地。"倭泥""窝泥""俄泥""阿泥"的称谓，首见于明代文献，如《云南图经志书》《明实录》《明史》《大明一统志》《滇志》等。其时，哈尼族先民主要分布在大渡河、安宁河、滇池、洱海、哀牢山、六诏山等地区，即今四川省冕宁县、西昌市、会理市，云南省昆明市、邓川镇、景东县、元江县、墨江县、江城县、建水县、开远市、蒙自市、红河县、元阳县、绿春县、金平县、泸西县、西双版纳州、文山市、广南县、马关县等地。"哈尼""糯比""路弼""卡惰""罗缅"的称谓记载，始见于清代文献，如《古今图书集成》《蒙自县志》《临安府志》《南诏野史》《云南通志》《伯麟图说》《元江州志》《他郎厅志》等。其中，除"罗缅"分布在滇北外，即今云南省禄劝县、武定县、元谋县等地，其余主要分布在哀牢山区。"毕约""惰塔"的称谓，晚见于民国方志，如《新平县志》《墨江县志稿》等。其时，哈尼族先民主要分布在哀牢山西麓，即今云南省新平县、墨江县等地。[1]

现哈尼族的主要聚居地，在云南省普洱市、玉溪市、红河州、西双版纳州。此外，在昆明市、楚雄市、曲靖市亦有部分哈尼族与其他民族杂居一处。结合上述记载，除今滇东南的文山州与川、黔地区已无哈尼族分布外，哈尼族的其他分布地区与今日大致重合。为何会出现此类情况？据哈尼族学者黄绍文考证，在公元前3世纪之后，哈尼族先民自大渡河流域的南迁路线主要分东、中、西三条，而现今消失的哈尼族，正是沿东线迁徙的这一支。[2]

---

[1]《哈尼族简史》编写组：《哈尼族简史》(修订本)，北京：民族出版社，2008年，第6—19页。

[2] 黄绍文：《诺玛阿美到哀牢山》，昆明：云南民族出版社，2007年，第29—45页。

关于哈尼族迁徙的东、中、西三条路线。其一，哈尼族迁徙路线之西线。主要从今云南省元谋县姜驿村溯江而上至今四川省攀枝花市后，向西迁至今云南省永胜县涛源镇一带，再向南至今云南省宾川县洱海附近，再往东南的今云南省祥云县、弥渡县、南华县、楚雄市、双柏县后，进入今无量山与哀牢山区的云南省景东县、镇沅县、新平县、元江县、墨江县、景谷县、普洱市、宁洱县、澜沧县、江城县、景洪市、勐海县、勐腊县等，后越过今国境线，到老挝北部丰沙里、本再、孟夸、南帕河，缅甸北部景栋一带，以及泰国北部清迈府祖艾县与清莱府媚塞、媚占、清孔、清盛等地。

其二，哈尼族迁徙路线之中线。主要从今四川省西昌市向南，经德昌县、米易县、会理市等地，至今云南省元谋县姜驿村形成的核心聚居区，自此又分西、南两线迁徙，其中以南线为主线。自今云南省姜驿村起迁至元谋县、武定县、禄劝县、禄丰市、安宁市、易门县、晋宁区、玉溪市、江川区、通海县、建水县、石屏县后，南渡红河在元阳县、红河县、绿春县、金平县形成主要聚居区，后又迁徙至今中越边境的越南莱州省北部山区。

其三，哈尼族迁徙路线之东线。主要从今四川省西昌市起，到今四川省金阳县后分两路继续迁徙。其中一路经今四川省金阳县，至今云南省大关县、彝良县、威信县、镇雄县，在今昭通东部形成核心区，再迁至今贵州省毕节市、大方县、赫章县、威宁县。另一路经今四川省金阳县，至今云南省昭通市、鲁甸县、会泽县、东川区，并在东川区形成核心区，后继续向今云南省寻甸县、马龙区、陆良县、师宗县、罗平县、泸西县、丘北县、开远市、砚山县、西畴县、文山市、马关县、麻栗坡县迁移。清朝康熙年间，东线哈尼族先民因受战乱及中原王朝人口迁移政策的影响，部分回迁而与中线迁徙于今哀牢山区的哈尼族先民会合，余下的则在当地融于其他族群之中。这也是现滇西北昭通市、滇东南文山州及川、黔地区无哈尼族分布的主要原因。[1] 现在云南境内分布的哈尼族，主要是早期中、西两条迁徙路线及东线回迁后的哈尼族先民之后裔。

唐宋时期，经中线与西线迁徙的哈尼族先民在今元江县、墨江县一带会合。[2] 其中，聚居于今元江县境内哀牢山区的因远部发展强大，其首领从山巅迁至江畔后改称"罗磐国"，统治了哀牢山、无量山的大部分哈尼族聚居区近3万平方千米的土地。[3] 此政权直到元代才被摧毁，其后哈尼族散布聚居于哀牢山和无量山地区，与今天哈尼族聚居的"两山三江"区域基本重合。

（二）民间叙事对哈尼族先民迁徙的记载

无文字民族的历史文化、信仰习俗等集体记忆，主要通过民间叙事得以流传。记录了哈尼族迁徙历史的民间叙事，主要集中在哈尼族的迁徙史诗、殡葬祭词及叙事歌谣之中。哈尼族的民间叙事主要用民族语言叙述，因口头传统的集体性、变异性等特征，随着历史的发展，其对相关地名的记述已无法详细考证。但是，通过参考哈尼族流传至今或已整理出版的民间叙事，可将其由北向南的迁徙轨迹进行大致勾勒。

在现已出版的哈尼族殡葬祭歌《斯批黑遮·寻找祖先的足迹》中，提到哈尼族先民最初在"努玛阿美"建寨后，曾先后在"许余""拉煞"两地建寨，后因与外族"那然"争夺居住地失败，便"离乡往南迁"。哈尼族先民在"许余"时，三个祖先"区伊""莫作""仰资"便已分东、中、西建立了三个寨子。在哈尼族先民南迁的过程中，"三

---

1 黄绍文：《诺玛阿美到哀牢山》，昆明：云南民族出版社，2007年，第43—45页。

2 李少军：《诗性的智慧——哈尼族传统哲学研究》，北京：民族出版社，2006年，第18页。

3 云南省民族事务委员会编《哈尼族文化大观》，昆明：云南民族出版社，2013年，第490页。

个祖先分开走三头：区伊带儿孙向着山清水秀的地方走，莫作带儿孙朝能开田种地的地方行，仰资带儿孙顺着山梁向着名山大川走。"[1]事实上，这段关于"兄弟祖先"的口述记载[2]，亦是今聚居于不同地区哈尼族的共同历史记忆。

此外，与哈尼族迁徙历史相关的民间文献出版物，还包括《十二奴局·杜达纳戛》[3]《哈尼族起源歌》[4]《哈尼阿培聪坡坡》[5]《雅尼雅嘎赞嘎》[6]等。其中，哈尼族迁徙史诗《哈尼阿培聪坡坡》与《雅尼雅嘎赞嘎》的故事结构与叙事内容较完整，是至今依旧生活在中、西两条迁徙路线上的哈尼族的重要迁徙史诗。《哈尼阿培聪坡坡》记述了哈尼族由北向南迁徙之中线，而《雅尼雅嘎赞嘎》则记述了哈尼族由北向南迁徙之西线，两部迁徙史诗对研究哈尼族的族源与迁徙历史皆有重要意义。

《哈尼阿培聪坡坡》主要流传于红河两岸哈尼族村寨，现已整理出版的《哈尼阿培聪坡坡》，主要由红河州元阳县攀枝花乡洞铺村的"摩批"朱小和演唱，史军超、卢朝贵、段贶乐、杨叔孔等人翻译整理，共五千余行。在史诗的歌头处，歌者便唱道："我们正合唱一唱，先祖怎样出世，我们正合讲一讲，先祖走过什么路程，每支歌都是

---

[1] 赵呼础、李七周演唱，李期博、米娜译：《斯批黑遮：哈尼族殡葬祭歌》，昆明：云南民族出版社，1990年，第128—158页。

[2] 王明珂：《英雄祖先与弟兄民族：根基历史的文本与情境》，北京：中华书局，2009年。

[3] 赵官禄、郭纯礼、黄世荣、梁福生搜集整理：《十二奴局》，昆明：云南人民出版社，2009年。

[4] 罗有忠演唱，白居舟、杨仕良、张红梅搜集整理：《哈尼族起源歌》，昆明：云南民族出版社，2008年。

[5] 朱小和演唱，史军超、卢朝贵、段贶乐、杨叔孔译：《哈尼阿培聪坡坡》，昆明：云南民族出版社，1986年。

[6] 景洪县民委编《雅尼雅嘎赞嘎——哈尼族迁徙史诗》，施达、阿海译，昆明：云南人民出版社，1992年。

先祖传下来的,是先祖借我的舌头把它传给后代子孙!"[1]此后,史诗根据哈尼族先民7次重要的迁徙历史,叙述了哈尼族先民从北方"虎尼虎那高山"先后到达"什虽湖""嘎鲁嘎则""惹罗普楚""诺玛阿美""色厄作娘""谷哈密查"等地,最后在"红河两岸"繁衍生息的迁徙历程。[2]

据本书搜集者之一的哈尼族学者史军超考证,"虎尼虎那"在今青海省巴颜喀拉山口两侧的黄河、长江的源头,"什虽湖"在今青海省南部与四川省西北部之交的谷地,"嘎鲁嘎则""惹罗普楚"在今四川盆地与川西北高原的交汇处,"诺玛阿美"在今四川省雅砻江与安宁河流域,"色厄作娘"在今云南省大理洱海之滨,"谷哈密查"在今云南省昆明市。此外,史诗中还提及的哈尼族先民在迁徙途中经过的"那妥""石七",分别在今云南省通海县、石屏县境内。此后,哈尼族先民渡过红河开辟哀牢山,繁衍生息。[3]结合汉文典籍的记载,此路线符合哈尼族三条迁徙路线之中线的迁徙轨迹。

《雅尼雅嘎赞嘎》主要流传于我国境内的云南省普洱市澜沧县、孟连县,西双版纳州景洪市、勐海县、勐腊县,以及境外的中南半岛各国,自称为"雅尼"或"阿卡"的哈尼族支系之中。现已整理出版《雅尼雅嘎赞嘎》,主要由西双版纳州勐海县格朗和哈尼族乡帕真村的村民批二演唱,由施达、阿海翻译和整理,共六千余行。全诗分为七章,包括雅尼雅的先祖、开辟加滇、加滇的衰落、邦纠继位、

---

[1] 朱小和演唱,史军超、卢朝贵、段贶乐、杨叔孔译:《哈尼阿培聪坡坡》,昆明:云南民族出版社,1986年,第1—2页。

[2] 朱小和演唱,史军超、卢朝贵、段贶乐、杨叔孔译:《哈尼阿培聪坡坡》,昆明:云南民族出版社,1986年。

[3] 史军超:《滨海文化与高原文化的嫡裔——哈尼族迁徙史诗研究》,红河哈尼族彝族自治州民族研究所编《哈尼族研究文集》,昆明:云南大学出版社,1991年,第30—54页。

迁徙悲歌、到了景洪坝、从出走到定居。[1]

其中，史诗的第二章提及哈尼族先民的重要迁徙地"加滇"，据搜集者考证，主要在今昆明市和元江流域境内。[2]根据史诗的记载，哈尼族先民在此地建立了政权并完善了政治制度。其后的第五章至第七章，主要围绕哈尼族先民离开"加滇"后的迁徙经历展开。哈尼族先民离开"加滇"后，先后经过"孟乌""广景""景洪""景兰""曼尾""勐乌""勐约""玛咪""洛戈""纳米赞加""南坡""玛湾""南桠""南弄""莫洁"等地，最后在"浓朗"定居。[3]

根据该史诗的搜集者对迁徙地的注释，哈尼族先民离开"加滇"，即今昆明市和元江流域后，先后迁徙至我国今西双版纳州勐腊县、景洪市、景纳乡、勐海县、小街乡等地。其后，哈尼族先民还到过境外的缅甸地区，最终又回迁至我国境内的"浓朗"，即史诗演唱者批二的村落所在地，勐海县朗格和哈尼族乡帕真村。[4]结合汉文典籍的记载，此路线与哈尼族三条迁徙路线之西线的迁徙轨迹相符。

## 第二节 元江流域的哈尼族

汉文献中对元江流域哈尼族的记载，主要出现在清代官修地方志中。此外，在中华民国所编修的志书与中华人民共和国建政后首轮修著的地方志中亦有记载，包括《元江府志》《云南通志》《元江

---

1 景洪县民委编《雅尼雅嘎赞嘎——哈尼族迁徙史诗》，施达、阿海译，昆明：云南人民出版社，1992年。

2 景洪县民委编《雅尼雅嘎赞嘎——哈尼族迁徙史诗》，施达、阿海译，昆明：云南人民出版社，1992年，第21页。

3 景洪县民委编《雅尼雅嘎赞嘎——哈尼族迁徙史诗》，施达、阿海译，昆明：云南人民出版社，1992年，第150—243页。

4 景洪县民委编《雅尼雅嘎赞嘎——哈尼族迁徙史诗》，施达、阿海译，昆明：云南人民出版社，1992年。

州志》《元江志稿》《元江哈尼族彝族傣族自治县志》等。实际上，汉文典籍中对作为边缘族群的哈尼族的记载较少，但结合科学的田野调查方法，可以此"二重证据"进一步了解其历史与现状。

## 一、元江流域的哈尼族及其分布

清康熙《元江府志·彝人种类》中，记载了其时元江府的哈尼族先民主要有"阿泥"或"窝泥"，"卡惰""糯比""黑铺"等。该地方志中的记述，也成了后世记述的蓝本。如在清康熙《滇小记·滇云夷种》、清雍正《云南通志·土司·附种人》、清道光《元江州志·种人》，以及民国《元江志稿·种族志·种人》中对哈尼族先民的记载，便是对之进行了参照，其内容记述与之相同或相近。

> 阿泥，秉性俭朴，食茹饮淡。男勤耕，女勤纺，不敢为非，路不拾遗。居家，男女事长下气柔声。服食居处，多与汉人同。男将婚，告知族人，女将嫁，亦告族人，两家会亲，然后婚媾。死葬同汉俗。
>
> 卡惰，性顽钝，喜歌舞……遇婚娶，通媒妁之日议聘金八九十两不等，所以娶妻多有子孙代祖父赔聘者。故娶妻之家，见媳生女则喜不自胜，若连生数子，以为受累异常。葬火化。
>
> 糯比，即阿泥之别种。男环耳跣足。妇衣花布衫，以青布绳辫发数绺，海贝杂珠盘旋为螺髻，穿黄白珠垂胸为络裳。丧无棺。死，击锣鼓摇铃跳舞，名曰洗鬼，忽泣忽饮。三日，采松为架焚之。
>
> 黑铺，其俗与阿泥同而言语微异。性巧慧，善作宫室，元江器用竹几、竹床、竹桌、竹梯备极精巧，虽汉人不能过。男多黧黑，女微白，侍上接下皆有礼。畜养山羊，不食羊肉，彝中最善者。[1]

---

[1]（清康熙）章履成：《元江府志·彝人种类》。

"阿泥""卡惰""糯比""黑铺"是哈尼族先民,也是现在哈尼族不同支系的称谓,主要分布在今元江流域哀牢山各山区。他们因与外部接触的程度不同,社会发展程度亦有所差异。清康熙年间,"阿泥""黑铺"是哈尼族先民中社会发展程度较高的部族,已从事耕织生产,且有一定的性别分工。他们在"服食居处"及婚丧礼仪方面,已"多与汉人同",甚至在编制工艺上还超过了汉人。与之相比,此时"卡惰""糯比"的社会发展则较为缓慢,他们在丧葬礼仪方面大多还保留着早期游牧时的火葬传统。

值得注意的是,此时的哈尼族先民聚居山区,但"糯比"却能用"海贝"作发饰,其"海贝"从何而来?哈尼族学者白永芳指出,不同地区的哈尼女性都普遍以海贝用作头饰、胸饰、腰饰,海贝还出现在哈尼族的占卜、仪式之中。哈尼族先民使用海贝的历史可追溯至迁徙地"什虽湖",即青海湖时期,并随其由北向南的迁徙而带到藏彝走廊的各地。[1] 此外,云南自战国时起,作为货币的海贝便在商品交换中充当一般等价物。哈尼族使用海贝作货币的历史可追溯至南诏晚期,即9世纪前后。一些发展较快的哈尼族地区以海贝作为货币,结束了以物易物的交换历史。[2] 而云南地区流通的作为货币的海贝,主要源自印度洋贸易圈的商品贸易活动。[3] 哈尼族先民有使用海贝的历史传统,当作为货币的海贝经南亚、东南亚各国大量涌入云南境内时,能很好地融入其日常生活,并衍生了其除装饰、占

---

[1] 白永芳:《哈尼族服饰文化中的历史记忆——以云南省绿春县"窝拖布玛"为例》,昆明:云南人民出版社,2013年,第211—228页。

[2] 杨寿川:《哈尼族的贝币文化》,《思想战线》1993年第3期。

[3] 参见杨寿川:《云南用贝作货币的起始时代》,《思想战线》1981年第5期;杨寿川:《哈尼族的贝币文化》,《思想战线》1993年第3期;方国瑜:《云南用贝作货币的时代及贝的来源》,《云南社会科学》1981年第1期;[法]米·皮拉左里:《滇文化中的贝和铜钱》,蒋志龙译,《云南民族学院学报》1994年第1期;杨斌:《海贝与贝币:鲜为人知的全球史》,北京:社会科学文献出版社,2021年。

卜以外的贸易功能。在本章第三节哈尼族的丧葬史叙述中，我们也会发现，海贝作为货币对哈尼族死后世界产生的影响。

清道光《云南通志稿·南蛮志三之二·种人二》中，引了两处与之不同的记载。其一，引清乾隆《皇朝职贡图》记载，在元江府有"窝泥"为"和泥蛮"之裔，"其人居深山中，性朴鲁，面黧黑，编麦秸为帽，以火草布及麻布为衣。男女皆短衫长裤。耕山牧豕，纳粮赋，常入市贸易，亦有与齐民杂处村寨者。其俗：女适人，以藤束膝下为别。娶妇数年，无子则逐之。祭祀宴会，击钲鼓、吹芦笙为乐"。其二，引清嘉庆伯麟《图说》记载，"糯比"为"窝泥之别种也，性傲而知大义，食以手抟饭，僻处不入城市。元江州及普洱有之"。[1]

根据记载，其时"和泥蛮"之裔"窝泥"虽深居山林，但因"常入市贸易""与齐民杂处村寨"，故其与外部世界的联系较多。这在一定程度上对"窝泥"习俗发生改变，及其社会发展程度较高做出了合理解释。与之相比，被称为"窝泥"别种的"糯比"，其"食以手抟饭，僻处不入城市"。偏僻且封闭的生存环境，使"糯比"保留着更为传统的习俗与生活，其社会发展亦相对缓慢。

此外，清代《滇云历年传》中记载，"元江有黑白窝泥二种，白者贱，汉人欺之益甚"。[2]其时，"窝泥"已分化为"黑窝泥"与"白窝泥"两种。其中，"白窝泥"常被汉人欺，这也从侧面说明其与汉人有一定的交往。与之相反的是，民国《元江志稿·种族志·种人》中引同时期文人刘达武《台阳随笔》对"窝泥"的记载："窝泥，又作窝你，《明史》作和泥，《云南事略》作倭泥，旧《云南通志》作斡泥，而阿迷县称阿泥，邓川县称俄泥，皆音之讹也。元江西南各乡有之。性悍劣，善斗杀，常相聚为盗，杀人越货以为生。其俗，生儿匝岁，

---

1（清）王崧、李诚：《云南通志稿·南蛮志三之二·种人二》。
2（清）倪蜕：《滇云历年传》。

亦集族邻为宴，会列耕具、刀矛之属于儿前，若拾刀持矛，其父母则喜甚，亲族皆赞贺，谓其异日必为盗魁也。故近日元之盗匪以窝泥为夥，与旧《州志》所谓俭朴、勤耕作者，大有今昔之殊。又有黑、白二种。"[1]其时，元江县的"窝泥"分布在县城西南的各个乡镇，但其秉性已从"俭朴""不敢为非，路不拾遗"转变为"性悍劣，善斗杀，常相聚为盗，杀人越货以为生"。

另据1993年编纂的地方志《元江哈尼族彝族傣族自治县志》的记载，今元江县哈尼族内部有众多支系，包括"哈尼""豪尼""卡多""碧约""西摩洛""白宏"等。各支系有多种自称和他称，如哈尼支系自称"哈尼""糯美""糯比"，他称"哈尼"；豪尼支系自称"豪尼"，他称"豪尼""惰塔""阿梭""布都"；卡多支系自称"卡多"；碧约支系自称和他称均为"碧约"；西摩洛支系自称和他称均为"西摩洛"；白宏支系自称"白宏"，他称"白宏""布都"等。他们集中分布在元江哀牢山海拔1000米到2000米之间的那诺乡、羊街乡、因远镇、咪哩乡、羊岔街乡等乡镇。[2]

据2020年元江县第七次全国人口普查数据公报显示，元江县总人口为195647人。其中，哈尼族有80449人，占全县总人口41.12%。[3]元江流域的哈尼族各支系集中分布在沿江西岸各山区或半山区，自称与他称较繁复。自称和他称相同或相近的哈尼族支系，在语言与习俗上亦较为相近和相通。遗憾的是，现有研究在叙述哈尼族自称或他称时，多未明确称谓的主体，在叙述上多有偏差。

---

1（民国）黄元直：《元江志稿·种族志·种人》。

2 参见云南省元江哈尼族彝族傣族自治县志编纂委员会编《元江哈尼族彝族傣族自治县志》，北京：中华书局，1993年，第81页。其中，2011年元江县行政区划调整，羊岔街乡被撤销，与同被撤销的东峨镇一起，被并入曼来镇中。

3 数据来源：元江县人民政府网（2021年8月6日发布）:《元江县第七次全国人口普查主要数据公报》，http://www.yjx.gov.cn/yjxzfxxgk/zftjgb/20210806/1275391.html.

若按咪哩村豪尼人对其他哈尼族支系的称谓来看，他称"糯比"，自称"哈尼"者，主要分布在那诺乡、羊街乡；他称"西摩洛武"，自称"豪能"者，主要分布在曼来镇，部分与汉族杂居；他称"白宏""碧约""梭碧""堕碧""奥碧"者，主要分布在因远镇，部分与白族、汉族等杂居。咪哩村的哈尼族虽自称"豪尼"，但被曼来镇的"西摩洛武"称为"梭比""奥梭"，被因远镇、墨江县的"堕碧"称为"惰塔"。[1]且据咪哩村的豪尼人介绍，他们无法听懂聚居在因远镇的"堕碧""糯比""奥碧"的语言，但却能听懂聚居在曼来镇的"西摩洛武"的语言。[2]

若按哈尼语的三大方言进行区分，咪哩乡、曼来镇主要以豪白方言为主，因远镇以碧卡方言为主，那诺乡、羊街乡主要以哈雅方言为主。其中，位于咪哩乡、曼来镇与那诺乡、羊街乡之间的因远镇，因处于哈尼族迁徙西线与中线的集中交汇区，此区域内聚居的哈尼族支系较为复杂，他们与邻近两地的哈尼族支系来往密切，故在习俗、语言等方面皆有所相近。

## 二、咪哩乡的豪尼人

咪哩乡是元江流域豪尼人的主要聚居地，也是本研究的主要田野点。从自然地理来看，该地位于滇中哀牢山区，属哀牢山西东走向，南北最大距离22千米，东西最大距离15千米，辖区面积190.13平方千米，森林覆盖率23.4%。此地山势西南高、东北低，主要山脉有马鞍山、土堆山、观音山、大新老林梁子、土地谷主、金矿梁子，全乡平均海拔为1400米。其中，大新老林梁子海拔最高，为2321

---

1 访谈对象：李KS，女，哈尼族，属虎，1950年生，70岁，咪哩村人；访谈人：石鸿；访谈时间：2020年5月31日；访谈途径：电话访谈。

2 访谈对象：李ZC，男，哈尼族，属猴，1944年生，75岁，紫驼骆村人；访谈人：石鸿；访谈时间：2019年2月1日；访谈地点：咪哩村。

米,海拔最低的村寨是漫沙田村,为966米。咪哩乡的河流属哀牢山西东走向,主要河流有咪哩河、瓦纳河、南掌河、小庙河、养马河,全境被横向河流切割为三部分,东面边缘为清水河环绕,两岸高山逼近河流,坡度陡急,水土冲刷严重,土地利用受到局限;中部多高山深谷,瓦纳河横断其间,南北两侧溪流网布,全乡二分之一的人口、耕地集中在这一带;南面属拉斯茶勒山、金矿梁子的分支扯卡忽梁子和背阴山,南掌河自西向东横贯其间,河床狭窄深切,耕地和村落分散在群山半坡或山梁上。咪哩乡气候温和,冬季受西北面的老窝底、观音山、南溪老林的冷空气影响,最冷的1月平均气温不低于7至8℃,夏季受元江河谷热空气影响,最热的7月平均气温达20至21℃,整体平均气温16至17℃;年降水量1200毫米以上,集中在5至10月;干湿季节明显,无霜期长达10个月以上。[1]

从行政区划来看,咪哩乡是元江哈尼族彝族傣族自治县下辖的乡镇。在20世纪40年代末以前,咪哩区隶属西乡、崇善乡,40年代末后设龙塘乡、瓦纳乡、甘岔乡、哈罗乡、大黑铺乡,隶属第三区。1958年上述五乡设咪哩公社,1962年改称第七区,1970年改为咪哩公社,1983年恢复区、乡至今。[2] 现咪哩乡下辖咪哩、哈罗、大黑铺、大新、瓦纳、甘岔6个村(居)民委员会,43个村(居)民小组,44个自然村。2015年末,全乡总户数3993户,总人数15981人。少数民族人口13852人,占总人口约87%。其中,哈尼族人口13508人,占总人口约85%,占少数民族人口约98%。[3] 在比较研究的视野下,本研究所涉及的咪哩乡下辖村落主要包括咪哩居民委员

---

[1] 元江县咪哩乡人民政府统计站:《2015年统计年鉴》(内部资料),2016年5月。

[2] 元江哈尼族彝族傣族自治县人民政府编《云南元江哈尼族彝族傣族自治县地名志》(私密资料),1983年,第133页。

[3] 元江县咪哩乡人民政府统计站:《2015年统计年鉴》(内部资料),2016年。

会咪哩村、小柏木村；瓦纳村民委员会瓦纳村、紫驼骆村；甘岔村民委员会甘岔村；大黑铺村民委员会大芭蕉村、小芭蕉村等。其中，咪哩社区居民委员会下辖的咪哩村是本研究的主要田野点。2015年，咪哩村共有235户853人，其中豪尼人有836人，占全村总人口约98%。[1] 咪哩村的村落所在地，亦是咪哩社区居民委员会与咪哩乡政府所在地。

咪哩社区居民委员会下辖咪哩村、小柏木村、新田村、上龙塘村、下龙塘村、朱堕小寨村、裸裸城村等7个村寨。其中，上龙塘村、下龙塘村、朱堕小寨村、裸裸城村等4个村寨为汉族村寨，其余3个村寨为豪尼村寨。[2] 在咪哩社区下辖的4个汉族村寨中，朱堕小寨村、裸裸城村这两个汉族村寨的人数较少，分别只有21户81人、43户165人[3]，两村是由上龙塘村、下龙塘村的汉族村民，因去今朱堕小寨村、裸裸城村境内驻守田房而分出去形成的小村寨，类似于豪尼人的"子母寨"，即从"母寨"分出去的"子寨"。

咪哩社区居民委员会下辖村寨中居住的汉族，与同乡有汉族居住的瓦纳村民委员会、甘岔村民委员会不同。以瓦纳村民委员会下辖的紫驼骆村为例，村名源于村中有紫驼庵，内有道教神祇"文昌帝君"的坐骑之泥塑，故被村民称作"紫驼骡"，其后被写作"紫驼骆"。[4] 村中曾以汉族为主体，豪尼人为其后迁居。现汉族多与成为主

---

[1] 数据来源：咪哩乡人民政府《咪哩乡2015年人口统计表》，单位负责人：杨斗解；统计负责人：刘庆丰；制表人：张霞、李航；制表时间：2016年1月27日。

[2] 彝族的自称或他称为"裸裸"，裸裸城村因曾有与哈尼族同源异流的彝族居住而得名，在20世纪80年代元江县地名普查时曾因具有贬义而被改为"盘龙寨"，得名于村下有小龙潭。参见元江哈尼族彝族傣族自治县人民政府编：《云南元江哈尼族彝族傣族自治县地名志》（私密资料），1983年，第137页。

[3] 元江县咪哩乡人民政府统计站：《2015年统计年鉴》（内部资料），2016年5月。

[4] 元江哈尼族彝族傣族自治县人民政府编《云南元江哈尼族彝族傣族自治县地名志》（私密资料），1983年，第140页。

体的豪尼人杂居一处，故他们在习俗文化等方面互嵌得多。事实上，村中很多汉族有被豪尼人逐渐同化的趋势。虽然紫驼骆村的汉族早于豪尼人在村中定居，但据统计数据显示，2015年紫驼骆村共有285户1212人，其中哈尼族便有1137人，占总人口的约94%。[1] 现在，紫驼骆村境内还有曾经的显耀世族邓氏修建于18世纪的墓碑，以及黄氏修建的汉族传统四合院民居。与之不同的是，在咪哩社区居民委员会下辖村寨中居住的汉族多为集中聚居，很少与其他民族杂居。这些汉族是在20世纪30年代左右，随咪哩村爱国民主人士李和才成立的马帮商团帮工而留下的，咪哩村的豪尼人习惯称他们为"东川人"。有意思的是，旧时咪哩村的豪尼人不与外族通婚，尤其是汉族，哈尼族的民间叙事中习惯称他们为"蒲尼"或"睥尼"，豪尼人亦会用与死亡相关的民间叙事来约束族人。据豪尼人介绍，若豪尼女子嫁予汉族，或曾经与他们发生过性关系，至其弥留之际，便会因无法断气而无法顺利离世。此时，主家必须悄悄在其脚趾间塞一种特殊的草本植物才能使其安然离世。[2]

传统的哈尼族村寨最多不超过百户，少则仅有几十户。人口增加会使山区的土地难以负荷，在生存的压力之下族人会选择迁寨。咪哩乡很多豪尼村寨都属于此类"子母寨"，即由"母寨"迁出去的"子寨"，包括大旧村与大新村，小柏木村与新田村，大芭蕉村与小芭蕉村、石头寨与新寨、紫驼骆与小紫驼骆等。有的"子母寨"从村名上便可见端倪，如大旧村与大新村，原名为大柏木旧寨与大柏木新寨，1962年后简称为大新与大旧；新田村原为小柏木村的田房，

---

[1] 数据来源：咪哩乡人民政府《咪哩乡2015年人口统计表》，单位负责人：杨斗解；统计负责人：刘庆丰；制表人：张霞、李航；制表时间：2016年1月27日。

[2] 访谈对象：李KS，女，哈尼族，属虎，1950年生，69岁，咪哩村人；访谈人：石鸿；访谈时间：2019年2月28日；访谈地点：咪哩村。

"新田"即新开之田。[1] 这类"子母寨"在语言文化、节日习俗等方面颇为相近。咪哩村没有分过寨,据村民介绍,起初村里只有30余户,其后人口繁衍增多,但很多是1949年以后因逃征兵、避饥荒、帮工、分工、婚姻关系等定居村中。此外,也有附近村寨的豪尼人前来定居,包括大新村、新田村、小柏木村、大芭蕉村、堕谷村等。

咪哩村以李姓为主,外姓主要包括金、陈、杨、胡、王、周等姓氏。其中,金姓与陈姓两家在1949年以前便在村中定居,他们是咪哩村最早的杂姓村民。20世纪50年代左右,咪哩村有300余人,其后村中人口扩增。新增的人口将咪哩村既有的土基围墙推倒,将家屋扩建至传统村落范围之外。如前所述,2015年咪哩村有235户853人,新扩建的村落面积早已超出了原来村落的面积。但只有在原村落范围内的豪尼人,才能在逝后的送葬礼仪中享受抬棺绕村的仪式,其他豪尼人则不得将棺材再抬到村中。

传统豪尼村寨的后方,通常会以"奥皮"即"竜树"为中心形成一片茂密的树林,这片树林被豪尼人称作"竜树林"。豪尼人在传统节日"奥皮突"中,会专门祭献寄居在"奥皮"上的"竜树神"。"奥皮"具有神圣性,豪尼人会用石头、木桩等将其围住,除负责祭献的"铺批""阿窝"两人以外,其他人,尤其是女性不得随意靠近。"奥皮"作为村落的自然圣境,传统时期无论村寨如何扩展,豪尼人皆不会侵占。20世纪40年代末以后,在旧的传统被逐渐推翻,新的传统却还未建立之际,很多村寨的豪尼人都因人口扩增而将家屋扩建至"奥皮"周围,有村寨的豪尼人甚至将家屋建到其范围内。咪哩村是咪哩乡少有的,保护"奥皮"较好的村寨。村中的"奥皮"与村寨之间有一条小河沟,以此形成了村内与村外边界的自然划分。

---

[1] 元江哈尼族彝族傣族自治县人民政府编《云南元江哈尼族彝族傣族自治县地名志》(私密资料),1983年,第137—141页。

村民建房时会自觉遵守传统而不将新房超过此河沟。当地豪尼人认为，此河沟可阻挡生活在村外山野中的鬼怪、亡灵等凶秽之物对村寨造成的侵扰。虽然传统制度下侵占"奥皮"的惩戒措施已经失效，但咪哩村的豪尼人出于防御心理，依旧在日常生活中自觉地遵守着传统的规约。且从生态学的角度而言，此举亦保护了哈尼族由"森林—村寨—梯田—河流"组成的"四位一体"的生态循环机制。[1]

历史上哈尼族的迁徙与定居，多依据山川地理的走势而非行政区划。咪哩村地处哀牢山中段的南麓，村落周围皆有溪，但主要河流为村西北至东南流向的咪哩河，此河在山脚与西南至东北流向的清水河汇流后注入元江。事实上，这些溪水、河流与山梁成了哈尼人在地理上或仪式中的天然屏障，阻挡了外界陌生人或凶秽之物的侵扰。若放眼整个云南省的河川地图，并结合哈尼族的历史迁徙路线来看，哈尼族先民几乎都是沿着河谷进行迁徙的，其后裔最终在"两山三江"，即江河沿岸的山区定居繁衍。

最初迁徙至今咪哩村境内的哈尼族先民，并非在今村址处定居，而是从今咪哩村东北向，当地豪尼人称为"路契登窝"的山地上迁移下来的。"路契"为地名，"登窝"即"平地"之意。其时，哈尼族先民的饮用水源来自一个被称为"雾渡露"的地方，位于其居住地右侧的"奥皮"。他们在"路契登窝"定居时食不果腹，但因种植一种被称为"阿赖朵米"的粮食作物而养活了很多族人。其后，他们便将聚居地命名为"命利"，以铭记与感恩这种植物。其中，"命"是"土地、耕地"之意，可引申为"种植、耕种"；"利"即指代"阿赖朵米"，这种植物即"粟、小米"。后来，因在"命利"出生的孩子出现两极分化，或极聪明漂亮，或极愚钝畸残，村中老者商量后

---

[1] 石鸿：《梯田人生：一个哈尼族村寨的日常生活及其变迁——以云南省元江县咪哩村为核心个案》，山东大学民俗学硕士学位论文，2017年。

便将村寨迁移到西南方向，距旧址 600 米左右即今咪哩村处，水源改为"树登厄告"，"树登"即在现村北的小龙潭水库，"厄告"即"水流、水源"之意，但他们延续了"命利"的村名。哈尼族先民曾因躲避战乱、寻求资源、族群战争等外因，经历无数次大小规模的族群迁徙，但他们也有因族群内部的发展问题而进行过小范围的迁徙。"（豪尼人在原居住地）出现各种情况都会搬走，第一是孩子不容易生养，家庭不顺利，（他们）就会搬走；第二是土地不够，没法填饱肚子，（他们）也会搬走。"[1]

1982 年元江县地名普查时，相关工作人员根据村名"命利"的读音，将之书写为"咪哩"。[2] 有意思的是，当地豪尼人依旧习惯称村名为"命利"。2000 年当地村干部组织修建的村寨门上，也依旧写着更贴近哈尼语读音的"命利"二字。

如前所述，咪哩村的豪尼人以李姓为主。据《新唐书》的记载可知，至少在唐显庆元年（656 年），哈尼族先民"和蛮"已使用汉姓。[3] 咪哩乡哈尼人聚居的村寨通常以单姓为主，除咪哩村以李姓为主外，大黑铺村与小黑铺村以王姓为主；新田村从小柏木村分出，两村属"子母寨"，村中皆以王姓为主；小芭蕉村从大芭蕉村分出，两村皆以陈姓、白姓为主。哈尼族的姓氏，与族群迁徙的历史相关。相同迁徙路线上的族群基本有相同的汉姓，如孟鹏村与堕咪村以李姓为主，"孟"有"长、远"之意，"鹏"即"飞"的意思，引申为先辈人迁徙自远方，"堕咪"为哈尼语"尾部、后面"之意，因位于孟鹏

---

[1] 访谈对象：王 CW（职业"摩批"），男，哈尼族，属羊，1943 年生，76 岁，新田村人在咪哩村定居；访谈人：石鸿；访谈时间：2019 年 2 月 2 日；访谈地点：咪哩村。

[2] 李凯冬、敏塔敏吉：《中国元江哈尼族多塔人文化实录》，昆明：云南人民出版社，2016 年，第 14 页。

[3]（宋）欧阳修、宋祁、范镇、吕夏卿等：《新唐书》，北京：中华书局，1975 年，第 6322 页。

村之后得名。[1]这在职业"摩批"的口头叙事中也有提及,据大芭蕉村的职业"摩批"介绍,张姓多从今元江县曼来镇南溪村迁徙而来,石姓多从今元江县曼来镇大拉史村迁徙而来,孙姓多从今元江县咪哩乡甘岔村迁徙而来,赵姓多从今元江县咪哩乡紫驼骆村迁徙而来,金姓多从今元江县因远镇沙浦村迁徙而来,王姓多从今墨江县联珠镇癸能村迁徙而来。[2]因历史原因,哈尼人无法将姓氏追溯得更远。

传统豪尼人虽没有使用汉姓的习惯,但他们同样有维护父系血统的家谱,即"父子连名制"家谱,专门用以记述家中已逝的男性祖先,以此巩固父系血统的地位与认同。豪尼人的"父子连名制"家谱,是以父亲名字中的末尾一字,做儿子名字中的开头一字。通常,父亲死亡时未出生的遗腹子、在长子夭折后出生的儿子、出生时脐带绕颈的儿子、出生后父母离异随母亲的儿子、出生时村中有人离世的儿子,他们的名字不能被续到家谱中。[3]事实上,当豪尼人的家庭中无嗣男,需收养或招上门女婿时,他们对收养者或其后辈是否继承家族父姓并不在意,他们更在意的是家中香火的延续,后嗣能祭献祖先,以及"父子连名制"家谱的延续性。

咪哩村的李姓豪尼人共分为9个大家族,包括"都够""尼哈""布透""老背""保夫""倒伍""扎坝""奥尼""告尼"。这些家族称谓多类似于绰号,根据每个家族的故事、行为或聚居地等命名。如"都够""倒伍""告尼"等家族,因聚居地名称或特点命名。其中,"都够"家族因聚居在咪哩村下方即西方,一块称为"都够"的地方而得名。"倒伍"家族因聚居在咪哩村左边即北方,一块称为"倒伍"的地方

---

[1] 元江哈尼族彝族傣族自治县人民政府编《云南元江哈尼族彝族傣族自治县地名志》(私密资料),1983年,第140页。

[2] 访谈对象:陈NC(职业"摩批"),男,哈尼族,属兔,1963年生,56岁,大芭蕉村人;访谈人:石鸿;访谈时间:2019年2月25日;访谈地点:大芭蕉村。

[3] 白克仰、黄世荣、普亚强:《阿波李和才》,昆明:云南民族出版社,2009年,第12页。

而得名。"告尼"家族的人数较少，集中聚集在"都够"家族附近。"告"为"道路"之意，"尼"即"红色"之意，此家族得名于聚居在一片红色的泥地之上。

"尼哈""扎坝""老背""保夫""奥尼"等家族，则是依据其祖先故事或行为来命名。其中，"尼哈"家族的"尼"为"哭，哭泣"之意。其祖先曾在初学种植水稻时，误将稻花当虫卵扫掉，以致秋后颗粒无收而整日哭泣。"扎坝"家族的"扎"为"放债"之意，此家族最先由今孟鹏村来到咪哩村，通过放债最终得以留在当地。"老背"是豪尼人对聚居于今因远镇的白族的称呼。旧时咪哩村没有集市，当地豪尼人习惯去几十千米外的因远镇赶集。"老背"家族的祖先因尤爱赶集，故得此名。"保夫"家族的"保"为"蜜蜂"之意，"夫"为"看，看见"之意，"保夫"即因其家族祖先喜欢寻食蜜蜂与蜂蜜而得名。"奥尼"家族的"奥尼"为"猫，猫咪"之意，据说其祖先曾在食物匮乏的年代好食猫而得名。

咪哩村坐东朝西，呈南北走向，各家族有各自的主要聚居区。其中，"尼哈"家族主要聚居在村寨上方，即东向，是村中人口次多的家族。"布透"家族与"尼哈"家族相邻，聚居于村寨东北方，在村中有约5家。"倒伍"家族聚居于村寨北方，在村中有20余家。"扎坝"家族与"倒伍"家族相邻，在村中有13家。"老背"家族聚居于"尼哈"家族下方，在村中有7家。"保夫"家族聚居在"老背"家族下方，近村落中心的位置，是村中人数最多的家族。"告尼"家族聚居邻近"保夫"家族，居住其下方，在村中有3家。"都够"家族聚居在村寨下方，即西方，近村寨后门，在村中有10余家。"奥尼"家族聚居在村寨南方，近村寨正门，在村中仅有3家。通常，构成家族的各小家庭之间集中居住，以便在日常生活或重要仪式中得到家族成员更多的协助。

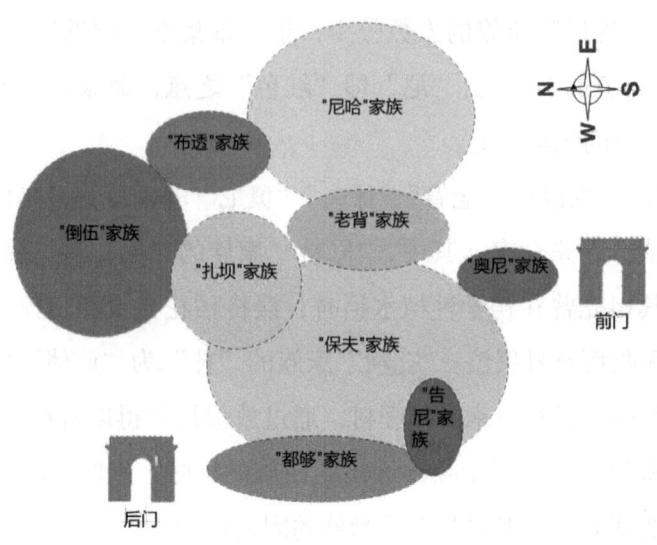

图2—1 咪哩村家族分布图（图片来源：笔者根据田野调查资料绘制，绘制时间：2020年6月28日）

在现代化的村落管理制度暂未进入咪哩村以前，村中豪尼人通常以家族为单位共同履行村落义务。那些在村中没有家族归属的外来者，或人数较少的家族之间，则会自愿结成同盟。部分人数较少的家族，会愿意接纳没有家族归属的外来者融入大家族中，此外，他们也会接纳那些被原家族"开除"的成员。小家庭能够依附大家族的势力，而在村落生活中获得更多的话语权与协助。尤其在包括丧葬礼仪在内的重大事件中，小家庭会得到大家族亲友更多的帮扶。故此，在豪尼村寨中，少有小家庭甘愿冒被大家族开除之险。但是，在咪哩村却有一个被大家族"开除"的事例。当地豪尼人奉行"在同一个家族中无论多少代都不能通婚"的原则，村中人数最多的"保夫"家族便因此"开除"在同家族内通婚的一户小家庭，其后这家人便加入村中人数较少的"奥尼"家族中。[1]

---

[1] 访谈对象：李KN，女，哈尼族，属兔，1939年生，80岁，咪哩村人；访谈人：石鸿；访谈时间：2019年2月1日；访谈地点：咪哩村。

咪哩村不同家族的李姓豪尼人，有各自不同的来源地。其中，"都够"与"尼哈""布透"家族分别由今墨江县、石屏县迁来。他们最早在咪哩村定居，被当地人称为"土著"。"都够"家族从一个叫作"洪阿登卯"的哈尼族白宏支系的聚居地，迁到一个叫作"碧朔"的地方，其后再迁到了今咪哩村。"碧朔"即"碧溪"，在今墨江县联珠镇碧溪村境内，距离咪哩村的直线距离约16千米，故其也被村中其他豪尼人称为"碧朔老李"。[1]"尼哈""布透"家族皆从"石屏"迁来，即今红河州石屏县。据村中"尼哈"家族的长者介绍，其祖先从今石屏县迁到咪哩村之前，还可追溯到今昆明市一带，再远便无法追溯了。[2]其后，"扎坝"家族的祖先"金厄"，从今孟鹏村境内迁来咪哩村，后家族发展又分出"老背""保夫""倒伍"家族，成为咪哩村由同一祖先发展下来的"四大家族"，这部分豪尼人也自称最初是由"石屏"迁徙而来。[3]根据豪尼人分家的原则，继承祖屋与祖产的"扎坝"家族的祖先，实为"四大家族"中的幼子，"老背""保夫""倒伍"家族的祖先则排行在前。[4]"奥尼""告尼"家族较晚在咪哩村定居，他们亦自称家族来源地为"石屏"[5]，且这两个家族在咪哩村的人数较少，每个家族仅有2到3户。据村中豪尼人介绍，此两家原本为一

---

[1] 访谈对象：李FG，男，哈尼族，属鼠，1948年生，71岁，咪哩村人；访谈人：石鸿；访谈时间：2019年2月1日；访谈地点：咪哩村。

[2] 访谈对象：李YQ，男，哈尼族，属牛，1937年生，82岁，咪哩村人；访谈人：石鸿；访谈时间：2019年1月30日；访谈地点：咪哩村。

[3] 访谈对象：李FW，男，哈尼族，属兔，1939年生，80岁，咪哩村人；访谈人：石鸿；访谈时间：2019年4月2日；访谈地点：咪哩村李FW家中。

[4] 访谈对象：李FG，男，哈尼族，属鼠，1948年生，71岁，咪哩村人；访谈人：石鸿；访谈时间：2019年2月1日；访谈地点：咪哩村。

[5] 访谈对象：李ZW，男，哈尼族，属鸡，1945年生，74岁，咪哩村人；访谈人：石鸿；访谈时间：2019年6月12日；访谈地点：咪哩村。

个大家族,"告尼"家族是从"奥尼"家族中分出的。[1] 在咪哩村所有认同从"石屏"迁来的李姓豪尼人,即称之为"石屏老李",皆说自己原本是"石屏彝族",这亦从田野的角度证明了两个民族间的"同源异流"关系。

可以补充的是,在田野调查中一位豪尼女性提到旧时丧家在丧葬礼仪中为"舅家"奉上的孝布、孝服,皆是从"石屏临安"购得。按传统,"舅家"在开丧日被专门请到丧家后,丧家需及时奉上孝布与孝服,若丧家未及时奉上,"舅家"也会主动索要。"他家(指'舅家')会说这样的话来索要这些东西:'这家人是孝布、孝服都没有的吧?孝布也没给我们戴,孝服也没给我们穿。'这时候丧家就会回复道:'阿舅,(这些东西都)已经从石屏临安买回来了,赶紧给他们(指'舅家')把孝布、孝服穿戴上去。'我们豪尼人的土话就是这样讲的。"[2]

"石屏"即今红河州石屏县,"临安"即今红河州建水县。两地相邻,也正好是咪哩村豪尼人迁徙时经过的地方。

此外,据新田村的王姓豪尼人介绍,其祖先最早由今云南省大理州迁徙而来,其后迁到一个叫"捞筲"的地方,即今元江县的龙洞村附近的山谷中定居,然后再迁徙至"蜀窝水癸河",即今墨江县联珠镇癸能村境内,然后再迁徙至今咪哩乡大旧村,再到大新村、小柏木村,最后在新田村定居。这段迁徙路径中所涉及的地点,正好符合哈尼族迁徙路线的西线。但是,当他们迁徙至今墨江县后便没有继续南迁至今普洱市、西双版纳州等地,而是又返回了"捞筲"即今元江县,并最终在咪哩乡境内定居。从地图上看,今墨江县联

---

[1] 访谈对象:李FG,男,哈尼族,属鼠,1948年生,71岁,咪哩村人;访谈人:石鸿;访谈时间:2019年2月1日;访谈地点:咪哩村。

[2] 访谈对象:李XN,女,哈尼族,属猴,1956年生,63岁,咪哩村人;访谈人:石鸿;访谈时间:2019年2月27日;访谈地点:咪哩村。

珠镇癸能村距今元江县咪哩乡新田村的直线距离约为 9 千米，距离咪哩村的直线距离为 12 千米。此地又与咪哩村"都够"家族迁徙而来的"碧朔"，即今墨江县联珠镇碧溪村的直线距离约 8 千米。

咪哩村作为村落研究的特殊性与典型性在于，村落中作为主体的李姓豪尼人分别由"墨江—元江"与"石屏—元江"两条迁徙路线而来，属于哈尼族三条迁徙路线的西线与中线。其中，"墨江—元江"迁徙一线即西线上的哈尼族先民，成为今咪哩村李姓"都够"家族的祖先。有学者考证，"都够"家族是先由今红河州垤玛乡迁至墨江县碧溪镇，其后再迁徙至今咪哩村，属于哈尼族"白宏"支系的后裔。[1]在实际的田野访谈中，当地豪尼人表示，哈尼族各支系的语言有所差异，语言差异较大的甚至无法直接交流，但当地豪尼人能听懂部分"白宏"话。[2]如前所述，自称和他称相同的哈尼族支系，在语言上较为相通。故哈尼族白宏支系与豪尼支系在族群迁徙的历史中，有可能产生过互动与交融。

"石屏—元江"迁徙一线即中线上的哈尼族先民，成为今咪哩村李姓"尼哈""布透"家族，以及其后迁徙而来的"扎坝""倒伍""老背""保夫""告尼""奥尼"家族的祖先。据当地豪尼人介绍，"扎坝""倒伍""老背""保夫"这"四大家族"共同的祖先"金厄"，原属于哈尼族迁徙西线，即今迁徙至西双版纳州景洪市境内的一支哈尼族先民。家中有五兄弟且他最年幼，当其所属族群迁徙至今三板桥附近时，他被孟鹏村一户豪尼人家认作干儿子而留下，其后他

---

[1] 李凯冬、敏塔敏吉:《中国元江哈尼族多塔人文化实录》，昆明：云南人民出版社，2016 年，第 12—13 页。
[2] 访谈对象：李 KS，女，哈尼族，属虎，1950 年生，70 岁，咪哩村人；访谈人：石鸿；访谈时间：2020 年 5 月 30 日；访谈途径：电话访谈。

又来到了咪哩村定居。[1]

此外，在咪哩村声称自己祖先是从"石屏"迁徙而来的部分豪尼人认为，自己的祖先属于迁徙路上"掉队者的后裔"。当其祖先迁徙至元江流域时，发现先行同族以砍下芭蕉树作记号的树干已重新长出一大段，判断无法再跟上后，便决定在今咪哩村境内定居，其先行的同族人则已迁徙至今西双版纳州境内。[2]

虽然咪哩村中"墨江—元江"一线的哈尼族先民的后裔较少，"石屏—元江"一线的较多，但是同一族群分两条路线迁徙，却又在同一村寨定居。这一定程度上说明，迁徙西线与迁徙中线上的哈尼族先民在元江流域境内是有交集的。

从"父子连名制"家谱来看，所有豪尼人的家谱皆由"提席利"开始。根据笔者的田野调查资料，以及在文献资料中有限搜集到的豪尼人的"父子连名制"家谱来看，咪哩村"老背"家族李和才家的家谱，与"都够"家族李发文家的家谱，皆是从第28代"金厄"以后分开的。[3]另据咪哩村"扎坝"家族的长者介绍，咪哩村中所有从"石屏大水池"迁徙而来的李姓豪尼人的祖先，皆可追溯到"奥布金厄"。[4]这是否能说明咪哩村的豪尼人，无论是"墨江—元江"还是"石屏—元江"一线，实际上有共同的祖先，但其在不同的迁徙路线中逐渐分化最终成为不同的家族？此外，咪哩村李姓豪尼人的家谱与紫驼骆村黄文二家的家谱相比，是从第18代以后分开的；咪

---

1 访谈对象：李ES，女，哈尼族，属鼠，1948年生，71岁，咪哩村人；访谈人：石鸿；访谈时间：2019年2月1日；访谈地点：咪哩村。

2 访谈对象：李KD，男，哈尼族，属鸡，1957年生，62岁，咪哩村人；访谈人：石鸿；访谈时间：2019年2月6日；访谈地点：咪哩村李KD家中。

3 因"父子连名制"家谱由口传传承，故被用汉字记述时会出现不同的异本。如音"金厄"在李和才的家谱中被写作"几欧"，在李发文的家谱中被写作"金鳄"。

4 访谈对象：李FW，男，哈尼族，属兔，1939年生，80岁，咪哩村人；访谈人：石鸿；访谈时间：2019年4月2日；访谈地点：咪哩村李FW家中。

哩村李姓豪尼人的家谱与红河县三村乡规洞村的李姓与杨姓的家谱，则是从第五代以后分开的。[1]具体家谱可参见附录二。从这些材料中可看出同一族群分散迁徙后的谱系概貌。

据咪哩村的豪尼人介绍，在村落东面当地豪尼人称为"树登"水库，即"小龙潭"水库附近，曾有"苦聪人"在那片平坝上建寨定居，且在那进行过两次小范围的迁居。这种在居住地附近的小范围迁徙，在族群迁徙初期较为常见。如前所述，这也包括先在今咪哩村东北向"路契登窝"建寨定居的哈尼族先民。苦聪人在咪哩村境内定居的旧址处，还有他们建房留下的地基、水池，附近也有他们种植痕迹及坟墓遗址。其后，他们迁徙至今西双版纳州境内。据说，咪哩村豪尼人最初种植的丰收瓜，即是从苦聪人的旧寨处得到的种子。20世纪80年代，苦聪人被划入拉祜族，成为我国少数民族之一员。但无论是拉祜族还是苦聪人，他们皆与哈尼族同源于西北古羌，只因不同的迁徙路线及其与周边民族的关系等，最终产生"同源异流"的族群分化。

在哈尼族迁徙的历史记忆中，迁徙西线上的哈尼族先民曾两渡红河。这在哈尼族的民间歌谣、迁徙史诗，以及职业"摩批"的祭词中皆有体现。据咪哩村豪尼人介绍，"石屏—元江"即迁徙中线上的哈尼族先民之所以从今石屏县返回，再次渡过红河，最后选择在哀牢山定居，是因为在迁徙路途中遇到一片"大海"，以致其无法继续前行。云贵高原地区有将湖泊，尤其是较大的湖泊称为海的习惯，如洱海、阳宗海、纳帕海、草海、邛海等。豪尼人在迁徙路途中遇到"大海"，实为高原湖泊。豪尼人的殡葬祭词在叙述祖先迁徙路线

---

[1] 在咪哩村李和才、李发文的家谱，紫驼骆村黄文二家的家谱中，第18代祖先分别被写作"由啰牟""云永伴""由里墨"。在咪哩村李和才、李发文的家谱，红河县三村乡规洞村李姓与杨姓的家谱中，第五代祖先分别被写作"奴绕昭""努饶皂""农牙咱""农牙咱"。

时，也有相似的内容。祭词的大意为：哈尼族先民来到滇池附近，误把高原湖泊当作大海，无法继续迁徙后返回南渡红河，并在红河南岸哀牢山各山区定居。[1]在田野调查中，部分豪尼人认为，此"大海"在今石屏县境内，并称之为"石屏大水池"。若据此进行地理考证，其所指有可能是今位于石屏县境内的异龙湖。因口述史记忆的动态性和模糊性，在无更多历史文献与田野材料作证的前提下，亦无法对之详细考证。

## 第三节 哈尼族的丧葬史

汉文典籍对哈尼族丧葬礼仪的记载，主要出现在历代官修史书与地方志之中。元代以来的文献，特别是清代留下的记录最为丰富。此外，民国时期编修的地方志中，也有部分关于哈尼族丧葬礼仪的新材料。从既有的文献记载来看，哈尼族经历了漫长的火葬时期。其从火葬改为土葬的丧葬习俗，主要出现在清代中叶以后。[2]相关文献的记载，正好展示了哈尼族丧葬礼仪变迁的过程，对哈尼族丧葬礼仪的研究具有重要意义。

### 一、哈尼族对死后世界的构想

元代李京编修的《云南志略》，是元代在云南建立行省制度后编修的第一部志书，亦是明代云南地方志编修的蓝本。其中《诸夷风俗》篇记载了其时聚居于今红河州建水县的哈尼族先民"斡泥蛮"的丧

---

[1] 访谈对象：王ZX（职业"摩批"），男，哈尼族，属蛇，1953年生，66岁，小柏木村人；访谈人：石鸿；访谈时间：2019年6月26日；访谈地点：小柏木村。

[2] 云南省元江哈尼族彝族傣族自治县志编纂委员会编《元江哈尼族彝族傣族自治县志》，北京：中华书局，1993年，第86页。

葬习俗:"斡泥蛮,在临安西南五百里,巢居山林。治生极俭,家有积贝,以一百二十索为一窖,藏之地中。将死,则嘱其子曰:'我平日藏若干,汝可取几处,余者勿动,我来生用之。'其愚如此。"[1]其时,"斡泥蛮"已聚居于哀牢山林之中。从哈尼族的迁徙史来看,此时哈尼族已经从事较为稳定的农业生产。"家有积贝"说明其对外有一定的商业贸易活动,但商品经济还未显发达。作为货币的贝类被"斡泥蛮"积攒藏于地下,"我来生用之"表明了其已产生对死后世界的想象。"斡泥蛮"的死后世界以生前世界而拟建,死后世界是生者世界的"伸延、复制、美化和理想化"[2],与生前世界实际上为同一个世界。

始修于明弘治年间的《续蒙自县志·社会志·彝俗》中,记载了居住在今红河州蒙自市的哈尼族先民"窝泥"与之相同的丧葬礼俗。自呼为"哈泥"的哈尼族先民"窝泥",有积贝来生用的习俗。此外,还增载了其殉葬习俗。"窝泥,自呼哈泥,蒙之河泥里,即其所居也。……勤生啬用,每积贝一百二十索为一窖,临死嘱其子曰:'积贝若干,汝取某窖,余留我为来生用。'以雌雄鸡各一殉。"[3]

此外,在成书于明朝万历年间的《南诏野史·南诏各种蛮夷》,清康熙《楚雄府志·地理志》,《古今图书集成·方舆汇编·职方典·楚雄府猺獞峒蛮考》,以及民国《续修蒙自县志·社会·彝俗》中,同样记载了其时聚居于今云南境内的哈尼族先民有与之相似的殉葬习俗。

由这些记载可知,自元朝以来,哈尼族先民已对死后世界有构想。哈尼族在生前积攒作为货币的贝类,以待死后去彼岸世界使用。正因为哈尼族先民相信有死后世界的存在,哈尼族先民才会出现相

---

1 (元)李京:《云南志略·诸夷风俗》。
2 李泽厚:《由巫到礼 释礼归仁》,北京:生活·读书·新知三联书店,2015年,第133页。
3 (明弘治)《续修蒙自县志·社会志·彝俗》。

应的殉葬观,即用"一对雌雄鸡"为逝者殉葬。

## 二、哈尼族从火葬到土葬的过渡

据清康熙《古今图书集成·方舆汇编·职方典·云南土司部汇考》《滇小记·滇云夷种》,清道光《云南通志稿·南蛮志三之二·种人二》,以及清光绪《续云南通志稿·南蛮志·种人》的记载,其时聚居于今红河州建水县、红河县,普洱市景东县,曲靖市等地的哈尼族先民"窝泥"或"斡泥"的丧葬礼仪中,除有"积贝"待"来生"用的习俗外,还有"丧无棺""洗鬼""焚而葬其骨""祭用牛羊""挥扇环歌,拊掌踏足,以钲、鼓、芦笙为乐"等火葬习俗。"窝泥,或曰斡泥,……丧无棺,吊者击锣鼓摇铃,头插鸡尾跳舞,名曰洗鬼。忽泣忽饮,三日采松为架,焚而葬其骨。祭用牛羊,挥扇环歌,拊掌踏足,以钲、鼓、芦笙为乐。食无箸,以手抟饭。勤生啬用,积贝一百二十索为一窖,死则嘱其子,我生平藏贝若干矣,汝取某处窖,余留为来生用。临安郡属县及左能属、思陀、溪处、落恐诸长官司,景东、越州皆有之。"[1]

其中,关于"窝泥"的丧葬礼俗,亦在清康熙《古今图书集成·方舆汇编·职方典·临安府瑶獞峒蛮考》《阿迷州志·沿革·土司种人附》《新平县志·风俗附种人》《嶍峨县志·种人》,清乾隆《开化府志·风俗·种人》,清道光《新平县志·种人》,以及民国《新平县全境地志·人口·种类》《嶍峨县地志资料·人口·种类》中有相似的记载。这说明,其时聚居于今红河州建水县、开远市,文山州境内,玉溪市新平县、峨山县的哈尼族先民"窝泥"与之有相似的火葬习俗。但在民国《嶍峨县地志资料》中,还提到当地"窝泥"与火葬相关的习俗逐渐消失:

---

[1]（清康熙）《古今图书集成·方舆汇编·职方典·云南土司部汇考》。

"近五十年，此风已尽消。"此外，据清道光《云南通志稿·南蛮志三之二·种人二》、民国《墨江县志稿》的记载可知，其时聚居于今玉溪市元江县的哈尼族先民"糯比"也与"窝泥"有相似的火葬习俗。

在清道光《云南通志稿·南蛮志三之二·种人二》、清光绪《续云南通志稿·南蛮志·种人》，以及民国《墨江县志稿》《元江志稿·种族志·种人》中，笼统地记载了其时聚居于今玉溪市元江县，西双版纳州景洪市，普洱市景谷县、景东县、镇沅县，红河州红河县、建水县，大理州祥云县等地，作为哈尼族先民"禾泥蛮"之裔的"窝泥"，有"祭祀宴会，击钲鼓、吹芦笙为乐"的习俗[1]，而在民国《新平县志·氏族·夷》中，则在此习俗之前增加了"死无棺"三字。哈尼族对棺材的使用出现在土葬时期，说明其时"窝泥"还保留着火葬习俗。

清康熙《元江府志·彝人种类》《古今图书集成·方舆汇编·职方典·元江府土司考》中记载，其时聚居于今玉溪市元江县的哈尼族先民"阿泥""死葬同汉俗"，而"卡惰""葬火化"，"糯比""丧无棺。死，击锣鼓摇铃跳舞，名曰洗鬼，忽泣忽饮。三日，采松为架焚之"，"黑铺""其俗与阿泥同而言语微异"。[2]其中，对其时聚居于今玉溪市元江县"卡惰"的相同记载，还出现在清康熙《滇小记·滇云夷种》，清道光《云南通志稿·南蛮志三之五·种人五》《元江州志·种人》，清光绪《续云南通志稿·南蛮志·种人》，以及民国《元江志稿·种族志·种人》《墨江县志稿》中。此外，在民国《新平县全境地志·人口·种类》中，记载了其时聚居于今玉溪市新平县境内的哈尼族先民"卡惰"与之相同的习俗。而对哈尼族先民"糯比"相似的记载，还出现在民国《元江志稿·种族志·种人》中，"丧无棺，先击鼓、摇铃、

---

1（清道光）王崧、李诚：《云南通志稿·南蛮志三之二·种人二》。
2（清康熙）章履成：《元江府志·彝人种类》。

跳舞，名曰洗鬼，忽歌、忽泣、忽饮；三日，采松为架焚之"。[1] 在哈尼族先民的丧葬礼俗中，首次出现了"忽歌"的记载，这表明了"糯比"在丧葬礼仪中有哭丧的习俗。根据这些文字记载，哈尼族先民"阿泥""黑铺"受到汉族影响，"死葬"习俗与汉人同，而"卡惰""糯比"则保留着传统的火葬习俗。

在清雍正《景东府志·夷民种类》、清嘉庆《景东直隶厅志·种夷》、清道光《云南通志稿·南蛮志三之二·种人二》、清光绪《续云南通志稿·南蛮志·种人》，以及民国《元江志稿·种族志·种人》《景东县志稿·地理志·种夷》中记载，其时聚居于今普洱市景东县的哈尼族先民"窝泥"，"丧葬刳木为棺，祭用牛，贫则用猪。不记生而记死，每逢忌日，设牲祭于家，不出财，不出户"。[2] 在此前的文献中，对哈尼族先民效仿汉族的丧葬礼仪时，仅有"死同汉俗"的模糊记载，此处则明确记载了"窝泥"在丧葬礼仪中使用棺木，及其如何制作棺木等细节。哈尼族先民对棺材的使用出现在土葬时期，此时其丧葬礼俗已从火葬逐渐转变为土葬。此外，该文献还记述了"窝泥"在丧葬礼仪中有贫富差别的祭牲等级。因"窝泥"处理尸体的方式由火葬改为土葬，开始注重以忌日为主的周期性纪念仪式。他们在忌日祭献，并产生相应的禁忌行为。

在清乾隆《开化府志·风俗·种人》中，首次记载了哈尼族先民"喇乌"的丧葬礼俗："父母兄弟之丧，吹角跳舞，宰牛以祭，无孝服，以木编床，发尸火化"。[3] 此外，与"喇乌"相同的习俗，也被记载在道光《云南通志稿·南蛮志三之四·种人四》、光绪《续云南通志稿·南蛮志·种人》中。这些记载表明，其时聚居于今文山州境内的哈尼族

---

1（民国）黄元直：《元江志稿·种族志·种人》。
2（清雍正）徐树闳、张问政等：《景东府志·夷民种类》。
3（清乾隆）汤大宾：《开化府志·风俗·种人》。

先民"窝尼"或"斡泥"与"喇乌",还保留着较为传统的丧葬礼俗,如乐舞、祭牲、火葬等,这些记载与之前的记载大同小异。但在"喇乌"的丧葬礼仪中,增加了"无孝服""以木编床",细化了依旧保留火葬习俗的"喇乌"的丧葬礼俗。

清代至民国时期,是哈尼族先民丧葬礼仪转变的过渡期。在这一时期,有的哈尼族先民还保留着传统火葬的习俗,有的则已开始效仿汉族丧葬礼仪而实行土葬。整体来看,保留传统火葬习俗的哈尼族先民在丧葬礼仪中不使用棺材,停灵时间也不超过三日。他们在停灵期间,会以击鼓、舞蹈等仪式性的活动来"净化"亡灵。此外,他们宰牲祭献逝者,有哭丧行为,也有相应的舞乐活动。最终,他们将逝者遗体火化后埋葬骨灰。相比较而言,汉文典籍中对哈尼族先民效仿汉族丧葬礼仪的记载多一笔带过。实际上,汉族与少数民族的丧葬习俗是相互影响的,如在清康熙《元江府志·风俗》中提及,汉人"法其彝民旧俗火化,今亦有卜地以葬者习俗顿易"。[1]除少数民族受到汉族丧葬礼俗的影响外,汉族也会受到少数民族丧葬习俗的影响。这种族群杂居带来的文化互嵌,体现了当地汉人与少数民族之间关系的紧密。

### 三、哈尼族土葬习俗的发展

在民国《墨江县志稿》《墨江县地志资料》中记载道,其时聚居于今墨江县境内的哈尼族先民"黑窝泥",在开丧日杀牛,在发丧前日"打抹撮",在开丧次日请"白姆"在棺材前念祭词,并以"掷鸡蛋"的方式在山郊"卜葬地"。"黑窝泥,又名布都,……丧则杀牛开吊,于发引之前一夕,不拘男妇,握手成团,围绕棺木,且绕且唱,

---

[1]（清康熙）章履成:《元江府志·风俗》。

名曰打抹撮。次日，则请乡中之精于卜筮者名曰白姆，于棺前祝祷后，至山郊掷鸡蛋以卜葬地，如蛋壳毁滥之处，即以宜葬焉。"[1]

在笔者所查阅到的地方志中，这是第一次明确记载哈尼族先民的"打抹撮"习俗。举行此类仪式的时间长、规格高，是哈尼族丧葬仪式中最高等级的体现。虽然此类仪式在哈尼族的日常生活中已逐渐消失，但在一些民族志中还有相关的记录，也有部分偏远的哈尼族村寨还保留此俗。文献中对"黑窝泥"仪式专家"白姆"的记载也非常重要。"白姆"即今为哈尼族仪式专家的职业"摩批"，汉语习惯称之为"贝玛"。而"掷鸡蛋以卜葬地"的习俗，今天依旧在很多哈尼人中保留与传承着。这明确了"黑窝泥"已完成了从火葬到土葬的过渡，并发展了与土葬相关的习俗。

除"黑窝泥"外，民国《墨江县志稿》《墨江县地志资料》中还对"白窝泥"的丧葬礼俗进行了记载："白窝泥，一名必约，……丧礼，宰牛开吊时在服，男女必围跪牛前痛哭，俟牛粪出始止；若不出，势必揉按其肚使之必出，捧入仓中存留。展奠时，请一白母念咒，持竹筒绕室打击，孝眷随之旋击旋哭，情同汉家之绕棺。……近亦渐渐同化汉俗矣。"[2] 其时，"白窝泥"与"黑窝泥"聚居于今墨江县附近，其中"白窝泥"居山头，"黑窝泥"居山脚，部分"白窝泥"与"黑窝泥"杂居一处，故两者言语风俗相近。在"白窝泥"的丧葬礼仪中，宰牛开丧前"男女"需跪在牛前直到牛粪出，其后将牛粪捧到仓中存留。这一习俗至今仍在部分哈尼族支系所聚居的村寨中传承，如孟鹏村。此外，"白窝泥"在祭奠逝者时，也要请仪式专家"白母"。此处"白窝泥"的"白母"与"黑窝泥"的"白姆"相同。"白母""持竹筒绕室打击"，以及丧家跟随并"绕棺"的描述，细化了哈尼族先

---

1（民国）《墨江县志稿》。
2（民国）《墨江县志稿》。

民的丧葬礼仪。结合现有的民族志及田野调查材料可知，这其实是"打抹撮"仪式中的一部分。而"白窝泥"的习俗，在民国时期也有汉化的趋势。

作为其时聚居于今普洱市墨江县哈尼族先民"白窝泥之别种"的"卡惰"，在民国《墨江县志稿》中记载道："卡惰，白窝泥之别种，……其礼俗、语言与白窝泥无异……丧礼一切均同，开吊时婿必拖牛前走，长婿以布一幅跪于牛尾之后，俟接获牛粪，用手捧入仓中，以作死者遗有衣食之意。"[1] 此记载，明确了开丧前是由"婿"，即女婿将牛拖走，并完成接牛粪及捧入仓的工作，且解释了"卡惰"举行此仪式的目的与意义，即为留下逝者"福禄"。而在民国《墨江县地志资料》中，对哈尼族先民"卡惰"此丧葬仪式的记载，则是由"婿"将牛拖走，"长媳"完成接牛粪及捧入仓的工作，其余记载则与之相似。

在民国《墨江县志稿》《墨江县地志资料》中，记载了哈尼族先民"补孔"或"麻黑"在夏初宰牲祭"龙树"，并将之与汉人祭天相类比。"若村中有死亡者，则次月更祭，旋死旋更，竟有终岁不祭者"。根据记载可知，若村中有人离世，则将祭献"龙树"延迟至次月，若村中一直有人去世，则当年不再祭献"龙树"。"龙树"也写作"竜树"，是哈尼族村寨标志性的存在。从田野调查的资料来看，哈尼族祭献"龙树"的行为与农时相关。哈尼族先民建寨定居，生计模式转变为以农耕为主后，丧葬礼俗逐渐转变为土葬。这段材料证明，此时的"补孔"已经有土葬的习俗。

此外，"补孔"的丧葬礼俗与"黑窝泥"相近。"丧，则于宰牛开吊之夕，邻近童男各执一伞入吊，事毕各携女外出，以伞合毕，

---

1（民国）《墨江县志稿》。

竟夜歌泣"。哈尼族先民哭丧的习俗在此前已有记载，而童男"执伞"的习俗则是第一次记载。且因"补孔"居住离城较远，所以直至民国时期，其习俗"一切尚未向化"。[1] 这些记载，细化了哈尼族先民的土葬习俗。

至此，哈尼族的丧葬礼仪已经完成了从火葬到土葬的过渡，文献典籍中对哈尼族先民丧葬礼仪的记载亦逐渐细化。民国时期对哈尼族先民丧葬礼仪的记载，与现在哈尼族丧葬礼仪最为接近。那些被记载的丧葬礼仪，也皆能在实际的田野调查或二手民族志材料中寻到。

## 小结："生死区隔"产生的历史背景

哈尼族的族源及其形成是"多元一体"的。哈尼族的族源主体为西北古羌，其在由北向南的迁徙过程中与其他民族互动与交融，最终形成了具有现代意义的哈尼族及其独特的文化属性。作为一支有迁徙历史的民族，对其民俗文化进行研究的前提是知其源流、历史与现状，这样才能在动态的、变迁的研究视角下，将相关变量纳入整体历史与文化之中，思考其未来发展的方向。

从文献记载来看，在公元前3世纪，当包括哈尼族先民在内的"和夷"出现在大渡河流域时，哈尼族先民还未完全从古羌中分化，其在生计方式上依旧保留着"随畜迁徙"的游牧传统。[2] 公元前3世纪之后，哈尼族先民迁徙至今四川省北部各地区，其后分东、中、西三条迁徙路线继续南迁。及至唐代，哈尼族先民已分布在今云南

---

1（民国）《墨江县志稿》。

2 黄绍文：《诺玛阿美到哀牢山》，昆明：云南民族出版社，2007年，第31页。

省境内的各个地区。在哈尼族形成的历史过程中，其与迁徙路线上的其他民族在政治、经济、文化等方面进行了主动或被动的互动与交融。正是在这种"我中有你、你中有我"的跨族群互动的过程中，哈尼族才成了独具个性又多元统一的现代民族。而且，只要多样化的民族还存在，这种互动便不会停止。

哈尼族先民定居今云南境内后，经历过与其他族群在生存空间上的竞争、中原王朝与地方割据势力之间的战乱，以及中原汉人移民的大量涌入等历史变故，这些因素皆影响了哈尼族先民的分布状况、政治经济与文化礼俗的变迁。历经迁徙的哈尼族先民，尤为重视居住空间的选择，以及与其他族群的边界划分，过往的生存经验使他们几乎都选择在山区或半山区定居。山区生存条件艰难，但这些高山、河川能作为天然的屏障，保护族群的繁衍生息与文化传承。从田野考察的角度来看，现在元江流域的各个哈尼族村寨，几乎都建在半山区，而山脚有河流。河流与森林既是豪尼人阻隔外部世界与陌生侵略者的天然屏障，也是豪尼人与亡灵、鬼怪等凶秽之物进行"区隔"的天然边界。而且，从一般意义上来说，豪尼人对亡灵、鬼怪的恐惧，也是其对具有危险性"陌生人"的一种想象与象征。

元江流域在历史上即是一个多民族杂居之地，现在的元江县亦是一个由多民族构成的少数民族自治县，境内的哈尼族、彝族、傣族、白族、汉族等在经济、文化方面皆有持续的往来。元江流域作为哈尼族先民由北向南迁徙路线的交汇区域，现今分布着包括"哈尼""豪尼""卡多""碧约""西摩洛""白宏"等不同支系。他们与移居地的其他民族交往，形成了在语言、习俗与文化等方面的差异。尤其是在语言方面，元江流域的哈尼族各支系，囊括了哈尼语的哈雅、碧卡、豪白三大方言，且各大方言内部还包括多种土语。在民族文化的研究中，关注"一体"中的"多元"具有重要意义，能展现哈尼族与不同民族交往后经历的文化变迁。

在哈尼族丧葬礼仪方面，其变迁即在整体上呈现出不平衡的特点。哈尼族丧葬礼仪作为适应文化，通常在文化变迁中滞后于物质文化的变迁速度，须将之放到长时段的历史叙事中来看。在公元前3世纪以前，哈尼族先民还普遍保留着传统游牧的生计模式。其后，他们从甘青高原迁徙至大渡河流域，定居河流沿岸并逐渐适应农耕生活。但在清代中叶以前的汉文典籍显示，已定居滇中、滇南广大山区，从事农业耕种的部分哈尼族先民，依旧保留着传统游牧时期的火葬习俗。这体现了丧葬礼仪变迁中的滞后性，也体现了哈尼族迁徙流动后在各地发展的不平衡。通常，那些与汉族、白族、傣族等在经济、政治与文化上更先进的民族接触频繁、居住空间较开放、交通条件更便利，以及较早接受汉文化教化的哈尼人，其丧葬礼仪的变迁速度更快。民国时期是哈尼族丧葬礼仪变化的相对稳定期，已完成了从火葬为主到以土葬为主的过渡，相关文献记载也逐渐具象化、细节化。

总体而言，国内哈尼族现聚居在云南省红河州、西双版纳州、普洱市、玉溪市，在昆明市、楚雄州、曲靖市亦有少量分布。豪尼人主要聚居在元江流域，其在哈尼族迁居地的空间结构中居于中间位置，因此与现存迁徙路线之西线与东线上的其他支系交往密切。作为中华民族共同体之一员，元江流域的豪尼人在迁徙史上即与其他民族产生了互动与交融，而在当下的居住空间与环境中，他们与其他支系或民族之间同样保持着动态的交往。从这个角度而言，元江流域的豪尼人是"多元一体"的哈尼族形成与发展的一个缩影，其丧葬礼仪的变迁亦可被视作哈尼族丧葬礼仪变迁的一个典型。这使元江流域豪尼人的丧葬礼仪既具有特殊性，又具有普遍性，有适宜于被提升到哈尼族文化的高度进行考察的可能性。

对哈尼族丧葬仪礼的研究，有必要结合其民族历史与文化，以整体史观与文化观，以及比较研究的视角，拓展民俗学、民族学等学科对传统村落研究的格局。从民俗研究的文化整体出发，笔者对哈尼族族源、迁徙，现今分布、文化概貌，及其丧葬史的梳理，是为进一步揭示"生死区隔"的标志性观念的形成与发展。这既是民族交融的结果，也是哈尼族独特民族文化的写照，更从侧面展现了中华民族共同体的形成过程。

# 第二章 死亡分类："正常"与"非正常"死亡者及其丧葬礼仪

对死亡进行严格的分类，是哈尼人处理死亡的根本前提。分类是将事物、事件、事实等划分为种和类，并确定其包含或排斥关系的过程。[1] 所有理性的行为，都离不开分类。[2] 分类系统的存在，将事物进行了"有序"与"无序"的区分，所有与系统不适的东西便是"无序"的。与死亡相关的问题中，亦包含着分类与秩序的问题。死亡作为一种相对"非常"的状态，打破了豪尼人日常生活中"常"的秩序，而丧葬礼仪便是恢复秩序最有效的方式之一。豪尼人根据逝者死亡情况的不同，将逝者分为"正常"与"非正常"两类，与之相应的是两种不同的后事处理方式。在这个只与机体相关的生理现象中，人们掺杂了许多复杂的信仰、情感与行为，使之变得独特。[3] 豪尼人通过分类的丧葬礼仪，有区别地"区隔"危险亡灵，并恢复日常生活秩序。

## 第一节 "区隔"亡灵下的死亡分类

豪尼人在灵肉二分的二元论下，认为死亡是灵魂永久离开肉体

---

[1][法]爱弥尔·涂尔干、马塞尔·莫斯：《原始分类》，汲喆译，上海：上海人民出版社，2004年，第2页。

[2][英]玛丽·道格拉斯：《洁净与危险》，黄剑波、柳博赟、卢忱译，北京：民族出版社，2008年，序言第9页。

[3][法]罗伯特·赫尔兹：《死亡与右手》，吴凤玲译，上海：上海人民出版社，2011年，第16页。

的结果。灵魂长久离开肉体后成为亡灵，亡灵若得不到应有的安置，即未能与生者世界"区隔"，便会破坏生者日常生活的秩序。豪尼人丧葬礼仪的主要功能之一，便是安排逝者并"区隔"其亡灵，以维护生者世界之秩序。豪尼人在丧葬礼仪中对亡灵的"区隔"，即是一种分类与秩序的体现。虽然一切亡灵都是被"区隔"的对象，但"非正常"死亡者的亡灵，往往会较"正常"死亡者的亡灵对村落日常生活的秩序造成更大的威胁。对豪尼人而言，区分死亡的"正常"与否显得尤为重要。通常，豪尼人判定逝者死亡情况"正常"与否的标准，主要根据逝者的死亡年龄、有无子嗣、有无直系长辈健在、死亡地点、死亡原因等进行综合判定。

首先，逝者的死亡年龄、有无子嗣、有无直系长辈健在，是判断死亡情况"正常"与否的主要标准。在年龄方面，豪尼人以十二属相为周期，以虚岁计算年龄，即出生后便记一岁，此后以农历正月初一为年龄增长的起点。通常，豪尼人将虚岁60及以上划作"正常"死亡的年龄，并将64岁看作是"正命"。故此，咪哩村的豪尼人常言："我活到八八六十四了，属于正命，现在死也不怕了。"[1]

  石鸿：请问活到多少岁才算是"正常"老死的？
  李YQ：至少要活到六十四五岁，这才算是"正常"老死的。以前只有活到64岁才算"正命"，不到64就不能算是老人。
  李ZX：对，要"八八六十四"才算老人。
  李YQ：这些都是老辈人传下来的。现在人的寿命逐渐增加了，以前没有多少人能活到64岁，上到六七十的人更是少，在

---

[1] 访谈对象：李XN，女，哈尼族，属猴，1956年生，63岁，咪哩村人；访谈人：石鸿；访谈时间：2019年2月26日；访谈地点：咪哩村。

64 以内死的人多。[1]

旧时，豪尼人的生活水平低、卫生条件差，且没有完善的医疗设备与条件，他们当中能活到 64 岁的人屈指可数。"正命"的概念对于豪尼人来说，更像一种与长寿相关的理想与愿景。随着现代生活与医疗条件的改善，豪尼人中八九十岁的老者增多。但"正命"作为豪尼人的传承概念，豪尼人并未轻易改变"老祖宗定下的规矩"。豪尼人的日常生活依赖经验性的知识，他们往往对祖辈传承下来的知识与文化深信不疑。《哈尼族古歌》中便唱道："哈尼先祖留下的古规，是哈尼传宗接代的古规。"[2] 在豪尼人看来，只有按照祖规生活，族群才能得到繁衍与发展。

与年龄相关的，包括逝者有无子嗣、有无直系长辈健在等，也是判断豪尼人死亡情况"正常"与否的主要标准。若逝者还未到婚育年龄，未有子嗣便离世，即属于"非正常"死亡。豪尼人的这种判定标准，在一定程度上体现了传统乡土社会对传宗接代、延续香火的重视。若逝者在其父母、祖父母等直系长辈之前离世，便是未履行为长辈养老送终的义务，亦属于"非正常"死亡，这同样是一种孝道观念在乡村社会的体现。

其次，逝者的死亡地点与死亡原因，是判断其死亡情况"正常"与否的重要标准。豪尼人将生命体的自然死亡看作"正常"死亡，其最理想的寿终方式，是在家屋主榻之上离世，其时周围有儿孙与亲友陪伴。豪尼人尤为看重在村中家屋内逝世，这是判断其是否为

---

1 访谈对象：李 ZX，男，哈尼族，属兔，1939 年生，80 岁，咪哩村人；李 YQ，男，哈尼族，属牛，1937 年生，82 岁，咪哩村人；访谈人：石鸿；访谈时间：2019 年 1 月 30 日；访谈地点：咪哩村。

2 西双版纳傣族自治州民族事务委员会编：《哈尼族古歌》，昆明：云南民族出版社，1992 年，第 322 页。

"正常"死亡的首要标准。以2019年笔者在咪哩村的田野调查为例，村中一女性长者原与二女儿生活，但其在自觉寿命将尽之时，便提前回到破旧的老屋等待死亡。豪尼人若在村外去世，无论其死亡原因、死亡年龄、有无子嗣，以及直系长辈健在与否，都将被视作"非正常"死亡。这种判断"正常"与否的死亡标准，也体现其明显的边界意识，对于有迁徙历史的民族来说这尤为重要。豪尼人在这种死亡观念下，不断地强调着内部世界的安全性与稳定性。与此同时，他们也想象并强化了外部世界的危险性与不确定性。

表2—1 豪尼人判断"正常"死亡与"非正常"死亡的一般条件

| 一般条件 | "正常"死亡 | "非正常"死亡 |
| --- | --- | --- |
| 死亡年龄 | 60岁及以上 | 未满60岁 |
| 有无子嗣 | 有 | 无 |
| 有无直系长辈 | 已逝 | 健在 |
| 死亡地点 | 家屋主榻 | 村外 |
| 死亡原因 | 自然 | 意外 |

资料来源：笔者根据田野调查资料制表，制表时间：2021年2月11日。

豪尼人判断逝者死亡情况"正常/非正常"的标准，在其具体的社会生活实践中存在一定的"可协商性"，这也是地方民众个体间"民俗协商"的一种体现。豪尼人关于死亡情况"正常"与否的最简单也是最主要的判断标准，是死亡年龄与死亡地点。"'非正常'死的，就是那些在山上、野外死的。除了老了以后自然死亡的以外，那些没在家里死的，在山沟、去上坟的路上，还有在山体滑坡时死的，全都属于'非正常'（死亡）的，因为（他们）在本不应该死的时候死了。"[1]在日常生活中，只要逝者满足"有子嗣"与"在家中逝世"这两个充分且必要的条件，豪尼人便会对其死亡年龄、有无直系长辈健在、死亡原因等做出一定让步。这些让步，具体体现在丧家对逝者后事处理的过程中。丧家会在家中为此类死亡者举办较完整的丧葬礼仪，其丧葬礼仪亦能得到亲属、乡邻的积极参与与协助。

总之，豪尼人对逝者的死亡情况做"正常"与"非正常"的判断与区分，是为了保证村落整体与村民集体的安全。在这样的判断条件与区分标准之下，丧家为不同死亡情况下的逝者举办的丧葬礼仪具有明显的差别，而这种差别又再生产了豪尼人对不同死亡情况的判断与区分。

## 第二节 "正常"死亡者的丧葬礼仪

通常，"正常"死亡的豪尼人在生前有充分的时间准备身后之事，包括筹备棺材、寿服、寿被与寿褥等。豪尼人认为最理想的死亡场景，是在正房上房儿孙围绕的主榻之上离世。其后，丧家将正房中房设置为灵堂，为"正常"死亡者筹办丧葬礼仪。届时，丧家的家屋成为接待吊唁者、守灵者的主要场所。丧葬礼仪完成后，"正常"死亡者的亡灵通过专门的门洞，即"尼豪巴窝"回到丧家，并被请至正房上房的"窝里"祭台上，与丧家产生特殊的联系。

从仪式规格来说，豪尼人为"正常"死亡者筹办的丧葬礼仪主要分为两种：一种是普通丧葬礼仪；另一种是"莫搓搓"丧葬礼仪。其中，普通丧葬礼仪的仪式规格较低，但更多的豪尼人会选择筹办此种丧葬礼仪；"莫搓搓"丧葬礼仪是豪尼人最高规格的丧葬礼仪，

---

1 访谈对象：李 BX，男，哈尼族，属猴，1956 年，63 岁，咪哩村人；访谈人：石鸿；访谈时间：2019 年 2 月 5 日；访谈地点：咪哩村李 BX 家中。

其仪式过程漫长、耗资巨大、参与人数众多。除非家境殷实，很少有豪尼人会选择筹办"莫搓搓"丧葬礼仪，并且此仪式在部分哈尼族村寨已经完全消失或逐渐在消失。但无论是何种规格的丧葬礼仪，丧家皆"通过"这些仪式，达到生与死的"过渡"与"区隔"，即完成神圣与世俗不同空间的仪式转换，维护生者世界日常生活的秩序。诚如哈尼族哭丧歌所唱："如果哈尼老人去世不送葬，哈尼的后代子孙就不得安宁，对父老长辈人也不会尊敬，世间的伦理道德就会混乱。"[1]

### 一、提前筹备的后事

豪尼人自满 60 岁起，便开始自觉筹备其丧葬礼仪所需之物品，包括棺材、寿服，以及棺材内垫盖的被褥等。这些物品通常需要亲自筹备，儿子也可参与筹备，但通常不会让外嫁女儿参与其中。换言之，豪尼人筹备后事的一切物资所需不能由外嫁女儿提供，即使外嫁女儿为其父母准备了某些后事所需的物品，其父母或兄弟也会将钱财补给或象征性地给外嫁女儿，以示物品为主家购买所得。

  石鸿：去世后需要的东西，自己的孩子都可以帮忙筹备吗？
  李FC：可以，但只要儿子准备的东西，（外嫁）姑娘给准备的东西一般不要，即使给了也不能白拿，一两块钱也要给她。我的绸子被子和绸子衣服就是我（外嫁的）女儿买回来的，但是我和我老婆已经叫我的儿子把钱给她了。[2]

---

[1] 杨倮嘎演唱，卢朝贵、杨羊就、长石搜集整理：《阿妈去世歌》，昆明：云南民族出版社，2004年，第4页。
[2] 访谈对象：李FC，男，哈尼族，属牛，1949年生，71岁，咪哩村人；访谈人：石鸿；访谈时间：2019年2月5日；访谈地点：咪哩村。

豪尼人这样做是为了将"正常"死亡后留下的"福禄"尽量留在自家。棺材象征豪尼人逝后的家屋，寿服、首饰等则是豪尼人逝后回归祖地时的穿戴。豪尼人在从夫居或从父居的前提下，逝后只有使用自家筹备的物品，才能将"福禄"留在自家，即留给后辈儿孙。若外嫁女儿参与筹备娘家父母的后事所需，尤其是那些需要放入棺材内或穿戴在逝者身上的物品，则她在父母离世后有将父母遗留给主家的"福禄"分走的可能，这对主家即以其兄弟为主的核心家庭会带来不利。

首先是筹备棺材，棺材是豪尼人丧葬礼仪中的重要仪式器具。棺材相当于逝者在阴间的房屋，哈尼族殡葬祭歌《斯批黑遮·寻找棺木》中叙述道："慈祥的老人闭了眼，了却人生乐与苦，他在人间又住房，死到阴间要棺木。上山去找好树木，砍倒大树做棺材，老人不得一棵树，身死不瞑目。"[1]

通常，"正常"死亡者都会提前备好棺材。旧时，豪尼人通常自己种植制作棺材的树木。他们用以制作棺材的树木，主要包括松树、杉树、柏树、红椿等。其中，豪尼人认为四季常青的柏树木材品质较好，更适宜做棺材。但是，柏树至少需要种植五六十年才能用以制作棺材，有的甚至需要种植七八十年或百年，故豪尼人常常使用上一代种植的树木，并为下一代提前种好做棺材的树木。据豪尼人介绍，一棵上好的柏树能制作七八副棺材，有时也能制作十副。

在没有合适的柏树做棺材时，豪尼人通常会上山去寻找其他树种，但合适做棺材的树木也很难寻到。在豪尼人的殡葬祭词、哭丧歌中，皆有丧家为逝者寻找制作棺材的树木的叙事。在哈尼族的丧葬祭词中，提到他们喜欢选择山中"树枝上没有缠绕山藤，树干上

---

[1] 赵呼础、李七周演唱，李期博、米娜译：《斯批黑遮：哈尼族殡葬祭歌》，昆明：云南民族出版社，1990年，第85—86页。

没有野蜂筑巢,树干没有被雷打过""树干直直纹路顺,树根无蜜蜂做窝;树梢完好不秃,树梢不似鹰爪",以及"毛虫不曾爬过""蛇不曾爬过""扁尾土蜂没做过窝""葫芦蜂没筑过巢""猴子没有上过""蟒蛇没有爬过"的水冬瓜树做棺材。[1]

无论豪尼人选择何种树木做棺材,棺材在使用时其中皆会被垫上柏树枝。哈尼族丧葬祭词亦叙述道:"父母没有种下柏木树,没有大叶柏树做棺木;先辈没有种下柏枝树,没有细叶柏树做棺木。棺底铺上柏枝,返回祖先住地。"[2] 豪尼人在棺材里垫上柏树枝,一则象征棺材是柏树做的,二则以四季常青的柏树枝祈愿逝者的后辈发展顺利。

豪尼人在砍准备做棺材的树木之前,有先行祭献的习俗。届时,砍树者会先把鸡蛋放在选中树木的树脚,再用香炷去祭献,以使砍伐顺利进行。

国家护林政策制定后,豪尼人不得随意砍伐树木,他们或向外购得木板再请专门的木匠师傅制作,或直接向个人或商家购买制作好的棺材。通常,购买较好的柏木板需要两三千元,制作费需要七八百元,直接购买一副普通棺材的平均价格则为4000余元。各村几乎皆有会制作棺材的木匠,豪尼人购买木板后请木匠制作一副棺材,需要四五天时间。据咪哩村制作棺材的豪尼木匠介绍,豪尼人制作棺材的时间,只在年节后的二三月间,这时制作的棺材木板不容易裂开。及至三四月雨水来临时,豪尼人便不再制作棺材。[3]

---

[1] 参见红河州人民政府编《哈尼族口传文化译注全集·白宏莫搓搓能考(一)》(第8卷),昆明:云南民族出版社,2016年,第460—461页;红河州人民政府编《哈尼族口传文化译注全集·阿培瞿羽炎雅(二)》(第22卷),昆明:云南民族出版社,2012年,第399—401页;红河州人民政府编《哈尼族口传文化译注全集·独玛沃》(第23卷),昆明:云南民族出版社,2012年,第368—370页。

[2] 红河州人民政府编《哈尼族口传文化译注全集·阿培瞿羽炎雅(二)》(第22卷),昆明:云南民族出版社,2012年,第401页。

[3] 访谈对象:李ZC,男,哈尼族,属猴,1944年生,75岁,紫驼骆村人;访谈人:石鸿;访谈时间:2019年2月1日;访谈地点:咪哩村。

豪尼人的棺材通体以黑色为主，部分会在棺材的头尾处染红漆，或绘制具有祈福意义的红色花纹，如图2—1所示。豪尼人在保存棺材时，会请人或由棺材的所有者先对着空棺材念诵祈福话语，然后在棺材内放入五谷杂粮、钱币等物品，最后再盖上棺

图2—1 豪尼人棺材头部绘制的红色纹样
（拍摄人：石鸿；拍摄时间：2019年7月3日；拍摄地点：咪哩村）

板。他们认为，若棺材内不放入这些物品，棺材的所有者便会早日使用到此棺材。正是因为豪尼人认为棺材内的钱粮物品与自己的命运相关，所以他们在临时出售为自己准备的棺材时，会特意将之取出。而那些购买其他人棺材的豪尼人则会叮嘱后辈，在将来其离世后需要使用棺材而开棺盖时，再将棺材内的钱粮物品取出并扔掉。因为豪尼人认为，若棺材内放置其他人念诵过的物品，会使逝者的后代发展不顺。豪尼人习惯将制作好的棺材放在正房二楼储仓一角，用塑料袋遮住棺材并压上石块等重物，以防止木材因湿度变化等原因产生变形。

其次是寿服、寿被与寿褥的筹备。豪尼人的寿服由绸子服与粗布服组成，最里层为绸子服，此外皆为粗布服。其中，男性贴身内穿的为绸子服，包括长衫、长裤，此外还有绸布做的一件褂子与一顶六合帽；女性贴身内穿的同样为绸子长衫与长裤。粗布服即豪尼人的传统民族服饰，以靛蓝色的手织棉布为主。通常，男性逝者头戴六合帽，然后用黑布包头，上穿对襟长衣、下着长裤，小腿裹布条、脚穿黑布鞋，其服饰几乎没有绣纹；女性逝者同样会在头上用

黑布包头，上穿对襟短衣、下着百褶长裙，小腿裹布条、脚穿黑布鞋，其服饰上的绣纹较男性服饰上的多。此外，女性的寿服会将传统服饰中的围腰去除，并在腰间加挂一个黑色三角形的口袋。豪尼人作为寿服的传统服饰只会保留绣纹、绣片，而会将衣服上额外的装饰去除，尤其是女性胸前成片的银链、银泡、银币等。

因豪尼人的寿服本就是传统的民族服饰，故他们会在重要的传统节日或仪式场合穿戴完备的全套服饰。在豪尼人看来，寿服在生前被逝者穿过是最好的，因为当寿服带有逝者生前的气息后，其在通往彼岸世界的途中便不会被其他亡灵，尤其是无人供奉的"非正常"死亡者的亡灵掠夺。也是出于相同的目的，即使是全套新的寿服、寿被与寿褥，丧家在给逝者穿戴与使用前，也会用香炷或柴火先烧几个小洞。"新的（寿服、寿被与寿褥）全部要用火烧一下，用香炷烧一下。听老人说，不这样做的话他们（指其他亡灵）会来抢。所以，我们才（用香炷）打记号给他（指逝者），这样（他的东西）就不会被（其他亡灵）抢走了。"[1]

豪尼人有织染棉布的传统，他们在筹备寿服时以手工织造、靛染、缝制的粗布服为最佳，即使去市场上或其他人家中购买，他们也会选择相似的粗布服。与之不同，绸子服则需豪尼人专门去市场上购买。豪尼人离世后，通常会穿三件或五件的单数寿服，即一件绸子服与两件或四件粗布服。豪尼人愿意花时间和精力为自己提前筹备寿服，除最内层的绸子服外，他们会根据自己的经济能力去筹备更多件粗布服。豪尼人多用银子锻造配饰，包括耳环或耳坠、手镯、项圈及花簪头饰等，通常只有女性逝者才需要。现在豪尼人出于经济考量，也会选用部分铝制饰品来替代，尤其是簪花头饰等。此外，

---

[1] 访谈对象：李HX，女，哈尼族，属兔，1951年，68岁，咪哩村人；访谈人：石鸿；访谈时间：2019年2月10日；访谈地点：咪哩村。

图 2—2 豪尼人在流动摊贩处选购殡葬用品（拍摄人：石鸿；拍摄时间：2019年5月9日；拍摄地点：咪哩村）

豪尼人在棺材内使用的被子与褥子，其内的填充物皆为棉花，外则为绸子缎面，通常也需要从市场上购买。

有意思的是，豪尼人在筹备部分后事所需之物时，会习惯以这是"做药的"进行表达。这些能"做药"的物品包括白粗布，以及小米、水稻等豪尼人现基本不再种植的谷物。其中，白粗布可在搭灵堂帷幔时所用，也可以做丧家及近亲的孝布。通常，搭灵堂所用的帷幔可重复使用，也可以去别家借用。豪尼人认为，使用此白粗布三次后便可做女性的衣裳，但不能做男性的衣裳。其他远亲、友邻的孝布可为逝者外嫁女儿在市场上购买的普通机织布，但丧家的孝布必须是亲自筹备的手织粗布。在田野调查中，一位在流动地摊上购买粗布的女性长者告诉笔者："这是我以后要做'药'用的"，当笔者继续追问时，其补充说道："这是在我死后，要给我的儿子们

（用作孝布）戴孝的。"[1] 在丧葬礼仪结束之后，丧家通常会用戴过孝的粗布或剩下的粗布为逝者长子做一件带有逝者"福禄"的衣服，以庇佑逝者长子，故豪尼人亦称之为"做药的"。同样地，在丧葬礼仪结束之后，若家庭成员出现不适，豪尼人也会专门食用挂在正房上房，原火塘竹篾台上带有逝者"福禄"的谷物，这些谷物也被豪尼人称作"做药的"。

## 二、传统家屋的布局

"正常"死亡者的丧葬礼仪在丧家的家屋筹办，届时整个家屋成为筹办丧葬礼仪的主要场所。豪尼人的传统民居为土木结构，通常分正房、耳房、畜圈三部分。其中，人居房屋多为两间，包括正房和耳房。先从正大门进入耳房后，再通过二进门到正房。正房有两层，一层为卧室与起居室，二层为存放粮食的储仓。耳房与正房相连，仅有一层，主要为卧室或柴房。正房二层之外，正好是耳房的屋顶，豪尼人习惯将之作为晒台使用，并称之为"土掌"，这亦是豪尼人称传统民居为"土掌房"的原因所在。各家的房屋依山势而建，房屋的"土掌"相连，豪尼人可借此在各户穿梭，这拓展了其交往的空间。畜圈通常设在家屋最下层，或在主体建筑之外。

正房一层是豪尼人传统民居的重要部分，通常分上房、中房与下房三间，也被豪尼人称为"上空""中空"与"下空"。其中，正房上房、中房是传统民居的必有设置，是豪尼人日常生活中重要的生活空间与仪式空间，一些没有条件的家庭会省略正房下房。值得一提的是，豪尼人在建房前，家中长辈会先悄悄带九粒米和一个碗，在选定的宅基处把米粒分成三份，每份三粒米首尾相接摆成一个小

---

[1] 访谈对象：李 XN，女，哈尼族，属猴，1956 年生，63 岁，咪哩村人；访谈人：石鸿；访谈时间：2019 年 5 月 8 日；访谈地点：咪哩村。

三角形，代表人、牲畜、粮食，整体再摆成一个大三角形，盖上碗三日后一早再去查看，以免遇到其他人或凶秽之物。若届时米粒还是保持原样，就代表此地适宜建房，否则就要另选他处。这与史诗《哈尼阿培聪坡坡》中记载的选寨基仪式相似，"选寨基是大事情，不是高能不能当。先祖推举了西斗做头人，希望他献出智慧和力量。西斗拿出三颗贝壳，用来占卜凶险吉祥：一颗是子孙繁衍的预兆，一颗代表禾苗茁壮，一颗象征着六畜兴旺，贝壳寄托着哈尼的愿望。贝壳立下一天，大风没有把它刮倒，贝壳立下两天，大雨没有把它冲歪，三天早上公鸡还没啼叫，西斗头人来到贝壳旁'昨夜老虎咬翻百只马鹿，哈尼的贝壳安然无恙。尊敬的阿波阿匹（即"爷爷奶奶"之意），亲亲的兄弟姐妹，寨基选在这里，哈尼的子孙会好，哈尼的六畜会多，哈尼的庄稼会旺！'"[1]

豪尼人在建房前用碗盖米的地方，就是传统民居的正房上房与中房之间中心柱所竖立的地方。中心柱是豪尼人建房时竖起的第一根柱子，它除了具有物理意义外，在豪尼人的仪式生活中具有重要的象征意义。豪尼人在柱子上请了家屋神，日常生活中很多与家屋、家庭成员相关的仪式，皆须在中心柱下完成。此外，豪尼人在竖立中心柱与房屋的四根边柱时，皆会在柱子下专门放置椿树枝、各类种子、钱币等，以祈愿新建的家屋能够为家庭带来财富与好运。

正房上房是大家长的卧室，布置有两张靠墙角且床头相对呈"L"形的卧榻。其中，横向的床铺为主榻，豪尼人称之为"窝榻奥卯"，"窝榻"即"床，床铺"之意，"奥卯"即"母亲、大"的意思；竖向的床铺为次榻，豪尼人称之为"窝榻奥枣"，"奥枣"即"孩子、小"的意思。通常，家中继承祖屋的幼子在其父母离世后，便能与妻子一同

---

[1] 朱小和演唱，史军超、卢朝贵、段贶乐、杨叔孔译：《哈尼阿培聪坡坡》，昆明：云南民族出版社，1986年，第26—27页。

住到上房。届时，夫妻二人开始分床睡，丈夫作为新的一家之主拥有主榻，妻子则拥有次榻。将来无论夫妻二人谁先离世，家中的次榻可以空，但主榻绝不能空，否则容易使家庭不顺。若丈夫先离世，则妻子睡到主榻上；若夫妻二人离世，则继承祖屋者睡到主榻上。在豪尼人的观念中，能在儿孙围绕的主榻上离世是最理想的死亡场景。

在主榻与次榻相交的墙角上方，设有祖先祭台"窝里"。在设置"窝里"时，豪尼人会先用两根长钉或竹枝按一定间距钉在墙上，然后在上面放置一块小木板作祭台，再在祭台下专门挂一个竹筒或空瓶以插香烛、放谷物等。"窝里"是豪尼人家屋中最重要的存在，几乎所有保留传统生活方式的豪尼人都在家屋设有"窝里"。在20世纪60年代"破四旧"时，"窝里"曾被迫扔出豪尼人的家屋。在此运动过后，大部分村寨中的豪尼人自发地恢复了"窝里"在家屋的设置，如咪哩村、小柏木村、大芭蕉村、小芭蕉村等豪尼人聚居的村寨。也有的豪尼人借此改风易俗，不在家屋中设置"窝里"，如紫驼骆村与汉族杂居的豪尼人。紫驼骆村的豪尼人的祖先祭台，即是与当地汉族一样设置在堂屋供桌处。虽然他们也有"窝里"的观念与记忆，但因他们不再将祖先亡灵请至"窝里"，"窝里"便逐渐被遗忘与弃用。

豪尼人的"窝里"是家屋中最隐秘的神圣角落，通常不会轻易让陌生人看到，更不会让陌生人触碰。2019年笔者在孟鹏村做田野调查时，遇到一户正在重建家屋的豪尼人。当男主人与笔者谈到"窝里"且笔者继续追问并提出观看请求时，他说道："不要看了，也不要再说我家的'窝里'了。这个是不能随便给外人看的。我们也只在祭献（祖先）时才能看。祭献'窝里'就是请老祖宗保佑的意思，或者是把他们（指祖先的亡灵）叫到'窝里'上的意思，不能随便看。"[1]

---

[1] 访谈对象：佚名，男，哈尼族，属虎，1962年生，57岁，孟鹏村人；访谈人：石鸿；访谈时间：2019年2月1日；访谈地点：孟鹏村。

豪尼人在重建家屋时，会先请"窝里"上的祖先亡灵"下来"，再专门找一处临时寄放与祭献亡灵的地方。当家屋建好后，主家再专门选一吉日，以一只鸡、一颗鸡蛋，以及若干谷物等祭品，重新将祖先亡灵请到新屋的"窝里"上。此仪式通常会在一早进行，最好不被外人看到，尤其是孕妇。据豪尼人介绍，请祖先亡灵重新上新屋的"窝里"时，除主家临时寄放亡灵的位置处外，也可从祖先墓地、旧屋原址或新屋门口处请。[1] 主家为请祖先亡灵上新祭台而专门宰杀的鸡禽，在烹熟后旁人不得参与分胙，以免主家的"福禄"外流。在除夕时，豪尼人须将"窝里"下挂着的竹筒或瓶中的旧谷物换成新谷物，再专门祭献祖先。在其他一些传统节日或家中举行重大仪式时，他们也都要专门祭献"窝里"上的祖先。

图 2—3 豪尼人的"窝里"及其日常祭献（拍摄人：石鸿；拍摄时间：2017 年 8 月 13 日、2019 年 2 月 12 日；拍摄地点：咪哩村）

传统民居的火塘也设在正房上房，满足豪尼人日常烹饪及取暖

---

[1] 访谈对象：佚名，男，哈尼族，属虎，1962 年生，57 岁，孟鹏村人；访谈人：石鸿；访谈时间：2019 年 2 月 1 日；访谈地点：孟鹏村。

所需。通常，火塘的上方会悬挂竹篾编制的晒板，用以临时烘干谷物。在丧葬仪式中，火塘上方的晒板上也会被豪尼人挂上留有逝者"福禄"的谷物。现在很多传统民居改造后，火塘与卧室分离，豪尼人会在耳房设专门的灶台或厨房。但是，即使没有火塘，豪尼人仍旧保留了传统习俗，将留有逝者"福禄"的谷物挂在正房上房。

正房中房为堂屋，是豪尼人的起居室。通常，在其中间会摆设四方桌和长条凳，以作餐厅、会客厅使用。此外，丧葬礼仪的灵堂亦是在此搭建。搭建灵堂时，豪尼人会将中房的桌椅等家具挪到一旁，以空出中间的位置摆放棺材。在正房上房与中房相接的下墙角处，或在正房上房门口或门后，豪尼人也会设置祭台，以祭献那些在家中死亡且有子嗣，但先于丈夫之前去世的妻子的亡灵，或先于父母之前去世的儿子的亡灵。虽然从严格意义上来说，这些早逝者中有部分属于"非正常"死亡，但其因满足在家中去世且有子嗣这两个重要条件，所以在日常生活中有机会得到与"正常"死亡者相似的祭献。

正房下房通常为家中长子与长媳居住，豪尼人也会在墙角处设祖先祭台"咪索"。"窝里"与"咪索"虽皆为祖先祭台，但二者有等级上的差别，"窝里"高于"咪索"。豪尼人认为，当新近离世的祖先亡灵被请至"窝里"上时，原来在"窝里"上的祖先便会自动到"咪索"上接受祭献；当再有祖先更迭至"咪索"上时，原来在"咪索"上的祖先便被挤到房屋背后，仅能在特殊节日或仪式中受到祭献。事实上，这部分被挤走的祖先亡灵，会对豪尼人的日常生活造成特殊的危险，一定程度上而言，他们与无人供奉的亡灵有相似性。传统上"咪索"的设置与"窝里"相同，但因为"咪索"的重要性低于"窝里"，有些豪尼人设置的"咪索"便较简单，只挂有一个竹筒或瓶子以装香烛、谷物等。而有的豪尼人则没有在家中设置"咪

图2—4 豪尼人的"咪索"及其日常祭献（拍摄人：石鸿；拍摄时间：2019年2月5日；拍摄地点：咪哩村）

索"祭台，但他们在祭献时也会在"咪索"的位置处进行象征性的祭献。

　　豪尼人通往二楼储仓与晒台的梯子也设在正房下房靠近二进门的位置。他们习惯使用简易又可移动的竹梯，也会设置固定的木梯。传统上，二楼储仓为开放式的敞间，部分豪尼人会在储仓最里面，即正房上房的上方隔出一间被称为"辜卯志阔"的小储仓，专门储藏家中有价值的物品。"辜卯"即"楼顶，楼上"之意；"志阔"为"小储仓，小房间"之意。因"辜卯志阔"下方为"窝里"祭台，豪尼人为避免嫁入家中的儿媳对祖先不敬，会禁止其进入其中。此外，豪尼人也不允许外嫁女儿进入其中，原因有二：其一，豪尼人为防止外嫁女儿觊觎娘家值钱的物品；其二，豪尼人为防止外嫁女儿从梯子上摔下来。关于后者，豪尼人中流传着一则民间故事。

　　旧时，外嫁女儿在出嫁时能分到父母的手工织布及用此布做成的衣裳等。此外，豪尼人父母去世时，亲友的孝布多由外嫁女儿负责筹备，而仪式后剩下的孝布也归外嫁女儿所有。这些物品被豪尼人统称为"跋俾"，统一存放在"辜卯志阔"中。据说很久以前，有一户豪尼人家中的兄弟与姊妹不合,兄弟未将这些物品分予外嫁的姊妹。一日,心生不满的姊妹趁其兄弟外出干活时回家偷布。她在进入"辜卯志阔"搬运布匹时,听到楼下有动静,误以为是其兄弟回家了,便匆匆忙忙从二楼竹梯上赶下来,却不慎被布条绊倒从竹梯上跌下摔死。自此,豪尼人便立下规矩,不允许外嫁女儿随意进入"辜卯志阔"。[1]

因此,当外嫁女儿回到娘家,遇到不幸从梯子上摔下来,或需举行"叫魂"仪式时,楼梯口是职业"摩批"为其完成相关仪式的选择地之一。当职业"摩批"为从梯子上摔倒的外嫁女儿"叫魂"时,会认为当事人的灵魂多是被故事中摔死的外嫁女儿的亡灵所纠缠,故其祭词中会提及此故事,且在仪式中,职业"摩批"会专门将属于此亡灵的祭品分清:鸡蛋朝下者归亡灵,鸡蛋朝上者归仪式主体。

如前所述,旧时豪尼人的日常烹饪与取暖在正房上房完成。他们只在日常烹煮大锅猪饲料,或在传统节日烹煮大量食物时,才会使用耳房处的大灶台,或临时搭建灶台。事实上,豪尼人出于饲养年猪的习惯,可烧柴火的大灶台在其日常生活中必不可少,即使是新建的现代楼房,他们也会专门在耳房或屋外设置。现在,他们多在耳房设置日常烹煮食物的灶台。他们根据需要,会在耳房两侧或单侧设置卧室或柴房。那些卧室紧张的豪尼人,则会将柴火堆在耳房的墙角或门外,并用塑料薄膜盖住以防水防潮。外嫁女儿与女婿回娘家时,一般会在耳房分床居住。因为豪尼人认为,若他们在娘家同居,则会对主家,尤其是将继承家业的兄嫂带来厄运。

在正房与耳房之间,即二进门的一旁,豪尼人会专门设置一个被称作"尼豪巴窝"的小洞口。"尼豪"为"亡灵、鬼"之意,"巴

---

[1] 访谈对象:李KS,女,哈尼族,属虎,1950年生,69岁,咪哩村人;访谈人:石鸿;访谈时间:2019年2月28日;访谈地点:咪哩村。

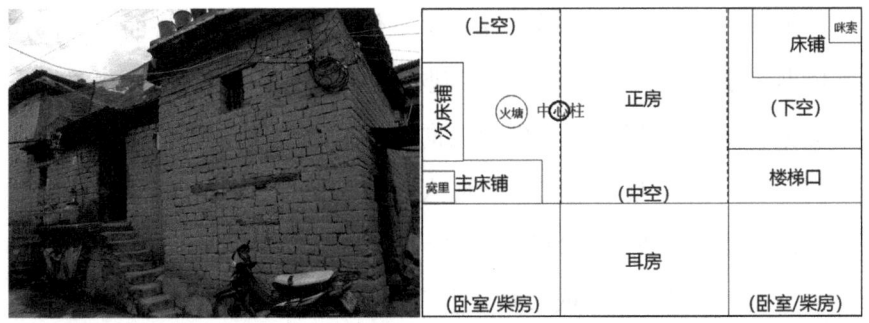

图2—5 豪尼人传统民居及其平面图（拍摄人：石鸿；拍摄时间：2017年8月9日；拍摄地点：咪哩村。绘制人：石鸿；绘制时间：2020年7月8日）

图2—6 豪尼人的"尼豪巴窝"（拍摄人：石鸿；拍摄时间：2019年2月1日、2月2日；拍摄地点：孟鹏村、咪哩村）

窝"为"洞口"的意思。此洞是豪尼人专门为亡灵所设。豪尼人认为，在其看不见的地方，亡灵便是通过此洞进出家屋。平日里，"尼豪巴窝"的洞口可封堵住，但在家中有"正常"死亡者离世后，丧家必须将之敞开，以便亡灵进出。在埋葬仪式后，逝者长子从墓地带回"请灵"用的泥土、"茨蒲"枝、香烛等，便会通过"尼豪巴窝"拿到正房。逝者的亡灵正是通过"尼豪巴窝"回到家中，并接受后辈的供奉。即使是新建的钢筋水泥房，豪尼人也会在正房门边专门设置"尼豪巴窝"。若豪尼人没有设置二进门，便会在正房上房的外墙上专门留一个洞做"尼豪巴窝"。[1]

---

[1] 拍摄人：石鸿；拍摄时间：2019年2月1日、2月2日；拍摄地点：孟鹏村、咪哩村。

传统民居的正大门通常在耳房一侧。各村依据山势而建，门向则依据风水有统一的方向。如咪哩村坐东朝西，各户门向基本朝南；紫驼骆村坐东北朝西南，各户门向基本朝东北；小芭蕉村坐西北朝东南，各户门向基本朝东。豪尼人在传统民居大门内墙角或外墙角一侧，通常会设置特殊的祭台，以专门祭献在外去世且有子嗣的"非正常"死亡者的亡灵，或祭献"上门"女婿，即从妻居者已逝的父母。后一种情况较特殊也较为少见，若"上门"女婿家中没有其他兄弟负责祭献家祖，且其需将家祖请到妻子家中时，便需要得到妻子及其家中其他长辈的同意。此类祭台往往比"窝里"简陋，仅以一根长钉或竹枝钉在墙上，然后将竹筒或瓶子挂在上面，其中可插传统节日中祭献用的香炷等。在日常生活中，这类特殊的祭台得不到及时的祭献，只有在传统节日中才能得到祭献。

豪尼人在日常生活中为亡灵预留了空间。亡灵生活在豪尼人周围，近到家屋中的"尼豪巴窝""窝里""咪索"，以及正门墙角处、房屋背后，远到村落四周，以及村落之外无人供奉的"非正常"死亡者的亡灵。正因这些在生者世界无处不在的亡灵，使得豪尼人必须时刻注意生与死的"区隔"，以维护好日常生活的秩序。

### 三、普通丧葬礼仪

在豪尼人丧葬礼仪的过程中，会涉及神圣与世俗两个不同空间的转换。这两个空间具有对立性，空间体验也截然不同。[1]法国学者阿诺尔德·范热内普（Arnold Van Gennep）在仪式研究的过程中指出，世俗与神圣的两个世界之间不存在兼容，个体在不同世界之间过渡时必须经过一个经仪式改造的中间阶段，他将此称为"过渡礼仪"，

---

1 ［罗马尼亚］米尔恰·伊利亚德：《神圣与世俗》，王建光译，北京：华夏出版社，2002年，第2页。

并将其视作整体,进而区分为分隔礼仪、边缘礼仪与聚合礼仪三个亚类别,在理论上对应阈限前礼仪、阈限礼仪与阈限后礼仪。在具体的社会或仪式中,这三个亚类别的发展并不一致,如"分割礼仪"在丧葬仪式中即占主要的部分。[1]

完整的豪尼人丧葬礼仪可分三个阶段,即从病危到临终、从亡故到安葬、葬后的仪式。这三个阶段,正好对应"过渡礼仪"的不同礼仪阶段。从整体上看,在"过渡礼仪"的分隔阶段,仪式主体通过仪式与原来的世界产生"区隔",处于阈限前期。这种分离可以是物理的也可以是象征性的,其目的是通过仪式创设一种与仪式前不同的状态,为进入神圣世界做准备。在"过渡礼仪"的边缘阶段,仪式主体处于重要的阈限期。其虽已脱离原本的世界但还未完全进入新的世界,还处在一种模糊的、无时间的、无身份的状态,既具有圣神性,也伴随着危险性。在"过渡礼仪"的聚合阶段,整个仪式结束。仪式主体以新的身份、地位,重新融合到新的世界中。通过仪式,人们重新建构了日常生活的秩序。

豪尼人最常为"正常"死亡者举办的仪式,是得到其较完整传承的普通丧葬礼仪。值得注意的是,民俗生活中没有完全相同的仪式,即使是同一个仪式,也会因仪式主体与仪式参与者的不同而有所不同。此外,不同文化中的丧葬礼仪有所差别,因逝者的性别、年龄,以及社会地位的不同也会产生很多变化。[2] 在下文中,笔者将通过田野"深描",以豪尼人常筹办的普通丧葬礼仪中丧家的仪式实践为主要视角,分阶段展现豪尼人较全面与完整的普通丧葬礼仪。

---

1 [法] 阿诺尔德·范热内普:《过渡礼仪》,张举文译,北京:商务印书馆,2010年,第2—12页。

2 [法] 阿诺尔德·范热内普:《过渡礼仪》,张举文译,北京:商务印书馆,2010年,第107页。

## （一）阈限前：从病危到临终

### 1."奥福碧早"："喂饭"仪式

病者病危时，病家与其亲属、乡邻会日夜守护。对病者而言，被亲友围绕着死亡是一种满足，对亲友而言，亲历死亡则是一种"特权"。[1] 为吸收亲属与乡邻的"福祉"以扭转病情，病家会先后安排"舅家"、亲属，以及乡邻为病者"喂饭"。此仪式被豪尼人称为"奥福碧早"。"奥福"为"饭，米饭"之意，"碧"为动词"给"，"早"则为"吃"的意思。若主家宽裕，亦会为60岁及以上，即达到"正常"死亡年龄的长辈举办此仪式，以使长者在吸收参与者带来的"福禄"后延年益寿。

为病危者"喂饭"时，参与者携带一碗米、一瓶酒、一只鸡或折价三十元、三根香等，先在病榻前向病者磕头，随后将礼物交给病家。其中，"舅家"与重要亲属的香、鸡禽会在病榻旁点燃与宰杀。豪尼人认为，病者只有吃过"舅家"的饭，病情才有可能好转，即使离世也才能安心。以笔者在大芭蕉村参与观察的一起豪尼人的丧葬礼仪为例，在丧葬礼仪中，"舅家"感叹道：若丧家在逝者生病前告知"舅家"举行"喂饭"仪式，逝者有可能不会离世。届时，其他在场亲友安慰道："已经是吃了你家（指'舅家'）的饭以后才离世的，他（指逝者）也能安心了。"[2]

其间，病家通过"看鸡卦"占卜，以预测病情。看卦时，病家先将两根鸡股骨刮净，再用两根竹签分别插入骨隙，以竹签露出部分的朝向断卦。其后，病家或专门通知乡邻亲友，或乡邻亲友通过口耳相传闻讯后主动去病家参加此仪式。届时，各家由一名成年人

---

[1] ［法］菲利普·阿里耶斯：《面对死亡的人》（下册），吴泓缈、冯悦译，北京：商务印书馆，2019年，第226页。

[2] 观察人：石鸿；观察时间：2019年2月26日；观察地点：大芭蕉村。

携礼参加仪式，病家登记参与情况以备日后还礼。然后，病家在村公房或家中宴请以酬谢参与者。

2. 临终筹备："喂水"仪式

在病者临终前，病家会专门为其宰杀一只鸡。更重要的是，传统豪尼人认为，生者饮干净的山泉水，亡灵则饮肮脏的红泥水。在病者病危与临终之前，其亲属会主动给其喂清水以示孝敬。旧时，病者会专门索要村寨水源地的山泉水，其子便会为之跋涉取水。在病者临终前，饮用的清水对其有重要意义。当亡灵去到"阎洼"，即地府时，若未在生前喝过清水，在进地府门之前，地下管理的神灵会让亡灵先喝脏水。故在病者弥留之际，主家会专门为其"喂水"，并告知病者："以后你去那里（指地下），他们给你喝水的时候你要告诉他们：'我的孩子给我喝饱水了，我不喝了，我已经喝饱了'。"[1] 咪哩村的豪尼人会将冷水与热水混合后喂给病者，紫驼骆村的豪尼人出于相同的目的，还会在家中各门口为亡灵提前放置一碗清水。豪尼人谨慎地处理着一切与死亡相关之事，他们认为若病者在逝前或逝后没能"喝"到清水，便容易"责罚"后辈，甚至牵连村寨。

那些来不及在病者临终前赶到的亲友，在逝者还未入棺前也会象征性地为其喂水或将清水倒在逝者床边。2019 年初，笔者在咪哩村田野调查时，在丧葬礼仪中见一妇人为逝者象征性地喂水时说道："奶奶（指逝者）你不要去那里（指地下，即豪尼人说的'阎洼'）喝水了，就在这里喝饱掉。"[2]

---

[1] 访谈对象：李 KS，女，哈尼族，属虎，1950 年生，69 岁，咪哩村人；访谈人：石鸿；访谈时间：2019 年 6 月 10 日；访谈地点：咪哩村。

[2] 观察人：石鸿；观察时间：2019 年 2 月 11 日；观察地点：咪哩村。

（二）阈限中：从亡故到安葬

1. 离世与通知

病者一断气，逝者长子便为其准备"撒气噗"，即"接气"仪式。届时，逝者长子揭起自己的衣角，悬空在逝者之口上方吹气三次，随后逝者的其他儿子可自愿按序为逝者"接气"。旧时，豪尼人的"接气"以吸气为主。"以前是吹三次吸三次，就是边吹进去边吸上去一共三次，现在大家都不再那样做了。"[1]《云南省志·民族志》中记载，"元江的哈尼族多塔（豪尼）人，老者即将断气死亡时，长子迅速用自己的衣角蒙在老人嘴上，然后嘴对嘴地吸气三次，叫作'接气'，随后，以下诸子顺序接气。"[2] 现在，豪尼人出于卫生、疾病防御与"区隔"亡灵等考量，皆以吹气为主。"把气吸上去容易把（死者身上携带的）传染病吸入。这样做不好，所以现在大家都不吸了，以前是憨包，所以那样做的，吹下去倒还可以。"[3] 此外，逝者长子完成"接气"仪式的衣服能留住逝者"福禄"，若逝者为寿终正寝且儿女双全的老者，其长子为之"接气"时用的衣服甚至会被旁人觊觎，尤其是那些养育不顺的妇人。

豪尼人尤为看重"接气"仪式。旧时豪尼人"接气"的目的，主要为留恋逝者助其重生。诚如哈尼族哭丧歌中所唱述："活人死后吹气不能复生了吗？如果能借活人的气复生，你生养的儿女也会把气吹进你的嘴。"[4] 现在豪尼人认为，"接气"仪式既能留下"福禄"，

---

1 访谈对象：李ZB，男，哈尼族，属羊，1967年生，52岁，咪哩村人；访谈人：石鸿；访谈时间：2019年2月11日；访谈地点：咪哩村。

2 云南省地方志编纂委员会主编：《云南省志·民族志》（第61卷），昆明：云南人民出版社，2002年，第172页。

3 访谈对象：李HX，女，哈尼族，属兔，1951年生，68岁，咪哩村人；访谈人：石鸿；访谈时间：2019年2月11日；访谈地点：咪哩村。

4 杨倮嘎演唱，卢朝贵、杨羊就、长石搜集整理：《阿妈去世歌》，昆明：云南民族出版社，2004年，135页。

又会因处理不当而使生者受罚。若逝者在离世当即未得"接气"，其亡灵会因无法"安心上路"而"责罚"后辈，甚至"危害"乡邻。除"正常"死亡者外，若豪尼人在村外发现将逝者，任何人都可出于防御心理而为之"接气"。

"接气"完成后，逝者长子将提前备好的茶叶、银粒等作为"含口钱"，放入逝者口中。诚如哈尼族哭丧歌中所唱述："富有的阿妈去世要拉开嘴巴，阿妈嘴里要塞进含口银，如果阿妈嘴里没放含口银，因为鬼方路上水价贵，阿妈无法走过鬼方九台坡。""他家幸福的阿妈去世还得要银子，富有的阿妈不带银子不能到鬼方，阴间路上水价贵，阿妈去世后拉开她的嘴，阿妈嘴里放进含口银了，阿妈去世没有得到含口银，去世后到鬼方不能走进祖先的门，去世后到鬼方过不了独木桥，不然去世后不能跟着先祖去，阿妈没有得到含口银不愿死。"[1] "含口钱"相当于亡者死后前往祖居地路途中使用的盘缠。此外，豪尼人普遍认为，人死后易张口，如此入棺会"吃空"后辈家财。故逝者长子会在相关仪式后，及时用白布带固定逝者下颌骨，既保全逝者遗容，也防止逝者"吃"空家财。

逝者离世后，丧家开始紧锣密鼓地筹办后事。首先，最主要的是准备棺材。"正常"死亡者通常已筹备好棺材，丧家只需将棺材放到堂屋，打开棺盖并取出其内放置的钱粮。其后，丧家派人去购买垫棺用的黄草纸、钉棺用的寿钉等；再派人去山上找垫棺用的"蜀帕"，即柏树枝、为防御亡灵与为逝者"喂饭"用的"乙卯"，即"尖刀草"叶，以及拴棺材与搭灵堂用的竹子等。另一些人准备棺材内防潮用的炭屑、木炭灰，以及用于封棺的汤圆或汤圆粉，紫驼骆等其他村寨的豪尼人也会用有黏性的树根与熟糯米做封棺的材料。

---

[1] 杨保嘎演唱，卢朝贵、杨羊就、长石搜集整理：《阿妈去世歌》，昆明：云南民族出版社，2004年，第38、124—125页。

图2—7 豪尼人在准备封棺的材料（拍摄人：石鸿；拍摄时间：2019年2月10日；拍摄地点：咪哩村）

与此同时，丧家立即以燃放鞭炮与拨打电话的方式向乡邻、亲友发出通知，并派人去"铺批"家借大铓。旧时，丧家须首先亲自上门通知"舅家"，然后再请两人一组地前去外村通知其他亲友。豪尼人在报丧时出于忌讳，通知者通常不会进入被通知者的家门。在豪尼人看来，丧葬礼仪是村落的集体事件，而非仅与个人或家庭相关，故在丧葬礼仪的

图2—8 豪尼人丧葬礼仪中的大铓（拍摄人：石鸿；拍摄时间：2019年2月10日；拍摄地点：咪哩村）

过程中，有条件的村落或丧家会利用乡村广播进行通知。

"舅家"在得知逝者离世的消息后，会专门送来遮盖尸身用的白粗布，其他本家亲属在得到消息后也会送来白粗布。白粗布为长方形，长度则依据亲属关系的亲疏分长短。在遗体入棺前，丧家会根据逝者性别，男性逝者选至亲送来的九条，女性选七条[1]，将这些白粗布按序盖在逝者身上且遮住其面部。在《玉溪市志·民族志》中，将这块布称为"盖脸布"[2]，在哈尼族哭丧歌中，则将之称为"遮脸帕"："如果世上道亲人不送遮脸帕，说是去鬼方没法走通弯路。"[3]

在日常生活中，两户远房本家会自愿结为"阿叨"。"阿叨"一般由家中的长子担任，专门负责在丧葬仪式中为丧家请职业"摩批"，

---

[1] 在豪尼人的丧葬礼仪中，通过数字的差别不断地体现着性别差异。其中，男性以阳数九为最大，女性以阴数七为最大。以下相同，不再赘述。

[2] 玉溪市地方志编纂委员会编：《玉溪市志》，北京：中华书局，1993年，第207页。

[3] 杨保嘎演唱，卢朝贵、杨羊就、长石搜集整理：《阿妈去世歌》，昆明：云南民族出版社，2004年，第196页。

协助职业"摩批"完成仪式,替丧家承担与亡灵打交道的"风险"。有些家族人数众多、人缘较好的家庭,可同时担任好几户的"阿叨"。若互为"阿叨"的两户关系融洽,便可在代际之间延续互助关系。丧家在逝者离世后也需专门请人去通知"阿叨",再由"阿叨"去请职业"摩批"准备仪式。若村寨中有职业"摩批","阿叨"便会在得到逝者离世的消息后立即去请,随后职业"摩批"为丧家举行"拉套撒配绍",即留下逝者"福禄"的仪式;若村中没有职业"摩批",出于方便,"阿叨"与丧家习惯在开丧日,即仪式集中之时再去请职业"摩批"。

传统上,"拉套撒配绍"仪式通常要赶在遗体僵硬前完成。丧家先协助"阿叨"帮职业"摩批"准备仪式所需的谷子、玉米、鸡禽等。其后,职业"摩批"手提一只公鸡与一只小母鸡在逝者床榻旁,在逝者长子配合下完成仪式。仪式的详细过程见第三章。仪式结束后,丧家将仪式中使用并剩余的谷物一并挂在正房上房火塘上方的竹篾板上。如前所述,现在豪尼人多不在上房设火塘,谷物便会被其挂在上房墙壁上。谷物代表逝者留下的"福禄",能使逝者的儿孙年年有余,若丧家在葬后身体不适,亦可食之以"做药"。然后,丧家将公鸡宰杀烹煮,并将一只鸡腿挂在棺材前,直到开丧前以此为逝者"喂饭"。小母鸡则由丧家圈养至送葬后,由丧家与挂在上房的谷物一起"悄悄"烹食。豪尼人称之为"股禄霍早",直译为"偷吃福禄"之意。豪尼人认为,小母鸡与谷物一样带有逝者留下的"福禄",食之亦可"做药"。在瓦纳村、紫驼骆村等豪尼人与其他民族杂居的村寨,此习俗多已消失。

2."测日子"

逝者离世当日,丧家即派人去测算先生处"测日子",找出不能与逝者及其长子生辰"相冲"的吉时,以安排入棺、开丧、起身、送葬、入葬等仪式。具体测算与要求可参见第三章。现在，大部分豪尼村寨的停灵时间为四五日，丧葬礼仪通常在一周内办完，如咪哩村、紫驼骆村。也有的村寨停灵时间较长，通常达十余日，如大芭蕉村、小芭蕉村。旧时，丧家为避免丧葬礼仪的日程安排与逝者及其所有儿子的生辰"相冲"，仅停灵时间即为半月以上。停灵期间，丧家为守灵的亲友、乡邻提供烟酒、茶食与消夜等，耗费颇巨。

3. 梳洗与换装

逝者离世当日，丧家根据测算的入棺时间为逝者梳洗与换装。丧家在举行此仪式前，会先燃放鞭炮并敲3声大锣以示通知。旧时，丧家会专门取山泉水为逝者净身。流传于元江流域的哈尼族《哭丧歌》中，描述了丧家为高寿的逝者寻水净身的过程，"洗身的水有十二道，要一道一道地去寻找，究竟哪道最好呵，儿孙们亲自为你去寻找，找到了山肚中淌出的泉水，这是真正给人洗身的水了，儿孙们背回清清的泉水，给你的身子洗得干干净净了"。[1] 山泉水在使用前，须用专门的土锅烧开。豪尼人会去聚居于今元江县土锅寨村的彝族支系"仆拉人"处购买土锅，豪尼人习惯称他们为"阿腊"，两族间的贸易关系久远。

现在，多数村寨的豪尼人图便利不再使用土锅，而以日常使用的铝壶、铁壶等将水烧开后盛在盆中为逝者净身，如咪哩村；部分村寨的豪尼人则还保留以土锅烧水，再用陶瓷小碗倒水为逝者净身的习俗，如大芭蕉村。

丧家根据逝者的性别，相应地由逝者儿子或儿媳先给逝者磕头并告知将为其梳洗，请其不要害怕与惊慌，保佑一切顺遂。说毕，逝者儿子或儿媳便抱起逝者，尤其要防止逝者张口。其他年长的亲

---

[1] 元江县哈尼文化学会、元江县史志编纂办公室编《元江哈尼族古歌集》，玉溪：玉溪日报印刷厂，2005年，第286—287页。

友则会告诉逝者："请你不要害怕,要保佑好自己的儿女们,马上要为你净身,请你坐好不要害怕。"然后,大家再协力为逝者梳洗与换装。参与仪式者会先用热毛巾为逝者擦头三次,将逝者身上的衣服脱下或剪开,再以热毛巾擦拭其遗体。男性逝者需剃头、剃胡须,女性逝者则需用白线绑好两侧的头发后,再在两侧各梳三次。其后,丧家再为逝者穿上以传统民族服饰为主的寿服,以便亡灵回祖居地与祖先相认。豪尼人为逝者穿戴的所有服饰,至多打一道结。逝者的绑腿布也须根据其性别绕七道或九道。最后,女性逝者还会被戴上头花、耳环与手镯等配饰。[1]参与者在为逝者佩戴时,也会告知:"你的银饰都给你了,你要好好装着,好好保佑后辈。"完成梳洗与换装后,年长的参与者会再次告诉逝者:"你已经漂漂亮亮的、干干净净的了,我们什么都给你弄好了,以后请你照看好儿孙,让他们一切都顺利,家里、家外也要照看好,去吧,不要再留恋这里了。"[2]这与流传于元江县咪哩乡、曼来镇、因远镇一带哈尼族《哭丧歌》中的记述相近:"寿高死去的老奶奶呵,你清清秀秀地去吧,儿孙该为你做的已经做了,已从你身上得到福气了,亲友该来哭的哭了,已从你身上得到福气了,乡亲们该来送葬的都来了,已从你身上得到福气了,你体体面面地去吧,不要再怀念人间了。"[3]

因逝者在逝后身体容易僵硬,丧家为了使寿服易穿,会提前将所有寿服缝订在一起。如前所述,逝者在生前穿过的寿服带有其气息,不会被其他亡灵掠夺。若逝者在生前未穿过此寿服,丧家则须在为逝者换装前,用香炷或火柴,在寿服各处烧出小洞,代表此寿

---

[1] 豪尼人的配饰通常为银子制作,如手镯、耳环等,故他们会直接将银制品称作"铺值",即有"钱;银子;有价值的东西"之意。

[2] 观察人:石鸿;观察时间:2019年2月10日;观察地点:咪哩村。

[3] 元江县哈尼文化学会、元江县史志编纂办公室编《元江哈尼族古歌集》,玉溪:玉溪日报印刷厂,2005年,第287页。

服为旧衣、破衣,防止寿服被其他亡灵抢夺。当完成所有为逝者梳洗与换装的程序后,丧家会再次燃放鞭炮并敲三声大铓以示通知。

结束后所有参与者都会与逝者"说话",主要内容如上所述,即让其不要受惊、保佑后辈,以及告知其接下来要做的事情等。在豪尼人看来,此时逝者的灵魂还逗留在遗体周围,还能通过特殊的方式表达其意愿。若逝者不愿意或因生者处理不当,便会以"不配合"的姿态增加梳洗与换装的难度。以2019年咪哩村的一次丧葬礼仪为例,当其他豪尼人无法为逝者穿上鞋子而决定将之剪开时,逝者的小女儿提出尝试请求,她在为逝者穿鞋时告知:"阿妈,鞋子穿进去吧,好好地穿进去"[1],语毕鞋子便立即穿到了逝者脚上,在场者无不感叹。此外,豪尼人认为只要抱起逝者为其擦洗、梳理或换装,入棺前便不能再让其躺下。故丧家要准确把握梳洗与换装的时间,以便其后能直接将逝者的遗体抱入棺材内。

其后,用盆为逝者擦洗身体的丧家可将秽水倒掉,再将擦洗毛巾拴在丧家为逝者放置在堂屋的拐杖上,方便逝者"赶路"时擦汗。盛水盆则放在棺材下,逝者长子早晚用此盆为逝者象征性地洗脸与洗脚。此盆可在送葬日扔出村外,也可继续保留使用。使用土锅烧水的丧家则用土锅把梳洗中使用的毛巾、梳子等装入锅内,陶瓷小碗放置锅口后放在棺材下,如图3—9所示。通常,豪尼人习惯在送葬

图2—9 豪尼人放在棺材下的土锅
(拍摄人:石鸿;拍摄时间:2019年2月25日;拍摄地点:大芭蕉村)

---

1 观察人:石鸿;观察时间:2019年2月10日;观察地点:咪哩村。

日将土锅等物品一并扔出村外。在《云南省志·民族志》中则记载，此土锅并毋需随即抛出村外，此后丧家才派人向外村亲友报丧。[1]

可辨别族群标识的服装与配饰，是族群身份认同的外在象征。[2]豪尼人在逝后穿以传统民族服饰为主的寿服，是为了死后能与祖先团聚。"平常穿什么都不怕，去世的时候一定要按照祖先规定的样式穿，不然祖先不认，不能顺利回归祖先故地。"[3]若是嫁予外族的哈尼族女性死亡之时，其棺材内也需放置一套民族服饰，以便能与娘家的祖先相认。此外，豪尼人以传统民族服饰为主的寿服，还有向祖先显示荣耀的作用。哈尼族哭丧歌《阿妈去世歌》中叙述道："阿妈去世古规多，阿妈去世还要寿衣和布料，装殓要用一件短内衣，头上红缨帽子要一顶；阿妈还要长外衣，刺绣梨花的腿套要一对。阿妈匆匆去世缺衣物，十样没有也得找齐全，没有十全十美的衣物，去到鬼方不安宁，去到祖灵歇处无法显荣耀。"[4]除了为逝者换装外，部分豪尼人还保留着在丧葬礼仪中穿传统服饰的习俗，如大芭蕉村、小芭蕉村。

丧葬礼仪作为村落集体事件，亦是青年男女重要的社交场合，故这样的盛装是十分必要的。在哈尼族的丧葬礼仪中，逝者与生者的换装皆具有重要意义，是一种生死秩序的体现。[5]

4. 入棺与搭灵堂

丧家在设置灵堂前，会先在堂屋正对二进门的位置处摆放两条

---

[1] 云南省地方志编纂委员会主编《云南省志·民族志》（第61卷），昆明：云南人民出版社，2002年，第172页。

[2] 乐平：《现代社会与我们的生活》，北京：中国商务出版社，2006年，第92页。

[3] 白永芳：《哈尼族服饰文化中的历史记忆——以云南省绿春县"窝拖布玛"为例》，昆明：云南人民出版社，2013年，第162页。

[4] 杨倮嘎演唱，卢朝贵、杨羊就、长石搜集整理：《阿妈去世歌》，昆明：云南民族出版社，2004年，第299页。

[5] 邓启耀：《金平哈尼族丧葬换装象征意义》，姜彬主编：《中国民间文化——民间仪俗文化研究》1993年第1期（总第九集），上海：学林出版社，1993年，第203—214页。

凳，其后再将提前备好的棺材摆在上面。遗体入棺前，丧家先宰杀一对雌雄鸡祭献逝者。如前所述，棺材象征逝者之屋，丧家将此前棺材内放置的钱粮等物品清理好后，用煮熟的汤圆粉、汤圆等黏性物填塞棺板缝隙，并在棺材内外四壁接缝处贴白纸条。其后，丧家在棺底撒一层木炭灰与炭屑，并依次将柏树枝、黄草纸、棉絮、绸布等垫在棺材内。最后，丧家在棺材内四个角落放入碎银、五谷，也可将之前放在棺材内自家筹备的钱粮再放入。与"含口钱"一样，棺材内放置的碎银是丧家给逝者"路上"用的盘缠。"这个是钱，他去那边（指彼岸世界）时路上要带的，就相当于现在我们出门时带钱的意思。"[1]

图2—10 豪尼人在封棺（拍摄人：石鸿；拍摄时间：2019年2月10日；拍摄地点：咪哩村）

逝者入棺前，丧家燃放鞭炮并敲击大铓3声。当逝者被其儿子、男性亲属与相帮等按时辰移入棺材内时，逝者儿媳、女儿等女性亲属开始哭丧。逝者入棺后，棺材内的空隙处被丧家塞满棉花或逝者生前的衣物，这些物品既是给逝者在彼岸世界使用，也可防止送葬抬棺时遗体摇晃。紫驼骆村的豪尼人还会在棺材内逝者的头部放瓦片、

---

[1] 访谈对象：李HX，女，哈尼族，属兔，1951年，68岁，咪哩村人；访谈人：石鸿；访谈时间：2019年2月10日；访谈地点：咪哩村。

脚部放砖头，咪哩村的豪尼人在旧时则会在棺材内放土砖等。其后，丧家在棺材内放入一块根据逝者性别而有七道或九道褶皱的扇形帕子，以让逝者"上路"后做舀水喝的工具。丧家还会在棺材内放两块小白帕、一个黑色无花纹的纸扇，以让逝者"赶路"时擦汗与扇风。诚如哈尼族哭丧歌中所唱述："阴间好地路程远，人死了要送擦汗的布巾。"[1] 然后，丧家在逝者的左手拇指处拴一根线放到棺材之外。此线象征逝者手臂的延伸，是丧家为职业"摩批"此后举行的仪式而做的准备。两根合并的黑、白线拴着"尖刀草"被压在逝者胸前，豪尼人认为此举可防"尸变"。接着，丧家为逝者盖上遮盖尸身的白粗布。遮盖尸身的白粗布的总数，同样根据逝者性别而放置七条或九条。豪尼人会选择逝者儿子、"舅家"及其他至亲送来的白粗布，其余亲友送来的则被盖在棺材盖板上，与逝者外嫁女儿准备的白粗布一起，在开丧日分发给前来祭拜的逝者的晚辈亲友以做头戴的孝布。通常，孕妇及其家属送来的白粗布不会被放在棺材内，以免对胎儿不利。若不是近亲，怀孕者一般也不会去参加丧葬礼仪。若她不得不在丧葬礼仪中戴孝，长者便会先让她在衣内斜挎两根合并的黑、白线，以保护胎儿并为其"固魂"。棺材内所有的物品，皆不能遮住逝者的五官与四肢，否则会影响其听力与视力，妨碍其回归祖居地。最后，丧家用香炷在逝者额头、双耳、双肩与四肢等处各点一下，以示生死两隔并防止"尸变"。"以前古话说，用火在（逝者）指甲上、额头上烧一下，尸体就不会变成精怪和其他脏东西了。"[2]

旧时，在盖棺前，咪哩村的豪尼人会将棺材盖板立在耳房，并请职业"摩批"念诵祭词。紫驼骆村的豪尼人则会将棺材盖板立起，

---

[1] 杨倮嘎演唱，卢朝贵、杨羊就、长石搜集整理：《阿妈去世歌》，昆明：云南民族出版社，2004年，第198页。

[2] 访谈对象：李HX，女，哈尼族，属兔，1951年，68岁，咪哩村人；访谈人：石鸿；访谈时间：2019年2月11日；访谈地点：咪哩村。

再由逝者长媳用逝者外嫁女儿为其准备的斜襟长袖上衣盖头，然后手端一碗水并用糯米秸秆根据逝者性别蘸水七次或九次，撒向棺材盖板以示孝敬。现在，大部分村中没有职业"摩批"的豪尼人习惯在开丧日才请其主持仪式，故此仪式已基本消失或简化。最后豪尼人能否盖棺，须由"舅家"检视遗体后判定。通常，"舅家"在盖棺前会在仪式细节上"责难"丧家，以彰显其与逝者的特殊关系，及其在丧葬礼仪中的特殊地位。少部分村寨的豪尼人会在出殡时才盖棺，如孟鹏村、堕咪村，但其停灵时间往往较短，通常在3日之内。他们在停灵期间虚掩着棺盖，以便吊唁者瞻仰逝者仪容并与之告别。

盖棺时，逝者长子先在棺材盖上敲钉三次，其他人再协助封棺。部分豪尼村寨，如紫驼骆村，当丧家盖棺时逝者长媳会悄悄到家屋后寻一空地或在屋后墙壁上放置一块木板，将分别代表人、畜、粮的米分成三份聚拢，然后倒扣一空碗，等抬棺出村后，丧家再根据米的聚散形态预测家庭运势。

图2—11 豪尼人用竹绳拴棺材（拍摄人：石鸿；拍摄时间：2019年2月10日；拍摄地点：咪哩村）

图2—12 豪尼人的"哈腻赞巴"（拍摄人：石鸿；拍摄时间：2019年6月30日；拍摄地点：咪哩村）

盖棺后，豪尼人用白纸条封住棺盖缝隙，再用三根缠绕的竹皮做绳拴住棺材，并在竹绳与棺盖的接触面上插小木块以稳固竹绳。也有丧家会用铁丝代替竹绳用以拴棺材。其后，丧家将一张新床单盖在棺材上，逝者长子再将其一件外套盖上，最后丧家再盖上亲友送来的白粗布。此外，丧家还会在棺盖上放置扇子，方便女性亲属在哭丧时为逝者扇风纳凉。

棺材安置妥当后，逝者长子准备为逝者"喂饭"，并根据逝者性别附上七双或九双用"尖刀草"做成的短筷。所有祭献过逝者的食物被豪尼人称为"哈腻赞巴"，在祭献后被丧家统一装入袋中，待埋葬时一并送到墓地。

豪尼人的灵堂以棺材为中心，被搭建于堂屋之内。不同村寨的豪尼人放置棺材的方位习惯不同，如咪哩村、小柏木村、大芭蕉村、小芭蕉村的豪尼人习惯将棺材头朝屋内、尾朝外，而瓦纳村、甘岔村、紫驼骆村的豪尼人则与之相反。在棺材上方，与棺材平行地挂着一根高的和两根低的长竹条。其中，两根较低的竹条两端分别用一根短竹条固定，其整体形制如同"人"字形屋顶。其后，豪尼人根据

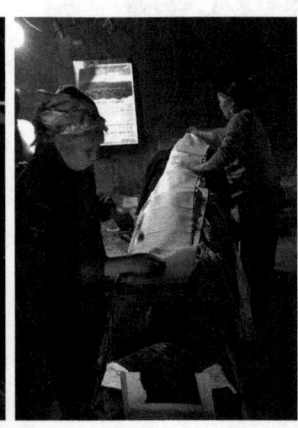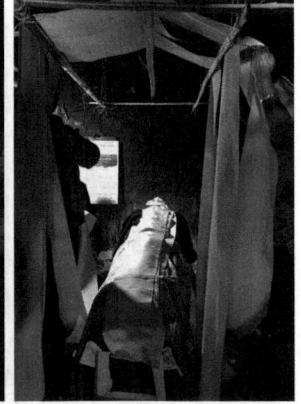

图2—13 豪尼人在搭建灵堂（拍摄人：石鸿；拍摄时间：2019年2月10日；拍摄地点：咪哩村）

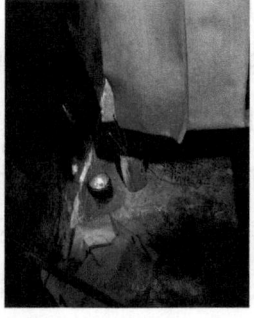

图2—14 豪尼人在棺材头部、"窝里"祭台上点长明灯（拍摄人：石鸿；拍摄时间：2019年6月30日、2月25日；拍摄地点：咪哩村、大芭蕉村。）

图2—15 丧家将逝者生前的部分物品背到山上焚烧（拍摄人：石鸿；拍摄时间：2018年8月7日；拍摄地点：咪哩村。）

逝者的性别，挂七道或九道白粗布条在竹片上，形成帷幔将棺材遮住。豪尼人以此搭建的灵堂，既可为逝者遮荫，也可将之当作逝者的临时居所。

然后，丧家在棺材头部点长明灯。也有丧家会在此处设小凳或方桌摆祭品。长明灯主要是为逝者点亮，出于相同的目的，大芭蕉村的豪尼人还会在"窝里"祭台上也点上长明灯。旧时，长明灯多为煤油灯，现在他们也常以电灯代替。

在搭建灵堂的同时，丧家会将逝者生前的衣物、被褥等个人物品背到山上专门的焚烧点焚烧，以之送给彼岸世界的逝者继续享用。这项工作通常由丧家的女性亲属完成。

灵堂搭建完成后，丧家及其亲属、乡邻开始不分昼夜地守灵。丧家及其亲属会在每晚约11点轮流为其他守灵者准备消夜，有的乡邻也会帮忙筹备。其间丧家事死如生，逝者长子除每日早晚为逝者在棺材前后各端一次洗脸水、洗脚水外，还需在每个饭点念诵"父子连名制"家谱为其"喂饭"，有时他还会在棺材旁为逝者点烟。"喂饭"完成后，逝者长子再将祭献过的"哈腻赞巴"倒入统一的袋子中。

图2—16 豪尼人在守灵（拍摄人：石鸿；拍摄时间：2019年2月10日；拍摄地点：咪哩村）

5. 开丧仪式

开丧仪式是豪尼人丧葬礼仪的高潮。在开丧前，丧家已请乡邻做相帮以筹备丧宴。在开丧前夜，丧家会请人击鼓奏乐，以召集更多乡邻前来守灵。

丧家根据测算出的逝者"起身"时间，通常在凌晨或清晨，按时燃放鞭炮"叫醒"逝者，然后逝者长子向棺材磕头请逝者"起身"，告知其今日将为其送葬。随后，逝者长子与男性乡邻会一同略微起棺并随即放下。此时，逝者还未完成生理性死亡与社会性死亡的统一，对丧家而言，逝者依旧还"活着"。其后，逝者长子再次向棺材磕头，并在棺材前的香炉处为逝者点香，然后在头上佩戴此前放在棺材上的

 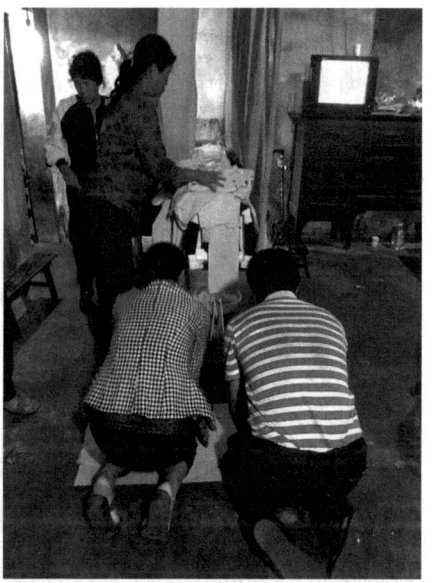

图2—17 豪尼人请逝者"起身"并祭拜（拍摄人：石鸿；拍摄时间：2019年7月1日；拍摄地点：咪哩村）

白粗布条，穿上白粗布做的上衣开始戴孝。其他亲属同样为逝者磕头、点香与头戴孝布。直至送葬前，香炉中的香烛不断。与逝者在血缘关系上越亲近者，裹在头上的孝布越长。其中逝者长子的孝布最长，其他亲属则根据亲疏有所区别。部分村寨的豪尼人会在逝者长子的孝布后包现金，代表逝者遗留的"福禄"，如大新村、瓦纳村等，其他村寨的豪尼人亦有效仿。此外，那些与逝者关系较亲的男性，也会在丧葬礼仪中穿上白色粗布或普通机织白布做的孝服。

开丧日天明后，丧家杀一对雌雄鸡或用一颗鸡蛋代替，逝者长子与长媳再一同端着茶、酒、香烛等，在即将挂起吊钱之处，即丧家门口祭献。分胙后，两名男性相帮前去村中砍竹竿，并根据逝者性别挂起七台或九台吊钱。丧事所需的竹子，丧家可在村内随意砍伐。砍竹子时，丧家会特意留下竹尖的竹叶，代表竹子是"活"的。丧家还会在筹备丧宴的公共厨房灶台上，放置上茶、酒与硬币等以祭灶。其后，丧家正式迎候吊唁者，吊唁者同样会为逝者磕头、点香，然后逝者女儿为吊唁者中逝者的晚辈、亲友等赠送孝布。需要注意的是，若豪尼人在头戴孝布时去其他亲友家拜访，则须先将孝布摘下放门口，以免将与死亡相关的凶秽物带到拜访者家中。

开丧日，丧家与外家会分别请唢呐艺人到丧家吹奏丧乐，直至次日送葬仪式完成。豪尼人对唢呐艺人的不同称谓，代表其受雇与服务对象的不同。豪尼人称丧家请的唢呐艺人为"坐家喇叭"；称外家请的为"外家喇叭"。通常，"坐家喇叭"由逝者儿子请来，"外家喇叭"则是逝者外嫁女儿请的。在丧葬礼仪中，丧家与外家至少各请一架喇叭在开丧日、送葬日演奏。豪尼人在村内请人吹唢呐，每架需花费约360元，若去村外请则每架需花费约460元。此外，丧家还要额外赠予"坐家喇叭"一斤半生肉等礼物。丧家与外家也可根据各自的经济能力多请几位唢呐艺人演奏，以表达他们对逝者的孝敬，又增加丧葬礼仪的热闹程度，甚至可使各自在乡土舆论中更有"脸面"。那些与汉族杂居的豪尼村寨，如紫驼骆村，开丧前丧家还会在家屋张贴专门请人撰写的汉文挽联，以表哀思。

开丧日早晨，乡邻将各家专门筹备的柴火背到丧宴筹办处，丧家请人登记以便日后还礼。上午，"阿叨"将职业"摩批"请至丧家，以为逝者举行"逝奥绍"，即"讨力"仪式。若丧家未举行"拉套撤配绍"的留"福禄"仪式，职业"摩批"会先完成此仪式。在"逝奥绍"仪式中，丧家会协助"阿叨"为职业"摩批"准备仪式所需的枝叶、茶、酒、米、现金，以及一对雌雄鸡等。职业"摩批"完成此仪式后，丧家泼"水饭"[1]施舍孤魂野鬼，而在职业"摩批"祭献祖师爷后，丧家便可分胙。

---

[1] "水饭"，即将残羹冷炙、凉水等盛在一碗中混合而成的食物，豪尼人专门将之倒到屋外，用以施舍无人祭献的孤魂野鬼。

图2—18 开丧日的民间唢呐艺人（拍摄人：石鸿；拍摄时间：2019年2月13日；拍摄地点：咪哩村）

开丧日中午，丧家在村公房或村广场专门宴请相帮乡邻。筹备丧宴主要是逝者儿子的责任，但随着豪尼人物质生活的提高，逝者外嫁女儿若有能力，也会为娘家购买牛、猪、羊等牲畜以筹备丧宴，且无须其日后还礼。以咪哩村为例，约在20世纪末，村中出现第一例外嫁女儿无偿为娘家筹备丧宴中的牲畜，自此形成传统。丧宴中通常没有血制品的菜肴，参与屠宰的相帮会将牲畜、家禽的血放掉。所有在丧葬礼仪中宰杀的牲畜的头颅、四肢会被放在棺材旁，待丧葬礼仪结束后，由逝者外嫁女儿背回夫家。

开丧日午饭后，丧家行"请舅"仪式。若"舅家"与丧家在同村，丧家要到"舅家"家中"请舅"；若"舅家"与丧家不在同村，丧家则需在开丧日前先将"舅家"请到本村其他亲属家安顿，待开丧日再去亲属家"请舅"。届时，逝者长子与长媳用茶盘端茶、酒各一瓶，纸杯若干，以及三根香烛，率众亲属组成"请舅"队伍。丧家进入"舅家"所在院门后，立即给坐在堂屋上桌的"舅家"下跪。旧时，"舅家"

会用让丧家久跪的方式再次"责难"丧家，其后"舅家"才会带上祭品与"请舅"队伍同返丧家。实际上，"舅家"在逝者离世当日接到通知后，便已赶到丧家吊唁，但为完成此仪式，"舅家"在开丧日会暂时离开丧家。相比较而言，"舅家"的祭品通常较丰厚，除必备的三块大糯米粑粑，茶、酒各一瓶，以及三根香炷外，还有一袋大米与一只山羊等。

图2—19 豪尼人的"请舅"仪式（拍摄人：石鸿；拍摄时间：2018年7月28日；拍摄地点：紫驼骆村）

不同村寨的豪尼人请"舅家"到丧家后的习俗有细微的差异。在咪哩村、大芭蕉村，"请舅"队伍与"舅家"到丧家后，直接进屋祭献、随礼，孝子们再为"舅家"奉上由逝者外嫁女儿专门准备的孝布与孝服。其中，孝服也可在埋葬仪式之后的"送舅"仪式中，再为"舅家"奉上。在紫驼骆村，"请舅"队伍与"舅家"行至丧家门外后，两家将茶、酒、香炷等祭品摆在桌上祭献逝者。随后"舅家"的男性亲属依次坐定，丧家跪请其进屋接受款待。待"舅家"进屋后，逝者外嫁女儿再奉上特备的孝布与孝服。旧时，"舅家"会在进屋与戴孝布时继续"责难"丧家，且至少会让逝者外嫁女儿更换两次孝布与孝服。若"舅家"亲属是逝者长辈或同辈，则无须戴孝。事实上，若逝者为"正常"死亡，其"舅家"的亲属便多为逝者的晚辈，即逝者的侄儿。不同于其他亲属为求家中人丁兴旺、子孙"遍地开花"

而将孝布缠头上并留出两端垂挂背后,"舅家"亲属所戴孝布可全裹在头上,且其孝服通常为专门缝制的粗布长衫。"舅家"来到丧家后,再按传统先于其他亲友完成祭拜与随礼。

图2—20 紫驼骆村豪尼人的请舅入家屋(拍摄人:石鸿;拍摄时间:2018年7月28日;拍摄地点:紫驼骆村)

外家中的同宗族外嫁女性,即逝者的女儿、侄女等也需祭拜随礼,其他吊唁者只需随礼即可。她们在到丧家祭献的途中,会请吹奏唢呐的民间艺人,即"外家喇叭"专门随从,以增加祭献仪式的热闹与排场。祭拜时,逝者儿子跪在屋内,祭拜者跪在屋外,相互磕头并撒生米、稻谷等,再各自将祭献的茶、酒倒三次在地上。其后,丧家将祭拜者迎到棺材前,祭拜者跪拜逝者并祭献,丧家随之赠予孝布。普通亲友的祭品通常为三根香,茶、酒各一杯,三块大糯米粑粑或三碗糯米饭,关系亲密的亲友则会在祭品中增添鸡禽与纸制的小吊钱等。献毕,丧家返还祭拜者一块粑粑或一碗糯米饭。哈尼族在丧葬礼仪中"即赠即还"的祭献,体现了礼物的象征性交换。这种多层次的交换关系发生在亡者、丧家、祭献者之间,涉及了现实世界与超自然世界。[1]

图2—21 豪尼人开丧日的祭拜随礼（拍摄人：石鸿；拍摄时间：2017年8月13日、2019年2月25日；拍摄地点：咪哩村、大芭蕉村）

开丧以后，吊唁者中的女性亲属、乡邻可随时围着棺材进行"则各靠"，即哭丧。豪尼人在哭丧时有专门的调子，唱诵的内容主要包括逝者的生前事迹，逝者生病及其子女艰难寻医问药的过程，最后唱述逝者离世后在彼岸世界的生活，以及逝者对生者的祈愿与祝福等，这些内容亦包含在职业"摩批"的祭辞中。哭丧者认为，逝者离世后需经长途跋涉才能回归祖地。故她们会一边哭诵，一边用此前放在棺材上的扇子为逝者扇风纳凉。有村寨中的豪尼人会对女性亲属的哭丧做评价，如堕谷村、大新村，当亲人离世后女性会不会哭丧、哭丧的内容是否丰富等会被乡邻当作评论的标准。

开丧日下午，丧家正式宴请乡邻与其他宾客。旧时生活条件拮据，丧家宰牲后在专门的空地烹煮，丧宴也只提供两三碗菜肴，赴宴的乡邻自己备碗筷、盛饭菜，再拿大簸箕当桌子在户外聚餐，或

---

[1] 郑宇：《箐口村哈尼族丧礼献祭礼物的象征性交换》，《民族研究》2009年第4期。

站着或蹲着就餐。现在，很多村寨都建有公共厨房或广场，丧家便在该地统一设宴，乡邻与宾客赴宴即可。

开丧日是夜，为丧葬仪式的高潮。职业"摩批"将为亡灵行"尼豪遥"与"柘木塔"，即"指路"与"祭献"仪式，仪式过程可参见第三章。其中，"尼豪遥"是驱赶亡灵并为之"指路"的仪式，此仪式由"阿叨"协助职业"摩批"完成。丧家在职业"摩批"的指示下，为亡灵完成"赶路"前的"喂饭"仪式。若逝者为长者，丧家会给职业"摩批"一条孝布以拴在头上，并在其仪式器具长刀上也拴上白布。此外，丧家还会在大铓上也拴上白布。传统上，丧家在停灵期间为"正常"死亡者举行的最重要的仪式是"尼豪遥"，但现在部分豪尼人与其他民族杂居的村寨中已不再举行此仪式，如哈汉杂居的瓦纳村、紫驼骆村。据紫驼骆村的1969年出生的职业"摩批"介绍："以前豪尼人死后都要'尼豪遥'，后面就没有这样的习俗了，我家是家传的，从我这代起就没有学了，用不上了。"[1]"柘木塔"是将牲畜"祭献"给亡灵的仪式，丧家通常会准备一头公水牛和一头黑毛公猪。此仪式需逝者长子在棺材旁，将拴在逝者手上的线与"阿叨"牵着牲畜的长线连接。此线不能着地，也不能被其他人触碰。职业"摩批"念毕祭词后，祭献牲畜由"阿叨"负责宰杀。其后，孝子聚在棺材前，燃烧被豪尼人称作"千张"的黄表纸并存留余烬，以待送葬日一同送到墓地。除祭献牲畜外，多数豪尼人会根据宴请情况，宰杀一头黄牛，两三头猪用以筹备丧宴。

---

[1] 访谈对象：李JH（职业"摩批"），男，哈尼族，属鸡，1969年生，49岁，紫驼骆村人；访谈人：石鸿；访谈时间：2018年7月30日；访谈地点：紫驼骆村外。

图2—22 丧家在棺材前为逝者燃烧"千张"（拍摄人：石鸿；拍摄时间：2019年6月30日；拍摄地点：咪哩村）

6. 送葬仪式

送葬日零点，丧家燃放鞭炮"叫醒"逝者。"舅家"与逝者长子根据送葬的时间，先后为逝者举行最后的叙家谱"喂饭"仪式。旧时在紫驼骆村，"舅家"与逝者长子在棺材旁先后领诵自家"父子连名制"家谱时，本家中的其他孝子需跪在棺前跟着逐句念诵并学习家谱，尤其是本家家谱。豪尼人正是通过该仪式实践，完成了家谱的代际传承。两家的家谱都需根据逝者性别被念七遍或九遍，每念完一遍，领诵者便先后在七个或九个碗中添少许茶、酒、米饭、菜肴，并附上"尖刀草"短筷。"喂饭"结束后，所有献过逝者的食物即"哈腻赞巴"同样被倒入袋中。

乡邻主动按送葬时间，提前齐聚丧家以待起棺送葬。送葬前，

图2—23 逝者长子与长媳在送葬前取下吊钱拍（摄人：石鸿；拍摄时间：2019年7月1日；拍摄地点：咪哩村）

逝者长媳需完成"墨持"的分离仪式。届时，逝者长媳一手拿为逝者准备的拐杖，一手将一个没有花纹的陶瓷小碗用上衣遮挡藏在腹部。她先根据逝者性别在棺材前屈膝半蹲七次或九次，然后在一位同伴的陪同下默默将拐杖和空碗送至村外山野或家屋后。有的村寨的豪尼人在举行此仪式时，逝者长媳会用逝者外嫁女儿准备的斜襟短衫盖头，并在碗中装水，再用一把刀尖上插着姜块的小镰刀在屈膝半蹲时将水撒到棺材上，如大新村、堕谷村、紫驼骆村、大芭蕉村、小芭蕉村等。逝者儿媳将空碗送出家屋后，会将之盖在地上，代表逝者从此与生者相隔，不再与生者同食。在此过程中，逝者长媳只可与同伴交流，不得与旁人交谈。无论逝者生前是否用到拐杖，豪尼人认为其或在赶往祖居地的途中，或在彼岸世界的生活中皆会需要。故此，若逝者生前有拐杖者，在逝后可继续"使用"，若无丧家则需专门准备。其后，逝者长子与长媳再在家屋门口，即挂吊钱处磕头祭献，并用大簸箕跪接取下的吊钱。然后，男性相帮将挂吊钱的竹竿砍成四段做抬棺架。

起棺前，男性乡邻会将搭灵堂的竹架与白色帷幔拆下。棺材头部的长明灯留在原处至少还须点一日，以为将成祖先神的亡灵引路。与此同时，女性亲属或乡邻开始哭丧。接着，一位年长的男性相帮击铓开路，逝者长子背着职业"摩批"的长刀，引导逝者亡灵前往埋葬地，其他戴孝亲属随其后一同出门。丧家还会再请一无子嗣的男性乡邻提"哈腻赞巴"，请几位男性乡邻在送葬路上放鞭炮、撒黄表纸。其后，较年长的男性乡邻先将棺材从屋内抬到屋外平坦空地的条凳上，以拴抬棺架。在紫驼骆村，豪尼人拴抬棺架时戴孝亲属会跪在棺材前，并由一位年长的女性乡邻一边以桃叶、柳叶拍打棺材侧壁，一边在棺材四周撒谷物以"驱邪"。拴抬棺架时，丧家会先将一床被子盖在棺材上，其后男性乡邻用两根有刻槽的粗木棍绑在棺材底部的前后处，再用绳子将粗木棍与棺材拴在一起，最后用4

图 2—24 豪尼人在准备送葬仪式（拍摄人：石鸿；拍摄时间：2014 年 7 月 19 日；拍摄地点：咪哩村）

根竹竿分别穿过绳子以便起棺送葬。

拴完抬棺架后，丧家举行"过棺"仪式。豪尼人认为，"过棺"是为了让逝者"休息"，也是向外人展示逝者的儿孙众多。通常，孕妇不参与此仪式。不同村落的"过棺"地点、方式及次数有所不同。其中，咪哩村、小柏木村、大芭蕉村、小芭蕉村的豪尼人习惯在拴完抬棺架的屋前与村中空地，以及出村前在村寨门口"过棺"，一共重复三次。届时，丧家以逝者长子与长媳为首，其他亲属按亲疏、长幼关系排好后，弯腰从抬起的棺材下鱼贯而出，且至少重复两次。逝者长媳在"过棺"时会用簸箕端着一碗茶酒、点一炷香，以祭献逝者。在大芭蕉村、小芭蕉村，逝者长媳还会用逝者外嫁女儿准备的斜襟短衫盖头。"过棺"后，逝者长媳所端的祭品被相帮放在丧家堂屋，亲属、乡邻继续送葬。

瓦纳村、紫驼骆村、孟鹏村、堕咪村的豪尼人，则习惯在出村后举行"过棺"仪式。届时，逝者长子脱下外套盖在棺材头部，逝

图2—25 咪哩村豪尼人的"过棺"仪式（拍摄人：石鸿；拍摄时间：2018年7月29日；拍摄地点：紫驼骆村外）

图2—26 紫驼骆村豪尼人的"过棺"仪式（拍摄人：石鸿；拍摄时间：2018年7月29日；拍摄地点：紫驼骆村外）

者长媳头盖斜襟短衫并端祭品。他们率众亲属按序以伏地之势，面朝村内趴在地上，其他乡邻则帮助丧家及其亲属捋顺孝布。棺材越过他们的头顶后，他们依次快速起身。逝者长子起身后，他的外套也会被同时取下，逝者长媳起身后便赶回家中。然后，逝者长子与抬棺者、送葬的男性乡邻继续送葬，女性亲属与乡邻则返回村寨。

出殡时，击铓、撒纸钱及放鞭炮的相帮乡邻在前开路，逝者长子抱遗像率众亲属在队首，乡邻紧随其后，数位男性乡邻在送葬队伍之后抬棺。通常，村中未婚的男青年会争抢着抬棺，"舅家"男性亲属则会走在棺旁护棺，以防抬棺者"娱尸"。[1] 棺材会绕行村落一圈，且路线不能重复。届时，丧家会至少会在村中经停两次，以让逝者"休息"。停棺时，"舅家"的女性亲属与逝者外嫁女儿等外家亲属，开始先后祭献逝者。停棺前，祭品与停棺用的两条凳已被摆好。丧家及其亲属与祭献者相对同跪棺前，乡邻则不时往棺材上撒米以"驱邪"。他们快速完成此仪式后，抬棺者大喝一声"起"字起棺，踢开桌凳继续前行。

棺材送至村口时，丧家将盖在棺材上的棉被与逝者长子的衣服取下并拿回家中。棺材出村后，女性亲属与乡邻，以及大部分男性乡邻返村，男性亲属、抬棺者、唢呐吹奏者则继续送葬，以将棺材送至埋葬地。此时，丧家及其近亲属将孝布全部裹在头上，其他戴孝布者则可将之取下。送葬者回村后，丧家会提前在村口及丧家门口摆放水盆，水中撒有生米，也有村寨的豪尼人会在水中放入带气味或带刺的叶子，包括"香调"叶、花椒叶、辣椒等。送葬乡邻返村后，会在水盆中洗手以祛邪。大芭蕉村、小芭蕉村的豪尼人则会

---

[1] 村中未婚男青年会在"正常"死亡者的送葬仪式中抢抬棺材。但近些年因村中外出务工的青年人较多，故中年男性不得不承担抬棺的重任。抬棺者在起棺离开丧家时，会喊叫并拍打棺盖，出村路上他们还会不时喊叫、小跑并摇晃棺材，增加送葬仪式的娱乐性。

图2—27 豪尼人专门调制用以祛邪的水（拍摄人：石鸿；拍摄时间：2019年2月14日、7月1日、2月25日；拍摄地点：咪哩村、大芭蕉村）

以此水漱口，以彻底驱邪。

　　逝者长媳在送葬后最先进屋，她从门口向屋内扫地，以留住"福禄"。旧时，丧家会请无子嗣的妇人先扫地。现在，豪尼人认为"扫的是自己家的'福禄'，不想让别人扫走"[1]，便改由逝者长媳先扫，其他人随后可帮忙。在大芭蕉村、小芭蕉村寨，逝者长媳回家后会先抓走丧家提前准备的米饭中"藏"的一枚硬币，以求将"福禄"留在家中，其他送葬者也会象征性地抓饭吃，以分享逝者所遗"福禄"。

　　殡葬改革后，棺材无须人力运至山野埋葬，唢呐艺人也不用随同演奏。届时，丧家将棺材送到村外后，由殡仪车将之运至殡仪馆，孝子与部分男性亲属随行。在途中，逝者长子手点香炷，一路撒"千张"与生米。当其路过桥梁、岔路时，还要特意"嘱咐"逝者不要走错路，并为逝者念诵简单的"叫魂"词，以免亡灵受惊。遗体火化前，逝者长子向逝者磕头，然后将手中的香炷插在火化炉前的香炉中。豪尼人会特意将棺材上拴着的竹绳解开，以免火化过程中亡灵被束缚。火化后，逝者长子再次向逝者磕头，等相关工作人员将逝者骨灰放入骨灰盒后，其再手捧骨灰盒前往埋葬地，其他随行者为其撑伞，以免骨灰盒被太阳晒到。同样，在去往墓地的途中，逝

---

[1] 访谈对象：李XN，女，哈尼族，属猴，1956年生，63岁，咪哩村人；访谈人：石鸿；访谈时间：2019年5月8日；访谈地点：咪哩村。

者长子手点香烛，在经过桥梁、岔路时再提醒逝者跟随并为其"叫魂"。豪尼人认为，与逝者相关的物品被送出村后，皆不能再入村或经过村落附近。故在殡葬改革后，丧家会在专门为"非正常"死亡者送葬的山路旁停车，再徒步前往公墓，以绕开村落或村落周围有神灵存在的神圣之地。

7. 埋葬仪式

埋葬前，丧家要先寻找埋葬地。殡葬改革前，"正常"死亡者的埋葬地通常为本家族的祖坟地。在家族祖坟地埋葬时，辈分长的逝者埋在辈分低者的坟墓之上。在同辈人中，女性逝者的地位较低，她们通常被埋葬在男性逝者坟墓的左下侧。若逝者在生前有其他中意的埋葬地，丧家会完成其遗愿。此外，丧家也可开辟新的埋葬地做祖坟地。若丧家在既有祖坟地之外找新墓地，会先择吉日，然后逝者长子在棺材前磕头点香，告知逝者将要为他去寻"在处"，请其明示想"在"哪里。以2019年笔者在咪哩村的田野调查为例，逝者无子便由其长女为其寻墓址。出发前其先点香跪在逝者棺材前说道："阿妈，你想在哪里（埋葬）就让我看到，我现在要去找你的在处，为你找房子。"[1] 其后，逝者长子手点香烛去预选山林，再用左手向身后扔鸡蛋，以蛋碎处为逝者中意之地。豪尼人认为，亡灵能以超自然的方式表达对埋葬地选择的意愿。"他（指逝者）不想在那里（埋葬）的话，听说（被抛扔的）鸡蛋会变长，然后弹跳到想埋葬的地方。比如说在这里丢鸡蛋，如果他想在左边或右边埋葬，就会自己弹跳出去，然后在他想埋葬的地方破裂开来。"[2] 选完墓址后，逝者长子先跪在墓址上告知逝者亡灵，其后用锄头象征性地挖三下并做简单的

---

[1] 逝者无儿子，故由其长女替代选墓址。访谈对象：李QK，女，哈尼族，属鸡，1957年生，62岁，咪哩村人；访谈人：石鸿；访谈时间：2019年2月11日；访谈地点：咪哩村。

[2] 访谈对象：李KS，女，哈尼族，属虎，1950年生，69岁，咪哩村人；访谈人：石鸿；访谈时间：2019年2月10日；访谈地点：咪哩村。

清理，以便埋葬日挖墓穴时能辨认。完成后，逝者长子再持续地点燃一根香烛回家。殡葬改革后逝者须在公墓埋葬，但许多豪尼人仍保留了选墓址的习俗。多数豪尼人的集体公墓建在山坡，因此有上与下的差别。虽然"正常"与"非正常"死亡者皆会被埋葬在公墓，但是那些"非正常"死亡者，尤其是那些较年轻的死亡者，丧家不会为其选择上方的墓穴，否则易受到他人非议与谴责，且这对"正常"死亡者而言，尤其是长寿者，是极为不尊重的表现。

在地方政府集中建设公共墓地之前，有的村寨有专门的集体墓地。如咪哩村的集体墓地在村东面，被当地豪尼人称为"奥皮祖瑙"，又被戏称为"八宝山"。如前所述，"奥皮"即"竜树"，是有神灵寄居的神树。"竜树林"作为村落神圣空间，不允许村民随意进入，尤其是女性；"祖瑙"为哈尼语，即"背后"之意。"奥皮祖瑙"即"竜树"背后的意思，明确了这片集体墓地的位置。该集体墓地只允许最早定居咪哩村的九大李姓家族中"正常"死亡的男性埋葬，村里的豪尼人将逝后能在此地埋葬看作一种荣光。在"奥皮祖瑙"的埋葬者不再按家族区分，两座坟墓之间至少间隔两米即可。较早定居于开拓咪哩村的九大李姓家族不允许外来者在"奥皮祖瑙"埋葬，并通过丧葬礼仪不断强化此规约，提醒着"土著"与外来者的身份差别。咪哩村的豪尼人在"奥皮祖瑙"埋葬时强调埋葬者年龄与性别的做法，延续并体现了乡土社会中的尊老传统，以及传统宗法社会对血缘、子嗣的重视，这些因素也是判断死亡情况"正常"与否的重要标准。在谈到为何不让女性埋葬在"奥皮祖瑙"时，咪哩村的一男性豪尼人很自然地说道："（那里）只能埋男的，女的是（从外面）叫来村里，嫁在这里的，土著人还是我们（男的）。"[1] 从夫居的豪尼

---

[1] 访谈对象：李FC，男，哈尼族，属牛，71岁，1949年生，咪哩村人；访谈人：石鸿；访谈时间：2019年2月5日；访谈地点：咪哩村。

人认为，女性嫁到外村后，就要与丈夫在外村生活，男性生老病死在同一村寨，但女性一生中的大半时间是不住在出生的村落。因此，出嫁后的女性，便不再被视作原来社区的成员。[1]传统豪尼人实行外婚制，为了村落的发展，作为集体埋葬地的"奥皮祖瑙"当然不能埋葬嫁入本村的外村女性，或是将嫁到外村的本村女性。

殡葬改革前，豪尼人以土葬为主。在咪哩村，丧家选好墓址后，送葬日男性乡邻轮流将棺材送到山上，此前一小队男性乡邻已提前在埋葬地挖出墓穴等待。待送葬队伍到埋葬地准备埋葬前，丧家先燃放鞭炮，然后逝者长子点三炷香并清理墓穴。清理墓穴时，他先象征性地用小锄挖三下，再拔除穴内杂草，接着用"茨蒲"即白锥栗树枝扫墓穴三次。其后，他将碎煤炭平铺在墓穴底部，再均匀地撒上开丧日留存的"千张"灰，随后在墓穴四角放置银粒，并告知逝者："这个就是你的土地了，别让其他人占去。"紫驼骆村的豪尼人在举行此仪式时，会宰杀一只鸭，以鸭血绕墓穴一周并念诵相似话语。其后，逝者长子在墓穴内点蜡烛做长明灯以为逝者照明，之后再与其他送葬者一并将棺材放入墓穴。按传统他第一个撒沙土，其后大家再一同合力用泥土盖住棺材。等棺材被盖住形成半圆形坟包后，一年长的男性长辈确定墓碑门向后，由专门砌墓室的男性相帮以门向为中心，向墓室两边用砖头或石头将坟包前半部分围住。墓碑上的砖块翻拱具有一定的难度，丧家会将盖在棺材上的新床单与祭献土地神、逝者的家禽送给相帮者以示感谢。旧时，豪尼人多用山石垒墓，并将较大的石块当作墓门，故丧家在埋葬仪式前，会至少花两三天时间到山里寻找石块。豪尼人用砖头与墓碑的习俗约始于20世纪50年代以后，是随其生活水平逐步提高后兴起的。墓

---

[1]［美］R·H.罗维：《初民社会》，吕叔湘译，上海：商务印书馆，1935年，第83—84、133页。

室砌好后，丧家再次燃放鞭炮。殡葬改革后，墓室由水泥砌成，此工作由殡仪馆的工人完成，但豪尼人基本保留了传统的埋葬礼俗。

豪尼人出于对风水的考量而注重墓碑门向，其将墓碑门向朝吉以求祖先荫泽后辈。豪尼人将墓室看作逝者逝后的家屋，故在传统家屋修建时须注重的风水问题，也同样映射在墓室的修建过程中。事实上，豪尼人对墓室与家屋门向的重视，最终指向皆为生者。通常，生者的家屋门向会避开路口、房角，以及狭窄的山沟等，死者的墓室门向同样要避开这些。而且，无论是生者还是死者，最好的门向是面对开阔的山谷且远处有高山。如前所述，在山坡上建村立寨的豪尼人，通常会将家屋朝向坡面，且全村有较统一的门向，如咪哩村的门向基本为南向。豪尼人新建家屋立门向后，会在门上挂一个装着五谷杂粮以及钱币的小红布口袋以祈愿，且立门向后的三日之内没有发生与他人口角、打斗等不顺之事，即证明门向没有问题，而这种判断标准同样会用在逝者的墓室门向安装上。此外，现在豪尼人还会在家门口挂普通的镜子或八卦镜、蜂巢等，以驱逐凶秽之物进家门。有意思的是，只要豪尼人家事不顺去"奥吉测"卜卦问事时，"奥吉"即巫师给主家的众多解释中，可能包含墓室门向

图2—28 埋葬仪式中豪尼男性祭献山神位与祭拜逝者（拍摄人：石鸿；拍摄时间：2018年7月29日；拍摄地点：紫驼骆村公墓）

安装不对，或祖坟的墓室漏水等与坟茔相关的原因。

墓室门向安好后，丧家在墓碑后方立"山神位"，并宰杀公鸡献祭。其后，随行男眷在墓碑前宰杀一只母鸡祭献逝者。此外，祭品还包括茶、酒各一杯，若干糖果等，他们还会将"哈腻赞巴"，即为逝者"喂饭"后收集的食物放在墓碑前。然后，孝子们按亲疏与长幼之序，依次跪拜逝者并点三炷香插在墓室周围。接着，再次放鞭炮，逝者儿子、男性亲属与其他送葬者准备离开墓地。

"送形而往，迎精而返。"[1] 男性豪尼人离开墓地前，逝者长子要请亡灵回家。届时，他手中持续地点一炷香、拿一枝"茨蒲"枝，先背对坟包向身后抓两次泥土盖到坟包上，最后一次他抓起泥土握在手中。其后，他带领其他男性离开墓地。

他们离开墓地后，此前回避一旁的女性亲属前来祭拜。按豪尼人的习俗，葬后的女性祭拜者须为单数。届时，由逝者长媳先走，返程时她则走在最后。她们在往返墓地的途中，不能与参与埋葬的男性碰面，只能相互交谈而不能与旁人交谈。她们祭拜时，会有一年长妇人将三颗石子先后砸在墓碑旁，并念诵三遍"活人出，死人进"，另一妇人用树枝打扫供台并摆祭品。然后，她们将一堆细土平铺在碑前，磕三次头请逝者"开门"享用祭品，转身背对墓碑静默片刻再查看细土印记。若细土上有禽畜的脚印，代表逝者已将祭献的牲畜家禽牵走，若为人迈向坟墓的脚印，则喻示有乡邻将在近期去世。女眷往坟墓四周扔祭品施舍孤魂野鬼后分享祭品，她们认为生者食用祭品亦能"做药"。最后，她们将所余祭品留在供台，将细土扫到一旁后离开。她们离开后不得再回头瞻望，否则灵魂易被逝者的亡灵压到坟墓之下。

---

1《礼记·问丧》："辟踊哭泣，哀以送之。送形而往，迎精而反也。"

图 2—29 逝者儿子从墓地请亡灵回家（拍摄人：石鸿；拍摄时间：2019 年 7 月 1 日；拍摄地点：咪哩村）

图 2—30 参加葬后祭拜的豪尼女性在查看墓碑前细土上的印记（拍摄人：石鸿；拍摄时间：2018 年 7 月 29 日；拍摄地点：紫驼骆村公墓）

众人回到丧家时，会再次洗手以驱邪。其中，逝者长子先回到家中，他还须完成"弥兮兮"的祛邪仪式。当他迈过门口两根燃烧的竹条进屋时，屋内亲属用水浇灭火焰，以将其他亡灵等凶秽之物阻隔在门外。逝者长子拿回

图2—31 逝者长子送葬回家时完成的"弥兮兮"仪式（拍摄人：石鸿；拍摄时间：2018年7月29日；拍摄地点：紫驼骆村公墓）

家中的泥土、香炷、树枝等，被从"尼豪巴窝"即鬼洞穿过，拿到正房置于堂屋，以请亡灵"回家"。此外，丧家还会在堂屋摆一碗米饭、一碗盐。豪尼人认为，若逝者"回家"，则祭品上会留下手抓过的痕迹。点在堂屋的煤油灯同样能对之进行判断，他们认为，逝者亡灵"回家"时会玩弄油灯，届时豪尼人能看到灯芯变长或变色等现象。

送葬日中午与下午，丧家在村公房或村广场宴请亲属、乡邻与宾客。殡葬改革前，送葬仪式通常在午饭后举行，其间，丧家会给赴宴者磕头致谢。殡葬改革后送葬仪式通常为上午，为保证送葬日及时送葬，丧家会在前一日晚宴上提前叩谢。在此过程中，丧家只磕头不说话。哈尼族丧葬祭词中叙述道："儿女们戴起孝布，现在要去磕头了，要从家里一直磕出去，要向吹唢呐的师傅磕头致谢，要向敲锣打鼓的人磕头致谢，要向煮饭的大妈婶婶磕头致谢，要向做菜的大伯叔叔磕头致谢，一桌接一桌地去磕头致谢。"[1]

---

[1] 红河州人民政府编《哈尼族口传文化译注全集·莫咪梭》（第38卷），昆明：云南民族出版社，2016年，第318页。

8."送舅"仪式

送葬日晚宴后,丧家在门外专门置办宴席举行"送舅"仪式。咪哩村的"送舅"菜肴通常为三碗,包括肝脏、猪肚、瘦肉等豪尼人认为较美味、软糯且传统上稀有的菜肴。在紫驼骆村,除此三碗外,丧家还会摆其他菜肴以显丰盛。等"舅家"坐毕,丧家分组跪拜并"诉说"亲人离世后的"难处",恳请"舅家"多帮助。"舅家"象征性地为磕头者夹菜,并在其面前的空碗中放几十元不等的现金以象征"福禄"。礼毕,丧家陪"舅家"简单飨食,并在"舅家"离开前按传统赠予其一只牛前腿作为答谢礼物。

图2—32 紫驼骆村豪尼人的"送舅"仪式(拍摄人:石鸿;拍摄时间:2018年7月29日;拍摄地点:紫驼骆村公墓)

(三)阈限后:葬后的仪式[1]

1."逝巴套":驱赶亡灵

送葬后,丧家请职业"摩批"举行"逝巴套"的"驱赶"仪式。职业"摩批"也会根据情况,为丧家完成"脱孝""分离"等仪式,"阿

---

[1] 葬后的仪式,主要是丧家在职业"摩批"的协助下完成的。本部分主要以丧家的立场,叙述其配合职业"摩批"完成相关仪式的过程,具体的仪式描述可参看第三章。

叨"全程协助。具体仪式过程参见第三章。届时,与丧家关系亲密的男性亲友多已去送葬,女性亲友则已去祭拜,在丧家家屋准备此仪式的,多为与丧家关系较远的亲属或与丧家关系较好的乡邻。

通常,"逝巴套"仪式和"脱孝"仪式会合在一套仪式程序中完成,丧家只需将孝布及其他仪式所需交给职业"摩批"即可。不同村寨"逝巴套"仪式的时间、地点有所区别。大部分在开丧日请职业"摩批"的豪尼人,会在送葬当日下午在家门口举行此仪式,如咪哩村、小柏木村、大芭蕉村、小芭蕉村;少部分不在开丧日请职业"摩批"的豪尼人,会在送葬次日上午请职业"摩批"在村外举行此仪式,如紫驼骆村。据紫驼骆村的职业"摩批"介绍:"驱赶'亡灵'的仪式就是要把'鬼'赶到地下十三层,其实也可在丧家门口赶,但大家因怕有什么不好的东西(残留),都到村外赶。"[1] 像紫驼骆村这样不在开丧日请职业"摩批"的豪尼人,出于强烈的警惕与防御心理,通常会将该仪式的地点选在村外。

部分职业"摩批"在完成前两个仪式后,还需在家屋为逝者伴侣举行"分离"仪式。豪尼人认为,逝者与其妻子或丈夫在生前关系紧密,他们之间的纽带只有通过该仪式才能彻底隔断。换言之,夫妻一方在另一方去世后必须完成此仪式才能开始新生活,尤其在准备改嫁或另娶前。关于改嫁或另娶的时间,哈尼族迁徙史诗《雅尼雅嘎赞嘎》中叙述道:"出嫁的女人死了男人,守满三年就能重嫁,讨了媳妇的男人,如果妻子死了,等满三个月就可以再娶,寡妇可以嫁人,鳏夫可以续妻。"[2]

至此,职业"摩批"为丧葬礼仪主持的主要仪式已全部完成,

---

[1] 访谈对象:李JH(职业"摩批"),男,哈尼族,属鸡,1969年生,49岁,紫驼骆村人;访谈人:石鸿;访谈时间:2018年7月30日;访谈地点:紫驼骆村。

[2] 景洪县民委编《雅尼雅嘎赞嘎——哈尼族迁徙史诗》,施达、阿海译,昆明:云南人民出版社,1992年,第85页。

包括"逝奥绍""尼豪遥""柘木塔""逝巴套"等这些为逝者"讨力""指路""祭献""驱赶"的仪式。在职业"摩批"离开前,丧家或总管会对其仪式费用进行结算,通常为350元,不包括其在为逝者举行各类仪式中用到的生米及插在生米上的几十到一百元祭献钱。此外,丧家还要按传统给职业"摩批"与"阿叨"分别准备6斤与3斤的生肉,以及一壶白酒做谢礼。

图 2—33 丧葬礼仪结束后丧家给职业"摩批"和"阿叨"的礼物(拍摄人:石鸿;拍摄时间:2019年7月1日;拍摄地点:咪哩村)

2."中套固":请亡灵上祭台

送葬次日上午,丧家请职业"摩批"举行"中套固"的"请灵"仪式,以请亡灵上"窝里"祭台。具体仪式过程参见第三章。此仪式由职业"摩批"主持,丧家配合完成。仪式中,职业"摩批"会用到逝者长子从墓地带回的泥土、枝叶,丧家只需在职业"摩批"主持"请灵"仪式的死祭与熟祭时,按要求向"窝里"磕头。

当日中午,丧家在村公房或村广场设宴酬谢亲属、乡邻与宾客。

3."分灵":除祖屋继承者外逝者的其他儿女请亡灵回家

丧葬仪式完成后,除居住在祖屋的逝者幼子外,逝者的其他儿女回家前,会完成"分灵"仪式,即请父母的亡灵跟随回家。因职业"摩批"在"中套固"的"请灵"仪式时已向亡灵交代过,故此仪式可不再请其主持。

以逝者外嫁女儿为主的外家亲属离开祖屋时,以逝者儿子为主

155

的丧家会将丧葬仪式中宰杀牲畜的头、四肢，以及筹备丧宴剩下的蔬菜、茶酒等分给其做"礼物"。传统时期若父母皆离世，外嫁女儿还能每人分到一个父母留下的手工木柜。

外嫁女儿用背篓装这些分到的"礼物"，并在背篓上方盖一件衣裳，向祭台磕头、倒三次茶酒，口头念诵请父母亡灵跟自己回家的话语便打伞离开祖屋，一路上不与旁人言谈。在其离开祖屋的同时，逝者的儿子们立即在其背后磕头并请父

图2—34 丧家在丧葬礼仪中为外嫁女儿准备的礼物（拍摄人：石鸿；拍摄时间：2019年2月25日；拍摄地点：大芭蕉村）

母的亡灵不要随之离去，以留在家中照看子孙。逝者外嫁女儿回到夫家后，象征性地烹煮背回来的菜肴，并在餐桌上倒三次茶酒、扔三次菜肴，请逝者亡灵以后在此接受祭献。因夫家的祭台上请的是夫家的祖先，故逝者外嫁女儿的父母亡灵只能被请在餐桌上，且日常生活中不需专门对之祭献。豪尼人认为，即使外嫁女儿不专门请父母亡灵回家，亡灵也会跟其到夫家的餐桌边或灶台上，这样当外嫁女儿需请已逝父母的亡灵去"走阴"[1]时，可从餐桌或灶台请其跟随。那些无家可归或没有稳定居所的豪尼人认为，父母的亡灵会被请在自己的肩膀上供奉。

与逝者外嫁女儿不同，在逝者的儿子中，除留居祖屋的逝者幼子不用再"分灵"外，逝者的其他儿子皆需分别请父母亡灵到家中

---

[1] "走阴"被豪尼人称为"奥吉测"，在第三章中将系统论述。"奥吉"通过仪式入定后，其灵魂能够出走，能与亡灵或神灵直接或间接地对话，以为哈尼人寻因问果、趋吉避凶。

祭台供奉。同样地，他们在祖屋祭台前磕头、敬茶酒，其后念诵祭词以请父母亡灵跟随回家。等其回到家屋后，再在"窝里"祭台上专门祭献。若逝者的其他儿子在丧葬礼仪后没有完成"分灵"仪式，也可在年节时再举行此仪式。

4. "窝奥绍"：为丧家集体"讨力"

送葬次日下午，丧家举行"窝奥绍"的集体"讨力"仪式。具体仪式过程可参见第三章。此仪式同样由职业"摩批"主持，丧家配合完成。其中，丧家的外嫁女性及其家人作为丧葬礼仪的重要参与者，亦需参加此仪式。哈尼族丧葬祭词中叙述道："姑姑是叫魂的母亲，姑姑也参与了叫全家魂；同胞姊妹是叫魂的女儿，姊妹也参与了叫全家魂。带上染成金黄色的糯米饭，带上新鲜鸡蛋和生米，带上保魂保命的生命线，把丧家活人的灵魂召齐。"[1]

该仪式分活祭、死祭与熟祭。活祭时，逝者长子手抓一只公鸡，逝者长媳手抓一只母鸡，他们与其他家人一起面对中心柱，职业"摩批"手抓一只公鸡在他们的背后念祭词；在死祭与熟祭前，丧家先对中心柱磕三次头并撒米，职业"摩批"在其后念祭词。仪式结束后，逝者长子再按职业"摩批"的指示，在"窝里""咪索"处祭献。

当日傍晚，丧家在村公房设宴，再次专门酬谢相帮的乡邻。

5. "保付氏"或"奥绍"：为逝者长子"讨力"

送葬后第三日或丧家自选吉日，逝者长子会请职业"摩批"为其举行"保付氏"或"奥绍"的个人"讨力"仪式，以恢复其因亲人去世而消散的"气力"。具体仪式过程可参见第三章。此仪式同样由职业"摩批"主持，逝者长子配合完成。职业"摩批"在"土掌"（耳房）屋顶上举行此仪式。逝者长子按职业"摩批"的要求，在

---

[1] 红河州人民政府编《哈尼族口传文化译注全集·搓西能批突（二）》（第26卷），昆明：云南民族出版社，2012年，第367页。

活祭时手抓祭献牲畜站立，在死祭与熟祭仪式时对祭品磕头并撒米。仪式结束后，他再按职业"摩批"的指示在"窝里""咪索"处祭献。其后，丧家请乡邻到家中或村公房赴宴，协助完成此仪式。具体协助过程可参见第四章。

**四、"莫搓搓"丧葬礼仪**[1]

"莫搓搓"丧葬礼仪，是家境殷实的豪尼人为"正常"死亡且高寿的老者举办的最高规格的丧葬礼仪。从哈尼族的丧葬史来看，其最早记载出现在民国时期，聚居于今墨江县的哈尼族先民"黑窝泥"中。[2] 从田野调查的情况来看，20世纪40年代末以前，"莫搓搓"丧葬礼仪不时出现在豪尼村寨中，元江流域很多哈尼族村寨亦有过此类仪式传统，但在20世纪40年代末以后，此仪式逐渐消失。在元江流域豪尼人聚居的咪哩乡，许多耄耋老人也只在年少时见过此仪式，而许多年近花甲或古稀的老人只听闻过此仪式。

因丧家筹备"莫搓搓"丧葬礼仪的过程与普通丧葬礼仪相近，故笔者不再对之赘述。结合前文对豪尼人普通丧俗礼仪的"深描"，笔者在下文中将以比较研究的视角分析"莫搓搓"丧葬礼仪，以凸显两种丧葬礼仪的区别与联系。整体而言，"莫搓搓"丧葬礼仪较普通丧葬礼仪的仪式程序复杂、仪式时间长、宰牲数量与参与人数更多。具体而言，二者至少在以下6个方面有所不同。

第一，在停灵的时间与仪式方面。在普通丧俗仪式中，逝者离世后丧家即按吉时在当日内为其完成梳洗、换装与入棺等仪式。直

---

[1] 关于"莫搓搓"丧葬礼仪的描述，笔者除参照田野调查资料外，还参考了以下文献：云南省红河哈尼族彝族自治州志编纂委员会编：《红河哈尼族彝族自治州志》（卷1），北京：生活·读书·新知三联书店，1997年，第283—284页；毛佑全：《哈尼族文化初探》，昆明：云南民族出版社，1991年，第83—93页等。

[2]（民国）《墨江县志稿》《墨江县地志资料》。

到送葬以前，丧家及其亲友、乡邻等一直为逝者守灵。普通丧葬礼仪的停灵时间与守灵时间相同，二者往往不超过一周。即使是停灵时间较长的村寨，如大芭蕉村，也在十余天之内。相比较而言，在"莫搓搓"丧葬礼仪中，逝者离世后丧家同样会即刻按吉时为其完成梳洗与换装的仪式，但逝者的入棺仪式却被延长至两三日后。而且，"莫搓搓"丧葬礼仪的停灵时间短则数十天，长则三五月。此外，在普通丧葬礼仪的停灵期间，丧家至多在每日餐前燃放一次鞭炮或敲击一次大铓；而在"莫搓搓"丧葬礼仪的停灵期间，丧家在每日餐前皆要放三响土炮或鞭炮，并且丧家每隔12天还要为逝者举行一次隆重的守夜仪式。

第二，在哭丧的时间与内容方面。在普通丧葬礼仪中，女性亲属只在开丧后至送葬前哭丧，且送葬前的哭丧是仪式的高潮。现在普通丧葬礼仪中，只有较年长的豪尼女性能在哭丧时叙述体系完整、内容丰富的内容。她们唱述的哭丧歌，主要包括逝者生前的辛劳、死后的生活等，具有一定的艺术性。相比较而言，在"莫搓搓"丧葬礼仪中，自丧家为逝者完成梳洗与换装后，女性亲属会每晚围在棺材旁哭丧，且大部分女性能哭诵内容丰富又具系统性的挽歌。她们哭述的内容，除普通丧葬礼仪中哭述的内容之外，还包括开天辟地、人种诞生、祖先功绩等，囊括了豪尼人历史文化与集体记忆的各方面。

第三，在职业"摩批"念诵的祭词方面。在普通丧葬礼仪中，从开丧到送葬只需两日，职业"摩批"也只念诵一夜的祭词。届时，职业"摩批"手持长刀做仪式器具，其念诵的祭词内容涉及豪尼人生、老、病、死的简要过程，族群迁徙的大致原因与主要路线等。相比较而言，"莫搓搓"丧葬礼仪从开丧到送葬需四日，职业"摩批"要念诵三晚祭词。届时，职业"摩批"除手持长刀外，还会用一节内装五谷的竹筒敲地以为念诵的祭词做伴奏。其念诵的祭词内容，囊括了开天辟地、万物诞生、祖先迁徙、建寨定居、社会结构、生产生活、族群关系，以及作为个体的豪尼人的出生、成长、恋爱、结婚、生育、劳作、生病、死亡，丧家为逝者寻药、筹备丧葬礼仪、葬后祭祀的全过程。[1] 虽然咪哩乡的很多职业"摩批"曾学习过"莫搓搓"丧葬礼仪的知识，但因几乎未有仪式实践的机会，且此类仪式较复杂，故他们大多不能独立主持此类丧葬礼仪。

第四，在宰牲的数量与类别方面。在普通丧葬礼仪中，宰牲数量主要依各家的经济情况、宴请数量而定。旧时，很少有豪尼人能宰牛，至多宰羊或猪，家境拮据的豪尼人则只能宰杀家禽。如前所述，哈尼族先民在清代地方志中就有"祭用牛，贫则用猪"的记载。[2] 相比较而言，在"莫搓搓"丧葬礼仪中，丧家会至少宰杀三条牛，其后还会留出一部分牛肉送给外村亲友，"舅家"尤其会得到更多。随着豪尼人生活水平的提高，现在普通丧葬礼仪中的宰牲数量，早可与传统时期"莫搓搓"丧葬礼仪中的宰牲数量相媲美，豪尼人在丧葬礼仪中通过宰牲数量体现的贫富差异也逐渐模糊。根据笔者的田野调查，现豪尼人在普通丧葬礼仪中，会至少宰杀一条牛、两头猪，届时若参与丧葬礼仪的人数较多，丧家也会宰杀两条牛、三头猪不等，这对于仅宴请三日的普通丧葬礼仪来说已显丰富。但是，若按相应的物价变迁水平来看，豪尼人在"莫搓搓"丧葬礼仪中的宰牲数量，也远超普通丧葬礼仪中的宰牲数量。从经济理性的角度而言，这也是豪尼人不再选择举办此类仪式的主要原因之一。

第五，在仪式的热闹程度方面。在普通丧葬礼仪中，丧家及其

---

[1] 现流传于红河州垤玛乡、三村乡一带的哈尼族白宏支系的莫搓搓殡葬祭词《白宏莫搓搓能考》，可作为此类祭词的重要参考。参见红河州人民政府编《哈尼族口传文化译注全集·白宏莫搓搓能考（一）（二）》（第8、9卷），昆明：云南民族出版社，2010年。

[2]（清雍正）徐树闳、张问政等：《景东府志·夷民种类》。

亲友、乡邻为主要参与者。他们在守灵过程中的主要活动，包括聚餐、打牌、闲聊等。相比较而言，丧家在"莫搓搓"丧葬礼仪的守灵期间，会组织参与者举行带有娱乐性质的仪式活动。开丧当日逝者"起身"之后，丧家会在堂屋的后山墙处开挖一个洞口，其中"舅家"被邀请开挖第一锄。其后，丧家及其亲属手捧棺材、唱挽歌，一起穿过墙洞并将棺材摆放在屋后的两条凳上。然后，职业"摩批"在棺材旁念诵祭词，与此同时，以逝者长子为首的丧家及其亲属先踏着小碎步围绕棺材转三圈，然后再围着丧家的家屋慢步游转三圈，最后来到房屋外的空地上继续击铓转圈。此时，其他的参与者可随时加入其中。此仪式舞蹈至少会跳三天，即从开丧日起，直到送葬日前。这正好与民国时期对哈尼族先民"莫搓搓"丧葬礼仪的记载相近，即他们"于发引之前一夕，不拘男妇，握手成团，围绕棺木，且绕且唱，名曰打抹撮"。[1] 因"莫搓搓"丧葬礼仪的热闹程度高，且在日常生活中罕见，故参与者除丧家及其亲友、乡邻外，还有很多主动前来观看的外村人，而丧家也十分欢迎他们为仪式增添热闹。

第六，在传统服饰方面。在普通丧葬礼仪中，部分村寨的豪尼人习惯穿着民族服饰，如大芭蕉村、小芭蕉村的豪尼人。更多村寨的豪

图 2—35 豪尼女性在"莫搓搓"丧葬礼仪中的裙摆（拍摄人：石鸿；拍摄时间：2019 年 6 月 24 日；拍摄地点：咪哩村）

---

1　（民国）《墨江县志稿》《墨江县地志资料》。

尼人，则只会穿着日常的便装参加仪式。相比较而言，在"莫搓搓"丧葬礼仪中，豪尼人会更注重穿上传统服饰，尤其是参与绕棺材、绕家屋，以及在空地上绕圈的豪尼人，豪尼女性还为此仪式活动筹备了专门配饰。通常，传统豪尼女性民族服饰的裙摆后为两根无绣纹的蓝色布条，但在"莫搓搓"丧葬礼仪中，她们会专门用两根色彩鲜艳的绣片替代，当其绕圈舞动时绣片会因左右摇动而增加观赏性与趣味性，如图3—35所示。豪尼人的丧葬礼仪作为一种群体性仪式活动，为青年男女增加了社会交往的机会与空间。换言之，与死亡相关的仪式活动中蕴含生命繁衍的气息。故此，年轻的豪尼人会更注重在此类仪式性集会场合中的服饰与装扮。

## 第三节 "非正常"死亡者的丧葬礼仪

豪尼人对"非正常"死亡的判断，也包含死亡地点、死亡原因、死亡年龄、有无子嗣、有无直系长辈健在等因素。哈尼族丧葬祭词《罗美耐扎饶·驱刹鬼》中，提到了哈尼人可能面对的各种"非正常"死亡情况："有从天黑日中间出来的难，有被人用吹筒吹箭射死的难，有被人吹着长角号撑死的难，有被雷击死的难，有肩扛铁管的人肇事身亡的难，有被人用枪打死的难，有被路上面刺棵里暗枪刺死的难，有在路上被尖刀戳着腋窝死的难，有在路弯处被刀砍断脖子死的难，有在沟头沟尾被砍倒的树打死的难，有在沟头沟尾砍倒的芭蕉树打死的难，有被虎狼咬死的难，有被大河水翻死的难，有在深潭子淹死的难，有被石堆垮下来砸死的难，有掉进土洞里致死的难，有因地震致死的难，有从岩子上掉下来致死的难，有在沟头沟尾养马被马踢死的难，有在沟头沟尾养牛被牛角抵死的难，有在沟头沟尾种药吃错药致死的难，有因生活不检点被人勒死的难，有自己吊脖子死的难，有被他人胡乱整死的难。"[1]

豪尼人对"非正常"死亡者后事的处理方式有所不同，除个别特殊情况的逝者外，丧家基本不会为之筹办丧葬礼仪。哈尼族哭丧歌《阿妈去世歌》唱述道："古代的哈尼人有这样一条古规，不为意外死亡的人招魂办丧礼"[2]。"非正常"死亡者即使得享丧葬礼仪，也与"正常"死亡者大为不同。

豪尼人对不同死亡情况下的"非正常"死亡者的后事处理方式有明显的区别。出于对此类死亡者的恐惧，豪尼人按其死亡年龄对之进行了未成年人与成年人的细分[3]，以便有区别地处理后事。其中，"非正常"死亡的未成年人，按是否年满 1 岁被分为婴幼儿夭折、儿童或少年夭亡；而 18 岁及以上的"非正常"死亡成年人则根据其死亡的不同情况再进行三种细分，一是村外去世，二是在家中去世但无子嗣，三是在家中去世有子嗣但直系长辈健在。

## 一、"非正常"死亡的未成年人

"非正常"死亡的未成年人多为夭亡的幼童。旧时，豪尼人的生活水平低，医疗与卫生条件差。他们习惯在家中生育，并由自己的丈夫、有经验的婆婆或其他女性长辈助产。这使新生儿的死亡率增加，尤其是在资源匮乏的 20 世纪五六十年代。以咪哩村为例，一户豪尼人家在此时段出生了 8 个孩子，但只有 4 个孩子成活；另一户

---

1 红河州人民政府编《哈尼族口传文化译注全集·罗美耐扎饶（二）》（第 28 卷），昆明：云南民族出版社，2013 年，第 309 页。

2 杨俸嘎演唱，卢朝贵、杨羊就、长石搜集整理：《阿妈去世歌》，昆明：云南民族出版社，2004 年，第 222 页。

3 哈尼人通常将 18 岁视作成年与非成年的年龄界限。事实上，在传统时期只要达到婚育的年龄，都会被视作成年人。——访谈对象：李 KS，女，哈尼族，属虎，1950 年生，73 岁，咪哩村人；李 XN，女，哈尼族，属猴，1956 年生，67 岁，咪哩村人；访谈人：石鸿；访谈时间：2023 年 5 月 18 日；访谈途径：电话访谈。

人家在此时段生育了12个孩子,但只有3个孩子成活。[1]

豪尼人会对这类死亡现象做出"合理性"的解释。他们认为,若女性"犯四字棺"或"闯白虎",会无法生养孩子,或增加其所生养孩子的死亡率。但是,"犯四字棺"多为女性命中所带,而"闯白虎"则是女性曾遇到过凶秽之物,尤其是在男方接亲时。因此,男方为避免接亲时"闯白虎",会一早去女方家中接亲,以免在路途中遇到旁人,尤其是孕妇。若在接亲途中不幸遇到旁人,他们也只能往前走,而不能退后或让到一旁。若豪尼女性"犯四字棺"或"闯白虎",可请职业"摩批"为之进行仪式禳解。此外,也有部分豪尼人认为,这类"非正常"的夭亡者是主家已故的债权人"托生"前来"讨债"的,"你欠着他还没来得及还的(债),他就会来你家'吃'走,像这样来托生的(孩子)是养不大的,但是只要你家还清了(这种事)就完了"。[2]在合理性的解释下,豪尼人能够坦然面对此类死亡情况。

有一种生育与死亡情况在豪尼村寨中是特例。传统豪尼人忌讳生育双胞胎,同非洲社会的恩丹布人一样,他们认为双胞胎现象既是福分,也是不幸,这两者都与关注仪式主体安康的整个社区有关。此外,双胞胎还体现了社会秩序中亲属关系分类上的矛盾,即"在数量上是两个,在结构上却是一个;在神秘意向中是一个,在经验所见中却是两个"。因此,双胞胎亦很难在理想形态下的社会结构中找到自己合适的位置。[3]

豪尼人认为,双胞胎会为家庭与村落带来不利。若家中有双胞

---

[1] 访谈对象:李KS,女,哈尼族,属虎,1950年生,69岁,咪哩村人;访谈人:石鸿;访谈时间:2019年2月28日;访谈地点:咪哩村。

[2] 访谈对象:李KS,女,哈尼族,属虎,1950年生,69岁,咪哩村人;访谈人:石鸿;访谈时间:2019年2月28日;访谈地点:咪哩村。

[3] [英]维克多·特纳:《仪式过程:结构与反结构》,黄剑波、柳博赟译,北京:中国人民大学出版社,2006年,第44—46页。

胎出生,家中长辈首先会对外隐瞒此事,针对其带来的结构性冲突,有的豪尼家庭会选择悄悄把他们都杀死,以免家庭与村寨遭受不幸。[1]这种戕害婴孩的现象,直到中华人民共和国成立后才逐渐消失。他们通常不会只杀死一个,因为他们认为双胞胎之间有某种特别的联系,杀死一个另一个也会很快死去,此举还会给家中带来厄运。若豪尼人得知村中有人"不幸"生了双胞胎,会举行"朵豁豁"仪式,即整村豪尼人自愿联合起来,默默守在家中两三日而不外出干活,以"诅咒"双胞胎夭亡或成长不顺。村中的传统权威"铺批",还会专门对村寨与双胞胎的母亲举行仪式性"净化",以"打扫"村寨祛除凶秽。届时,双胞胎的母亲会背着装有芭蕉树干的背篓,先绕村寨走一圈再走到村外,"铺批"则在其背后念诵祛除祭词,村中男性长者也会随同。双胞胎的母亲只有将背篓中的芭蕉树干背到村外后,才能再返回村中。此后,"铺批"还要对象征村寨父母神的"朱玛阿碧"进行专门祭献,以免寄居其上的村寨父母神降罪,并祈愿村中不再出现此类事件。

豪尼人讲究"正命",这类死亡者"非正常"的原因在于,死亡年龄不符合豪尼人的"正命"观。若豪尼人遭遇此类情况,会立即简单处理逝者遗体,使其亡灵能早日去别处"托生"。正如同在一些社会的集体意识之中,儿童的死亡算不上真正意义上的死亡,因为他们还未进入现实社会,没有必要缓慢而痛苦地将他们从现实社会中排除出去。[2]具体而言,豪尼人根据"非正常"死亡未成年人的不同年龄,将之分为婴幼儿夭折与儿童少年夭亡。其中,夭折的婴幼儿指那些1岁以内的死亡者;夭亡的儿童、少年则指那些1岁以上、

---

[1] 此做法与非洲土著具有相似性。参见〔英〕维克多·特纳:《仪式过程:结构与反结构》,黄剑波、柳博赟译,北京:中国人民大学出版社,2006年,第45页。

[2]〔法〕罗伯特·赫尔兹:《死亡与右手》,吴凤玲译,上海:上海人民出版社,2011年,第67页。

18岁成年以前的夭亡者。针对不同类别的夭亡幼童，豪尼人有不同的后事处理方式。

其一，若婴幼儿夭折，丧家通常用棕衣或破布将遗体包裹后运至山野，或简单填埋"野葬"，或挂在树杈上"树葬"。旧时，婴幼儿的死亡率较高，若家中连续出现夭折现象，丧家会判定夭折者为同一灵魂"托生"，便会在新近夭折者的遗体上钉钉子，更有甚者会将遗体砍碎装入瓮罐，或埋在大路任人踩踏，或扔至山野，或将之燃爆，以阻止该灵魂再"托生"到家中。故此，有些豪尼人会将某人出生时身上带有的特殊胎记或疤痕解释为，其曾因多次"托生"夭亡后被主家留下的。在云南省的考古学资料中，有不少关于婴幼儿夭折后实行瓮棺葬的记载，如元谋大墩子新石器时代村落遗址、宾川白羊村新石器时代遗址，学者李昆声认为这种瓮棺葬婴幼儿的习俗来自仰韶文化中的古代氐羌先民。[1]

其二，若儿童、少年夭亡，丧家通常会用木板或竹编将遗体抬至山野填埋。有的村寨还专门为这类"非正常"死亡的未成年人划分了埋葬地，如咪哩村村北的荒地上就集中埋葬着这类死亡者的遗体，出于对凶秽的忌讳与防备，当地豪尼人会避免常去此地。丧家在处理这类夭折少儿时，会将炒熟的各类种子放在其身上，包括谷子、高粱、小米、玉米、豆子、菜籽等，并告知逝者："你把这些种子分类好，再把种子种到地里，等种子发芽后，你再重新去'托生'吧"[2]，以此阻止此类死亡事件重现。

流传于普洱市墨江县的哈尼族丧葬祭词中亦叙述道："把炒熟的五谷种子撒出去，这些种子不会再发芽，'刹'也不要再回来这里作

---

[1] 李昆声：《从云南考古材料看氐羌文化》，李昆声：《李昆声学术文选——文物考古论》，昆明：云南大学出版社，2015年，第284—285页。

[2] 访谈对象：李KS，女，哈尼族，属虎，1950年生，69岁，咪哩人；访谈人：石鸿；访谈时间：2019年5月9日；访谈地点：咪哩村李KS家中。

祟"[1],"刹"即指非正常死亡者的亡灵。与之相似的哈尼族丧葬祭词还包括:"笔管草没有叶子,等到笔管草长出叶子时,等到那一天,你才可以回到阳间看看,但你只有属鸭属鹅的日子,不到属鸭属鹅的日子不能再回阳间了。"[2] 炒熟的种子无法发芽,笔管草不会长出叶子,哈尼族以十二生肖记日的规律中不存在属鸭、属鹅的日子,哈尼族以此希望家中不再发生非正常死亡的事件。

## 二、"非正常"死亡的成年人

这类死亡者"非正常"的原因,与死亡地点、死亡原因,以及有无子嗣、有无直系长辈健在等因素相关。丧家对其后事的处理通常在三日之内完成,无需测算时间。此类死亡者的亡灵是豪尼人重点防御的对象,若对之处理不当,便会对生者造成极大的困扰。具体而言,豪尼人按"非正常"死亡成年人不同的死亡情况,将之细分为以下三类,即在村外去世的成年人、在家中去世但无子嗣的成年人、在家中去世有子嗣但直系长辈健在的成年人。

### (一)在村外去世的成年人

这类死亡者的死亡地点与死亡原因"非正常"。其多为摔死、溺亡,以及车祸、斗殴等意外事故,而在村外死亡。其死后遗体不得运回村中,也不能埋葬在祖坟地。哈尼族迁徙史诗《雅尼雅嘎赞嘎》中便叙述道:"今后不管是任何人,只要他是落水死,把尸体捞出来后,水在哪里滴干,就掩埋在哪里,不准抬回寨子里,不准埋在坟山上。""今后不管是任何人,只要他是被虎咬死,被野兽弄死,不

---

[1] 红河州人民政府编《哈尼族口传文化译注全集·莫咪梭》(第38卷),昆明:云南民族出版社,2016年,第371页。

[2] 红河州人民政府编《哈尼族口传文化译注全集·莫咪梭》(第38卷),昆明:云南民族出版社,2016年,第379页。

准抬回寨子里，不准埋在坟山上。"[1]

旧时，豪尼人的生活空间相对稳定，人口的流动性较低，较少出现此类"非正常"死亡的情况。随着社会发展、交通条件改善、人口流动性的增加，此类"非正常"死亡的情况越为常见，尤其是因交通事故造成的意外死亡。

首位发现此类死亡者的豪尼人，会用树叶或其他物品遮盖逝者遗容，并立即通知乡邻认领与处理遗体，以防亡灵"怪吃"而危害乡邻与村寨。关于"遮盖遗容"的习俗，哈尼族古歌《窝果策尼果·丧葬的起源》中有一段与之相关的记载："查艾当上哈尼王，被射死在神王烟沙井台水尾间，烟沙儿媳怕见他的白脸，撕下一片前襟盖在他的脸上。今天哈尼女人前襟打斜角，送葬用白布盖脸，是烟沙儿媳妇兴下的。"[2]

在古歌中，提及了哈尼人出于恐惧而用"白布盖脸"的习俗。死在水边的"查艾"明显属于"非正常"死亡，其死后脸上被盖上了白布。现在，豪尼人出于便利习惯用树叶遮挡在野外"非正常"死亡的人，这与"白布盖脸"异曲同工。

若其他村寨的豪尼人因意外死在本村地界，在丧家认领或处理遗体之前，本村的豪尼人会集体轮流看守，并监督丧家按符合民族文化传统的方式妥当处理。本村的豪尼人会极力避免丧家在本村地界上完成诸如为逝者梳洗、剃头与换装等仪式，以防止将逝者携带的厄运、凶秽等留在当地。具体而言，丧家会根据这类死亡者有无子嗣，而按不同的方式处理遗体。

第一类为有子嗣的"非正常"死亡者。若其子嗣已成年，丧家

---

[1] 景洪县民委编《雅尼雅嘎赞嘎》，施达、阿海译，昆明：云南人民出版社，1992年，第234页。

[2] 红河州人民政府编《哈尼族口传文化译注全集·窝果策尼果（三）》（第3卷），昆明：云南民族出版社，2009年，第430页。

会为其在村外或殡仪馆筹办较完整的丧葬礼仪。其丧葬礼仪无需"算日子"、日程安排限于三日内,其他仪式过程与"正常"死亡者的丧葬礼仪较相近。通常,此类死者的梳洗、换装及入殓等仪式,会在其死亡地或仪式举办地完成。若逝者的直系长辈健在,逝者入棺时得头拴相应数量的孝布以提前戴孝。其灵堂被设置在村外时,入口背对村落而面对路口,且没有搭建竹条与白色帷幔。在此类丧葬礼仪中,丧家请唢呐艺人奏乐与请职业"摩批"主持仪式的费用也相对较高。其中,每位唢呐艺人的演奏报酬约400元,职业"摩批"的仪式报酬约460元。送葬时,此类死亡者的棺材不能经过村落附近,只能从村外一条专门的送葬路线送到埋葬地。埋葬后,其亡灵虽然无法上"窝里"祭台成为祖先神,与生者世界产生"合法"联系,但可供奉在丧家的门口。丧家与乡邻为避免厄运,皆不会将丧宴中的食物拿回家中。在"送舅"仪式后,"舅家"将分到的牛肉拿回村以前,也会在入寨门前专门念诵驱邪词,以防亡灵或凶秽之物尾随,有时"舅家"还会用"火"象征性地烧一下肉后才将之拿回村中。"舅家"到家门口时,会再次念诵驱赶词,再撕下三小块肉扔到门外,以施舍并阻挡尾随的亡灵及其他凶秽物。此外,"舅家"在食用此肉前,还要先祭献"窝里"祭台上的祖先与施舍门外的孤魂野鬼。

若逝者较年轻而其子尚年幼,丧家便会根据家境决定是否举办丧葬礼仪。即使丧家举办丧葬礼仪,也会一切从简,且这类死亡者的遗体有被火化的可能。若丧家选择火化遗体,会在发现逝者遗体后即刻在山野火化,其后将骨灰装入棺材,再在村外筹办仪式。旧时,丧家为减少开支,会在埋葬时用石块代替墓碑。

另一类为无子嗣的"非正常"死亡者。这类死亡者多未婚,因无后代操持仪式,且丧家为防"厄运"重演,多尽快在山野火化其遗体,然后就地填埋骨灰,并在翌日请职业"摩批"举行"逝巴套"

的"驱赶"仪式。可以补充的是，与汉族等其他民族相比，豪尼人从未有过"冥婚"的习俗。豪尼人不认为亡灵会因无伴侣而扰乱生者世界的秩序，他们只会因无人供奉而主动纠缠生者。若豪尼人被此类"非正常"死亡者的亡灵纠缠，便会请职业"摩批"举行"尼豪使"的"驱鬼"仪式。

（二）在家中去世但无子嗣的成年人

这类死亡者的死亡年龄与死亡原因"非正常"。因逝者无子嗣，将来无人偿还人情礼金，故丧家通常不会为其举办丧葬礼仪。丧家对其遗体的处理方式，与在村外逝世且无子嗣的成年人相似，即在山野火化后随意填埋骨灰。"他没有孩子就没有继承人，这样的担子亲戚们也不会帮忙负担。如果他有孩子做继承人的话，哪怕孩子现在年纪小也总有长大的一天（将来能还亲友的礼金）。如果他没有继承人，那么大的担子别人会帮你家抬吗？如果（丧家）欠下（亲友们）上百、上千的（礼金），那将来要给谁还？"[1]

随着豪尼人生活水平的提高，且出于个人情感因素，少部分父母会根据家境，为去世的孩子在家中筹办简单的丧葬礼仪。若逝者父母家境宽裕，会选择为逝子购买棺材，为其完成梳洗、换装、入棺等仪式，但不会为其请职业"摩批"举行如同"正常"死亡者那样的仪式，包括"拉套撒配绍""逝奥绍""尼豪遥""柘木塔"等留"福禄""讨力""指路""祭献"的仪式，丧家只会出于防御心理而在遗体火化的翌日请职业"摩批"举行"逝巴套"的"驱赶"仪式。"那样死的（指在家中去世但无子嗣的成年人）不同，如果你家里不穷可以简单办一下，但如果你家里没那么多钱话不办也是有的，都不一样。如果（逝者）有孩子的，可以简单办一下，但不会办全套

---

[1] 访谈对象：李HX，女，哈尼族，属兔，1951年，68岁，咪哩村人；访谈人：石鸿；访谈时间：2019年2月11日；访谈地点：咪哩村。

的（丧葬礼仪），会给他（指逝者）穿上衣服、裤子（指寿服），但不会给他办'尼豪遥'之类的仪式，也不会给他杀牛之类的（祭献牲畜）。"[1]大部分父母会在其子死亡的次日开丧，他们仅邀请近亲或关系密切的亲友在家中赴宴。此类丧葬礼仪收到的人情礼金，将由逝者父母在日后偿还，因此他们出于经济考量，也不会大肆宴请。

即使此类死亡者有得享丧葬礼仪的机会，但其遗体无法被埋葬在祖坟地。丧家至多为其寻找一新坟地，且此坟地不会再埋葬家族中其他"正常"死亡者。此外，丧家也可将之埋葬在村中专门为此类死亡者划定的公共埋葬区域。如在咪哩村南面，就有集中埋葬此类死亡者的公共墓地。此地是咪哩村豪尼人的"乱葬岗"，亦被当地豪尼人视作不洁之地，为避免被"非正常"死亡者的亡灵纠缠，他们会尽量不去这些凶秽之地。

（三）在家中去世有子嗣但直系长辈健在的成年人

这类死亡者在"非正常"死亡者中较特殊，虽然他们在家中去世，且完成了传宗接代的责任，但因其"短命"早逝，未对父母送终行孝，在死亡年龄上亦属于"非正常"。"父母亲还在（就离世），所以叫他'短命的'。这样的人即使活到了七十岁，也算是'短命的'。（因为这样）不符合道理，只有儿女为父母送葬，没有父母为儿女送葬的道理。"[2]通常，丧家会在家中为这类死亡者举办较完整，且仪式过程接近"正常"死亡者的丧葬礼仪。但因逝者的直系长辈健在，故其丧葬礼仪的规格较低。这细微地体现在丧葬礼仪的时间安排、参与人数、祭牲数量，以及仪式的热闹程度等方面。

此类逝者离世突然，丧家来不及为其准备"喂饭""喂水""接气"

---

[1] 访谈对象：李HX，女，哈尼族，属兔，1951年，68岁，咪哩村人；访谈人：石鸿；访谈时间：2019年2月11日；访谈地点：咪哩村。

[2] 访谈对象：李WZ，男，哈尼族，属猴，1956年生，63岁，咪哩村人；访谈人：石鸿；访谈时间：2019年2月2日；访谈地点：咪哩村李WZ家中。

等仪式，逝者通常亦未筹备好寿服、棺材等。在寿服方面，豪尼人通常不会将为自己精心筹备的寿服出让给旁人，丧家在遇到此类死亡情况时，只能连夜赶制或去专门的裁缝店购买。在棺材方面，豪尼人认为家中后辈不能使用为其父母预备的棺材，以免家中再出现此类死亡现象。若遇到此类情况，丧家需为其重新购买棺材。豪尼人会向提前备好棺材的乡邻购买，也会去附近的村寨购买。棺材作为丧葬礼仪的必需品，丧家在时间紧迫的情况下愿以相对高于市场的价格向他人购买。愿意转让自己棺材的豪尼人，多刚满五六十岁且身体健康。他们认为，若丧家愿意为逝者购买棺材并举办丧葬礼仪，说明逝者的死亡情况并不糟糕，尤其是在得知逝者在家中死亡且有子嗣的情况之下。他们半出于帮助、半出于利益，也愿意出让自己的棺材。等合适的时机，他们会再为自己购买或制作新棺材。

同样地，在此类逝者的遗体入棺时，丧家会将相应数量的孝布裹在其头上，以使其为未离世的直系长辈提前戴孝。虽然这类死亡者的亡灵也能被请进家屋，但若其父母或丈夫在世，便不能请到"窝里"祭台上。丧家或在正房上房与中房相接的下墙角处，或在正房上房房门外或门背后安置其祭台，等其父母或丈夫离世后，一并再请到"窝里"或"咪索"的祭台上。若此类早逝者为男性豪尼人，其名字不会被记叙到"父子连名制"家谱中。丧家在处理此类死亡者的遗体时，也会像处理夭折幼童时一样，将炒过的各类种子放到棺材内，以免早逝者再次"托生"到家中，这亦是豪尼人重视"正命"的体现，他们不希望家中再出现此类"短命"者。因此类死亡者有子嗣，其遗体可埋葬在祖坟地，丧家也可为其重新选一新墓址。在埋葬仪式后，因逝者的直系长辈健在，其儿子通常也年幼，故丧家不会再为逝者长子举办"保付氏"的"讨力"仪式，至多为其举行"奥绍"的个人"讨力"仪式。

以 2018 年咪哩村此类死亡者的丧葬礼仪为例。逝者为咪哩村男性豪尼人，在家因病突然离世，享年 42 岁。他与妻子育有两个儿子与一个女儿，其中长子 17 岁，女儿 15 岁，幼子年仅 8 岁，他 80 余岁的母亲健在。丧家在逝者离世当日，便匆忙筹办丧葬礼仪，包括为之购买棺木、制作寿服等，并举行了开丧仪式。其丧葬礼仪主要由丧家及其近亲属、乡邻参与，丧家几乎未邀请外村亲友。丧家购买了一条公水牛、一头 210 斤的黑公猪用以祭献，并额外在村中购买了一头 400 斤的生猪筹备丧宴。通常，"正常"死亡者的丧宴为 60 余桌约 480 人，但是丧家在此次宴请的人数不多，即使是在人数最多的开丧日，也只宴请了 40 余桌约 320 人。因逝者较年轻，在守灵夜与丧家一起守灵的乡邻人数也较少。其中，在丧家通宵打牌的只有两桌。据豪尼人介绍，若是"正常"死亡者的仪式，则至少有四五桌，甚至十余桌。在埋葬仪式后，丧家为全家举行了"窝奥绍"的集体"讨力"仪式，但未单独为逝者长子举行"窝绍"的个人"讨力"仪式。在埋葬次日，丧家请职业"摩批"将亡灵请上了正房上房与中房相接的下墙角处。在丧葬礼仪中，丧家总收人情礼金约 25000 元，总支出约 18000 元，这至少比普通"正常"死亡者的丧葬礼仪少两到三倍。因丧家在丧礼收支中收到的礼金，将由逝者的两个未成年儿子偿还，因此丧家也控制着丧葬礼仪的规模。

可以补充的是，在此类丧葬礼仪中，若逝者的儿女年幼，或父母年迈，有的丧家在筹办丧葬礼仪前便会通知前来吊唁的亲友，只需送还丧家曾经送出的礼金，不需要再添新的礼金，以免逝者年幼的后代将来无力偿还。或者丧家会直接告知亲友，此次丧葬礼仪不收礼金。即使如此，大部分亲友出于同情，还是会私下给丧家送礼金。此类礼金可不入账，丧家对之没有直接偿还的义务。

整体而言，与在家中去世的"非正常"死亡者相比，豪尼人更害怕那些在村外去世的"非正常"死亡者。逝者在村外意外死亡，使其更容易携带戾气，成为恶鬼而攻击生者。且在豪尼人看来，当此类死亡者到"阎洼"即地府时，得到再"托生"的机会相对更少。其在人间游荡，增加了豪尼人受纠缠的风险。

石鸿：您说人死了就会去"托生"吗？

李ES：是的，那样的（指"非正常"死亡者）也会去托生，但是阎王那不太愿意接收（他们）。

石鸿：阎王不接收他们，那他们去哪？

李ES：他们就会在外面路上到处讨食，像我刚才说的那样，"水饭"就是倒给他们那些在外面胡乱死了的人。

石鸿：如果没人给他们倒"水饭"又会怎样？

李ES：如果不泼"水饭"（给他们），我们（容易）闯到（他们），就会出现肚子受凉或者受伤的现象，（这样他们就）会和人讨要吃的。[1]

此外，与无子嗣的"非正常"死亡者相比，豪尼人对此类死亡者中的有子嗣者更为宽容，其后事的处理存在"民俗协商"的空间。有子嗣的"非正常"死亡者有机会得享丧葬礼仪与特殊供奉，而无子嗣的"非正常"死亡者的遗体则多被火化后骨灰就地填埋。最后，无子嗣供奉的亡灵沦为"野鬼"在村外游荡。他们如同乞丐一般，仅能在传统节日或相关仪式中被施舍"水饭"。人们对待祖先灵魂与无家可归的亡灵有着截然不同的态度。人们对待祖先的态度是友善的，但对无家可归的亡灵时，他们的态度是模棱两可的，因为这类

---

[1] 访谈对象：李ES，女，哈尼族，属鼠，1948年生，71岁，咪哩村人；访谈人：石鸿；访谈时间：2019年2月2日；访谈地点：咪哩村李ES家中。

亡灵可能相安无事，但当其受到冒犯或者饥寒交迫时，对先者而言就是危险。[1] 乞丐在求施舍的过程中不是乞求，而是一种威胁。[2] "非正常"死亡者的亡灵对豪尼人而言，正是如同乞丐一般的威胁，故豪尼人在日常生活中常以施舍、恐吓、安抚等方式抵御其侵扰。

## 小结：丧家在丧葬礼仪中的"生死区隔"

豪尼人的丧葬礼仪，是在丧家的主导下围绕逝者举行的。因逝者与丧家的关系最为紧密，故丧家在筹办丧葬礼仪的过程中具有许多复杂的情感。诚如法国学者罗伯特·赫尔兹（Robert Hertz）所言，人们在只与机体相关的生理现象中，掺杂了许多复杂的信仰、情感与行为，使之变得独特。[3] 无论死亡情况"正常"与否，丧家使逝者通过丧葬礼仪逐渐完成生物性死亡与社会性死亡的统一过程中，始终注重生者与逝者之间的"区隔"，这也是丧家为重新"聚合"到生者世界所做的努力。

首先，丧家进行"生死区隔"的首要表现，是注重对逝者死亡情况进行"正常"与"非正常"的区分。丧家在处理逝者的后事前，会对逝者的死亡情况做"正常"与否的判断，以妥善安置亡灵。豪尼人对逝者死亡情况的判断，体现了其人生理想与生命追求。豪尼人认为死亡不可避免，"正常"死亡是"善终"的表现，濒死者及其亲属皆能平静面对。它相较于"非正常"死亡是一种"被驯服的死

---

1 许烺光：《祖荫下：中国乡村的亲属、人格与社会流动》，王芃、徐隆德译，台北：南天书局有限公司，2001年，第167页。
2 [美]武雅士：《神、鬼和祖先》，[美]武雅士：《中国社会中的宗教与仪式》，彭泽安、邵铁峰译，南京：江苏人民出版社，2014年，第175页。
3 [法]罗伯特·赫尔兹：《死亡与右手》，吴凤玲译，上海：上海人民出版社，2011年，第16页。

亡"，即一种"习以为常的死亡"。[1]那些年满60岁及以上符合"正命"、无直系长辈健在，又在儿孙环绕的家屋主榻上安然离世的老者能留下"福禄"，丧家亦可通过丧葬礼仪助其逐渐完成由生到死的过渡。而那些因意外事故死于"非命"的豪尼人，会因死亡情况的"非正常"而携带厄运或戾气，这要求丧家及时、妥当地处理后事，以免逝者携带的凶秽之物危害丧家、乡邻，致使村落日常生活失序。

其次，丧家在丧葬礼仪中对"正常"死亡者进行"生死区隔"。这是一个渐进的过程，总体而言分为三个阶段。其一，丧家在逝者临终前的准备。丧家为逝者在病危与临终时举行"喂饭""喂水"等仪式的目的，是以一种安抚，甚或讨好的姿态，助逝者安心离开生者世界。其二，丧家在安葬前进行的"生死区隔"。逝者的遗体作为一种身体，同样具有丰富的文化意义，尤其是在未完成生物性死亡到社会性死亡的统一之前。此时，逝者的生命状态是模糊的，丧家既将之看作逝者，又将之看作生者。逝者离世后，丧家为其"喂饭""接气"、放置"含口钱"、固定下颌骨、梳洗与换装、举行"墨持"的分离仪式、请职业"摩批"完成"拉套撤配绍""逝奥绍"等留下逝者"福禄"与为逝者"讨力"的仪式，皆是将逝者从生者世界逐渐剥离。虽然对丧家而言，接受逝者完全死亡的事实具有过程性，因为物质身体死亡后，丧家还需通过一系列内在分离的仪式，才能逐渐将逝者从世间万物系统中脱离出来，在心理上接受死亡的事实[2]，但在这个逐渐将逝者从生者世界剥离的过程中，丧家以"生死区隔"为核心对死亡事件进行果断处理的观念与意识从未发生改变。只要逝者与生者利益产生冲突，丧家便会理性地将之革除。如在逝

---

1 [法] 菲利普·阿里耶斯：《面对死亡的人》（上），王振亚译，北京：商务印书馆，2019年，第39页。

2 [法] 罗伯特·赫尔兹：《死亡与右手》，吴凤玲译，上海：上海人民出版社，2011年，第65页。

者入棺后用香烛象征性地烧遗体，在棺材内放置"尖刀草"，请职业"摩批"主持"尼豪遥"的"指路"仪式等，皆是为了将逝者从生者世界驱逐。其三，丧家在葬后对逝者的"生死区隔"。此时，丧家对逝者的"区隔"变得更直接与坚定，因为逝者已经被剥离出生者世界。"逝巴套"是丧家请职业"摩批"专门举行的"驱赶"仪式，以将亡灵彻底驱赶出家屋与村落。之后的所有行为与实践，包括"中套固"的"请灵"仪式，"分灵"仪式，"窝奥绍"与"保付氏"或"奥绍"的为丧家集体与逝者长子举行的"讨力"仪式，则完全围绕生者举行。虽然"正常"死亡者的亡灵在埋葬仪式后，可通过"请灵"仪式回到家屋受到祭献，但对其敬而远之的生者可随时中断与之联系。换言之，"请灵"仪式看似与逝者相关，实则完全以生者为中心。被请到"窝里"祭台上的祖先具有庇佑性，甚至是服务性，所以才可共享以生者为中心的村落空间。

最后，丧家在丧葬礼仪中对"非正常"死亡者进行"生死区隔"。相较于"正常"死亡者，丧家对"非正常"死亡者的处理更迅速也更谨慎。豪尼人出于对"非正常"死亡者的恐惧，对其死亡情况做了细分，以便更合理地"区隔"亡灵。其一，未成年死者的亡灵危害最小。丧家在逝者离世当即将遗体送出村外，在一些特殊情况下甚至会采用碎尸、炸尸等极端做法，以防止相同的灾难再次降临。其二，"非正常"死亡成年人的亡灵危害最大。根据死者的身份与死亡情况，丧家采取不同的"区隔"方式。丧家绝对不会将在村外的遗体运回村中，即使是那些有子嗣的年长逝者，也得在村外筹办丧葬礼仪。这类死亡者通常会被丧家在山野进行民俗火化，以彻底"净化"厄运与戾气。此外，无论是否筹办丧葬礼仪，丧家皆会请职业"摩批"举行"逝巴套"的"驱赶"仪式，以将逝者完全驱赶出生者世界。

整体而言，不同社会对死亡的处理，体现了地方民众差异化的生死观。豪尼人在"生死区隔"的生死观下对死亡的分类与仪式实践，即体现了"食人"与"非食人"的仪式行为。"食人"行为可以是食物性的、政治性的、仪式性的，也可以是疗愈性的。不同时空中的"食人"行为具有非常多样的形态与目的，但它始终是自愿将来自其他人类的身体部位或物质导入自己体内的行为。[1]在现代社会中，人们对死者肉体的防腐处理和人为保护都属于"食人"行为的变体。[2]豪尼人对"正常"死亡者的处理，即巫术性的"食人"行为。如同食物性"食人"行为那样，所有"食人"行为都会给"食用"人体的任一器官者凭空添上一种能力。[3]在此过程中，豪尼人通过仪式使逝者成为祖先，继而使其与生者世界产生联系。此外，男性逝者的名字被续上"父子连名制"家谱，永恒地成了家族记忆中的一部分。与列维-斯特劳斯描述新几内亚原住民食用近亲尸体的方式与目的相似，豪尼人通过仪式使"正常"死亡者与家庭、家族的生命产生联系，以此表达感念与尊敬。[4]死者赢得了自己的地位，生者也因此多了一个合作者。[5]在后辈与祖先建构的关系系统中，后辈在丧葬礼仪中宰牲祭献祖先，在日常生活中对之持续馈赠，祖先则须对后辈进行无休止地偿还。[6]

与此相反，"非正常"死亡者会被豪尼人逐出生命秩序，对其处

---

[1]［法］克劳德·列维-斯特劳斯：《我们都是食人族》，廖惠瑛译，上海：上海人民出版社，2016年，第134—136页。

[2]［法］让·波德里亚：《象征交换与死亡》，车槿山译，南京：译林出版社，2009年，第251页。

[3]［法］列维-布留尔：《原始思维》，丁由译，北京：商务印书馆，1982年，第30页。

[4]［法］克劳德·列维-斯特劳斯：《我们都是食人族》，廖惠瑛译，上海：上海人民出版社，2016年，第131页。

[5]［法］让·波德里亚：《象征交换与死亡》，车槿山译，南京：译林出版社，2009年，第229页。

[6] Erik Mueggler, *Songs for Dead Parents: Corpse, Text, and World in Southwest China*, Chicago: University of Chicago Press, 2017, pp. 228-260.

理即是一种"非食人"的方式。"非正常"死亡者的亡灵因"不洁",不能回归豪尼人生命秩序的记叙中,不能成为家族集体记忆中的一环,容易产生干扰生命秩序、日常生活的危险。那些遭遇不幸而离世者的亡灵或鬼魂,经常会给他们的后代带来威胁与伤害。[1]在仪式中净化、驱赶此类亡灵,使日常生活重获秩序,是豪尼人处理"非正常"死亡时的主要关注点。因此,他们延续了古老的习俗与传统,以火葬,即一种巫术性的"非食人"方式,将之区隔出生者世界,并在日常生活中随时应对他们可能带来的风险。

总之,丧家在丧葬礼仪的过程中,既注重与亡者的"区隔",也注重与生者的"聚合"。丧家处理死亡的过程既"危险"又特殊,因此丧家对生者与逝者之间的边界有明确的认知,"区隔"关系十分突出。丧家接受亲人的离世需要一个仪式过程,只有完成仪式才能够重新融入生者世界,也只有在仪式结束后,社会才能超越、战胜死亡,并恢复平静。[2]丧家通过仪式行为与实践,不断地表达着"生死区隔"的生死观。

---

1 Erik Mueggler, *The Age of Wild Ghosts: Memory, Violence, and Place in Southwest China*, Berkeley and Los Angeles: University of California Press, 2001, p.3.

2 [法]罗伯特·赫尔兹:《死亡与右手》,吴凤玲译,上海:上海人民出版社,2011年,第69页。

# 第三章 专家系统：豪尼人丧葬礼仪中的专家与仪式[1]

豪尼人丧葬礼仪中的仪式专家主要为职业"摩批"中的"遥批"，而其他参与仪式并发挥作用的，还包括测算先生与有经验的长者，他们共同构成豪尼人丧葬礼仪中的专家系统。在丧葬礼仪中，豪尼人将深具专业性、经验性的权力与知识让渡给仪式专家，在他们的共同协助下完成整个仪式。[2] 职业"摩批"是由豪尼人传统的宗教领袖分化而来，测算先生与有经验的长者又在一定程度上分担部分职能。此外，由传统的宗教领袖分化而来的"铺批""奥吉"也在丧葬礼仪的内外协助豪尼人处理与亡灵相关的仪式与实践。因此，曾作为宗教领袖的"摩批"的历史与地位，"摩批"职能分化后在地方社会中的功能与价值，以及在豪尼人丧葬礼仪中发挥核心作用的仪式专家等，皆是本章研究的重要内容。

## 第一节 "摩批"的社会地位及其演变

根据哈尼族民间叙事与汉文典籍中的零星记载，哈尼族在历史上至少建立过四种政治制度。第一种是由头人、摩批、工匠共治的"三位一体"的制度；第二种是在前者基础上发展形成的"政教合一"

---

[1] 本章的部分内容已发表，参见石鸿：《多民族交融视野下哈尼族巫师的社会地位及其变迁》，《文化遗产》2022年第1期。

[2] [英]安东尼·吉登斯：《现代性与自我认同：现代晚期的自我与社会》，赵旭东、方文译，北京：生活·读书·新知三联书店，1998年，第20—21页。

的"鬼主"制度；第三种是"政教分离"的"首领"制度；第四种是因臣服中原王朝而在原有政治制度基础上建立的"土司"制度。这四种政治制度依次更迭，体现了哈尼族社会发展的一般规律。

秦汉以来，哈尼族先民已从氐羌中分化出来，聚居在包括今云南省在内的西南地区，其生计模式亦由游牧逐渐过渡到定居农耕，并产生了阶级分化。[1]哈尼族史诗《哈尼阿培聪坡坡》中记述，当哈尼族先民迁徙到"惹罗普楚"时已开始种植水稻，"寨里出了头人、贝玛、工匠"。彼时，哈尼族还有由"贝玛"掌握的书写于"竹排"上的文字。"贝玛"在迁徙途中不慎吃下本民族文字后，"先祖的古今一直在他肚子里面"。[2]这是哈尼人对"贝玛"掌握大量民族历史与文化的解释，也是对其宗教权威合法性的认可。

由头人、摩批、工匠构成的"三位一体"的制度，是哈尼族历史上的第一种政治制度。这个制度约在公元前3世纪出现，直至隋朝末期败落。[3]哈尼族的这一政治结构产生后，对哈尼族社会的发展产生了重要的影响，成为哈尼族社会的典型标志。[4]有不少民间故事讲述了这一时期"摩批"的社会地位与职能。

流传于红河两岸哈尼族聚居区的哈尼族古歌《十二奴局·阿匹松阿》提到，"贝玛"是由天边一块"花色地的花色树上的花色花里的花色蛋"，经日月90天孵化而来。古歌还提到哈尼族社会的第一个"贝玛的名字叫龙斗阿沙，世上数他记性最好"。"贝玛"由至上天神"莫米"安排，并按"莫米"的意志在世间驱鬼治病。"自从世

---

[1] 尤中：《云南民族史》，昆明：云南大学出版社，1994年，第41—43页。

[2] 朱小和演唱，史军超、卢朝贵、段贶乐、杨叔孔译：《哈尼阿培聪坡坡》，昆明：云南民族出版社，1986年，第32、51页。

[3] 云南省民族事务委员会编《哈尼族文化大观》，昆明：云南民族出版社，2013年，第475页。

[4] 严火其：《哈尼人的世界与哈尼人的农业知识》，北京：科学出版社，2015年，第32页。

间有贝玛,天天给人驱鬼治病。用黄泡刺挡住寨门,用灶灰堵住路口,魔鬼害怕了,躲到深山悬岩去了。寨子不闹鬼了,生病的人少了,生出来的小娃长得大,年纪大的老人活得长。"哈尼人认为,生病是因鬼怪作祟,"贝玛"能驱逐邪祟并为村寨设置人鬼边界,使族人得享安宁。一个村寨若没有"贝玛",那么"成群魔鬼闯进寨子来吃人,疾病和灾难像秋天的树叶一样落下来。"[1]

由此可见,"贝玛"具有维护哈尼族社会秩序的责任。与之相似的异文还很多[2],这说明头人、贝玛、工匠"三位一体"的政治制度在哈尼族历史上普遍存在。在早期的村落社会中,"摩批"担任与信仰活动相关的职能。作为哈尼人的宗教领袖,"摩批"沟通神鬼、驱邪逐祟,掌握民众信仰观念的领导权,引导族人信仰文化的发展。

根据《哈尼族古歌》的记载,哈尼人将具有不同职能的头人、贝玛、工匠分成了三等。其中,贝玛被分为上等、中等与下等。"头等的贝玛,是拿羊肉背的人,是吃掉羊肉不拿起羊脖圈的人;中等的贝玛,是念经送葬的人,是吃得九根牛肋巴骨的人,是吃得一支牛大腿的人;下等的贝玛,是有一点小聪明的人,是吃得一只鸡翅膀的人,是吃得一只鸡大腿的人。三等的贝玛走出来,吃羊肉的走前面,吃牛肉的走中间,吃鸡肉的走后边。"[3]这亦是贝玛成为上层阶级的成员,及其从上层社会跌落民间社会后,职能被进一步分化的基础与传统。

虽然三种能人在哈尼族社会中曾地位相当,但随着历史的发展,

---

1 赵官禄、郭纯礼、黄世荣、梁福生搜集整理:《十二奴局》,昆明:云南人民出版社,2009年,第71—89页。

2 包括:《哈尼族古歌·窝果策尼果·直琵爵》,西双版纳傣族自治州民族事务委员会编《哈尼族古歌》,昆明:云南民族出版社,1992年,第249—287页;《哈尼族礼仪习俗歌·古规与三种能人》,白碧波等:《哈尼族礼仪习俗歌》(下),昆明:云南民族出版社,1999年,第897—913页;《三个神蛋》,姚宝瑄主编《中国各民族神话·哈尼族 傣族》,太原:山西出版传媒集团·书海出版社,2014年,第170—177页等。

3 西双版纳傣族自治州民族事务委员会编《哈尼族古歌》,昆明:云南民族出版社,1992年,第252页。

头人的地位逐渐高于贝玛、工匠。[1]因为在哈尼族迁徙的过程中，需要头人凝聚全族人的力量，以抵御外族带来的生存威胁，此时，贝玛和工匠的社会地位必然会有所降低。[2]于是，哈尼族发展出了历史上的第二种政治制度，即主要在唐宋时期盛行的"鬼主"制度。

如前所述，734年前后唐朝宰相张九龄在写给云南各少数民族首领的《敕安南首领爨仁哲书》中，提到当时在安南都护府的管辖地即今文山州、红河州境内，有"和蛮大鬼主孟谷悮"。[3]其时，哈尼族先民"和蛮"拥有巫鬼信仰，其政治首领与宗教首领为一人兼任，根据部落规模而被称为"大鬼主"或"小鬼主"。通常，鬼主由部落民众推选产生，身兼部落首领与祭司的职能，并能用宗教权力对社会进行控制。[4]《新唐书》中也有提及哈尼族先民"和蛮"的"大首领"的政治制度——"和蛮大首领王罗祁"。根据记载，早在显庆元年，即656年，由王罗祁统辖的哈尼族先民"和蛮"，已形成"大首领"制度，并使用汉姓，与中原王朝结有朝贡关系。

在哈尼族聚居地，"鬼主"制与"首领"制两种政治制度并存。"鬼主"兼任"摩批"，掌管信仰文化的领导权；"首领"之下则设置专职祭司"摩批"，分管祭祀、礼仪等事务，使政治与宗教的领导权分离。因哈尼族内部发展的不平衡，见于史籍较晚的"鬼主"制度，比更早被记录的"首领—摩批"制度落后。更晚兴起的"大鬼主"孟谷悮的控制地与"大首领"王罗祁的统辖地接壤[5]，但其政治制度落

---

[1] 史军超：《哈尼族文学史》，昆明：云南民族出版社，2015年，第466—467页。
[2] 严火其：《哈尼人的世界与哈尼人的农业知识》，北京：科学出版社，2015年，第34页。
[3]（唐）张九龄：《张九龄集校注》（中册），熊飞校注，北京：中华书局，2008年，第693页。
[4] 张泽洪：《中国西南少数民族鬼主制度研究》，《思想战线》2012年第1期。
[5] "大首领"王罗祁统辖今楚雄州南部至普洱市一带，"大鬼主"孟谷悮控制今文山州、红河州一带。参见尤中：《云南民族史》，昆明：云南大学出版社，1994年，第118页。

后于后者。无论何种情况，此时的哈尼族社会已形成阶级分化，"摩批"作为"官巫"的一员为上层阶级服务。

随着云南各民族间不断地兼并与分化，作为哈尼族上层阶级成员的"摩批"的社会地位亦不断变化。"乌蛮"首领皮罗阁统一云南建立南诏（752—902年）后，哈尼族先民"和蛮"在保留原有"政治—宗教"制度的基础上，受通海都尉（驻今通海县）和开南节度（驻今景东县）管辖。其时，通海都督辖区内的"和蛮"已经组成强大的氏族部落，并开始统治所辖区域内的其他民族。开南节度境内的"和蛮"虽在唐朝初年已形成由王罗祁所统辖的"大首领"制度，但未统一形成势力更强大的部族，而被其他民族所统治。[1] 两个辖区内的哈尼族虽然发展不平衡，但皆已逐渐从"鬼主"制度向"首领"制度过渡。

"白蛮"首领段思平建立大理国（937—1094年）后，哈尼族先民"和蛮"保留了原有的"政治—宗教"制度，建立起封建领主制。在10世纪中叶后，哀牢山各部哈尼族逐渐强大，开始能与"白蛮"统治者抗衡。其中，"因远部"的哈尼族先民"和泥"最为强大，其领主阿禾必建立了"罗槃国"，并自称"罗槃主"。[2] 在哈尼族历史上，"罗槃国"的建立具有重要意义，在"罗槃主"之下"摩批"的社会地位最高。其时，阿禾必驻今元江县，统辖范围包括哀牢山东麓、西麓，以及蒙乐山等哈尼族聚居的广袤地区。[3]"罗槃国"延续了传统的"政治—宗教"制度，最高宗教首领"摩批"统管各大小部落中的"小摩批"。

1275年，阿禾必归顺元朝成为"土官"，但哈尼族传统的"政

---

[1] 尤中：《云南民族史》，昆明：云南大学出版社，1994年，第174—176页。

[2] 云南省历史研究所编《云南少数民族》，昆明：云南人民出版社，1983年，第84页。

[3] 即今元江县、墨江县、镇沅县、宁洱县、普洱市、江城县全境，以及新平县西部和景谷县东部等地。参见白玉宝：《罗槃国若干史实考辨》，《玉溪师范学院学报》2013年第5期。

治—宗教"制度没被破坏。"摩批"的社会地位依旧位于"首领"之下，为上层阶级的宗教文化服务。直到清朝雍正四年（1726年）云南大规模"改土归流"时，哈尼族的"政治—宗教"制度才逐渐瓦解。在部分远离地方政治中心的偏远民族中，如那些被称作"直过民族"的原始族群，则一直保留着传统的"政治—宗教"制度，直到1949年中华人民共和国建政以后才直接过渡到社会主义社会。[1]无论何种情况，在哈尼族原有的"政治—宗教"制度发生变迁后，本属于上层阶级的"摩批"才跌落民间社会。

"摩批"曾是上层阶级的一员，其知识与技能具有垄断性、排他性。哈尼族的上层阶级为了维护阶级地位，垄断了民间社会沟通神鬼的能力，并对具有此类职能的其他巫师进行打压。但上层阶级好像无法完全对之进行垄断，这种沟通鬼神的技能容易成为作为弱者的民众的武器，用以表达不满、宣泄情绪，或争取权利。[2]因此，当上层阶级中的"摩批"因制度变迁而跌落民间社会时，才能融入其中并得到广阔的生存空间。而且，当相关知识与技能无法再被上层阶级所禁断时，"摩批"的人数骤然增加，并依赖民间社会的供养得以继续发展。

## 第二节 豪尼人日常生活中的仪式专家

在长期的历史发展过程中，哈尼族传统信仰的场域不断变化，"摩批"的社会地位亦随之变化。"摩批"的职能不断经历整合与分化，

---

[1] 云南的"直过民族"共66万人，共19个民族，包括景颇、傈僳、独龙、怒、佤、布朗、基诺、德昂，与拉祜、苗、瑶、布依、纳西、阿昌、哈尼、彝、傣、白、藏的部分支系。参见赵晓澜、唐东生：《新中国成立以来云南边疆行政区划与城镇化建设》，中共中央党史研究室主编《执政中国》（第五卷），北京：中共党史出版社，2009年，第140—166页。

[2] 林富士：《巫者的世界》，广州：广东人民出版社，2016年，第22页。

其在地方社会中的属性变得更加多元。

在日常生活中，豪尼人习惯将所有从事宗教信仰活动的仪式专家统称为"摩批"。在具体的语境中，"摩批"被分为"铺批""奥吉"、职业"摩批"等，其区别主要在于传承方式、服务对象与仪式职能的不同。"铺批"多通过师徒传承，为村落/集体举行祈愿、祭献、驱邪与除秽等仪式。"奥吉"、职业"摩批"主要服务于家庭/个体。其中，"奥吉"一般为神授，为个体占卜问事、预测吉凶；职业"摩批"多通过父子传承，少部分为神授，为个体主持人生仪礼，举行祈福、驱邪、禳解等仪式。根据主持仪式的不同，职业"摩批"还被进一步分为主持丧葬礼仪与其他仪式的"遥批"，以及主持除丧葬礼仪之外其他仪式的"镲批"。[1]

## 一、"铺批"：管理村落/集体事务的仪式专家

豪尼人的"铺批"，是村落/集体仪式的主持者。"铺"为"村落"之意，"批"指"知识丰富的长者"。"铺批"的称谓，突出了其在村落社会中的地位和作用。"铺批"的社会地位带有明显的村落/集体管理性质，其职能与传统哈尼社会中的祭司相似，且其权威具有继承自传统的神圣性。"铺批"在哈尼族的地方社会中类似于马克斯·韦伯所说的传统型权威，即拥有传统承认的权威地位，但也受制于传统。[2]

---

[1] 既有研究对哈尼族社会不同职能属性的"摩批"多未进行区分，混淆了统称意义的"摩批"与具体语境下的"摩批"。有的研究即使进行了区分，如从血缘与地缘的角度，将"摩批"分为"摩批"与"咪谷"；从职能等级的角度，将"摩批"分为"仰批"（或"斯批""收批"）、"翁批"（或"刹批""刹拖""奥批"）、"沟批"（或"尼玛""尤批"）等，但因分类不够准确明晰，常忽视或不能全面把握"摩批"在地方社会中的关系、地位及演变。需要指出的是，学界大部分"摩批"研究的主要关注对象为红河州的哈尼族哈尼支系，他们对"摩批"的称谓与滇中哈尼族豪尼支系不同。具体而言，其在血缘与地缘角度下的"摩批"与"咪谷"在仪式职能上对应本研究中的职业"摩批"与"铺批"；在职能等级下的"仰批""翁批""沟批"在仪式职能上对应本研究中的"遥批""擦批""奥吉"。

[2] [德]马克斯·韦伯：《经济与社会》（第1卷），阎克文译，上海：上海人民出版社，2010年，第322页。

"铺批"的选任体现了村落共同体的集体意志。旧时,"铺批"的候选者多为男性长者,且在原则上需同时满足为本村"土著"、只婚娶过一次且原配妻子健在、有儿有女、家庭和睦等多个条件。这些选任标准,体现了传统豪尼人对理想生活的追求。候选者由村中男性长者组成的老年协会商议决定后,即完成"预选"。接下来,现任"铺批"再以卜"鸡骨卦"的方式选定神裁的新"铺批"。

"铺批"通常没有任期限制,除非担任者因不可抗力因素无法继续担任,村民才会选出新"铺批"。传统上,豪尼人会在"奥皮突",即祭龙节集体祭献"竜树"的前一日完成新"铺批"的选任工作。当年"奥皮突"祭献仪式后,新"铺批"正式就任。大部分村寨的"奥皮突"节期不同,以咪哩村为例,节期为农历二月辰龙日,村民会在节期的前一日即卯兔日,在代表村落"父母神"的"朱玛阿碧"前完成新"铺批"的选任。届时,现任"铺批"与村中九大李姓家族的男性长者一起推选符合条件的候选者完成"预选"。传统上,"铺批"只能从九大李姓家族中选出,但因"铺批"知识的传承多发生在父子之间,故旧时咪哩村的"铺批"皆由"倒伍"家族担任。只有当此家族的继承人愿将相关知识与技能传授给其他家族成员时,其他家族的成员才有选任的机会。如在 20 世纪中叶,"倒伍"家便将"铺批"需掌握的祭献礼仪、祭辞等传统知识传授给了在村落仪式中帮忙的"尼哈"家族的男性后辈。选任新"铺批"时,豪尼人通常以带有一定神秘色彩的卜"鸡骨卦"方式选出。在任"铺批"先准备好五六十支有骨隙的鸡股骨,候选者报出中意的骨隙数后,"铺批"摇出一对鸡股骨,以候选者中符合或最接近摇出骨隙数者为村中神裁的新"铺批"。

在确认"铺批"人选后,豪尼人还会为其选一名"阿窝"做助手。村民经常以村民组长、副组长的现代性职位作为比照,解释二者在村中的地位。从哈尼族社会在"鬼主"时代"巫君合一"的历史来看，这样的比拟不无道理。"铺批"作为村落信仰生活的领导者与组织者，引导着豪尼人完成与村落发展紧密相关的仪式活动。同时，"铺批"也配合基层政府的社会治理，有利于促进村民的自我约束。

"铺批"的主要职责，是在传统节日中主持村落仪式、祭献"朱玛阿碧"上的村寨"父母神"，保管牛皮鼓、大锒、小锒等仪式器具。具体来说，他主要负责主持年节期间的长街宴、棕扇舞等民俗活动；在"奥皮突"时祭献"竜树神"；在栽秧前后主持开、关秧门仪式；在"苦努早"即火把节中主持村民送火把的集体性防御性仪式；在农历八月组织村民修缮牛皮鼓等。此外在每年年初时，"铺批"会专门以鲜狗血围绕村寨洒一周，以阻挡包括亡灵，尤其是"非正常"死亡者的亡灵在内的凶秽之物进入村落。关于狗血具有的驱邪作用，哈尼族史诗《哈尼阿培聪坡坡》中有相似的记载，在头人西斗选定寨址后，"西斗又把肥狗杀倒，拖着绕过一圈。鲜红的狗血是天神的寨墙，它把人鬼分开两旁；黑亮的血迹是地神的宝刀，它把豺狼虎豹阻挡。"[1]

在1949年中华人民共和国建政以前的咪哩村，作为宗教领袖的"铺批"曾与作为政治头领的"甘龙"、作为地方经验文化代表的"长老会"等，一起组成了传统村落自治组织的核心。自那以后，基层干部取代了"甘龙"与"长老会"，而"铺批"所代表的民间信仰文化也日渐式微。随着教育普及、基础设施完善、市场经济发展，以及基层政府领导与组织能力的强化，传统乡村的自治组织逐渐瓦解。时至今日，"铺批"在咪哩乡许多哈尼族村寨形同虚设，成为象征性的文化存在，很多村寨甚至早已不再选有"铺批"。许多集体祭祀的仪式不但逐渐简化，而且还多年难得一见。2014年以前，咪哩村的"铺

---

[1] 朱小和演唱，史军超、卢朝贵、段贶乐、杨叔孔译：《哈尼阿培聪坡坡》，昆明：云南民族出版社，1986年，第27页。

批"在任期内几乎未举行过集体性仪式，其还因年事渐高多次提出请辞。村里虽数次尝试推选继任人选，但无人愿受职。2014年，咪哩村的"铺批"去世，其部分工作暂由村中长者代劳。

2018年10月，咪哩村为恢复哈尼族传统民俗文化，在乡文化站、村干部与老年协会、同乡联谊会的共同推动下[1]，一改传统"卜鸡骨卦"的选任方式，民主选举了新"铺批"。他们还支持修缮了开展村落民俗活动的基础设施与仪式器具，包括象征村落父母神的"朱玛阿碧"神木架，仪式器具牛皮鼓等。于是，咪哩村成为整个咪哩乡首先恢复"铺批"，并修缮相关设施与器具的哈尼族村寨。这为村中豪尼人存续与开展相关民俗活动提供了便利，也促进了地方政府的民俗旅游开发。

首先，在"铺批"的带领下，咪哩村恢复了四大传统节日中的民俗活动。咪哩村豪尼人最重要的传统节日，包括"玛舍早"即年节、"奥皮突"即祭竜节、"苦努早"即火把节，与"嘞扑扑"即过冬节等。其中，"玛舍早"节期在农历正月初一的岁首，节俗包括打扫、祭祖，以及摆长街宴、跳棕扇舞、敲牛皮鼓等，此外豪尼人还会宰年猪、腌腊肉、舂粑粑等；"奥皮突"节期在农历二月辰龙日，是豪尼人在春耕前专门祭献"竜树神"，以祈求耕种顺利的节日；"苦努早"节期在农历六月廿四，节俗包括舂粑粑、宰牛，举行集体性的驱鬼仪式；"嘞扑扑"节期在农历十月戌狗日，是秋收后的农闲日，节俗包括吃汤圆、祭祖。

2019年年节，咪哩村在新选任的"铺批""阿窝"，以及老年协会、同乡会、村干部的共同组织下，恢复了中断已久的年节民俗活动。传统上，豪尼人在除夕日宰杀年猪时，"铺批"要专门以自家新宰杀

---

1 老年协会与同乡联谊会是咪哩村两个重要的民间自治组织。在第四章中，笔者会专门介绍这两个村落自治组织及其在丧葬礼仪中发挥的作用。

的年猪祭献"朱玛阿碧"上的村寨"父母神"。正月初一到初三,"铺批"也要专门祭献"朱玛阿碧"与牛皮鼓等仪式器具。除夕日傍晚,"铺批"要组织村里小男孩举行集体游行活动,并向各家"窝里"祭台磕头、祈福并讨要猪脚、汤圆。正月初三至初五,"铺批"要组织村民在街心摆长街宴、跳棕扇舞。旧时,咪哩村人口较少、空地较多,村民习惯在村寨上方、中间与下方的三块空地上立秋千架,"铺批"会每日选一地组织摆长街宴,菜肴由居住在空地附近的村民负责筹备。随着村落人口的骤增,现在村里的大小活动皆在老年活动中心,即靠近村寨后门的空地上举行。传统上,由"铺批"最先将菜肴端到街心,其他村民再开始摆长街宴。咪哩村新选任"铺批""阿窝"后,改为"铺批"第一日、"阿窝"第二日、村组长第三日的顺序,轮流负责第一个将菜肴端到活动处,其后村民分六个小队,每两个小队为一组筹备当日长街宴的菜肴。初五之后,村民每户凑钱给"铺批",以作整年辛劳的报酬。旧时,报酬只给"铺批",2019年村中新选任"铺批""阿窝"后,"铺批"在年节后得到1000元的报酬,"阿窝"也得到了800元的报酬。

农历二月辰龙日为咪哩村的"奥皮突",即祭竜节。传统上,"铺批""阿窝"与村中男性长者在前一日,即卯兔日就要到"竜树林",由"铺批"查看当年"竜树神"是否还留在村中,若"竜树神"离开则需去村外专门寻找并将之请回。辰龙日,在"铺批"的带领下,"阿窝"与村中男性长者一同祭献"竜树神",并将其请到村中过节。巳蛇日,村中豪尼人舂粑粑、宴请外村亲友。当晚,"铺批"再将"竜树神"送回"竜树林"。其后,"铺批"在家屋门口击鼓以提醒村民注意节时。虽然2019年咪哩村重新选任了"铺批"与"阿窝",但村中已无人懂得祭献"竜树神"的礼仪。为避免冒犯"竜树神",新选任的"铺批""阿窝"与村中男性长者商议后,决定放弃在"奥皮突"中代表村落集体祭献"竜树神",仅恢复了在巳蛇日晚敲牛皮鼓的习俗。传统上,"铺批"须守护"竜树林"以免山火与村民砍伐等,现此任务由地方林业部门负责。

农历六月廿四"苦努早",即火把节,节期为三日。农历六月廿三豪尼人宰牛、舂粑粑,筹备节日;六月廿四豪尼人祭祖、宴请宾客;六月廿五,豪尼人在"铺批"的带领下举行集体性的"驱鬼"仪式。其中,六月廿五的驱邪、送火把仪式是节日的高潮。"铺批"在节日的最末一日带领村民举行集体性的防御仪式,以驱逐村寨及周围的凶秽之物,尤其是"非正常"死亡者的亡灵。仪式所需的火把由各家提前准备,他们会将木柴分成九份放在火塘旁烘干,并准备绑在其上的核桃叶、桃树叶等。六月廿五傍晚,"铺批"在自家房顶敲大铓并大声吆喝,通知村民一同将火把送出村。"铺批"家的女主人先筹备祭品,在家中各角落祭献后,"铺批"从自家点出火把,女主人在其后敲盆或簸箕等制造声响,并在口中念诵驱赶凶秽之物的祭词。其他村民的做法与之一致,其后各家派一男性跟随"铺批"将火把送出村外。届时,"铺批"念诵祭词在前开路,其他村民则争先恐后地尾随。"铺批"念诵的祭词大意为:让孤魂野鬼等凶秽之物到山下稻谷一年两熟的地方去讨食,不要留恋哈尼族村寨。有意思的是,山下的汉族会在农历七月十五即中元节之时,再将凶秽之物赶到山上。他们亦会对之念诵:你去山上讨食吧,那里种着很多核桃、桃子。在面对孤魂野鬼等凶秽之物时,居住在同一区域不同空间中的民族,在不同的时空条件下形成了一种带有张力的仪式互动。在新选任的"铺批"的组织下,村中豪尼人完成了送火把下山的集体性"驱邪"与"净化"仪式。

农历十月戌狗日"勒扑扑",即"过冬"节。此节日在年末农闲之时,豪尼人有吃汤圆的节俗,此外他们也会宴请外村亲友。新选任的"铺批"在节日当晚会再次敲响牛皮鼓,提醒村中豪尼人注意节时。

其次,"铺批"负责保管牛皮鼓、大铓、小铓等集体仪式器具。这些仪式器具平时被"铺批"妥善放置在家屋二楼的储仓,以免虫蚁蛇鼠等破坏,若其保管不善,村民便有权重新选任称职的"铺批"。这些仪式器具除在村落集体仪式中使用外,也在豪尼人的个人或家庭仪式中发挥重要作用。其中,大铓是豪尼人丧葬礼仪中重要的仪式器具。豪尼人在丧葬礼仪中用大铓来通知、传播信息。只要村中有人离世,丧家会立即去"铺批"家取大铓,取到后先在"铺批"家门前敲打三声,后在自家屋前敲打三声,再将之放在堂屋。大铓作为具有神圣意义的仪式器具,在丧葬礼仪中通知与提示的对象除生者外,还包括逝者,提醒的节点多为生者与逝者进行"生死区隔"的关键时刻。如职业"摩批"在"尼豪遥"的"指路"仪式中,在送亡灵入地下时,"阿叨"皆需敲击大铓,以警示在场者。

最后,"铺批"负责管理村落日常生活。"铺批"作为豪尼人村落集体信仰文化的代表,若豪尼人在个人或家庭仪式,尤其是丧葬礼仪中,违反传统习俗以致损害村落的集体利益之时,他便会代表其他乡邻出面,对丧家提出整改要求并进行仪式指导与监督。以传统节日中的丧葬礼仪为例,对豪尼人而言,年关的"玛舍早"即年节与年中的"苦努早"即火把节尤为重要,在这两个传统节日的前夕与节期内,包括除夕,正月初一、初二,农历六月廿三、廿四日,村中绝对不允许有遗体存放。在这些特殊且关键的时刻,即使逝者在夜间离世,丧家也必须马上先将遗体抬出村。若是"正常"死亡者,丧家可先在山上的埋葬地停棺存放,待节后再重新选吉日举办丧葬礼仪。若是"非正常"死亡者,丧家则可即刻抬到山上火化。此外,若正月初三至初五村中有人逝世,"铺批"要将当年的长街宴、棕扇舞等娱乐活动取消。豪尼人认为，这样做是"为顾大局，（因为）个人（的事）是小问题，从一个村子来看，村子（的事）是更大的"，若此时村中有逝者便会对村落发展不利。[1] 还有豪尼人认为，若在重要的节期内村中有逝者，亡灵会破坏敬神、祭祖，以及驱鬼仪式的有效性，因为"所有祭品都会被它（即亡灵）抢走"。[2] 若村中出现此类情况，多由"铺批"出面进行干预，即使是没有"铺批"的村寨，也会由长者代之对丧家的仪式活动进行干预与指导。

同样地，在其他两个传统节日——"奥皮突"即祭龙节与"嘞扑扑"即过冬节——的前夕或节期内，若村中有逝者，"铺批"出于对村落集体利益的考量，亦会做出策略性的调整，既能让丧家的丧葬礼仪顺利完成，又能让村落传统节日活动有效开展。具体而言，与"玛舍早"即年节与"苦努早"即火把节处于年关与年中不同，"奥皮突"是春耕前的祭献仪式，"嘞扑扑"是秋收后的庆祝仪式，这两个节日的节期相对灵活。若遇到此类情况，"铺批"的传统做法是将村中这两个节日顺延至下一轮，即十二天后再庆祝。因为每隔十二天便有相同属相的日子，即一个月通常有两轮属相相同的日子。以咪哩村为例，村中的"奥皮突"在农历二月辰龙日，传统上豪尼人习惯在第一轮属相日庆祝，若节日前夕或节期内村中有人离世，"铺批"便会将节日推至第二轮辰龙日再庆祝。若第二轮节期前夕或节期内，村中再有人离世，当年的节日便不再过。如前所述，这在民国地方志中有相关记载。[3]

---

[1] 访谈对象：李FG，男，哈尼族，属鼠，1948年生，71岁，咪哩村人；访谈人：石鸿；访谈时间：2019年2月1日；访谈地点：咪哩村。

[2] 访谈对象：李XN，女，哈尼族，属猴，1956年生，63岁，咪哩村人；访谈人：石鸿；访谈时间：2019年2月8日；访谈地点：咪哩村。

[3] 参见民国《墨江县志稿》《墨江县地志资料》中关于哈尼族先民"补孔"或"麻黑"的记载。

## 二、"奥吉"与职业"摩批"：具有家庭/个体服务性质的仪式专家

"奥吉"与职业"摩批"自上层文化中分化而出，依据地方民众的信仰需求得以发展。他们主要面对的仪式对象为家庭/个体，是豪尼人日常生活中的仪式专家，与弗雷泽所说的"个体巫师"相似。[1] 其中，"奥吉"以超自然的方式为仪式主体诊断、判因；职业"摩批"负责祈愿、驱邪等仪式。他们皆带有典型的"巫"的性质，既能独立举行仪式，又能彼此配合，在仪式功能上形成互补。

（一）"奥吉"：灵媒与预言家

"奥吉"通常由神灵选定，在与神灵建立"亲密关系"后开始供奉神灵，并在神灵的指导下行巫医之责。豪尼人对"奥吉"文化的信仰，可视作其对神灵与祖先信仰的延伸。

"奥吉"具有明显的"巫"的性质，其卜筮活动具有突出的主动性、前瞻性，而且卜筮本身即神的显露，即"神示"。[2] 一定程度而言，"奥吉"带有"超凡魅力"的性质，他因具有罕见的超自然能力，会被视作不同寻常的人物。[3] 换言之，其因有神灵的眷顾，而带有特殊的人格魅力。

成为"奥吉"的过程与神授的职业"摩批"相似。神选的"奥吉"候选人会经历一场大病，然后进入神志不清或癫狂的状态。诚如伊利亚德所言，为使萨满候选人做好接受新神启的准备，天神会将不同寻常的体验降临到他身上。[4] 在豪尼人看来，这亦是准"奥吉"

---

1 [英] 詹姆斯·乔治·弗雷泽：《金枝：巫术与宗教之研究》，徐育新等译，北京：大众文艺出版社，1998年，第93页。

2 李泽厚：《由巫到礼 释礼归仁》，北京：生活·读书·新知三联书店，2015年，第15页。

3 [德] 马克斯·韦伯：《经济与社会》（第一卷），阎克文译，上海：上海人民出版社，2010年，第351页。

4 [美] 米尔恰·伊利亚德：《萨满教：古老的入迷术》，段满福译，北京：社会科学文献出版社，2018年，第31页。

与神灵的"交涉"过程。在此过程中,准"奥吉"需满足神灵提出的要求,即为之付出一定代价以祭献神灵。若双方达成一致,准"奥吉"通过疾病与癫狂的加入式,进入神圣世界并成为神灵的供奉者。反之,准"奥吉"则回到普通人的状态。此外,疾病与癫狂亦是神灵"清理"与"净化"准"奥吉"身体的过程。因"奥吉"是通过"洁净"的身体与神灵"对话",故"奥吉"会在日常生活中对有腥味或不洁之物极为敏感。其身体"干净"且恢复后,便可接受神灵的指导。通常,神灵会在当事人的梦境中对其进行知识传授。在田野调查中,甘岔村的"奥吉"兼职业"摩批"曾告诉笔者,他所掌握的仪式知识是在睡梦中由神灵教授的。[1]

也有的"奥吉"候选人因未与神灵达成一致,最终未能成为"奥吉"。以小柏木村一女性"奥吉"候选人的经历为例,她在经历一场大病与癫狂状态后,神灵在梦中向她索要唯一的儿子,她拒绝神灵的要求后病愈,最终未能成为"奥吉"。但即使如此,她的身体经神灵"净化"后,开始抗拒带有腥味的食物。[2] 与之相似的案例来自豪尼人聚居的曼来镇迷庆河村,一女性"奥吉"候选人在进入癫狂状态后,被神灵以隐喻的方式询问喜欢象征女性的花朵,还是象征男性的果实。当她选择花朵后病愈并成了"奥吉",但其生养的儿子皆夭亡。[3]

"奥吉"多依赖于神灵的选定,是一种选择与被选择的关系,"奥吉"之间没有传承关系。"奥吉"在仪式过程中念诵的祭词,多由神

---

[1] 访谈对象:李YS("奥吉"兼职业"摩批"),男,哈尼族,属鸡,1957年生,62岁,甘岔村人;访谈人:石鸿;访谈时间:2019年4月14日;访谈地点:甘岔村。

[2] 访谈对象:李KS,女,哈尼族,属虎,1950年生,69岁,咪哩村人;访谈人:石鸿;访谈时间:2019年3月20日;访谈地点:咪哩村。

[3] 访谈对象:石YM,女,哈尼族,属马,1990年生,30岁,曼来镇迷庆河村人;访谈人:石鸿;访谈时间:2020年11月13日;访谈途径:网络访谈。

灵在仪式现场授予。此外，神灵或祖先也常借其口传达话语与信息。换言之，在仪式过程中，"奥吉"的身体如同容器一般，能够被其所供奉的神灵或亡灵占有，进而与仪式主体产生对话与交流，甚至能说其从未学习过的语言。许多"奥吉"在仪式过程中会进入一种"忘我"的"癫狂"状态，等仪式结束后他会忘记仪式过程中的行为或言语。是因为"奥吉"之间没有师承关系，成为"奥吉"的过程带有更多的随机性与偶然性。这与职业"摩批"在师承过程中夹带多重的利益考量不同，且"奥吉"中的女性从业者也多于男性。

豪尼人将求助"奥吉"请神问卦的活动称为"奥吉测"，也被汉译为"走阴"，这是其为趋吉避凶进行的积极主动尝试。豪尼人选择"奥吉"的标准，与汉族对庙宇中神灵的信仰相似，皆注重"灵验"与否。学者李泽厚认为，卜、筮中饱含情感因素，其中"诚则灵"是根本准则。这要求参与者在情感上呈现出畏、敬、忠、诚等状态。[1]通常，"专业"能力、服务精神会使"奥吉"在地方社会得到人缘和口碑，进而建立强大的"公信力"。只要"灵验"，无论"奥吉"的性别、年龄、民族如何，豪尼人都愿诚心地登门拜访。有意思的是，当"奥吉"所言非是时，豪尼人会以祖先没"好好说"自解，或将之归罪于仪式主体，即"'奥吉'说的话准不准是分着人的，对有些人来说是准的，对有些人来说是不准的。"[2]他们宁愿怀疑自己或祖先，也不轻易怀疑"奥吉"，当其未得到理想的答案，便会继续求助于其他"奥吉"。

在日常生活中，豪尼人去"奥吉测"的原因主要有两个。原因之一，豪尼人为寻求家境不顺的缘由，这是最多，也是最主要的原因。

---

[1] 李泽厚：《由巫到礼 释礼归仁》，北京：生活·读书·新知三联书店，2015年，第15页。
[2] 访谈对象：李HN，女，哈尼族，属羊，1955年生，64岁，咪哩村人；访谈人：石鸿；访谈时间：2019年2月10日；访谈地点：咪哩村。

通常，豪尼人认为家境不顺有两方面的表现。一方面，家庭成员突然身体抱恙又经久不愈，且是现代医学难以根治的症状。他们认为，"（找'奥吉'）这个事就像生病了吃药一样，能让自己更顺利。有些病痛是医药治不好的，你打了针吃了药，等药效散了还是一样疼痛，这个时候就要去找'奥吉'看看了。"[1]豪尼人的这种身体不适，或与某种疾病相关，或仅是身体乏力，抑或与某种心理疾病相关。另一方面，家庭成员突发交通意外、自然事故等。豪尼人常将这种"非常"事件与某种超自然的神秘力量相联系。他们认为只有通过"奥吉测"，才能找到祸源，并希望以同样超自然的方式，规避风险，避免家中重蹈覆辙。可以补充的是，在丧葬礼仪的埋葬仪式完成之后，乡邻若突然生病或遭受意外也会去"奥吉测"，以确认是否为埋葬者的亡灵作祟，或是其他亡灵，尤其是"非正常"死亡者的亡灵作怪。

原因之二，豪尼人为寻求某种预言，预测事情未来的走向，即为知命、造命去"奥吉测"。在此过程中，"奥吉"借助其所供奉的神灵或主家请来的祖先亡灵之口，为主家找到疾病、运势不佳等问题的原因，并能为之预测未来。通常，大部分"奥吉"只能为主家探究其所求之事的原委，不能为其举行禳解仪式，禳解仪式多由职业"摩批"完成，但也有少部分"奥吉"既能"走阴"，也能在此基础上为主家举行禳灾仪式。同样可以补充的是，在丧葬礼仪的埋葬仪式完成之后，丧家为获知家中日后发展的境况亦会去"奥吉测"，请已成为祖先神的亡灵预测家庭未来并庇佑后辈。

豪尼人在拜访"奥吉"之前，会做好充分准备。首先，他们会向乡邻打听或直接询问"奥吉"需要准备什么物品。这些物品通常包括一颗熟鸡蛋、一升米和谷子、三根香、一斤白酒、一些茶叶和盐、

---

[1] 访谈对象：李HN，女，哈尼族，属羊，1955年生，64岁，咪哩村人；访谈人：石鸿；访谈时间：2019年2月10日；访谈地点：咪哩村。

三包糕点、一包烟，以及几十元不等的"咨询费"。豪尼人认为，这些物品都是通过"奥吉"祭献给其所供奉的神灵。有意思的是，有些"奥吉"会在仪式结束后背着其所供奉的神灵，即"吉卯批卯"，再向来"奥吉测"的豪尼人额外讨要物品。"我听现在去'奥吉测'的人说，（仪式结束后）'奥吉'收完祭品后，有的'奥吉'还会（向测算者）再讨要一些东西。这事'奥吉'会背着'吉卯批卯'，不让他知道，他们（指'奥吉'）也是有领导的。"[1] 其次，他们在拜访"奥吉"的前夜会将筹备好的物品装入袋中，先由家中长者在仪式主体身后由下往上扫，再让仪式主体用祭品祭拜"窝里"祭台，并告知祖先明日要去"奥吉测"，请祖先跟着去，将家中的不顺或未来走向通过"奥吉"告知后辈。"（得知）这里有一个"奥吉"以后，我们就会在自家'窝里'上用米、酒这些东西，请祖先一起去找'奥吉'。"[2]

有意思的是，豪尼人在次日出门时会用背包将准备好的祭品与祖先亡灵"背"着去找"奥吉"，其间背包要一直背在身上而不能放在地上。当主家出门拜访"奥吉"时，会将家中门房、窗户等全部敞开，以方便祖先、神灵或"奥吉"的灵魂能够自由入户。正是如此，当豪尼人中传言某位"奥吉"很"灵验"时，便会说："她（指'奥吉'）都没去过（测算者）家里，却能说出（测算者）家里有一头大白猪。她应该是正儿八经出来的，不是骗人的。"[3] 此外，在豪尼人口中那些"灵验"的"奥吉"还能通过与不同民族的祖先打交道，在仪式过程中说出从未学过的语言。"他跟那边（指彼岸世界）的鬼打

---

[1] 访谈对象：李HN，女，哈尼族，属羊，1955年生，64岁，咪哩村人；访谈人：石鸿；访谈时间：2019年2月10日；访谈地点：咪哩村。

[2] 访谈对象：李HN，女，哈尼族，属羊，1955年生，64岁，咪哩村人；访谈人：石鸿；访谈时间：2019年2月10日；访谈地点：咪哩村。

[3] 访谈对象：李HN，女，哈尼族，属羊，1955年生，64岁，咪哩村人；访谈人：石鸿；访谈时间：2019年2月10日；访谈地点：咪哩村。

交道，汉族来（测算）就能说汉话，豪尼来（测算）就能说豪尼话。"[1] 若村中有逝者，豪尼人则无法去"奥吉测"。因为被神灵选定的且身体"净化"过的"奥吉"认为，逝者是极度不洁的。"他（指'奥吉'）不会进来（村里），他会说：你们村有棺材，很臭，不干净，我没法进去。"[2]

　　在"奥吉测"的过程中，"奥吉"会询问主家及其祖先的姓名。降神开始"奥吉"入定后，其灵魂会在神灵、主家的祖先亡灵的带领下前往主家。其间他会念诵所经之处有神灵的地方，最后他来到主家所在村落的"朱玛阿碧"即村寨"父母神"处，从"朱玛阿碧"入村再进入主家。然后，"奥吉"能够说出主家家中的各种情况，其或与主家的祖先亡灵直接对话，或通过其所供奉的神灵与祖先亡灵对话后，将之转述给主家。也有的"奥吉"能通过主家带去的熟鸡蛋、生米等进行判断与预测。最后"奥吉"通过仪式，或找出主家家庭不顺的原因，或告知主家所求之事的未来走向，以趋吉避凶。其中，能够举行禳解仪式的"奥吉"会在选定吉日后专门上门为主家举行禳解仪式。不能举行禳解仪式的"奥吉"在告知主家禳解方法后，由主家请职业"摩批"为之举行。一些外嫁的豪尼女性，若需在"奥吉测"时请教原生家庭的祖先亡灵，便会在夫家的灶台上或餐桌边做邀请祖先的仪式。如前所述，外嫁女儿的父母离世后，她们会有专门的"分灵"仪式邀请已逝父母的亡灵跟随到夫家，在灶台或餐桌旁自助接受供奉。豪尼人每次举行这类禳解仪式，至少需要花费300元，更有甚者会花费上千元。虽然大部分豪尼人的生活条件依旧艰苦，但他们在举行这类禳解仪式时，是十分愿意花销的。

---

[1] 访谈对象：李HN，女，哈尼族，属羊，1955年生，64岁，咪哩村人；访谈人：石鸿；访谈时间：2019年2月10日；访谈地点：咪哩村。
[2] 访谈对象：李KS，女，哈尼族，属虎，1950年生，69岁，咪哩村人；访谈人：石鸿；访谈时间：2019年4月1日；访谈地点：咪哩村。

现很多豪尼村寨都没有"奥吉",包括本研究的主要田野点咪哩村。咪哩村的豪尼人通常会去甘岔村、瓦纳村、紫驼骆村、元江县城、漫漾村等地寻找乡邻口中"灵验"的"奥吉"。据咪哩村豪尼人介绍,离咪哩村最近的,在国道213线去往咪哩村的主干道飞胜线上有一户玉溪籍的汉族夫妇,其中丈夫属于"奥吉"且兼能主持部分禳解仪式。他每次仪式除收取上述仪式物品外,还包括36元的"咨询费",其他则根据具体的禳解仪式,再收取几百不等的仪式费。两夫妻约在2008年承包了村民的土地,以栽种橘子、饲养山羊等为生计。他们计划承包二十年,现已承包十余年。虽然玉溪的汉族"奥吉"与豪尼人有不同的文化背景,但因其"灵验"而在咪哩村豪尼人中有一定的口碑,去"咨询"的豪尼人不少。

在"奥吉"的"诊断"中,事件的始作俑者通常与亡灵相关,尤其是"非正常"死亡者的亡灵。因大部分"非正常"死亡者的亡灵几乎得不到供奉,他们仅能在日常生活中,或被动接受豪尼人施舍的"水饭",或通过主动"纠缠"生者而得到仪式性祭献。"非正常"死亡者的亡灵作为亡灵中的边缘者,以及豪尼人日常生活中不稳定的因素,在豪尼人遇到挫折与恐惧之时容易成为"替罪羊",豪尼人须通过专门的仪式对之进行禳解,以将之逐出生者世界。[1]

(二)职业"摩批":仪式专家

职业"摩批"是豪尼人的职业性仪式专家,熟谙日常生活的礼仪,主要为家庭或个人主持相关仪式。因主持仪式类别的不同,他们被分为"遥批"与"镲批"两类。其中,"遥批"能主持丧葬礼仪,"遥"即指代丧葬仪式中的"尼豪遥",即"赶鬼"仪式。"镲批"能

---

[1] 王明珂:《毒药猫理论:恐惧与暴力的社会根源》,台湾:允晨文化,2021年。

主持除丧葬仪式之外的"叫魂""讨力""驱鬼"等祈福、驱邪仪式。[1] 这些仪式通常需杀鸡、煮鸡肉稀饭作为祭献,所以他们又被称为"撤镲摩批","撤镲"即"稀饭,鸡肉稀饭"。

通常,"遥批"能主持"镲批"负责的所有仪式。但豪尼人在举行与求吉或庇佑类仪式时习惯请后者,因为他们认为,"做死人仪式的,做活人仪式便不好,除非没办法,不然是不会请的"。[2] 除非情况特殊,否则豪尼人不会请刚主持过丧葬礼仪的职业"摩批"举行与"行好"相关的仪式。豪尼人通过仪式实践,将主持生与死相关的仪式专家进行了微妙的区分,并强化了对"生死区隔"的认识。

职业"摩批"以师徒传承为主,极少为神授。职业"摩批"所掌握的知识,作为一种专门化且能转化为经济收益的职业知识,使师承关系多发生在父子或亲属之间,且由长子传承的情况更多。在有的家庭中,父亲也会将相关知识传承给所有儿子,学成与否主要在于各自能力。成为职业"摩批",首先要掌握家族的族谱,其后才是本民族的历史与传统文化。出于对宗族与血缘关系的重视,职业"摩批"几乎为男性而鲜有女性。他们习惯将该知识传授给子孙,或其他父系亲属。笔者在田野调查期间,仅遇到一位女性职业"摩批",其职业知识传承自其母亲与远房舅妈,后文将详细介绍。神授的职业"摩批"为神灵选定,其知识为神灵专门授予,这与神灵选任"奥吉"相似。同样地,如同萨满教的圣召表现出的危机,即准萨满会

---

[1] "叫魂"仪式,是职业"摩批"为失魂者举行的招魂仪式;"讨力"仪式,是职业"摩批"为被"超自然"因素或病痛困扰而"没有气力的人"举行的仪式,以助其恢复气力;"驱鬼"仪式,同时存在于日常生活与丧葬礼仪中,此处主要指前者。日常生活中的"驱鬼"仪式,是职业"摩批"祛除亡灵,尤其是"非正常"死亡者亡灵,以及神灵等"纠缠者"的仪式。

[2] 访谈对象:李KS,女,哈尼族,属虎,1950年生,69岁,咪哩村人;访谈人:石鸿;访谈时间:2019年5月9日;访谈地点:咪哩村。

经历短暂的精神错落[1]，神授的职业"摩批"在此之前或大病一场，或进入神志不清的癫狂状态。豪尼人认为，此神召体现了神灵对准职业"摩批"的考验，及对其身体的"净化"过程。此后，准职业"摩批"在神灵的帮助下痊愈，此神灵开始成为其引导者，对其进行相关知识的教导。其学成之后，便成为神授的职业"摩批"，且其知识可由之传承。

20世纪40年代末后，职业"摩批"及其主持的仪式曾被当作"封建迷信""四旧"的代表而被革除，这对职业"摩批"在乡土社会的自然发展产生了影响。20世纪80年代以后，豪尼村寨逐渐兴起务工潮，传统村落社会固有的生计模式与生活方式被打破。大部分青壮年人选择常年外出务工，这使豪尼人的信仰文化传承面临新的困境。随着豪尼人信仰文化的衰落，职业"摩批"的知识传承亦出现新的问题，尤其是"遥批"知识的传承。出于经济考量，职业化的"摩批"并未觉得丢掉这些知识是可惜的，"人家去哪儿打一个月工，都有三五千元（收入），做这个（摩批）即使是一年到头，你能有什么？"[2]现咪哩乡各豪尼村寨的职业"摩批"，平均年龄五六十岁，且几乎皆未发展传承人。有的村寨没有职业"摩批"，在仪式需要时只能去外村请。丧葬礼仪中必不可少的仪式专家"遥批"，在整个豪尼人聚居的咪哩乡，只有小柏木村、堕谷村、大芭蕉村、大新村等村寨中才能请到。

豪尼人在日常生活中请"镲批"的次数较多，尤其在村落集中举行个人或家庭"讨力"仪式时。如咪哩村的豪尼人认为，农历二月和八月的寅虎日是举行"窝绍"或"窝奥绍"仪式，即个人或家

---

1 [美]米尔恰·伊利亚德：《萨满教：古老的入迷术》，段满福译，北京：社会科学文献出版社，2018年，前言第2页。

2 访谈对象：陈NC（职业"摩批"），男，哈尼族，属兔，1963年生，56岁，大芭蕉村人；访谈人：石鸿；访谈时间：2019年2月26日；访谈地点：大芭蕉村。

庭"讨力"的"好日子"。在职业"摩批"人数有限的情况下，他们会在本村与邻近的小柏木村外，去孟鹏村、大黑铺村、大芭蕉村、大新村等较远村寨请职业"摩批"。此外在豪尼人看来，亡灵常会侵害生者致其生病，尤其是那些无人供奉的"非正常"死亡者的亡灵。当豪尼人从"奥吉"处得知自己被亡灵缠身时，会请职业"摩批"为之专门举行"尼豪使"的"退鬼"仪式。届时，职业"摩批"根据主家从"奥吉"处获得的信息筹备亡灵向生者讨要的祭品，主家在屋内生火后，他在门口念诵祭词，以将亡灵从生者身上驱逐。然后，职业"摩批"走出主家大门，主家即刻关门并将屋内的柴火熄灭。职业"摩批"带着祭献过的祭品走到村外人迹罕至的小路边，再次念诵祭词并将作恶的亡灵驱赶至野外。

现在，很多哈尼族村寨都没有能主持丧葬礼仪的"遥批"。咪哩村即是如此，但村中有两位"镲批"。其中一位名为王CW，男性，生于1943年，原籍为咪哩乡新田村人，现定居咪哩村。他家中世代为职业"摩批"，据其介绍已有20余代。其家族在今咪哩乡境内多次迁徙，途经了大新村、大旧村、小柏木村，最后在新田村定居。其能通过"父子连名制"家谱数出名字的职业"摩批"祖先，从小柏木村算起至少已有15代人。若按每一代25年来算，15代共计375年。王CW家中共有四个兄弟、五个姐妹。其中，四个兄弟皆向其父亲学习过职业"摩批"的知识。王CW于20世纪70年代后期在咪哩村工作，后因婚姻关系定居咪哩村。他学习职业"摩批"知识的时间较晚，于40岁左右才专门向其父亲学习，并于45岁左右开始主持相关仪式。他育有三个儿子与一个女儿，但无人承其所学。据王CW介绍，其祖上曾是能主持丧葬仪式的"遥批"。因资源匮乏的旧时，职业"摩批"之间的利益竞争关系更大，各村的职业"摩批"约定俗成地划分了各自主持仪式的范围。王CW的祖先在小柏木村定居时，在一次去大旧村主持丧葬礼仪的过程中，邻村的职业"摩批"因不满被其祖先抢去主持仪式的机会，便以巫术对其仪式进行干扰与阻碍，结果王家的职业"摩批"技艺更高一筹，害人的职业"摩批"因此丧命。此后，王家的职业"摩批"便折断主持丧葬礼仪专用的长刀，并立下誓言：家族中永远不再学习与使用"遥批"知识，以免再次出现类似的血光之灾。据王CW介绍，到他这一辈家族中已有十几代没有再主持丧葬礼仪。与王CW家相似的是咪哩村的"尼哈"家族，据介绍，"尼哈"家族的祖先也曾担任过职业"摩批"，因其与其他职业"摩批"产生冲突也折断了长刀并立下誓言："从今天开始，（'遥批'）这碗饭我不吃了，这个活计我不做了。"[1]

咪哩村另一位"镲批"为女性，是笔者在田野调查中遇到的唯一一位女性职业"摩批"。其名为李XN，生于1945年，籍贯为咪哩村人，她在元江县城帮子女培育孙辈已有十余年，只在受到乡邻邀请时回村主持仪式。她最初是从其母亲处学到职业"摩批"的基本知识，其母亲则是通过观察其他职业"摩批"主持仪式的过程后自学而成。她在10余岁时向母亲学习"叫魂""讨力"，以及治病的基本仪式。她在30余岁时，陪同伴去堕谷村找其做职业"摩批"的舅妈举行禳解仪式。其舅妈在得知李XN有职业"摩批"的基础知识后，主动教授她更多知识。其后，李XN向她学习了"看蛋"断因、驱邪送鬼等仪式。在母亲去世后，40余岁的她开始独立主持仪式，至今已有30余年。她育有两个儿子和两个女儿，但其所学同样没有传承人。

咪哩村的豪尼人在丧葬礼仪中，习惯邀请邻近小柏木村的两位

---

[1] 访谈对象：李KS，本为"老背"家族的女性，后嫁给"尼哈"家族，哈尼族，属虎，1950年生，69岁，咪哩村人；访谈人：石鸿；访谈时间：2019年2月28日；访谈地点：咪哩村。

职业"摩批"主持仪式。一位"遥批"是王 ZX，男性，生于 1953 年。同所有职业"摩批"一样，他也是先从自家家谱开始学习。他在此基础上，在 20 余岁时向其舅舅学习了"遥批"知识，向其伯父学习了"镲批"知识。他在 30 余岁时，开始独立主持仪式。他的家族中包括他在内，目前有两代职业"摩批"。他有两个常年在外务工的儿子，其所学同样无人继承。另一位"遥批"是王 SF，男性，生于 1953 年。他在 24 岁左右时，向其父亲学习职业"摩批"的知识，包括"遥批"与"镲批"的知识。他按传统，在其父亲死后或不再举行仪式后，才开始独立主持仪式，至今已有近 20 年。他的家族中包括他在内，已有三代职业"摩批"。他育有一个儿子和两个女儿，但无人继承其所学。在亲属关系上，王 ZX 与王 SF 属于表亲，王 ZX 所学的"遥批"知识正是来自王 SF 家族。此外，咪哩村的豪尼人在丧葬礼仪中也邀请过较远村寨的"遥批"，如大芭蕉村的陈 NC。陈 NC 生于 1963 年，家中世代为职业"摩批"，至其已有七代。他在家中排行老二，家中还有一个兄长、三个弟弟，以及两个姐妹。他在 28 岁左右时，向其父亲学习职业"摩批"的知识。虽然他的兄长也与父亲学过相关知识，但家族中最终只有他一人习得。在他 30 余岁时，父亲因年事渐高不再主持仪式，他便开始独立主持仪式。他有两个在外务工多年的儿子，其所学同样无人继承。现在，随着陈 NC 年纪的增长，他也只在本村与邻近的小芭蕉村主持丧葬礼仪。

不同聚居地，尤其是有山梁、河沟相隔的豪尼人，他们的迁徙路线有细微的差别。"遥批"对本村之外的村落历史所知有限，在念诵与祖先迁徙路线相关的祭词时，只能背诵本村先民的迁徙历史，若是主持外村豪尼人的丧葬礼仪，他会将最后的定居地改为仪式主体所在的村寨。因此，为了使亡灵能够沿着祖先迁徙路线顺利回归祖地，丧家更愿意请本村或附近，即那些有相同或相似迁徙路线的村寨中的"遥批"主持丧葬礼仪。

## 第三节 豪尼人丧葬礼仪中的专家与仪式

豪尼人丧葬礼仪中的专家，主要包括职业"摩批"、测算先生及长者。其中，职业"摩批"在丧葬仪式中十分重要，"逝奥绍""尼豪遥""逝巴套""中套固""保付氏""奥绍"等与"讨力""驱赶""请灵"相关的仪式皆由其主持。测算先生在丧葬礼仪中负责测算小殓、大殓、开丧、"起身"、送葬、入葬等吉时，其在豪尼村寨出现的时间较晚，有的村寨甚至没有专门的测算先生。测算先生分担了传统上属于职业"摩批"或男性长者的工作，使专家系统变得更加专业化与职业化。此外，豪尼人的丧葬礼仪中存在性别分工，因此不同性别的、有经验的长者在仪式中充当"顾问"，负责解释与传承豪尼人的文化传统与习俗惯制。

### 一、丧葬礼仪中的职业"摩批"

职业"摩批"是豪尼人丧葬礼仪中最重要的仪式专家。流传于红河州红河县洛恩乡的哈尼族殡葬祭歌《斯批黑遮·请贝玛》中，描述了"贝玛"在丧葬礼仪中的重要性，及其出门主持丧葬礼仪的过程："畜死要人帮，人死贝玛助"，"贝玛"在"吉日属虎天"出门，出门前要举行相关仪式，让自家的"谷畜人魂别跟来"，其后"贝玛"带上仪式器具，径直走到丧家，为丧家"断鬼路"与"叫魂灵"。此外，祭词中提到"贝玛"在哈尼人的丧葬礼仪中必不可少，且将其重要性放到与头人相当的位置："发送死者到阴间，官人贝玛不能少，来到死者家，不能往回走，官人要是回头走，出了纠纷难断案；贝玛要是转回去，鬼来敲门怎么办？"最后，祭词中叙述道："人死要相帮，畜死要相助。"这表明死亡作为公共事件需要集体性的协助，而"贝玛"作为哈尼族丧葬礼仪的重要仪式专家，须为哈尼人"咒断鬼来路"，并且能做到"白天来叫白天到，夜里来请夜里行。"[1]

因职业"摩批"在丧葬礼仪中要完成繁复的仪式，故丧家会为其专门找一位被称为"阿叨"的帮手。"阿叨"是与丧家互为远房的本家亲属，两家根据意愿相互结为丧葬礼仪中的"阿叨"。"阿叨"通常由家中的长子担任，在丧葬礼仪中负责请职业"摩批"，为职业"摩批"筹备仪式之所需，协助职业"摩批"宰杀祭献牲畜等。在豪尼人的观念中，"阿叨"需与职业"摩批"一起完成与逝者及其亡灵相关的仪式活动，故具有一定的危险性。但这样的相互协助，有助于巩固互为远房的本家间的亲属关系。

根据逝者死亡情况的"正常"与否，职业"摩批"在"阿叨"的协助下举行仪式，使逝者完成从生理性死亡到社会性死亡的过渡，使丧家重新融入村落生活，亦使村落恢复日常生活的秩序。

（一）职业"摩批"为"正常"死亡者主持的仪式

如前所述，"正常"死亡者的丧葬礼仪分为普通丧葬礼仪与"莫搓搓"丧葬礼仪。其中，"莫搓搓"丧葬礼仪的筹办更耗时伤财，而且此仪式自20世纪40年代末以后在元江流域豪尼人聚居的咪哩乡已基本消失。普通丧葬礼仪的祭词，已完全包含在"莫搓搓"丧葬礼仪的祭词之中，相比较而言，"莫搓搓"丧葬礼仪的祭词内容比普通丧葬礼仪的祭词内容更丰富。虽然现在咪哩乡许多职业"摩批"基本都学过"莫搓搓"丧葬礼仪，但他们几乎从未有过该仪式实践的经验与机会。而且完成"莫搓搓"丧葬礼仪至少需2名职业"摩批"的参与，结合当下职业"摩批"面临的传承困境，尤其是缺少主持

---

[1] 赵呼础、李七周演唱，李期博、米娜译：《斯批黑遮：哈尼族殡葬祭歌》，昆明：云南民族出版社，1990年，第9—15页。

丧葬礼仪的"镲批",此仪式再实践的可能性较低。

本节通过考察豪尼人丧葬礼仪的具体实践,以职业"摩批"主持的普通丧葬礼仪为主,并在其中穿插"莫搓搓"丧葬礼仪的内容。本节的研究材料,主要来源于笔者在田野调查中的仪式考察,此外还结合了笔者对职业"摩批"与普通豪尼人的口述访谈,以及相关的民间文献、二手民族志材料等。

职业"摩批"为"正常"死亡者主持的普通丧葬礼仪,根据送葬前后分为两部分,主要包含八个仪式。第一,职业"摩批"在豪尼人送葬前举行的四个仪式。通常在逝者离世当日,或按测算先生算出的开丧日上午,职业"摩批"举行"拉套撒配绍",即留下逝者"福禄"的仪式;在开丧日上午,职业"摩批"还会举行"逝奥绍",即为逝者"讨力"的仪式;在开丧日晚间起至次日凌晨,职业"摩批"举行"尼豪遥",即为逝者"指路"的仪式;紧接职业"摩批"举行"柘木塔",即"祭献"亡灵的仪式。第二,职业"摩批"在豪尼人送葬后举行的四个仪式。送葬仪式通常在上午或中午举行,下午职业"摩批"举行"逝巴套",即"驱赶"亡灵的仪式;在送葬日次日上午,职业"摩批"举行"中套固",即请亡灵上祭台的仪式;下午职业"摩批"举行"窝奥绍",即为丧家集体"讨力"仪式;主家择吉日,职业"摩批"再举行"保付氏"或"奥绍",即专门为逝者长子举行的"讨力"仪式。

在部分豪尼人与汉族杂居的村寨,村中的豪尼人在开丧日不请职业"摩批",如瓦纳村、紫驼骆村,故他们送葬前的四个仪式通常会被省略或简化,包括"拉套撒配绍""逝奥绍""尼豪遥""柘木塔"等与留"福禄""讨力""指路""祭献"相关的仪式;有些村寨的豪尼人会选择结合道教仪式超度亡灵,如瓦纳村。这些文化现象的存在,体现了不同民族在礼仪实践中的文化互嵌,且这种"你中有我,我中有你"的文化特征，将持续存在于有交流、交往、交融的民族之间。

1. 送葬前的仪式

（1）"拉套撤配绍"：留下逝者"福禄"的仪式

在"拉套撤配绍"中，"拉套"为"手，从手上……"之意，"撤配"为"米，大米"，延伸为"谷物"之意，"绍"为"讨，要"之意。"拉套撤配绍"也被豪尼人称为"股禄绍"，"股禄"即"福禄"之意。此仪式的主要目的，是为从"正常"死亡的逝者手中留下"福禄"。在豪尼人看来，"正常"死亡者本身便带有"福禄"，可通过仪式将之留给后辈。按传统，此仪式由丧家在逝者身体未僵硬，也未入棺前请职业"摩批"完成，但有些村寨没有能够主持丧葬礼仪的职业"摩批"，丧家出于便利会将此仪式推迟至开丧日仪式集中时再请职业"摩批"一并完成。

若丧家在逝者逝后立即请职业"摩批"到家中，职业"摩批"会为丧家完成此仪式。届时，逝者还躺在正房上房的主榻上，职业"摩批"会在逝者的手掌上放置米粒、谷子、麦子、玉米等，其后他请逝者长子右手握成中空圆柱状，左手掌心朝上接在下方。其后，职业"摩批"手抓一只小母鸡、一只公鸡，边念祭词边将逝者手中的谷物来回三次穿过逝者长子的手中，此仪式持续时间为6分钟左右。仪式结束后，丧家收起谷物、圈养小母鸡、宰杀公鸡。若丧家在开丧日才举行此仪式，职业"摩批"便用丧家在逝者入棺时，拴在逝者左手拇指上的黑、白线当作逝者之手的延伸，以此完成仪式。

（2）"逝奥绍"：为逝者"讨力"的仪式

在"逝奥绍"中，"逝"指"死，死亡"之意，"奥"为"力量，气力"之意。"逝奥绍"又称"告奥绍"，"告"即"道路"之意。此仪式通常在开丧日上午举行，是职业"摩批"为即将踏上寻找祖先路途的亡灵"增力"或"讨力"的仪式。事实上，此仪式与职业"摩批"为生者举行的"奥绍"仪式相似，"他活着的时候，我们会为他举行'奥绍'仪式，为他'讨力'，等他死了我们也要为他举行'逝奥绍'仪式，为他'讨力'。"[1]

"逝奥绍"仪式需准备一对雌雄鸡、一枝"摩批氏系"枝叶以递献祭品，以及所有祭献仪式必备的茶、酒、米、盐、现金等。因家禽需祭献神灵，故在仪式开始前，职业"摩批"会先用清水冲洗鸡和枝叶，以保证祭品的洁净。仪式开始后，职业"摩批"根据祭献家禽的不同生命状态，分活祭、死祭与熟祭三次祭献。第一，"逝奥绍"仪式之活祭。活祭在棺材左侧进行，职业"摩批"边倒提活鸡在棺材左侧上下绕转，边念诵祭词并撒米，以请神灵给即将踏上路途的逝者增添气力。此段仪式持续时间为7分钟左右。第二，"逝奥绍"仪式之死祭。职业"摩批"在正房门口，即二进门处，准备死祭仪式。他先拔掉鸡颈处的毛，以方便杀鸡放血，并在拔毛的同时念诵祭词，以请相关神灵接受祭品。其后，职业"摩批"将死鸡、鸡血与其他祭品一起摆在大簸箕上，开始念诵死祭祭词。此段仪式持续时间为15分钟左右。念毕，"阿叨"拿死鸡、鸡血、米、盐等祭品去烹煮。第三，"逝奥绍"仪式之熟祭。"阿叨"烹煮完毕，将熟鸡摆在原先死鸡所在的簸箕上，再盛一碗米饭或稀饭，新填茶、酒。其后，职业"摩批"在煮熟家禽的翅膀下各插一根筷子，然后他开始念诵熟祭祭词，以请神灵享受祭品。此段仪式持续时间为12分钟左右。

"逝奥绍"的活祭、死祭、熟祭的祭词相近，仅在向神灵递献祭品、描述祭献家禽的不同的生命状态时有所不同。"逝奥绍"的祭

---

[1] 访谈对象：王ZX（职业"摩批"），男，哈尼族，属蛇，1953年生，66岁，小柏木村人；访谈人：石鸿；访谈时间：2019年2月13日；访谈地点：咪哩村。

词以职业"摩批"为第一人称,逝者为第二人称,祭词大意为:人有生死,死后便不属于人,身体的每个器官都应有专门的归属,每个民族都一样。"你"死了以后,后辈们会在"窝里"上祭献"你",请"你"放心离去。"我"是"摩批"男子,今天要为"你"举行"逝奥绍"仪式,请神灵给"你"气力,让"你"顺利踏上寻找祖先的归途,让"你"今后皆走平坦大道没有陡坡,也不让"你"的脚杆酸痛。"我"做得不好的地方,"我"的老祖宗、祖师爷,以及各地、各族的职业"摩批""奥吉"都会来帮忙,请"你"安心地准备上路吧。[1]

图3—1 职业"摩批"在举行"逝奥绍"仪式(拍摄人:石鸿;拍摄时间:2018年8月6日;拍摄地点:咪哩村)

仪式结束后,职业"摩批"按惯例为自己举行防护仪式。他将现金、枝叶一起拿到专门用以撒米的碗上念诵,念毕吃几粒生米。其后,他将枝叶插在念诵地,即二进门处,再将祭品端到"窝里"祭台处,撕下三小块肉,倒三次茶、酒以祭献"窝里"上的祖先。然后,他把一整只熟鸡腿放在棺材头部祭献逝者,再让"阿叨"去切肉准备分胙。凡是祭献过的肉,在分胙前,职业"摩批"都要先祭献其

---

[1] 对职业"摩批"在丧葬礼仪中念诵祭词的搜集与整理,主要来源于笔者在田野调查中对王ZX、王SF、陈NC等职业"摩批"的仪式考察与访谈,以下不再赘述。

祖先与祖师爷。在祭献时，职业"摩批"会对其"正常"死亡与"非正常"死亡的祖先做区分。他在祭献"正常"死亡的祖先时，会将祭品放在桌前，念诵至少4代"父子连名制"家谱请祖先与祖师爷享用；他在祭献"非正常"死亡的祖先时，会将祭品从其肩膀往后扔，或直接往外扔。此外，职业"摩批"还要泼"水饭"，即将砧板上的碎肉施舍给屋外的孤魂野鬼。仪式结束后，职业"摩批"收取一只鸡腿、仪式中使用的米、现金等作报酬。其中，职业"摩批"带回家的鸡腿须专门祭献其家中"窝里"上的祖先。若职业"摩批"在仪式后出现身体不适，还可食之以做"药"。

（3）"尼豪遥"：为逝者"指路"的仪式

在"尼豪遥"[1]中，"尼豪"指"鬼，鬼怪"，此处主要指"亡灵"，"遥"有"驱赶，赶走"之意。"尼豪遥"也称"尼豪突"，"突"泛指需要念诵祭词的仪式。此仪式是豪尼人丧葬礼仪中最重要的部分，仪式的主要目的是为逝者亡灵"指路"，使其顺利回归祖地与其他祖先亡灵团聚。这条寻找祖先的路线，与哈尼族先民的迁徙路线一致。如前所述，各地哈尼族的迁徙路线有所区别，这也是丧家在丧葬礼仪中要请本村或邻村的职业"摩批"的主要原因。而且，不同规格的丧葬礼仪的区别，即体现在此部分祭词中。在"莫搓搓"丧葬仪式中，职业"摩批"需念三晚祭词，即从开丧日晚间至第四日凌晨，约20小时，而普通丧葬仪式只需念诵一夜祭词，即从开丧日晚间至次日凌晨，约6小时。

通常，职业"摩批"在棺材靠近"窝里"祭台的一侧举行"尼

---

[1] 豪尼人将此仪式汉译为"赶鬼"，而相关研究称之为"指路经""送魂经"等。参见王清华：《哈尼族非物质文化遗产〈斯批黑遮〉研究》，《云南民族大学学报》2007年第1期；何作庆、瞿东华：《哈尼族祖先崇拜丧葬习俗及调适作用探讨》，《宗教学研究》2010年第3期；张泽洪、廖玲：《西南民族走廊的族群迁徙与祖先崇拜——以〈指路经〉为例的考察》，《世界宗教研究》2014年第4期；卢鹏：《哈尼族鬼魂世界的二元划分——基于箐口的个案分析》，《宗教学研究》2012年第2期。

豪遥"的"指路"仪式，至仪式完成前他都不能离开此地。仪式开始前，"阿叨"敲击三声大铓并燃放鞭炮，以提醒在场者即将开始"尼豪遥"仪式。其后，职业"摩批"先举行"住无施候"的开场仪式，再请丧家为逝者"喂饭"，然后开始正式举行"尼豪遥"仪式。在仪式过程中，"阿叨"按职业"摩批"的要求筹备仪式所需，协助其完成仪式。他先为职业"摩批"在棺材旁的条凳上摆茶、酒各一碗。此外，他还为陪同者准备了两碗茶、一碗酒。同样，在职业"摩批"念诵"尼豪遥"祭词的过程中，皆以第一人称念诵，并以第二人称称呼逝者。

首先，职业"摩批"准备"住无施候"的开场仪式。他先念祭词，并以冷菜、稻壳、炭灰等施舍孤魂野鬼，以保证仪式过程中不被其打扰，也保证在场生者的安全。各地的职业"摩批"举行此仪式的地点有所差别，有的在丧家门口举行，其后才进入丧家屋内，如大芭蕉村的职业"摩批"陈NC；有的直接在堂屋棺材旁进行，如小柏木村的两位职业"摩批"王ZX与王SF。在仪式过程中，职业"摩批"以倒酒的"内"与"外"方向来区分祭献对象的好与坏，以请神灵庇佑仪式顺利，并将孤魂野鬼尽量"区隔"在丧家之外。仪式完成后，职业"摩批"将祭品放在棺材下方，等送葬时一并送出。

紧接着，职业"摩批"念诵开场祭词。这段祭辞的内容，主要是为庇佑仪式中的职业"摩批"，"（这段祭词）是用来保佑我的，保佑我不要被任何（凶秽之物）伤害到"。[1]他先将"逝奥绍"即为逝者"讨力"时的鸡腿肉切出三小块摆在条凳上，以正手或反手分内与外往肉上倒酒并念祭词。其中，职业"摩批"正手往内倒酒代表给其祖先、祖师祭献，反手往外倒酒代表给逝者祭献。祭词大意为：人

---

[1] 访谈对象：王ZX（职业"摩批"），男，哈尼族，属蛇，1953年生，66岁，小柏木村人；访谈人：石鸿；访谈时间：2019年2月13日；访谈地点：咪哩村。

死要念"尼豪遥",这不是"我"发明的,是老祖宗传下来的规矩。"我"今天要念"尼豪遥"给"你"开路,请"你"不要伤害"我"。"我"没做好的请"我"的祖先、祖师们帮忙做好,"我"会专门用酒、肉为之祭献。"我"是"摩批"男子,即将开始为"你"举行"尼豪遥"仪式,明早"你"的后辈会为"你"送葬,"你"要跟着"我"的长刀走,不要继续留在这里,以后"你"要照看好儿孙后辈,不要留恋人间。

这段祭词作为"尼豪遥"的开场祭词,职业"摩批"会在此后每段休息结束后、重新开始念诵新祭词以前,多次程式化地重复一遍。

其后,职业"摩批"用准备好的黑、白线,绕其持长刀的左手拇指14道,代表请14种神灵或圣物帮其顺利完成此仪式。职业"摩批"边绕边念诵祭词,祭词大意为:"我"今天准备为"你"主持仪式,请天、地、日、月、早星、晚星、其他星辰、"少卯""优卯""塔普""睦耶"、所有生人、所有植物等来帮助"我",他们不动"你"便不要动。"你"按照"我"说的路线,"我"带"你"一起走。"我"是"摩批"男子,明早"你"的后辈将为"你"送葬,"你"要跟着"我"的长刀去。此地不是"你"该留念的地方,"你"不要继续留在此地。"你"以后要照看好后辈儿孙,他们也会好好祭献"你"。

念毕,职业"摩批"将拴在手上的线取下拴到长刀的柄上,也可等全部仪式结束再将之拴到刀柄上。然后,由职业"摩批"请"阿叨"在棺头摔死一只鸡仔,"阿叨"清理鸡仔,再用火烧一下后,将之放在棺头供品处。此祭品被职业"摩批"称为"逝吾笃",专门用以祭献逝者,等送葬后由逝者长子食用。尽管逝者长子食用此鸡仔对身体有好处,也能"做药",但现很多豪尼人出于卫生或口感原因,都会将此物丢弃。其后,"阿叨"再在棺尾处摔死一只鸡仔,同样用火烧一下后与之前的祭品一起放在棺材下方。此祭品被职业"摩批"称为"哈腻报遮",用以打发"尼豪遥"的"路"上遇到的孤魂野鬼,防止他们干扰仪式。至此,"住无施候"的开场仪式全部完成,此仪式总用时约一个半小时。

开场仪式完成后,职业"摩批"请丧家为逝者叙家谱"喂饭"。丧家"喂饭"后,"阿叨"敲击三声大铓,职业"摩批"为逝者"指路"的仪式正式开始。持续数小时的祭词代表了逝者"路途"的遥远,职业"摩批"会分五段念诵,给自己与逝者休息的时间。每段祭词念诵完休息之时,职业"摩批"都会告知逝者请其歇脚、喝水、吸烟等,自己也休息一下。说完后,他有时会在棺材旁为逝者点一支香烟,在自己喝茶、酒前先为逝者倒三次在地上。职业"摩批"在每段新祭词开始前,都会在碗里新添些茶、酒,再各倒三次在地上以敬逝者,其在重复开场祭词后继续念诵新祭词。

第一段祭词需念诵 1 小时左右,主要叙述逝者的梦境。此段祭词紧接着前面的仪式,故不需要重复开场祭词。祭词大意为:"你"在做梦,梦中"你"为了过河做船而在寻找树木。在找树的过程中,"你"去到了白宏、惰塔、堕称的村寨,也寻遍了白族、汉族、傣族的村寨。最后,"你"找到了能做船的攀枝花树,但"你"砍了三天三夜也砍不断。"你"请善于制刀的汉族来帮忙,砍下树后又请善于造船的傣族来帮忙,最后终于制成了船。"我"告诉"你",那里不是"你"该做梦、该去的地方。"我"先休息一下喝口茶、吸口烟,长路漫漫,"你"也歇歇脚吧!

此段祭词包含了哈尼族先民迁徙的历史记忆,白宏、惰塔、堕称是哈尼族的不同支系,白族、汉族、傣族则是哈尼族先民在迁徙途中交往过的异族。元江流域的豪尼人曾跨过元江到今红河州石屏县境内,其后又跨过元江返回哀牢山定居。作为一支生计方式由游牧转变为农耕的迁徙民族，其跨过元江时曾得到聚居在元江流域附近的汉族、傣族的帮助。这种集体记忆在哈尼族的民间叙述中多有提及，故在其殡葬祭词中对之有专门的叙述。

第二段祭词需念诵50分钟左右，主要叙述逝者梦醒后便卧病在床，后辈为其治病寻药与筹备丧葬礼仪的过程。职业"摩批"先告知逝者："我"已经喝完酒、吸完烟了。然后，他重复开场祭词，接着开始念诵新祭词。祭词大意为：梦里那些地方不是"你"该去、该待的，那些是别人的地盘。梦醒后"你"突然卧病在床，"你"孝顺的子孙为"你"四处寻医问药，但依旧无法治愈"你"的病，他们为"你"的事去打"鸡卦"，"奥吉"说"你"已无力回天。生老病死是自然规律，"你"死后要把"福禄"留给子孙。"你"生前住房子，死后子孙为"你"去汉族、白宏、梭碧等居住的村寨四处寻找制作棺材的树木，砍树做棺材前，他们已经按礼仪祭献了树上的神灵。"你"死后，子孙也会为"你"洗脸、更衣与入棺。"少卯优卯"给了我们生命，现在"你"死了，"少卯优卯"就要把给过"你"的眼睛、嘴巴等都收回去，把你的灵魂也收回去。"你"死以后，吃的、喝的就与活人不同了，这些"我"等会都会告诉"你"。该为"你"做的，"我"和"你"的子孙会为"你"做好，"我"也会告诉"你"以后该怎么做、该何处去，"你"不要害怕。"我"先休息一下喝口茶、吸口烟，路途遥远，"你"也歇歇脚吧！

第三段祭词需念诵40分钟左右，主要叙述丧家请职业"摩批"为逝者举行丧葬仪式的过程。职业"摩批"重复开场祭词后，继续念诵新祭词。祭词大意为：豪尼人的家中有人去世，丧家就要去请"摩批"主持仪式。"摩批"家有狗，丧家就想办法把狗赶走并请到"摩批"。狗跑了没人看家，"摩批"到处找狗并将之牵引回家。这是我们老祖宗留下来的规矩，"我"作为"摩批"，别人来请是不能不去的。

"我"去了"我"的祖先会保佑"我","我"有布鞋、头巾、衣服、长刀这些专门的行头,"我"不怕"鬼怪","鬼怪"见了还要怕"我"。"我"会请紫驼骆、瓦纳、堕谷、大芭蕉、孟鹏、堕咪、朱堕、咪哩等地的"奥吉""摩批"来帮忙,协力完成这些仪式。临近出门"我"才发现,"我"媳妇的手艺不太好,缝的衣服不好看,让"我"不好意思出门去。别人缝衣服要三天,"我"的姐妹只要一天就为"我"重新做好了出门的衣裳。"我"先休息一下喝口茶、吸口烟,长路漫漫,"你"也歇歇脚吧!

这段祭词多次叙述了职业"摩批"在举行丧葬仪式时的装扮。传统上,职业"摩批"主持丧葬仪式时会穿戴全套的黑色或蓝靛色的粗布长衫、长裤、布鞋、包头及挎包,主要的仪式器具为长刀。其中,职业"摩批"所穿的衣服为其姐妹缝制。关于挎包,流传于红河州绿春县的哈尼族丧葬祭词中叙述道:"莫批更替了十代,姑姑缝制的,诵经必备的土布挎包,一天也不能改变。"[1] 现在职业"摩批"在主持仪式时,服饰装扮上不再讲究,但他们认为长刀是必不可少的。

第四段祭词需念诵 50 分钟左右,主要叙述职业"摩批"送逝者到地下的经过。职业"摩批"重复开场祭词后,请"阿叨"敲击三声大铓,叫醒在场小憩或熟睡者,避免生者灵魂被一起带到地下或遗留在地下。其后,职业"摩批"开始念诵新祭词。祭词大意为:"我"特地来为"你"开路,送"你"进去"达沃塔闼"(地名),去到"掖模索霍"(地名)。去那里的路一共有十三层,"你"死后就要留在那里生活,吃、穿、住、用、行等用得到的,"我"都会详细地告诉"你"。人活着吃饭菜,"你"死了就吃山上的泥土和杂草;人活着喝山泉水,"你"死了就喝泥土水;家里面养的动物不是"你"吃的,"你"要

---

1 红河州人民政府编《哈尼族口传文化译注全集·搓西能批突(二)》(第 26 卷),昆明:云南民族出版社,2012 年,第 353 页。

吃就去找山上野物……"我"在人世间还有没完成的事,"我"的孩子还在等"我"回去,"我"地里的锄头也还没捡起来。"我"要回去了,"你"就留在地下吧。"我"回去时,地下的亡灵、鬼怪也都会来阻挡"我",但"我"会将他们一层层推开让他们留在地下。"我"先休息一下喝口茶、吸口烟,路途遥远,"你"也歇歇脚吧!

在此段祭词中,职业"摩批"逐层为逝者详细叙述了大量地下生活的场景。而且,他每将逝者送下一层,便会将长刀向左摆一次;当其要上来时,会先将裤脚卷起,告知逝者自己在人间还有未竟之事,每上一层时亦将长刀向右摆一次。当他回到地面时,他会象征性地站起来,并将长刀拔出刀鞘三次。至此,职业"摩批"送亡灵到地下的仪式结束了。

第五段祭词需念诵1小时左右,主要叙述哈尼族先民自建寨"努玛阿美"后的迁徙路径,让亡灵沿着此路径去寻找祖先与祖居地。职业"摩批"重复开场祭词,并在念到约40分钟时,请丧家再次为逝者举行"喂饭"仪式,其后他继续念诵新祭词。祭词大意为:"我"告诉"你"祖先的故事,我们的祖先曾经历过人与鬼不分的时代,后来鬼和人产生了矛盾,祖先建了村寨并与鬼划分了边界。我们的祖先生于"努玛阿美",长于"那堕奥霍"。他们为了生存一路迁徙到今元江县因远镇境内,再迁到"洪玛坻玛"白宏人的聚居地。因"洪玛坻玛"土地贫瘠无法生存,祖先们再次转回今元江县因远镇梭比人的聚居地,其后他们再迁至今元江县红光农场附近。因新的迁徙地不好养育儿孙,他们再次踏上迁徙的路途,他们先后经过今元江县大水平村、大路新寨村来到元江坝子。元江坝子瘴气重、疟疾肆虐,无法生存,他们跨过元江来到今红河州石屏县、建水县境内,再迁到今昆明市。他们来到昆明后,被无尽的"大海"阻断了迁徙的路途,他们又转迁回今玉溪市扬武县境内,经过今元江县青龙厂、甘庄坝,新平县二台坡村、土锅寨村等地,再一路迁徙至今元江县葫芦田村、大旧村、大黑铺村境内。最后,他们在迁至草坝水库后,为了族群的发展而分成各支在各个山区定居。"你"的家族最初的起源地是在这里(某地点),"你"就按照这条路去寻找你家族的祖先吧!

哈尼族各支系的殡葬祭辞中皆会提到"努玛阿美",在豪尼人的集体记忆中此地具有神圣性,是所有哈尼族祖先诞生的地方,也是哈尼人最初开始独立建村立寨的地方。如前所述,据学者史军超考证,此地在今四川省雅砻江与安宁河流域。[1]职业"摩批"在此段祭词中所提及的迁徙路线,是由今红河州石屏县迁徙至元江县咪哩村的大部分豪尼人的历史记忆,其路线属于哈尼族迁徙路

图3—2 职业"摩批"在举行"尼豪遥"仪式(拍摄人:石鸿;拍摄时间:2018年8月7日;拍摄地点:咪哩村)

线之中线。根据祭词,哈尼族在迁徙至今咪哩乡与因远镇交界的草坝水库附近后,分成各支到各山区建村立寨。元江流域哈尼族各分支有不同的汉姓,各家族亦有不同的起源地。有经验的职业"摩批"能通过各家族的姓氏,推断其家族的起源地。在具体仪式中,职业"摩批"会专门询问主家的家族起源地,即"你们家族最初吃喝的地

---

[1] 史军超:《滨海文化与高原文化的嫡裔——哈尼族迁徙史诗研究》,红河哈尼族彝族自治州民族研究所编《哈尼族研究文集》,昆明:云南大学出版社,1991年,第30—54页。

方在哪？"以将逝者准确地送往此处。此外，职业"摩批"在此段祭词中还提到"人鬼分家"，在豪尼人的民间故事中对之也有所叙述，详见本研究第五章。人鬼分家的故事，体现了豪尼人明显的"边界"意识，这与祭词中豪尼人不断迁徙，与其他族群划分边界的观念与意识一脉相承。

以上便是豪尼人普通丧葬礼仪中"尼豪遥"的祭词。职业"摩批"念毕，丧家即烧纸钱给逝者。若是"莫搓搓"丧葬礼仪，"尼豪遥"的祭词便要从世界万物的起源讲起，包括天、地、人、动物、植物等，再完整叙述豪尼人的诞生、成长、恋爱、婚育、生病、死亡等过程，最后描述豪尼人丧葬礼仪的筹办过程，以及祖先的迁徙路径等。念完这些祭词，至少需两位职业"摩批"轮流念诵四天三夜。与"莫搓搓"丧葬礼仪中"尼豪遥"祭词相似的叙述，在豪尼人的民间叙事中能够找到，如《天、地、人的传说》[1]《兄妹传人类》[2]等民间故事与神话传说，以及《生与死》《建寨安居》《古规与三种能人》《年论树》[3]等礼仪习俗歌。

（4）"柘木塔"：祭献亡灵的仪式

"柘木塔"是职业"摩批"将牲畜"祭献"给逝者的仪式。现豪尼人在普通丧葬礼仪中祭献给逝者的牲畜，至少包括一头公水牛和一头黑毛公猪。在豪尼人看来，死后世界与生者世界存在一定的负相关，在死后世界中生存的逝者无法进行生产与再生产，他们只能

---

1《哈尼族民间故事》编辑组编：《哈尼族民间故事》，昆明：云南人民出版社，1984年，第1—5页。

2 刘辉豪、阿罗编《哈尼族民间故事选》，上海：上海文艺出版社，1989年，第10—19页。

3 这些礼仪习俗歌皆收录于白碧波、李克忠、白祖额、阿黑译注：《哈尼族礼仪习俗歌》（上、下），昆明：云南民族出版社，1999年。

通过生者的祭献获得生存资源。故生者只有将公牲畜祭献给彼岸世界的逝者，使之无法在彼岸世界繁衍，其才不会与生者在生存资源上产生争抢。

"阿叨"将祭献牲畜牵到丧家门口后，将牵牲畜的绳子用两根合并的黑、白长线连接，逝者长子再将之与拴在逝者手上放在棺材之外的黑、白线连接。其间，绳子不能着地，旁人也不得触碰。其后，职业"摩批"在祭献

图3—3 职业"摩批"在举行"柘木塔"仪式（拍摄人：石鸿；拍摄时间：2019年7月1日；拍摄地点：咪哩村）

牲畜的背后念诵约30分钟的祭词，以将牲畜祭献给逝者，并告知其今后生死殊途，让其在彼岸世界好好生活。职业"摩批"念毕祭词，将茶、酒倒在牲畜上，然后吃几粒生米，收下在仪式中撒剩下的米及插在米上的钱。

在此仪式中，有的职业"摩批"习惯分两次将牲畜祭献给逝者，如小柏木村的职业"摩批"王ZX、王SF，他们通常会先祭献牛，再祭献猪；有的职业"摩批"则习惯一次性完成祭献，如大芭蕉村的职业"摩批"陈NC，他会将牛与猪拴在一起一同祭献。在没有请职业"摩批"主持此仪式的村寨，如瓦纳村、紫驼骆村，便由"阿叨"与逝者长子象征性地用两根合并着的黑、白长线将牲畜祭献给逝者，而没有念诵相关的祭词。

2. 送葬后的仪式

（1）"逝巴套"：驱赶亡灵的净化仪式

在"逝巴套"中，"逝"指"死亡"，延伸为"逝者，亡灵"之意，"巴"为"不好的，有害的"之意，"套"有"驱赶，扫除"之意。此仪式在完成送葬仪式后举行，通常职业"摩批"会将"脱孝"仪式与之一并完成。"逝巴套"及附加仪式的目的，是为了进一步驱赶曾经停留或遗留在丧家的亡灵等凶秽之物，使其不对生者世界造成困扰，也不让死亡的阴影继续笼罩丧家，使丧家近期内不再出现死亡之事。"'逝巴套'是抬出去后举行的。举行这个仪式的目的就是不让（凶秽之物）继续存留的意思。也就是说，不好的东西随死人抬走后，（丧家）家里就不会让这些（凶秽的）东西继续留下，不让死人伤害家里人，也不让家里连续出现亲人离世的悲剧。"[1]

不同村寨的职业"摩批"皆强调"逝巴套"的"驱赶"仪式在丧葬礼仪中的重要性。"（丧家）可以不举行'尼豪遥'，但'逝巴套'一定要举行。"[2] 豪尼人认为，丧家在送葬后举行此仪式能使家庭更顺利。如前所述，"逝巴套"可在丧家门口或村外举行。仪式的举行地除根据不同职业"摩批"的仪式习惯外，还要结合当地豪尼人的整体丧葬礼仪。如咪哩村、小柏木村的豪尼人通常会请职业"摩批"举行完整的仪式，包括送葬前与送葬后的仪式。负责此区域的职业"摩批"会在仪式中逐渐将逝者与生者分离，故他们习惯在丧家门口举行此仪式；而在豪尼人与汉族杂居的紫驼骆村，当地豪尼人通常不请职业"摩批"举行送葬前的仪式，但一定会在送葬后请职业"摩

---

1 访谈对象：王CW（职业"摩批"），男，哈尼族，属羊，1943年生，76岁，新田村人在咪哩村定居；访谈人：石鸿；访谈时间：2019年2月28日；访谈地点：咪哩村王CW家中。

2 访谈对象：陈NC（职业"摩批"），男，哈尼族，属兔，1963年生，56岁，大芭蕉村人；访谈人：石鸿；访谈时间：2019年2月26日；访谈地点：大芭蕉村。

批"举行此仪式。当地的职业"摩批"为将亡灵进行彻底"区隔",会选择在村外完成此仪式。而且,职业"摩批"在村外完成此仪式返回丧家时,还会专门举行"弥兮兮"的"祛邪"仪式,即用水浇灭燃火再从上跨过,以防亡灵等凶秽之物的尾随。

在"逝巴套"开始前,"阿叨"为职业"摩批"筹备仪式所需。其一,准备祭献给亡灵的物品,包括若干冷菜、稻壳、炭灰、彩线,以及一只鸡仔、一碗酒、一个蛋壳、两颗铁钉、三小块生肉、三小块糯米粑粑;其二,准备驱赶亡灵的物品,包括职业"摩批"用于撒的一碗米、四种递献祭品的枝叶;其三,准备脱孝的物品,包括一颗鸡蛋、三小块孝布;其四,准备祭献后作为职业"摩批"与"阿叨"报酬的物品,包括两只公鸡、两块白粗布,其中长的布包60元,短的布包30元,并放在两碗米上。这些祭献品全被放在纸板上,如图4—4所示。

职业"摩批"会在祭词中说明每一件祭献物的用途,为亡灵明确死后世界与生者世界的边界与区分。豪尼人在"逝巴套"这类"驱赶"亡灵的仪式中,通常以生肉、冷菜祭献或施舍给亡灵、孤魂野鬼,这是有意在生者世界与死者世界之间形成"区隔"与"分化",强调二者间的二元对立关系。此外,豪尼人常言"天大,地大,米最大",生米能够驱赶亡灵,职业"摩批"在与超自然存在"交往"的过程中,皆会以撒米对之进行驱赶,甚至在仪式结束时,直接食用生米以辟邪。仪式中使用的四种枝叶分别长在水边、山林及村寨周边,其能够作为生者世界与死者世界的"栅栏"而对亡灵进行"区隔"。彩线、钉子、蛋壳是给逝者在彼岸世界生存的工具,而鸡蛋可替孝子继续戴孝,免其日后头痛,此仪式附带完成了孝子的脱孝仪式。

在"逝巴套"仪式中,祭词被分为两段,职业"摩批"约念诵1小时30分钟,并在中间休息一次。"逝巴套"的祭词与"尼豪遥",

图 3—4 "逝巴套"仪式所需的物品（拍摄人：石鸿；拍摄时间：2018 年 8 月 7 日；拍摄地点：咪哩村）

即"指路"仪式中将亡灵送至地下的祭词相似，二者有异曲同工之妙。在"逝巴套"仪式开始前，职业"摩批"请"阿叨"将鸡仔摔死后与其他祭品一同放在纸板上。其后，他左手拿枝叶，右手端酒碗，边念诵开场祭词边分别倒酒在肉上。此开场祭词与"尼豪遥"的开场祭词相似，祭词大意为："你"死后不要停留在人间，"我"是"摩批"男子，"你"要跟着"我"的长刀去"你"该去的地方，不要继续留念这里。紧接着是第一段祭词的念诵，职业"摩批"放下酒碗，边念边将手中枝叶放到纸板上，告知逝者：人的死亡是命中注定的，并非针对"你"一人，"我"今天为"你"做好"你"在另一个世界生活的准备，告知"你"要注意的东西，"你"就安心留在下面吧。"我"在人间还有未完成的使命，所以"我"要回去了。在这段祭词中，职业"摩批"同样将亡灵赶到地下十三层。职业"摩批"讲述每层景象，并在要上来时象征性地卷起裤腿，每上一层要叙述一遍。

中间短暂休息后，职业"摩批"开始第二段祭词的念诵。此段祭词约念诵30分钟，开场祭词后，职业"摩批"叙述其主持仪式的正当性，且其仪式有其他职业"摩批""奥吉"的相助。其后，"摩批""阿叨"各自抱着公鸡、端一碗米，米上放着被布包着的钱。职业"摩批"念诵祭词，念毕让鸡啄米，

图3—5 "逝巴套"仪式中的职业"摩批"和"阿叨"（拍摄人：石鸿；拍摄时间：2019年7月1日；拍摄地点：咪哩村）

然后他吃几粒生米，以做防护。其后，"摩批""阿叨"收下米、钱、鸡作报酬，"逝巴套"仪式结束，"阿叨"也完成了丧葬仪礼的全部工作。在"阿叨"离开前，职业"摩批"会专门叮嘱，烹食此鸡时，要先祭献祖先与施舍门外孤魂野鬼。同样地，在生者分胙前，职业"摩批"先祭献其祖先与祖师爷，此外还要泼"水饭"施舍孤魂野鬼。

部分村寨的豪尼人会在"逝巴套"的"驱赶"仪式完成后，立即请职业"摩批"为逝者的伴侣举行"分离"仪式，以使逝者不再对其伴侣纠缠，如紫驼骆村；部分村寨的豪尼人则会在逝者的伴侣改嫁或改娶之时，再为其举行相关仪式，如咪哩村。"分离"仪式作为"逝巴套"的附加仪式，仪式过程较简单。届时，职业"摩批"拿一颗生鸡蛋在逝者伴侣的背后隔空滑动并念诵祭词，以使逝者不再纠缠其伴侣。仪式结束后，职业"摩批"再将"逝巴套"仪式的

祭品与"分离"仪式中使用的鸡蛋一起扔到村外。

（2）"中套固"：请亡灵上祭台的仪式

在"中套固"中，"中"即指正房中房，是曾经停灵和主持相关仪式之地；"套"为"灵魂，亡灵"之意；"固"为"叫，请"之意。职业"摩批"在送葬次日上午举行此仪式，以将亡灵从地下请到丧家"窝里"接受后辈祭献。据职业"摩批"介绍，将亡灵从地下请到"窝里"一共有五层。[1]那些在丈夫之前离世的妻子会先被请在上房与中房相接，与"窝里"相对的墙角处，等其丈夫去世后再一并请到家中"窝里"处。此仪式需要一对雌雄鸡做祭品，其中，雄鸡祭献原来在"窝里"上的祖先，雌鸡祭献新近离世者。"摩批氏系"枝叶、芭蕉叶、芋头叶等三种枝叶被用作职业"摩批"递献祭品的媒介。此外，他还需准备茶、酒、米、盐与现金，以及一碗用来撒的生米。

"中套固"的"请灵"仪式开始后，职业"摩批"根据祭献家禽的不同生命状态，分活祭、死祭与熟祭三次祭献。第一，"中套固"仪式之活祭。活祭仪式在堂屋举行，职业"摩批"将祭品摆在大簸箕内，然后将逝者长子在葬后取回的"茨蒲"枝叶与其提前准备的三种枝叶、祭献家禽用水冲洗，其后念诵祭词，约1分钟。第二，"中套固"仪式之死祭。职业"摩批"杀死祭献家禽后，将祭献仪式地搬至上房"窝里"下方。他再次用清水冲洗祭献家禽和枝叶，将之与祭品摆在大簸箕上，再新添茶、酒。其后，丧家对"窝里"祭台磕头，他在丧家背后撒米并念诵祭词，约15分钟。念毕，职业"摩批"请主家烹煮祭献家禽和生米，准备熟祭仪式。第三，"中套固"仪式之熟祭。职业"摩批"在煮熟的祭献家禽的翅膀下各插一根筷子，

---

[1] 访谈对象：王ZX（职业"摩批"），男，哈尼族，属蛇，1953年生，66岁，小柏木村人；访谈人：石鸿；访谈时间：2019年7月2日；访谈地点：小柏木村。

将熟鸡、米饭、枝叶摆到大簸箕上,再次新添茶、酒。丧家再次对"窝里"磕头,职业"摩批"在其身后撒米并念诵祭词,约15分钟。

同样地,"中套固"的活祭、死祭、熟祭的祭词相近,仅在描述祭献家禽的生命状态时有所不同。"中套固"的祭词大意为:"你"死后,"你"的儿子会在家中"窝里"上祭献"你",让"你"有热茶、菜肴、美酒可以享用,不用去外面乞食,"你"也要照看好后辈,让他们一切顺利。以后若有后辈被请上"窝里"时,"你"就下去"咪索",再有后辈上来,你就去屋后吧。这是献给"你"的鸡,该做的"我"都会帮"你"做好,未竟之事"我"的祖先、祖师爷也会帮扶。

仪式祭词念诵完成后,职业"摩批"举行个人防护仪式、"窝里"的祭献仪式,以及分胙前的祭献与施舍仪式,最后收下仪式报酬。

(3)"窝奥绍":为丧家"讨力"的仪式

职业"摩批"通常在送葬次日下午为丧家举行"窝奥绍"的集体"讨力"仪式。"窝"即代表"家庭,一家人","奥"为"力量,气力"之意。豪尼人认为,若家中有人去世,对丧家而言在劳动力与精神上都是重大的损失,尤其在精神上。故丧家要请职业"摩批"举行此仪式,以恢复丧家精神上的气力。出于相同的目的,豪尼人在日常生活中也会请职业"摩批"为全家举行此仪式。此外,因丧家处理与亡灵相关的仪式,出于防御心理,他们在请职业"摩批"举行"窝奥绍"的集体"讨力"仪式时,还会附加"捞窝捞固"的"叫魂"仪式。

职业"摩批"在举行"窝奥绍"仪式时,会面对传统民居的中心柱,即在正房上房与中房之间,祭献家禽的数目为单数,通常为三只鸡或五只鸡,而大多数豪尼人会选择用三只鸡祭献,递献的枝叶为一枝"摩批氏兮"。此外,职业"摩批"还需准备祭献所需的茶、酒、盐、现金,以及三根香、两碗米。其中,一碗米是祭献所需,一碗米是职业"摩批"在仪式中撒的。若丧家有家人不在场,职业"摩批"可用黑白线或其穿过的衣物代替。仪式结束后,不在场者将念诵过的线拴在手上,将衣穿在身上即可。

此仪式同样需根据祭献家禽的不同生命状态,分活祭、死祭与熟祭三次祭献。第一,"窝奥绍"仪式之活祭。仪式开始前,职业"摩批"同样把祭献家禽和枝叶用清水冲洗,然后逝者长子与长媳分别抓一只公鸡、一只母鸡,他们与其他人一起面对中心柱,职业"摩批"抓一只公鸡及递献祭品的枝叶,站在他们背后念诵祭词,约10分钟。在念诵祭辞的过程中,职业"摩批"不断提鸡从下到上在主家背后绕,以将丧家气力象征性地"讨"回到他们身上。[1]念毕,职业"摩批"将祭献的鸡禽按序放血杀死。在拔每只鸡的颈毛时,他会念诵祭词请神灵来接受祭品,在放完鸡血后,他会把鸡颈毛沾血粘在中心柱上。第二,"窝奥绍"仪式之死祭。职业"摩批"将已杀死的祭献家禽按序摆好,并摆上递献祭品的枝叶,丧家对中心柱磕三次头并撒米,职业"摩批"在他们背后撒米并念诵祭词,约16分钟。念毕,丧家去烹煮祭献家禽与生米。第三,"窝奥绍"仪式之熟祭。职业"摩批"在熟鸡翅上插一双筷子,新添茶、酒和一碗米饭,点三炷香。丧家再次对中心柱磕三次头并撒米,职业"摩批"在其身后撒米并念诵祭词,约17分钟。

同样地,"窝奥绍"的活祭、死祭、熟祭的祭词相近,仅在描述祭献家禽的生命状态时有所不同。"窝奥绍"的祭词大意为,职业"摩批"将祭献家禽按层级送至神灵所在处,并象征性地描述主家去年的生活,让神灵保佑其今年与明年有好日子。该做的职业"摩批"已做好,没做好的其祖先与祖师爷会帮扶,各地、各族的职业"摩

---

[1] 若是与褪祛邪祟相关的仪式,职业"摩批"则需要在仪式主体背后提鸡从上到下地将"凶秽"象征性地从其身上扫除。

批""奥吉"也会帮忙，请神灵保佑主家今后的日子。

其后，职业"摩批"举行个人防护仪式、"窝里""咪索"的祭献仪式，以及分胙前的祭献与施舍仪式，最后收下仪式报酬。

（4）"保付氐"或"奥绍"：为逝者长子"讨力"的仪式

"保付氐"或"奥绍"通常在送葬后第三日举行，是职业"摩批"专门为逝者长子举行的"讨力"仪式，可看作是丧葬仪式的延伸。职业"摩批"认为，举行过"窝奥绍"的全家"讨力"仪式后，可省略单独为逝者长子举行的"讨力"仪式。但是，按豪尼人的观念，父母去世后长子与长媳成为大家庭中的新家长，且长子为丧葬礼仪中最易丢失"气力"的人，故有必要专门为其举行"讨力"的仪式。因此仪式属个人层面的仪式，仪式主体会根据家庭经济状况决定是否需要举行此仪式及举行此仪式的规格。

通常，职业"摩批"会在丧家的要求下，为父母皆去世的豪尼人举行"保付氐"的"讨力"仪式，若其父母一方健在则为之举行"奥绍"的"讨力"仪式。这两个仪式皆属个人层面的"讨力"仪式，但在"保付氐"仪式中，祭献天神的神格较"奥绍"仪式中祭献的天神的等级高，且"保付氐"还需向参与赴宴的乡邻寻求帮助。举行过"保付氐"仪式的豪尼人，此后"讨力"便只能再举行此仪式，否则无效。

首先是"奥绍"的个人"讨力"仪式。职业"摩批"为逝者长子在正房门口举行"奥绍"仪式，此仪式的过程与"窝奥绍"的集体"讨力"仪式相似，根据祭献牲畜、家禽的不同生命状态，分活祭、死祭与熟祭三次祭献，其祭词也与之相似，仅在叙述祭献物、祭献对象时不同，在此不赘述。同样地，仪式结束后，职业"摩批"举行个人防护仪式、"窝里""咪索"的祭献仪式，以及分胙前的祭献与施舍仪式，最后收下仪式报酬。

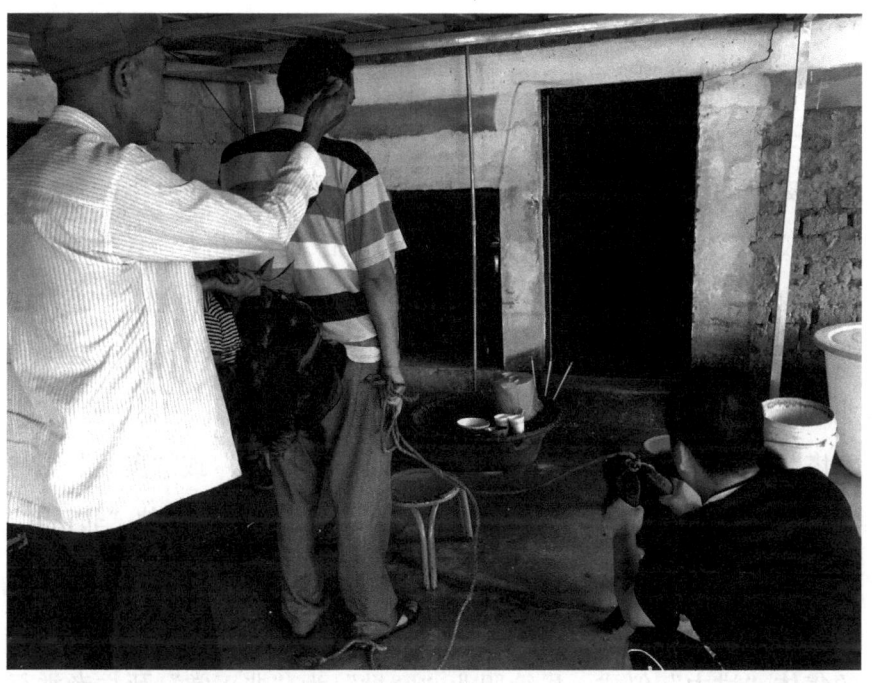

图3—6 职业"摩批"为逝者长子举行"保付氏"仪式（拍摄人：石鸿；拍摄时间：2019年7月4日；拍摄地点：咪哩村）

其次是"保付氏"的个人"讨力"仪式。此仪式依据祭品的等级，分两种仪式规格。一种是最高规格的仪式，祭品包括一只山羊和一只公鸡；另一种是次等规格的仪式，只需以一只白公鸡祭献。在丧葬礼仪结束之后，若逝者长子选择举行"保付氏"中最高规格的祭献仪式，那么他在日常"讨力"的仪式中出于经济考量，通常会选择次等规格的祭献仪式。职业"摩批"在"保付氏"仪式中，会使用到万年青、柏木、芦苇这三种常绿植物的枝叶，为将祭品顺利祭献给天神，他会在"土掌"上举行此仪式。此仪式的过程、祭词与"窝奥绍""奥绍"即为家庭或个人的"讨力"仪式相似，在此亦不赘述。同样地，仪式结束后，职业"摩批"举行个人防护仪式、"窝里""咪索"的祭献仪式，以及分胙前的祭献与施舍仪式，最后收下仪式报酬。

## （二）职业"摩批"为"非正常"死亡者主持的仪式

职业"摩批"为"非正常"死亡者举行的仪式至多有八个。通常，"非正常"死亡者中的特殊者，即在家中逝世且有子嗣，但在直系长辈前离世的"短命"者；有子嗣但在村外意外死亡的成年人，他们得享较完整的丧葬礼仪。首先，职业"摩批"会为此类逝者举行"努靠山靠登"，即为逝者"推开"致死的鬼怪的仪式。此仪式通常在逝者离世当日，或在其离世三日之内的开丧日上午举行。其后，职业"摩批"根据具体情况为逝者与丧家举行"逝奥绍""尼豪遥""柘木塔""逝巴套""中套固""窝奥绍"与"保付氏"或"奥绍"等与"讨力""指路""祭献""驱赶""请灵"相关的仪式。其他"非正常"死亡者则多没有被筹办丧葬礼仪的机会，丧家至多在处理完其后事时，请职业"摩批"举行"逝巴套"的"驱赶"仪式与"窝奥绍"的集体"讨力"仪式。尽管职业"摩批"为"非正常"死亡者举行的部分仪式与"正常"死亡者的仪式相似，但二者在部分仪式上有明显的不同，下面笔者将针对这些不同的仪式做具体介绍。

1. "努靠山靠登"：为逝者推开致死鬼怪的仪式

在豪尼人看来，"非正常"死亡者不能留下"福禄"，反而要将导致其意外早逝的"鬼怪"与其身上携带的厄运推开，以免继续危害丧家，故要举行"努靠山靠登"仪式。这些导致豪尼人"非正常"死亡的"鬼怪"主要分为两类。其一，各种"非正常"死亡者的亡灵。由其导致豪尼人"非正常"死亡的表现多为意外事故，如交通事故死亡、突发疾病致死等；其二，部分自然神，包括山崩神、水神、雷神等。由其导致豪尼人"非正常"死亡的表现与自然灾害相关，如山体滑坡致死、溺水致死、被雷劈死等。

"阿叨"协助职业"摩批"筹备仪式所需，包括两只公鸡、一只母鸭、两种递献枝叶，以及茶、酒、米、盐、现金等。在仪式过程中，职业"摩批"同样根据祭献家禽的不同生命状态,分活祭、死祭与熟祭三次祭献。

第一,"努靠山靠登"仪式之活祭。职业"摩批"先抓祭献家禽和两枝叶对逝者遗体或骨灰念诵祭词并撒米。其后,职业"摩批"与"阿叨"一同将祭品拿到村寨附近的河边,如咪哩村的豪尼人习惯在山脚的咪哩河畔举行此仪式,再完成后面的仪式。在河边举行此仪式的目的,是为了让"非正常"死亡者致死的"鬼怪""像大河流水不再回转,要像河尾水一样远远地离去"。[1] 届时,职业"摩批"先顺着河流流向,在河边用两根树枝以相隔20厘米左右的距离插在地上,并在其上搭一根树枝做横梁。然后,职业"摩批"在横梁上再搭一根枝条、一根由水稻秸秆扭成的绳索。此外,横梁上还垂挂着一个简易编制的竹篾片。这些装置能在仪式过程中将鬼怪"推到"河里且阻止其返回,使之顺水流走。

第二,"努靠山靠登"仪式之死祭。职业"摩批"在水流上方按序将祭献家禽宰杀并将其血放到地上。届时,他边拔家禽颈毛并念诵祭献对象之名请其接受祭品。其后,他将宰杀的家禽和两根枝叶按序摆好,继续边念诵祭词边撒米。念毕,他请"阿叨"在河边烹煮祭献过的家禽和米。

第三,"努靠山靠登"仪式之熟祭。"阿叨"将祭品煮熟后,职业"摩批"将祭品摆放在干净的叶片上,并插上一双用木棍或竹枝简易制作的筷子,新添茶、酒,再倒一碗汤饭,然后继续边念诵祭词边撒米。

同样地,"努靠山靠登"的活祭、死祭、熟祭祭献祭词相近,仅在描述祭献家禽的生命状态时有所不同。"努靠山靠登"的祭词大意

---

[1] 红河州人民政府编《哈尼族口传文化译注全集·罗美耐扎饶(二)》(第28卷),昆明:云南民族出版社,2013年,第314页。

图 3—7 "努靠山靠登"仪式中在河边推开鬼怪的装置 [拍摄人:石鸿;拍摄时间:2019年5月17日;拍摄地点:咪哩河（飞胜线）]

为，职业"摩批"让致死的鬼怪不要再回来，并念诵其制作的每一种仪式装置是如何"区隔"鬼怪的，保佑丧家家中今后不再出现此类死亡情况。

祭毕，职业"摩批"举行个人防护仪式。然后，他将"尖刀草"边念诵祭词边从竹篾的空隙处投出，以击打"鬼怪"，再将搭建的仪式装置全部扔到河中，还边念诵祭词边扔一块大石头到河中，阻止"鬼怪"返回。在生者分胙前，职业"摩批"先祭献其祖先与祖师爷，并施舍孤魂野鬼，最后他再收下肉与米。同行者食用结束后，职业"摩批"将简易制作的筷子折断，念诵祭词扔到河中，他还边念祭词边将简易搭建灶台的石头翻转。职业"摩批"在祭献结束后所念诵的祭词，皆是让鬼怪不要跟随，让自己、丧家与参加此次仪式者顺遂。在即将返回逝者灵棚时，职业"摩批"还会请丧家在必经路上用水浇灭燃火，完成"弥兮兮"的"祛邪"仪式，以彻底阻断"鬼怪"

等凶秽之物的尾随。

2. "尼豪遥"：为逝者"指路"的仪式

职业"摩批"为"非正常"死亡者举行的"尼豪遥"仪式与"正常"死亡者的"尼豪遥"仪式过程一致。但因不同死亡情况下逝者的归属不同，"非正常"死亡者通常无法同"正常"死亡者那样回归彼岸世界祖居地的村寨内与祖先亡灵共同生活，故职业"摩批"为二者念诵的祭词亦有所不同。

首先是开场仪式，"非正常"死亡者的"尼豪遥"开场仪式与"正常"死亡者相同。即在仪式开始前，"阿叨"为职业"摩批"筹备仪式所需，其后职业"摩批"在棺材左侧念诵祭词并祭献，以施舍孤魂野鬼及庇佑在场者。念毕，职业"摩批"将祭献过的祭品放在棺材之下，取下"逝奥绍"祭献的鸡腿肉，切成三小块，边倒酒边念诵开场祭词。念毕，他边绕线在左手大拇指边念诵祭词。其后，他请"阿叨"分别在棺尾与棺头摔死鸡仔，并继续念诵祭词。在棺尾摔死的鸡仔放在棺材下方的祭品处，"阿叨"去处理在棺头摔死的鸡仔，送葬后由逝者长子食用。

"非正常"死亡者的"尼豪遥"仪式与"正常"死亡者的不同，主要体现在正式祭词的内容上。"非正常"死亡者"尼豪遥"的正式祭词同样分为五部分，第一段祭词，职业"摩批"描述逝者梦境；第二段祭词，职业"摩批"叙述逝者生病，主家寻医问药的过程，以及逝者不幸离世后丧家筹备丧葬礼仪的过程；第三段祭词，职业"摩批"告知逝者逝后与生者世界截然不同的日常生活，丧家已为逝者四处寻找最好的祭献牲畜、家禽，职业"摩批"让逝者安心上路并告知且引导逝者死后要走的路。第四段祭词，职业"摩批"请各地、各族的职业"摩批""奥吉"，以及自己的祖先、祖师爷前来帮忙，以完成为逝者引路的任务。职业"摩批"告知逝者，日后子孙会在祭台上对其祭献，让其保佑后辈子孙。第五段祭词开始前，职业"摩批"请在场者不要酣睡，然后开始念诵祭词。职业"摩批"让逝者安心在地下生活，他该为逝者做的事情已做好，将要回到生者世界。此外，他告知逝者祖先曾经迁徙的路线，让逝者不要忘记自己的祖先，以及祖先的所在之地。

相比较而言，"正常"与"非正常"死亡者"尼豪遥"仪式的祭词在第一、二段描述逝者的梦境、生病与死亡处相同，二者的不同之处是第三、四、五段。总体来看，"非正常"死亡者的"尼豪遥"祭词看似与"正常"死亡者的仪式祭词相同，但在实际的内容上与顺序上有所不同。具体来看，第一，"非正常"死亡者的仪式祭词，在第三段时省略了"正常"死亡者仪式祭词中请职业"摩批"的部分。在"非正常"死亡者的此段仪式祭词中，职业"摩批"已为逝者区分生死世界，并指明了逝者的归属路线，而"正常"死亡者的此部分仪式祭词是在第四段呈现的。第二，在"非正常"死亡者的第四段仪式祭词中，职业"摩批"已为逝者定下严厉的规则，让其在死后世界生活，并告知逝者逾越生死的界限会受到惩罚。此外，他还告知逝者，其子孙会对之供奉，但其需要照看好子孙。这些祭词在"正常"死亡者的祭词中是没有的，尤其是对逝者这种带有"警告"性质的话语。第三，"正常"与"非正常"死亡者的第五段仪式祭词虽然都叙述了族群的迁徙路线，但"正常"死亡者的仪式祭词，强调的是让逝者追随祖先迁徙的路线返回祖居地，并与"正常"死亡的祖先一同生活的，而"非正常"死亡者的仪式祭词，仅告知逝者作为集体记忆的族群迁徙路线，逝者是无法与"正常"死亡的祖先共同生活的。如同现实生活中的"村内"与"村外"一样，那些"非正常"死亡者只能在彼岸世界中祖居地的"村外"游荡。

### 3. "中套固": 请亡灵上祭台的仪式

职业"摩批"为"非正常"死亡者举行的"中套固"仪式与"正常"死亡者的"中套固"仪式过程一致。但因不同死亡者的亡灵被请至的祭台不同,"非正常"死亡者的亡灵无法进入屋内,故其享受的祭献等级、与生者之间的联系等亦有所不同。

在"非正常"死亡者"中套固"的"请灵"仪式中,职业"摩批"需筹备祭献逝者的一对雌雄鸡,芭蕉叶与芋头叶作为递献祭品的媒介,以及茶、酒、米、盐与现金,一碗用来撒的生米、三根香。然后,职业"摩批"先在灵棚搭建处念诵活祭祭词,以将逝者从"地下"叫上来。其后,他将祭献仪式地迁至丧家门外,完成死祭与熟祭仪式。同样地,"非正常"死亡者"中套固"的活祭、死祭、熟祭的祭词相近,仅在描述祭献家禽的生命状态时有所不同。祭词大意为:"你"死后,"你"的儿子会在门外的祭台上祭献"你",让"你"有热茶、菜肴、酒可以享用。这是献给"你"的鸡,该做的"我"都会帮"你"做好,未竟之事"我"的祖先、祖师爷也会帮扶。祭毕,职业"摩批"举行个人防护仪式与分胙前的祭献与施舍仪式,最后收下仪式报酬。

相比较而言,"正常"与"非正常"死亡者"中套固"的"请灵"仪式有三方面的不同。首先,"非正常"死亡者仪式中的家禽全是祭献给逝者的;而"正常"死亡者仪式中的家禽是分别祭献给在"窝里"上的祖先神与逝者。此外,因祭献的对象不同,"非正常"死亡者的仪式中少了递献枝叶"摩批氏系",为了安抚亡灵而多了3炷香。其次,"非正常"死亡者的仪式在户外的灵棚处与丧家门外举行;而"正常"死亡者的仪式都是在丧家正房中房与上房完成。第三,在祭词方面,职业"摩批"在"非正常"死亡者的仪式祭词中强调了请逝者亡灵在门外接受祭献,不能进入家屋;而"正常"死亡者的仪式祭词中,职业"摩批"会请逝者亡灵在家屋的"窝里"祭台上享受祭献，并请其照看好后辈。

（三）职业"摩批"在丧葬仪式前后举行的自我防护仪式

无论是"正常"还是"非正常"死亡者，职业"摩批"在丧葬礼仪中皆需与亡灵打交道。如前面叙述那样，职业"摩批"除在完成丧葬礼仪中的每一个组成仪式后，要为自己举行防护仪式外，他还需在整个丧葬仪式开始前与结束后专门为自己举行防护仪式，以保证其能顺利完成仪式，并在仪式结束后不被亡灵或其他凶秽之物纠缠。

1. 职业"摩批"在丧葬仪式前的自我防护仪式

职业"摩批"在动身离家主持丧葬仪式之前，需举行相关的防护仪式。传统上，此仪式在职业"摩批"家屋正房上房的火塘边举行。届时，职业"摩批"需准备丧葬仪式中将使用到的仪式器具长刀与一碗水，然后他在火塘边点燃木柴，并对着火塘念诵约30分钟的祭词。祭词大意为：丧家有事来请"摩批"，"摩批"便有义不容辞之责，这些都是老祖宗定下的规矩。"我"此趟外出举行仪式有诸多凶险，"我"的魂要留在火塘边，"我"不回来谁也不要打开，家中其他动物、植物的魂也不要跟"我"来。愿"我"的祖先、祖师们能够保佑"我"，

图3—8 职业"摩批"在丧葬仪式前的自我防护仪式（拍摄人：石鸿；拍摄时间：2019年6月30日；拍摄地点：小柏木村）

也请各地、各族的"摩批""奥吉"来帮助"我",让"我"平安顺利地完成仪式。念毕,职业"摩批"把装着水的碗盖在火炭上将火浇灭,以象征性地将自己的灵魂锁住,并叮嘱家人,在他不回来以前不得打开此碗,否则他的灵魂容易出走,他会因丢魂而在丧葬礼仪中出现意外。若职业"摩批"在主持丧葬仪式的过程中遭遇不测,其师傅或是能力更强的职业"摩批"亦可通过此碗与碗中盖住的灵魂对之施救。

如前所述,现豪尼人多在耳房处建有灶房或灶台,日常烹饪从正房上房中分离,上房成为专门的主卧。火塘从正房上房中分离后,有的职业"摩批"会选择在灶房火塘边举行此防护仪式,如小柏木村的职业"摩批"王SF;有的职业"摩批"则依旧在正房上房,对着"窝里"祭台举行此防护仪式,如小柏木村的职业"摩批"王ZX。可以补充的是,因豪尼人的正房上房不再设有火塘,小柏木村的职业"摩批"王ZX会在仪式中用一支点燃的烟代替火塘。有意思的是,王SF和王ZX两位同村的职业"摩批"所学的与丧葬仪式相关的知识出自同一师门,他们在此仪式中的调整,是根据各自对职业知识的理解与职业习惯而定。此仪式的目的是锁住职业"摩批"的灵魂,以免职业"摩批"在丧葬仪式中遭受意外。故职业"摩批"在居住格局发生改变时,举行此仪式的外在形式可能发生嬗变,但仪式内在的核心却并未发生变化。

2. 职业"摩批"在丧葬仪式后的自我防护仪式

职业"摩批"在丧家主持完"逝巴套"的"驱赶"仪式到回自己家以前,还会举行两到四次的自我防护仪式。通常,本村的职业"摩批"需完成两次自我防护仪式,外村的职业"摩批"需完成四次自我防护仪式。

无论是本村还是外村的职业"摩批",其第一次防护仪式是在领到丧家给的生肉、白酒等报酬时举行。他会在丧家或灵棚前举行自我防护仪式，并顺便帮"阿叨"完成此仪式。届时，他背对丧家或灵棚，将丧家给的肉用长刀切三小块，再依次将每块肉放到刀尖上念诵祭词。其后，他将肉分别往其左、右、后方抛扔。职业"摩批"完成自己的仪式后，再帮"阿叨"完成此相同的仪式，并叮嘱"阿叨"，凡是祭献过的肉，在食用前都要先在"窝里"祭台处祭献祖先，也要施舍门外的孤魂野鬼。

职业"摩批"此后举行的三次自我防护仪式，在仪式过程、仪式内容方面皆相同或相似，仅仪式举办地有所不同。其中，本村的职业"摩批"只需在回到家屋前举行自我防护仪式，外村的职业"摩批"则需要在回村道路上、村口，以及家屋门口举行自我防护仪式。

外村的职业"摩批"在回村前举行第二次自我防护仪式。届时，他会在流水边面对自己村落的位置念祭词、抛肉完成此防护仪式。然后，他取三块石头按扔肉的方向抛扔。完成后，他再取带刺的黄泡枝叶顺水流扔下，以让凶秽之物顺水流走。外村的职业"摩批"走到村口时，还需举行第三次自我防护仪式。他面对山谷位置念祭

图3—9 职业"摩批"在丧葬仪式后的自我防护仪式（拍摄人：石鸿；拍摄时间：2019年7月1日；拍摄地点：小柏木村）

词、抛肉完成此防护仪式。最后，无论是本村还是外村的职业"摩批"，在进入家屋前皆需面对自家门口举行自我防护仪式。届时，职业"摩批"的家人也会在其进家门前，点燃火苗并用水浇灭燃火后让其从上跨过，完成"弥兮兮"的"祛邪"仪式，以防止亡灵等凶秽之物尾随。

职业"摩批"回到家屋后，会先到正房上房打开丧葬仪式前举行防护仪式的碗，其后，用丧家给的肉祭献"窝里"上的祖先，并告知祖先自己已平安回家，感谢其庇佑。

通过对豪尼人完整的丧葬仪式考察可知，职业"摩批"的自我防护仪式贯穿在丧葬仪式的始终。职业"摩批"出门主持丧葬礼仪前会举行自我防护仪式；在丧葬礼仪的过程中，他每主持完一个仪式后，都要举行自我防护仪式；而在结束整个丧葬仪式到返家前，他亦需举行两到四次防护仪式，以防止凶秽之物尾随，扰乱自己、家人，与其他村民的生活，这是职业"摩批"为自我"区隔"亡灵

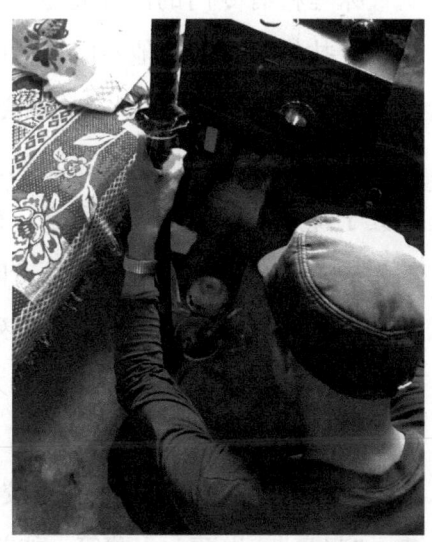

图3—10 职业"摩批"在丧葬仪式后祭献"窝里"（拍摄人：石鸿；拍摄时间：2019年7月1日；拍摄地点：小柏木村）

等凶秽之物的典型表现。对豪尼人而言，村落、家屋、祖先亡灵等相对于外在危险之物的存在，具有内在性与安全性，当豪尼人发生内与外关系的碰撞时，通过仪式进行自我防护便显得必要且有效。

## 二、丧葬礼仪中的测算先生

测算先生，是豪尼人测算丧葬礼仪中各个仪式时间的专家，也被豪尼人简称为"先生"。在没有专门测算先生的豪尼村寨，此职能会由职业"摩批"或长者代替。一定程度而言，测算先生在丧葬礼仪中分担着职业"摩批"的职能。如同"摩批"职业功能的分化，测算先生从职业"摩批"中再分化或部分地承担其职能，体现的是一种社会文化的开放与进步。测算先生出现在豪尼村寨的时间较晚，他需掌握一定的汉文化知识与仪式实践经验。在测算过程中，他通常参考传统历书完成仪式时间的测算，此过程也被豪尼人称为"算日子"。测算先生的知识以师承为主，且不局限在亲属、民族之间。

咪哩村有专门的测算先生，名为李FW，男性，1939年生，属李姓"扎坝"家族。他专门为村中豪尼人测算婚丧嫁娶的吉时，并收几十元不等的酬金。此外，也会主持一些"驱鬼""叫魂"的仪式。据他介绍，他所掌握的测算知识，主要是通过手抄书自学，他有三个儿子却无人愿意继承其所学。在测算时间时，他先通过主家提供的生辰八字，再结合黄历推算吉时。在村落生活中，他主要为丧家推算筹办丧葬礼仪的各个吉时。殡葬改革后，相关工作人员为推进移风易俗，主要是为了缩短豪尼人的停灵时间，曾到他家做过宣传与教育工作。

"正常"死亡者的丧葬礼仪较完整，需测算的时间包括入殓、开丧、"起身"、送葬、入葬等。如前所述，旧时测算先生测算"正常"死亡者丧葬礼仪的时间，需结合逝者及其所有儿子的生辰八字，以免丧葬礼仪的日程安排与逝者及其儿子相冲而有碍生者运势。故此，测算先生为找出合适的日子，通常会使丧家停灵时间过久又耗费家财。现豪尼人主动对之进行调整，丧家只根据逝者及其长子的生辰八字，整个仪式也多在一周左右完成，这降低了丧家举办丧葬礼仪的成本。

相比较而言，"非正常"死亡者中只有特殊者，即在家中去世有子嗣但直系长辈健在的成年人，以及在村外去世且有子嗣的成年人，他们丧葬礼仪的时间测算与"正常"死亡者相近，包括入殓、"起身"、送葬、入葬等，但不包括开丧时间的测算。因为无论"非正常"死亡者是否筹办丧葬礼仪，丧家须在三日之内完成相关后事的处理。通常，豪尼人多在"非正常"死亡者离世当日或次日便完成后事处理。对于其他"非正常"死亡者，包括在村外或家中去世但无子嗣的成年人，丧家为其筹办的丧葬礼仪通常更为简单，甚至不会为其筹办仪式。对于这类死亡者，丧家至多出于对家庭运势的考量，会请测算先生为逝者测算起棺与入葬的时间。

无论是"正常"或"非正常"死亡者，丧家在入葬时皆需避免在"土黄天"入葬。元江流域豪尼人的"土黄天"是在农历六月，其地支为未，五行属土。"土黄天"的具体日期，是由测算先生专门翻阅黄历后确定的，通常在小暑节气过后的10天左右开始，与初伏、中伏、末伏的时间相一致，持续时间为30至40天。豪尼人若在"土黄天"去世，丧家的处理方式通常有三种。

第一，丧家请测算先生测算出合适的仪式时间，以将埋葬仪式延长至出"土黄"后举行。如前所述，停灵期间丧家需夜以继日地守灵，此外，还得招待参与守灵的亲友，故对丧家而言此举费时伤财。除非情况特殊，很少有丧家会选择此种做法。

第二，丧家请测算先生测算出较近的吉时后，即刻筹办除埋葬仪式之外的其他丧葬仪式。其后，丧家将棺材停放在山野埋葬地的两条长凳上，盖上塑料、竹篾等，等出"土黄"后再与亲友一起完成埋葬等仪式。完成埋葬仪式后，放置棺材用的长凳和盖棺材用的塑料、竹篾不再拿回丧家，全部在埋葬地焚烧。殡葬改革后，豪尼人会在火化后将骨灰盒有偿地寄存在殡仪馆，同样等出"土黄"后再完成埋葬等相关仪式。因此举符合豪尼人的礼制，又不过分耗时伤财，故大部分豪尼人往往愿意选择此种做法。

第三，丧家至多找测算先生测算入棺时间，其后按吉时将遗体入棺，并将棺材放置在正房下房的两条凳上，再用土基将棺材砌在里面。在这种情况下，逝者并未被看作离世。在没有举办丧葬礼仪之前，逝者最多只被算作是生理性死亡，而非社会性死亡。届时，丧家便仍需每日、每夜象征性地为其洗脸、洗脚，举行普通的"喂饭"仪式，但不需要夜以继日地守灵。在这种情况下，丧家也无"灵"可守，因为逝者就如同生病那样依旧被照顾着。"（逝者的棺材）被砌在家里，要像还没死，是在家里面躺着一样孝敬他。早上要拿盆给他洗脸，晚上要给他洗脚。他吸烟的话还要给他点烟，每一顿饭也都要喂饭。如果我们晚上吃宵夜的话，还要把宵夜喂给他，好像他还没有死，卧病在床似的照顾他。"[1]

豪尼人的此举较为极端，原因亦较为复杂，除"土黄天"的原因外，至少还包括两方面。一方面，丧家在情感上极不舍家人的离世；另一方面，丧家缺及时筹办丧葬礼仪的钱财与物资。通常豪尼人认为生者与逝者应有严格的"区隔"，除非丧家出于无奈，否则也不会轻易将棺材砌在家中。若豪尼村寨出现此类情况，且丧家迟迟不将逝者送出村外埋葬，丧家便会因扰乱村落秩序而遭乡邻非议，并被乡邻要求及时送葬出村。

---

[1] 访谈对象：李 KS，女，哈尼族，属虎，1950 年生，69 岁，咪哩村人；访谈人：石鸿；访谈时间：2019 年 5 月 9 日；访谈地点：咪哩村李 KS 家中。

豪尼人出于防御心理，进入农历六月后便不轻易举行埋葬仪式。除非是经过测算的豪尼人，他们会将"土黄天"排除后完成埋葬仪式。据咪哩村民李况守讲述，"我们农历的六月是不能埋人的，我奶奶死的那年正好在六月，但我们家算了日子后就办了丧事埋了人。后来，整个村子的人生病，其实是瘟疫的缘故，但大家却在背后说闲话：他们家族占着人多有本事，五寒六月除了他们家谁都没有埋人，可能是犯了'土黄'了吧。实际上，村里面的人是想让我们家的人去坟上挖出来看看我奶奶有没有变'精怪'，但是我们家里面什么事都没发生，谁都没有生病，村里也没有死人、死牲畜，我们又是算过日子的，所以就放宽心了，也没管那些闲话。"[1] 若丧家在农历六月完成埋葬仪式后，丧家、乡邻或村里饲养的家禽牲畜等出现意外地集体性死亡现象，便会被认为是因丧家埋葬逝者而触犯了"土黄天"交媾的天神与地神。届时，豪尼人需开棺验尸，若尸身不腐则要对之进行火化，以驱逐作乱的"精怪"，维护村落日常生活的秩序。

### 三、丧葬礼仪中的长者

豪尼人在日常生活中习惯遵循祖制，按传统的经验与习惯处理日常生活的事务，这决定了长者在村落社会生活中的话语权与特殊地位。如"奥皮突"的祭竜节时，只能由村中60岁及以上的男性长者跟随"铺批""阿窝"一起去祭献"奥皮"；"玛舍早"的长街宴、棕扇舞，只有年满60岁且有子孙的男性长者才有资格飨食与舞蹈；未生育者要尊重长辈，尤其是有生育史的女性长辈；当女性难产时，可在生育者的头上放其婆婆或祖母的裤子以助其顺利生产；在"任

---

[1] 访谈对象：李KS，女，哈尼族，属虎，1950年生，69岁，咪哩村人；访谈人：石鸿；访谈时间：2019年5月9日；访谈地点：咪哩村。

祖擦"的"增寿"仪式中[1]，主家要专门宴请村中长者，并请长者象征性地给仪式对象带有"福禄"的现金助其成长顺利。此外，面对丧葬礼仪这样重要的人生礼仪，年轻的豪尼人更需在长者的指导下顺利完成仪式。从另一方面来说，只有"正常"死亡的长者去世后，才能为其后辈留下"福禄"。

豪尼人在日常生活中有明显的性别分工与性别认知，这种对性别的认识同样延伸到了不同性别的逝者身上及其丧葬礼仪中。豪尼人针对不同性别的逝者有不同的仪式要求，不同性别的亲属会在不同性别长者的仪式指导下完成相关的仪式程序。长者作为豪尼人民族文化与经验智慧的代表，指导着后辈的日常生活，尤其在丧葬礼仪这类重要的人生礼仪中。无论逝者的死亡情况"正常"与否，丧家在处理后事的过程中，本家族亲属与村中其他年长且有经验的长者皆会为之提供经验参照与仪式指导。如2019年，笔者在咪哩村考察丧葬礼仪，当逝者女儿与其他年长的女性亲友在为逝者举行梳洗与换装仪式且场面出现混乱时，丧家70余岁的女性亲属便大声说道："不要乱，听长辈说的，先梳头。"[2]

在丧葬礼仪中，豪尼人会根据逝者性别有相应的分工，而这些工作皆由不同性别的长者进行指导。如相应性别的逝者儿女为逝者完成剃头或梳头，擦洗身体与换装的仪式。此外，男性豪尼人通常负责通知丧家亲友，准备棺材，让逝者入棺，搭建灵堂，购买吊钱、黄表纸，念诵家谱"喂饭"，抬棺送葬与埋葬，在丧宴中负责主厨、采购、宰牲、记账等工作；女性豪尼人负责接待亲友，准备入棺的物品，布置灵堂，筹备孝布，开丧日祭献，在丧宴中负责洗菜、洗

---

[1] 具体的仪式叙述，在本研究的第五章。
[2] 讲述者：李ES，女，哈尼族，属鼠，1948年生，71岁，咪哩村人；采录者：石鸿；观察时间：2019年2月10日，采录地点：咪哩村。

碗等工作。男性与女性在丧葬礼仪中的分工是相辅相成的，豪尼人在有经验的长者的指导下完成丧葬礼仪，并传承着与民族相关的经验、知识与文化。

在丧葬礼仪中，长者通过"则各靠"，即以一定韵律、程式与结构唱诵古歌，传承着与民族文化相关的知识，并在潜移默化中对后辈进行伦理教化。"则各靠"的内容与职业"摩批"的仪式祭词相近，包括豪尼人的创世、迁徙、文化，以及社会生活等，有时也会对逝者的生平进行唱述。长者在演唱过程中，会根据不同的"哈姆"即主题进行演唱。在丧葬礼仪中，不同性别的歌者演唱的内容有所不同，女性"则各靠"主要在棺材旁，通过哭丧的韵调表达对逝者哀思，整体上更悲怆；男性"则各靠"则不限地点，旧时在守灵期间，男性乡邻经常通过"则各靠"进行消遣娱乐、调节气氛，他们也会借此批评丧家的仪式行为，他们唱诵的内容带有更多的娱乐性、竞争性，甚至是批判性。

长者基于自身经验，除在仪式过程中对后辈进行指导与传承民族文化外，也对丧葬礼仪中的不符合传统的行为进行严格的监督。如前所述，这种监督还包括在年节、年中期间不允许豪尼人在村中停灵。长者作为老年协会的主要成员，"铺批"的重要助手与"智囊团"，在为共同建设村落发展、维护村落秩序做努力。有意思的是，豪尼人中有些上年纪的长者常言："现在的青年人，一般是不相信（传统文化）的多，（因为他们）不相信，所以现在'不去不来'（指'非正常'死亡者）的听说的更多不是吗？"[1] "不去不来"或"不值价的"等，皆是豪尼人在日常生活中用以形容"非正常"死亡者的委婉说法。长者认为，正是因为现在年轻人不再相信和严格遵守老祖宗定下的

---

[1] 访谈对象：李ES，女，哈尼族，属鼠，1948年生，71岁，咪哩村人；访谈人：石鸿；访谈时间：2019年2月2日；访谈地点：咪哩村李ES家中。

规矩，所以现在村中"非正常"死亡的现象增多。

## 小结：专家系统在丧葬礼仪中的"生死区隔"

在豪尼人丧葬礼仪中，职业"摩批"、测算先生与长者组成专家系统，根据各自的职能与能力发挥不同作用，以完成生者与逝者之间的"生死区隔"。他们通过主持仪式、参与实践、监督指导等方式，协助丧家将逝者从生者世界中分离，即使逝者完成在可见的生者世界与不可见的死者世界之间的过渡。[1] 此外，他们也注重帮助丧家重新融入生者世界，恢复家庭与村落日常生活的秩序。

首先，职业"摩批"在豪尼人丧葬礼仪中的作用最为重要。职业"摩批"从豪尼人的传统宗教领袖"摩批"中分化而来，社会地位经历了历史变迁。作为豪尼人家庭/个体仪式层面的专家，职业"摩批"在仪式生活中具有不可或缺的地位。其中，职业"摩批"中的"遥批"是豪尼人丧葬礼仪中最重要的仪式专家，负责将逝者从生者世界逐渐"区隔"，并帮助逝者亡灵完成与其他亡灵的"聚合"。根据逝者死亡情况的不同，他主持的仪式有所区别，并且尤其注重将豪尼人视作极度危险的"非正常"死亡者的亡灵驱赶出生者世界。

职业"摩批"在"正常"死亡者的丧葬礼仪中，有为丧家完成"生死区隔"的明确职责。他们举行留下"福禄"仪式，助逝者在弥留之际为丧家留下"福禄"。职业"摩批"还为逝者举行"讨力"仪式，以协助亡灵返回祖居地。但是，从他们在开丧日夜间为逝者举行"尼豪遥"的"指路"仪式开始，豪尼人便将逝者直接称呼为"尼豪"，即需要被"驱赶"的"鬼"。在"指路"仪式中，职业"摩批"

---

[1] [法] 罗伯特·赫尔兹：《死亡与右手》，吴凤玲译，上海：上海人民出版社，2011年，第69页。

遵照先民的迁徙路径，念诵"指路经"。完成送葬仪式后，他们还须为丧家举行"逝巴套"的"驱赶"仪式，以将亡灵彻底驱赶出家屋。亡灵也通过一系列驱赶仪式，"熟悉"彼岸世界的新环境。此后，职业"摩批"再为丧家举行"请灵""讨力"等仪式，助丧家恢复生机。诚如哈尼族殡葬祭歌《斯批黑遮·请贝玛》所唱："今天人死请你来相助。请你替家里断鬼路，请你为家人叫灵魂"[1]。

职业"摩批"为"非正常"死亡者举行的仪式，皆以"驱赶"亡灵为主，尤其是"努靠山靠登""逝巴套"的"推开""驱赶"仪式。其中，"努靠山靠登"的"推开"仪式专为"非正常"死亡者举行，尤其是那些在村外意外死亡者。职业"摩批"在仪式中，通过流水、特殊的竹篾装置等，祛除导致"非正常"死亡的恶灵等凶秽之物。"逝巴套"的"驱赶"仪式可用于所有逝者，以将亡灵彻底驱赶出家屋与村寨。即使在丧葬礼仪发生较大变迁的豪尼村寨，"逝巴套"仪式也依旧被保留，且最受重视。职业"摩批"出于谨慎，还会在每次举行"逝巴套"仪式时，与丧家反复确认此前是否存在其他未经仪式净化的"非正常"死亡者，如夭折婴儿等，以便一同驱逐亡灵，以求务必维护生者世界的安宁。

职业"摩批"在主持丧葬礼仪的过程中，皆将逝者及其亡灵视作危险。作为接触亡灵最多的仪式专家，他们会在仪式中请其祖先、祖师，以及各地区、各民族的巫师襄助。此外，在所有仪式开始前、各个小仪式结束后，以及所有仪式结束后，他们会专门为自己举行防护仪式，以彻底"驱赶"可能尾随的亡灵等凶秽之物。同时，在每个祭献仪式结束后，他们特别注重对包括逝者在内的丧家祖先，以及其他亡灵进行祭献或施舍。职业"摩批"的这些行为，皆出于

---

[1] 赵呼础、李七周演唱，李期博、米娜译：《斯批黑遮：哈尼族殡葬祭歌》，昆明：云南民族出版社，1990年，第13页。

对亡灵的防御与对自身的防护，是其作为特殊的个体对"生死区隔"的典型表现。

除职业"摩批"外，"铺批""奥吉"也在相关事务中发挥了重要作用。其中，"铺批"作为豪尼人村落/集体事务的仪式专家，会在公共层面关注亡灵可能带来的危险，督导丧家按照民族习惯妥善地处理遗体，以维护村落日常生活的秩序。完成埋葬仪式后的丧家，与希望预测吉凶、化解病灾的普通村民，会请"奥吉"以"走阴"的方式求助于祖先神。仪式可确定是否为逝者的亡灵作祟，抑或是其他亡灵，尤其是"非正常"死亡者的亡灵"作怪"。

其次，测算先生在豪尼人丧葬礼仪的"生死区隔"中也必不可少。豪尼人注重丧葬礼仪中的时间测算，在测算先生的协助下他们按吉时举行各个节点的仪式与活动。通常，豪尼人更注重对"正常"死亡者的丧葬礼仪进行时间测算。具体而言，测算先生为"正常"死亡者测算丧葬礼仪的时间，丧家据此完成入殓、开丧与"起身"等仪式。及至丧家按吉时为逝者完成送葬、入葬后，逝者已逐渐被"区隔"出生者世界。同样，测算先生按"非正常"死亡者的具体情况，完成限于三日之内的相关时间测算，以将逝者"区隔"出生者世界。

测算先生的时间测算顺应物候，无论逝者的死亡情况"正常"与否，在"土黄天"其因不能及时入葬，便不能有效地从生者世界剥离。相应地，丧家在未开始筹办逝者的丧葬礼仪之前，逝者依旧属于生者世界的一员，丧家每日需为其象征性地完成喂饭、洗脸、洗脚等仪式。当丧家开始筹办丧葬礼仪时，却因"土黄天"的时间测算问题，无法及时完成入葬仪式。此时，逝者既无法融入亡灵世界，又无法重新融入生者世界，成了介于生者与逝者之间的特殊存在。只有在出"土黄天"后，丧家按测算先生推算的入葬时间及时入葬之后，生者才能与逝者完成彻底地"分离"，自此生者与逝者才能各自"聚合"到所属的世界之中。

最后,长者在豪尼人丧葬礼仪的"生死区隔"中具有继承自传统的权威地位。长者在丧葬礼仪中主要通过"体化实践",向年轻的豪尼人传承与展现那些与"生死区隔"相关的具体知识、仪式细节、抽象观念等。正是不同性别的长者的监督与指导,才使得豪尼人注重生与死之间的"区隔",使丧葬礼仪更符合民族的文化传统与礼仪规范。与职业"摩批"或测算先生专门化、职业化的知识不同,长者掌握的与"生死区隔"相关的知识并未与豪尼人的生活实践相抽离。换言之,这些民俗知识是能够在其日常生活中得到潜移默化地传承,并在丧葬礼仪中得到直接实践的机会。

# 第四章 多主体性：豪尼人的丧葬礼仪与地方社会的关系

传统社会以血缘、地缘关系为基础，并就之形成集体行为事象。元江流域豪尼人的丧葬礼仪作为超村落的集体事件，集中体现了地方社会的关系。豪尼人在丧葬礼仪中存在举家、举村治丧的传统，在这件"当大事"的传统仪式中[1]，亲属、友邻在内的生者间的关系得以协调。老年协会、同乡会等代表村落共同体的自治组织经常积极地参与包括丧葬礼仪在内的公共事件，促进了村落自治组织的整合与发展。此外，当豪尼人的丧葬礼仪被纳入基层政府的行政管理体制之内时，便在现代化的社会发展中呈现出了新的面貌。虽然不同参与者在丧葬礼仪中因各自的立场而发挥着不同的作用，但他们皆注重合理地将逝者从生者世界剥离，同时也注重维护地方社会的稳定与发展。

## 第一节 差序格局：豪尼人丧葬礼仪中的社会关系

在社会生活中，豪尼人建立起了基于血缘、地缘，以及学缘、业缘、趣缘的社会关系网络。其中，基于血缘关系而建立的家庭，是豪尼人社会关系养成的重要场所。当其社会生活向外推广时，他们会将之利用到更广阔的社会场合之中。[2] 在丧葬礼仪中，豪尼人以

---

[1] 马翀炜：《何以"当大事"——双凤村丧葬个案的人类学分析》，《广西民族研究》2005 年第 4 期。

[2] 费孝通：《生育制度》，北京：北京联合出版公司，2018 年，第 261 页。

丧家为中心，非常明显地呈现出"丧家—本家—外家—友邻"的社会关系结构。在此差序格局之下，豪尼人的社会关系逐渐由个体向外推出，形成了以丧家为核心的社会关系网络。[1] 无论是豪尼人的内部关系还是外部关系，这种亲疏有别的差序格局皆贯穿其中。

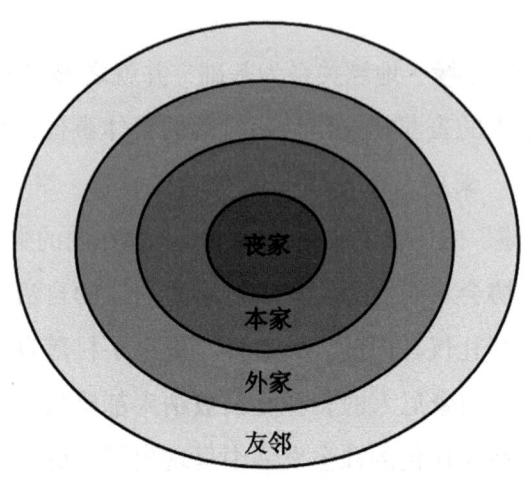

图4—1 "丧家—本家—外家—友邻"的社会关系结构图（绘制人：石鸿；绘制时间：2022年5月16日）

"非正常"死亡者的丧葬礼仪时间短、仪式简、开支少，亲友、乡邻等较少参加治丧活动，仅会在必要时提醒或督促丧家谨遵仪式规范，以维护村落社会生活的秩序。相比较而言，"正常"死亡者的丧葬礼仪则有厚葬之风，在营造团结和睦的氛围之余，能集中展现地方社会的关系结构。尤其是"正常"死亡者丧葬礼仪中的仪式性送礼所彰显的社交网络，展现了丧家社会关系的总和，是其关系资本的可见证明。[2] 于是，各种关系通过丧葬礼仪得到体现，为丧家重

---

[1] 费孝通：《乡土中国 乡土重建》，北京：北京联合出版公司，2018年，第22—30页。

[2] 阎云翔：《礼物的流动——一个中国村庄中的互惠原则与社会网络》，李放春、刘瑜译，上海：上海人民出版社，2000年，第50页。

新整合社会关系提供了参照依据[1],又维系了个体与集体、丧家与社区间的平衡关系。

## 一、亲属关系：丧家与本家、外家

亲属关系是建立在生育与婚姻基础上的社会关系[2],是整个豪尼人社会关系的核心。基于血缘或姻亲关系而形成的亲属之间即使关系冷淡,彼此也存在着义务。尽管有时这种义务显得过于笼统且模糊,但无论如何,存在血缘关系的亲属联系无法随意解除,尤其在传统社会中。[3] 在豪尼人的丧葬礼仪中被协调的亲属关系,主要包括丧家内部的关系,丧家与本家,丧家与外家间的关系。豪尼人通过丧葬礼仪,使亲属间的关系得到进一步的认同。

（一）丧家内部的关系

通过丧葬礼仪,丧家内部的关系得到梳理与确认,尤其是以逝者长子为核心的大家庭的权力关系。丧家是以逝者为中心形成的直系亲属圈,包括逝者的伴侣、儿子与儿媳、孙儿,及其未嫁的女儿与孙女等,他们根据各自的性别、长幼、婚育等情况,在丧葬礼仪中承担不同的责任与义务。其中,逝者长子在丧葬礼仪中具有重要作用,其大家庭"新家长"的地位在丧葬礼仪中尤为突出,逝者的其他儿子与儿媳则从旁协助。丧家未出嫁的女性仍被视作大家庭的成员,她们同样须在逝者长子与长媳的安排下,协助完成丧葬礼仪。

尽管按照豪尼人传统的分家习俗,祖屋由幼子继承,但是父母的丧葬礼仪通常由逝者长子与长媳在祖屋筹办。他们作为大家庭的

---

1 郭立新:《荣耀背后：广西龙脊壮族丧葬仪式分析》,《中南民族大学学报》2005年第1期。

2 费孝通:《乡土中国 乡土重建》,北京：北京联合出版公司,2018年,第24页。

3 [英] 安东尼·吉登斯:《现代性与自我认同：现代晚期的自我与社会》,赵旭东、方文译,北京：生活·读书·新知三联书店,1998年,第102页。

"新家长",需通过参与许多重要仪式,完成新身份的过渡与转换。在病者未逝时的"喂饭"仪式中,他们还如同重要的宾客一般去祖屋参加仪式,并在病者病重之时,与其他重要亲属一起彻夜轮流地守护在病者身边,以防止病者突然离世。在逝者断气后,他们便立即有条不紊地完成以其为核心的"接气"仪式。其中,逝者长子会在所有的至亲属前第一个完成此仪式。他们在祖屋筹办丧葬礼仪的过程中,已俨然一副"大家长"的姿态与担当。

在丧葬礼仪开始前,时间测算以逝者长子的生辰为主,逝者长子或长媳负责筹备与完成为逝者梳洗与换装的仪式。在丧葬礼仪的过程中,逝者长子每日早晚为逝者象征性地洗脸、洗脚,并在每日三餐前为逝者念诵家谱"喂饭"。在开丧日,逝者长子负责"叫醒"逝者,其后他与妻子一起完成挂吊钱的祭献与仪式,再一同在送葬日接取吊钱。此外,他还同妻子在开丧日完成"请舅"仪式并迎拜祭献者。在送葬仪式与过棺仪式中,逝者长子背职业"摩批"的长刀,逝者长媳端祭品排在队伍的最前面,他们协助职业"摩批"完成相关仪式。在埋葬仪式后,逝者长子将逝者亡灵请回家中供奉。职业"摩批"在葬后为丧家举行的"中套固""窝奥绍",即"请灵"上祭台与为大家庭"讨力"的仪式,皆以逝者长子为主,而"保夫氏"或"窝绍",则是专门为逝者长子举行的"讨力"仪式。

(二)丧家与本家的关系

丧家与本家的关系通过丧葬礼仪得到巩固与协调。传统豪尼人实行外婚制度并从父居,以父系亲缘界定亲疏关系。女性通常在婚后离开家屋与丈夫生活,并加入属于丈夫的亲缘合作团体中。[1]本家即豪尼人从父居后的父系亲属合作团体,其作为丧家亲属关系中的

---

[1] 费孝通:《乡土中国 生育制度》,北京:北京大学出版社,1998年,第182—186页。

重要主体，在丧葬礼仪中发挥着主要的作用。以父系血缘为主的家族关系在丧葬礼仪中被强调和放大，集中体现了乡土社会人情关系亲疏远近的"差序格局"。

具体而言，本家根据其内部父系血缘的亲疏关系，分为近房与远房。其中，近房本家主要包括逝者儿子的叔伯家、堂兄弟家、堂侄子家等，亲属关系通常在两代以内。在丧葬礼仪中，关系较近的本家亲属，可在特殊时刻替代逝者长子与长媳完成相关的仪式活动。如"请舅"仪式需要夫妻二人完成，若逝者儿子未婚，则此仪式可由逝者的堂侄子与堂侄媳替代。以2018年7月笔者在紫驼骆村田野考察为例，逝者的三个儿子因未婚，丧葬礼仪中的很多仪式便由逝者堂侄子与堂侄媳协助甚至替代完成。可以补充的是，在"非正常"死亡者的丧礼中，尤其是那些逝者儿女还年幼的家庭，逝者的兄弟会代替年幼的逝者长子在送葬仪式中背职业"摩批"的长刀，并走在送葬队伍的最前列。若是那些在家中离世的无子嗣的成年人，逝者的兄弟有时会让自己的儿子做其孝子为之戴孝。

豪尼人在面临一些重大事件的决策问题时，传统大家族中长者们的意见尤被重视。丧葬礼仪作为豪尼人重要的人生礼仪，丧家为使操办过程符合习俗与传统，皆会请教本家族中的长者。尤其是在为逝者念诵"父子连名制"家谱以完成"喂饭"仪式时，需本家族中记得家谱全文的年长亲属襄助。据豪尼人所言，"父子连名制"家谱至少要记住四代[1]，且若不能将家谱念诵完整，便不能在"喂饭"时随意念诵家谱，否则会对家庭不利，特别是容易出现家族成员早逝的现象。随着豪尼人日常生活礼俗的变迁，能够熟练掌握本家族家

---

[1] 访谈对象：李FC，男，哈尼族，属牛，1949年生，71岁，咪哩村人；访谈人：石鸿；访谈时间：2019年2月5日；访谈地点：咪哩村。访谈对象：李KD，男，哈尼族，属鸡，1957年生，62岁，咪哩村人；访谈人：石鸿；访谈时间：2019年2月6日；访谈地点：咪哩村。

谱的豪尼人少之又少。而且，家谱主要掌握在家族长辈中，有些豪尼人家中因父亲、爷爷等早逝而未将家谱传承。此外，在现代化不断发展的今天，大部分年轻人几乎不愿意学习家谱。总体而言，豪尼人的"父子连名制"家谱的传承面临断代等问题。在丧葬礼仪中，很多没有家谱的豪尼人也会在家族长辈的指导下，通过念诵简单的祭词，请逝者来"吃饭"即完成"喂饭"仪式。

在开丧前协助丧家筹备丧葬礼仪的，亦多为本家亲属。当丧家无暇为参与帮忙的本家、乡邻在家中提供午餐与晚餐时，关系较近的本家亲属会专门承担起筹备餐食的责任。通常，他们会在自家煮好饭菜，再在饭点送到丧家。此外，一些近房本家亲属也会主动为丧家免费提供自己种植的蔬菜或饲养的家禽，以帮助丧家为相帮亲友筹备食材。

> 女性亲属：在这里（指丧家家屋）煮的时候，没有菜的话我可以拿来，下面（指设在村公房的开丧宴）煮的时候我倒是不管了。
>
> 丧家：姐姐，我家里还有菜的。
>
> 女性亲属：有的话我就不管了，你要的话我还有很多腌酸菜，不用跟我客气。你们这里煮的不要耽搁。两只鸡够吃了吗？我还有两只公鸡可以拿来给你。[1]

最为重要的是，近房本家亲属会为参与守夜的亲友、乡邻准备茶食。这是一种近房本家间在丧葬礼仪中非常重要的互惠性行为，既能够替丧家解忧，也能通过此举释放善意，巩固丧家与本家的亲

---

1 观察人：石鸿；观察时间：2019年2月10日；观察地点：咪哩村。

属关系。旧时生活条件艰苦，守夜时丧家至多为参与者准备茶、酒与咸菜，现在本家亲属会为守夜者准备茶酒、点心、零食与水果等解乏，尤其是那些停灵时间习惯超过一周的豪尼村寨，如大芭蕉村、小芭蕉村。约在20世纪90年代末，有的豪尼村寨还兴起了本家亲属为守夜者筹备宵夜餐食的习俗，如咪哩村、紫驼骆村等。届时，本家亲属在主动与丧家协商后，轮流为守夜者提供宵夜，每晚10余桌。当然，这些村寨丧葬礼仪的持续时间也往往在一周左右。

这种在仪式中的互助行为，是需要丧家日后在相同的仪式中还礼的。随着豪尼人经济生活与物价水平的变迁，有为守夜者筹备宵夜餐食习俗的豪尼人会选择由丧家自家筹备，以减轻因还礼周期较长物价水平提高而增加的经济负担。以咪哩村为例，据村中豪尼人介绍，现在为丧家的守夜乡邻筹备一顿宵夜餐食至少需要花费一两千元。现在咪哩村，若不是本家亲属需还礼而主动与丧家预约筹备宵夜餐食的时间外，丧家更乐于自己筹备宵夜餐食。有的丧家出于简便，甚至不再要求欠礼的本家亲属还礼。相对于其他仪式而言，即使守灵夜丧家筹备的宵夜餐食简单，参与守夜者亦会理解丧家的难处，但若是亲属筹备宵夜餐食，参与者不免有所比较，这无形中增加了参与筹备宵夜的本家亲属的压力。

远房本家即近房本家以外的所有本家亲属，其处于本家亲属关系网的外围，通常为豪尼人相隔三代及以上的亲属。尽管远房本家与丧家间的亲属关系隔得较远，但作为同一家族的成员，远房本家的亲属同样有义务与责任协助丧家完成丧葬礼仪。他们陪同丧家长时间地守灵，为丧家跑腿办事，也带领相帮乡邻完成丧宴的筹备工作等。作为丧家远房本家亲属的"阿叨"，在丧葬礼仪中有着最为特殊的地位。两个互为"阿叨"的同一家族的家庭，通常在血缘关系上隔得较远，但丧葬礼仪中的互助强化了彼此间的联系。在丧葬礼仪中,"阿叨"会第一时间获知丧家家庭成员死亡的消息,并负责为丧家请职业"摩批",协助职业"摩批"完成丧葬仪式的重要工作。这些工作包括:为职业"摩批"寻找仪式所需的叶子,与职业"摩批"一同送亡灵去地下,为亡灵牵引与宰杀祭献的牲畜等。"阿叨"自愿地替丧家在丧葬仪式中承当了与亡灵打交道的危险工作,也正是因为这种结合关系,使得两个在血缘关系上最为疏远的本家亲属间的关系得到加强。

葬后的首个清明节上坟时,主家会在墓地宰牛羊以祭献逝者。届时,主家会邀请本家亲属一同前去墓地参与上坟的仪式。此外,若主家在清明节前后重新修坟,亦会在墓地宰牲祭献,届时也同样会邀请本家亲属共同参与。本家亲属得到专门的邀请后,他们通常会携带一碗大米与一只鸡前往主家参加仪式。主家对其赠礼进行登记,并在日后受到相同的邀请时再还礼。通常,这类活动较为隆重,尤其是逝者首个清明节的上坟仪式。主家与本家亲属除了在丧葬礼仪中相互协助外,他们也通过此类上坟与修墓的仪式活动,在墓地祭献、分胙并共食,既与逝者产生联系,又巩固了本家间基于血缘的亲属关系。

(三)丧家与外家的关系

丧家与外家的关系通过丧葬礼仪得到强化与推进。豪尼人的外家即由姻亲关系产生,属于母系亲属系统。他们在丧礼中需专门通知与邀请,是丧家在筹办丧葬礼仪中的第二助手。外家亦根据血缘亲疏分近房、远房。近房外家主要包括逝者儿子的母舅家、姑家、姨家,以及外嫁姊妹家等;其他则为远房外家。豪尼人形容外家关系时常言:"一代亲,二代表,三代了",他们与外家的亲密关系通常不超过三代,且他们认为若与外家亲属不时常走动,其三代之内的关系发展也会受限。此外,不同于豪尼人的本家亲属间无论远近皆不可通婚的礼俗，外家亲属间在三代以后可自由婚配。

在豪尼人的丧葬礼仪中，最为重要的外家包括丧家"舅家"与已出嫁的女性家。其中，已出嫁的女性作为被邀请的外家，需在开丧日专门对逝者行祭献礼仪，而且逝者外嫁的女儿还需为丧家筹备丧葬礼仪中所需要的大部分孝布与孝服。因逝者为其父母，故从情感上而言逝者外嫁的女儿较其他外家相比，与丧家的关系更密切，他们会在丧葬礼仪中更多地出钱出力，以便妥当地完成父母的后事。以咪哩村一次"非正常"死亡者在村外举办的丧葬礼仪为例，逝者的儿子为逝者"柘木塔"的"祭献"仪式购买了一头7300元的水牛、一头1820元的黑公猪，逝者外嫁的女儿则为筹办其父亲的丧宴购买了一头6000元的黄牛。如前所述，这笔费用作为逝者外嫁的女儿对逝者的孝敬，丧家是不需如同随礼礼金一样记账与日后还礼的。与之不同，在丧葬礼仪中逝者外嫁的女儿所垫付的资金，丧家则需在仪式完成后即刻偿还或协商归还。

外家中"舅家"拥有特殊的地位，其在丧葬礼仪中扮演着十分重要的角色。在交换制的婚姻形式中，男人需要由另外的男人出让其女儿或姐妹，才能获得女人。[1]豪尼人的"舅家"主要由外嫁的女性而产生。具体而言，豪尼人所谓的"舅家"依逝者性别而定，女性逝者的"舅家"是逝者兄弟家的后辈，即逝者兄弟的儿子；男性逝者的"舅家"乃逝者母舅家的后辈，即逝者舅舅的孙子。换言之，"舅家"关系至少可在三代之内维持，包括逝者的舅舅及其儿子与孙子。逝者舅舅家两代之内的后辈都可扮演丧葬仪礼中"舅家"的角色。"舅家"出席丧葬礼仪时至少需要三人，故"舅家"会与其堂兄弟一起，而那些没有"舅家"的豪尼人，也可由"舅家"的堂亲进行代替。

---

[1]［法］克劳德·列维－斯特劳斯：《母舅复返》，［法］克劳德·列维－斯特劳斯：《我们都是食人族》，上海：上海人民出版社，2016年，第190页。

在丧葬礼仪之前,"舅家"的地位就得到了体现,如为病者"喂饭"时,最先请的就是"舅家",只有"舅家"完成此仪式后,其他亲属才能为病者"喂饭"。而在丧葬礼仪中,许多仪式更是凸显了"舅家"的殊荣地位,反映了哈尼人对维系、巩固姻亲关系的重视。哈尼族古歌《窝果策尼果》中唱道:"阿舅不到的日子,不是发丧的日子。"[1] 具体来说,"舅家"在丧葬礼仪中的特殊地位主要体现在以下五个方面。其一,在逝者入棺后,丧家若没有"舅家"的许可不得盖棺。其二,开丧日"舅家"受到丧家的特殊礼遇。是日,丧家举行隆重且正式的"请舅"仪式,"舅家"受到丧家至少两次跪请后才会动身,被请至丧家家中招待。且当日只有"舅家"随礼后,其他亲友和乡邻才能随礼。"舅家"被请到丧家后,其所戴孝布被全部裹于头部,区别于主家戴孝的孝子们,且其孝服由逝者外嫁的女儿专门准备。其三,在送葬前,"舅家"是唯一拥有与主家一样以"父子连名制"家谱为逝者"喂饭"资格的外家。其四,送葬仪式中"舅家"有维护棺材的运送的特殊职责。送葬时,主家走在棺材前,抬棺者多为村中年轻人,"舅家"站在棺材旁,作为离抬棺者最近的丧家亲属,其主要责任是防止抬棺年轻人摇晃棺材,以平稳地将棺材护送到村外。其五,埋葬后丧家专门举行"送舅"仪式。届时,主家在家屋门口为"舅家"摆宴席,跪拜舅家并"诉苦","舅家"则象征性地为其夹菜和施与钱物。主家在送走"舅家"前,还会再赠其牛前腿等礼物。相比较而言,"送舅"仪式没有"请舅"仪式隆重与热闹,且"送舅"仪式中主家"诉苦"有较多的戏谑成分,但这是逝者入葬后主家、"舅家"与乡邻的一种放松与娱乐的方式。一定程度而言,"送舅"仪式带有较明显的"表演"性质,主家、"舅家"与乡邻在

---

[1] 西双版纳傣族自治州民族事务委员会编《哈尼族古歌》,昆明:云南民族出版社,1992年,第417页。

固定的空间与情景中，形成了带有一定张力的仪式互动。

值得一提的是，"舅家"与主家的特殊关系还体现在年节中的互动。传统上，正月初二或初三时，外嫁女性娘家的晚辈或同辈，如侄儿或兄弟，会去外嫁女性居住的夫家邀请她回娘家过年。当年节结束，外嫁女性再从娘家返回夫家时，作为"舅家"的豪尼人会专门为其舂糯米粑粑，以让其带回夫家分予夫家的本家亲戚与其他乡邻。通常，"舅家"只为60岁以上外嫁的年长女性舂糯米粑粑，若"舅家"在外嫁女性生前没有为其舂过糯米粑粑，则需要在其逝后专门为其舂糯米粑粑，并在祭献后放入"哈腻赞巴"的祭品中。

### 二、友邻关系：丧家与乡邻、朋友、同事

豪尼人亲属关系同心圆的外围为友邻，其丧葬礼仪同样协调了友邻关系，包括丧家与乡邻、朋友、同事间的关系。友邻关系的形成主要依据地缘、学缘、业缘、趣缘等，与基于血缘或姻亲关系而无法解除的亲属关系相比，豪尼人有更多自由选择发展个人亲密关系的机会，尤其在选择朋友方面。

（一）丧家与乡邻间的关系

"举村治丧"是豪尼村寨的传统。通过丧葬礼仪，丧家与乡邻间的关系得到加强与巩固，这进一步促进了村落共同体的形成与发展。具体来说，丧家与乡邻间相互协调的关系主要体现在以下两个方面。

一方面，对传统上比较封闭的豪尼村寨而言，丧葬礼仪中多种社区互助活动的存在，有利于共同体的整体生存和长期延续。[1] 这些互助包括：丧葬礼仪前乡邻主动参加病家"奥福碧早"的"喂饭"仪式，丧葬礼仪中乡邻相帮、参与守灵、送柴火，以及葬后主动参

---

1 郑宇：《箐口村哈尼族丧礼献祭礼物的象征性交换》，《民族研究》2009年第4期。

与"保付氏"的"讨力"仪式等。这些在丧葬礼仪前、后出于自愿又不可或缺的参与者，会在乡土社会中无形地约束着个体的道德与行为。若仪式中自愿参与者较少，证明主家在村中的人品、道德、行事等"有问题"，其会被乡村舆论谴责，甚至被孤立，而这种"惩戒"在传统乡土社会的生活中是不可想象的。

在豪尼人看来，"奥福碧早"的"喂饭"仪式是一种典型的互助性仪式活动，乡邻通过"喂饭"能将自家的"福禄"与"精力"分与病者，促其转危为安，抑或使其在食用整村孝敬的饭食后安心离世。在有的豪尼村落，病家为病者举行"喂饭"仪式时，乡邻通常不会被特别邀请，他们多通过口耳相传的形式获知消息后自愿、主动地到病家慰问，并送一碗米、一只鸡等作为"礼物"，主家则会不定时地招待参与者，如紫驼骆村。但也有的豪尼村寨习惯由主家择日专门举行此仪式，以便集中宴请参与者，如咪哩村。随着豪尼村寨外出务工人员的增多，乡邻作为村落共同体的一员，即使是不在村中生活，若其归乡的路途不远，也会专门回乡参加此仪式；若其无法回乡参加仪式，也会专门托其他乡邻在参加仪式时一同送上"礼物"。

豪尼人的丧葬礼仪作为村落甚至超村落的集体事件，丧家需要乡邻的相帮才能筹办好整个仪式。哈尼族丧葬祭词中叙述道："寨子的男子老少来齐了，寨里的女子老少来齐了，做菜的男子们到齐了，做饭的妇女们也来齐了，上菜的小伙们也来齐了，做总管的老人也来了，砍柴挑水的人也到齐了。"[1]

通常，丧家在家中成员离世后，便陆续邀请乡邻做丧葬礼仪中的相帮。丧家首先邀请的是总管，总管负责丧宴、丧葬仪式的主要

---

[1] 红河州人民政府编《哈尼族口传文化译注全集·莫咪梭》（第38卷），昆明：云南民族出版社，2016年，第317页。

开支。在开丧日前，丧家会将上万元的预支现金交给总管，总管也会在丧家预支金额不够时及时通知或垫付。总管通常为村中较有经验之人，能够为采购物资、筹办丧宴等做出较精准的计划和安排，是整个丧葬礼仪后勤的统筹者。除非丧家有特别的安排，通常在丧家请了总管以后，总管会负责请其他相帮乡邻。以紫驼骆村为例，在一次"正常"死亡者的丧葬礼仪中，丧家共邀请了煮菜的12人、记账的2人、洗菜的7人、杀牛的10人、放鞭炮的2人、放纸的1人、挂吊钱的1人、煮开水的1人、煮饭的7人、端碗的6人、倒酒的2人、打鼓的3人等，每事根据所需设一主管及副主管协同调度。在此次丧葬礼仪中，丧家邀请到的相帮乡邻总共约54人。其中，除洗菜、煮饭的14人外，其余40人皆为男性。同样地，在咪哩村，丧家在确定总管后，总管去请经常搭档的主厨与副厨，再由此二人去请筹备丧宴的相帮乡邻，包括负责洗菜、切菜、洗碗等事务的女性乡邻；负责烧水、屠宰、添柴等事务的男性乡邻。即使丧家不邀请相帮乡邻，一些与丧家关系要好的或者曾受过丧家相同帮助的乡邻，也会主动地承担丧宴中的相关事务。而若被邀请相帮而拒绝应邀的乡邻，除非其有合理的理由，否则此举便是公开与丧家表示不和。对参与相帮的乡邻，在丧葬礼仪结束之后，丧家会用吊唁者赠予的糯米粑粑、糕点等"礼物"回馈，使"礼物"得到流动并发挥最大的效用。其中，总管、主厨与副厨还能按惯例分到两斤半的生肉。

　　自逝者离世后，丧家开始守灵。此时还未到开丧日，故参与守灵的多为同村乡邻。在昼夜相继的守灵仪式中，从丧家家中聚集的乡邻数量，也可窥见丧家在村落中的人际关系。此外，守灵为乡邻自主聚会提供了契机。通常，每晚在丧家参与守灵的亲友、乡邻就有百余人。乡邻间相互邀约聚集于丧家守灵，尤其在晚上，男人们喝酒、打牌，女人们拉家常。守灵也为男女青年聚会提供了好时机，这使豪尼人与死亡相关的仪式中孕育着生机和希望。

丧家为酬谢参与守灵的乡邻，会在日间守灵时为其提供水果、瓜子、零食等小食，在守夜时还会为守夜乡邻增加一顿宵夜餐食。有些村寨的豪尼人，如大芭蕉村，他们没有为守夜乡邻提供宵夜餐食的习俗，但只要村中有人离世，除丧家亲属外，其他乡邻也会主动为守夜乡邻提供小食。大芭蕉村的停灵时间通常为十余天，村中有100余户，从逝者离世当日至送葬前，几乎每户都会参与其中。"就死下去就每天发，一晚上十多个人发，一二十多个人发的也有。"[1]

旧时，丧家面对突如其来的死亡，在筹备丧宴时需要全村援助。丧家会在开丧仪式之前，背着背篓到各家讨要食材以筹备丧宴，这种互助无形中成了豪尼人的一种社区义务。随着豪尼人物质生活水平的提高，丧家承担了大部分的丧宴的食材与其他物资。但在开丧日，乡邻会为丧家背去柴火以筹备丧宴，柴火的标准主要按照村落户数而定，户数较多的村寨每户规定的数量少，户数较少的村寨每户规定的数量则较多。如咪哩村有235户853人，按每户30斤的标准；而小芭蕉村有43户181人，按每户100斤的标准。而在有些村落人口较多的村寨，如紫驼骆村有285户1212人，乡邻为丧家背去的柴火则没有固定的标准。[2]据咪哩村在丧葬礼仪中专门负责登记柴火的豪尼人介绍："百分之八九十的（乡邻）会拿来，人不在（村里）的，他们的亲戚会（帮忙）拿来。"[3]作为"礼物"的柴火，在传统村落熟

---

[1] 访谈对象：佚名，女，哈尼族，大芭蕉村人；访谈人：石鸿；访谈时间：2019年2月25日；访谈地点：大芭蕉村。

[2] 数据来源：咪哩乡人民政府《咪哩乡2015年人口统计表》，单位负责人：杨斗解；统计负责人：刘庆丰；制表人：张霞、李航；制表时间：2016年1月27日。

[3] 访谈对象：李ZE，男，哈尼族，属鸡，1957年生，62岁，咪哩村人；访谈人：石鸿；访谈时间：2019年2月13日；访谈地点：咪哩村。

图4—2 乡邻为丧家筹备柴火（拍摄人：石鸿；拍摄时间：2019年6月30日；拍摄地点：咪哩村）

人社会中更像是一次仪式性场合中带有互惠性、表达性的礼物馈赠。[1]

　　丧家虽对开丧日乡邻送来的柴火有专门的账本，但这与丧葬礼仪中的其他随礼性质不同。随礼账本中专门对新、旧账有所标注，种类包括人民币、大米、鸡、山羊、喇叭等，新账能表达友好关系，旧账在村落社会中则多带有强制性质。与随礼相比，这些柴火在乡邻中具有更多的自主性，各家都在为将来能得到相似的回馈而预先释放善意。此外，若丧家在丧葬仪式中需要额外的帮助，如需要"拉套撒配绍"即留"福禄"仪式中的谷物，需要"墨持"的"分离"仪式时没有花纹的小碗等与亡灵相关的物品时，乡邻也会慷慨相助，但丧家必须象征性地出资以代表购买，否则会对乡邻、丧家皆不利。另外，丧家在丧葬礼仪中需要的家禽、牲畜等，也多会去乡邻家中购买。

---

[1] 阎云翔：《礼物的流动——一个中国村庄中的互惠原则与社会网络》，李放春、刘瑜译，上海：上海人民出版社，2000年，第50—58页。

丧家为丧葬礼仪筹备的丧宴共三日。开丧日午宴，丧家专门宴请相帮乡邻，开丧日晚宴与送葬日午宴、晚宴，丧家宴请整村乡邻与其他亲友。此外，出于对乡邻的感谢，丧家会在送葬次日以午宴酬谢乡邻，在晚宴时再专门酬谢相帮乡邻。在咪哩村送葬次日的酬谢午宴上，各家会按参与赴宴的人数，以1.5斤每人或每斤折算人民币4.5元的标准为丧家送去大米或折价款。旧时乡邻会为丧家提供丧宴的部分菜肴，故送葬次日的午宴不需要乡邻凑米。赴宴带有自愿性质，且只有同一社区的乡邻才会赴宴并为丧家送去大米，而丧家会对参与者及其提供的大米或折价款登记在册，在日后需要时再还礼。

图4—3 豪尼人丧葬礼仪中的丧宴（拍摄人：石鸿；拍摄时间：2017年8月13日、2019年6月30日；拍摄地点：咪哩村）

在送葬仪式中，参与抬棺与送葬的乡邻同样是出于自愿，不需要丧家专门邀请。尤其是参与抬棺的年轻人，在抬棺人数较多时，他们还会为之产生争抢或协商轮流替换抬棺。以2019年笔者的田野考察为例，在小芭蕉村一起"正常"死亡者的送葬仪式中，当笔者问及争抢抬棺的青年人为何如此积极参与抬棺时，其回答道："都是一个村的，死的还是老人，现在我积极点，以后我家需要的时候别人才会一样来帮我。"[1]

葬后"保付氏"的个人"讨力"仪式,仪式的对象为逝者长子,但乡邻是完成此仪式的重要参与者。如同"奥福碧早"的"喂饭"仪式一样,乡邻参加此仪式,能将自家的"福禄"与"精力"分与逝者长子,促使其能够从痛失亲人的悲伤中重新振作。旧时在紫驼骆村,此仪式需丧家邀请到原住民中的7大姓,其他村乡邻则自愿参与。届时,每户由一人到丧家家屋赴宴,若参与人数较多时,丧家还会借用旁边本家亲属的家屋设宴。席间,"阿叨"为丧家向赴宴乡邻象征性地收取一元钱。不同村寨的设宴地或给的现金数额有所不同,如在咪哩村"保付氏"仪式中,乡邻每户由一人自愿参与到村公房赴宴,但每人需给逝者长子30元钱。但是,豪尼人举行此仪式的主旨不变,即乡邻帮助丧家,尤其是帮助逝者长子恢复气力。

此外,在豪尼人与汉族杂居的村寨,如瓦纳村、紫驼骆村等,豪尼人与汉人或基督徒等有其他信仰的乡邻之间的关系也在丧葬礼仪中得到协调。汉人或基督徒的灵魂观、丧葬观不同于传统豪尼人,杂居在同一村落使他们在文化、习俗等方面相互影响与融合。建有礼拜堂的基督徒与"异教徒"之间也彼此尊重、宽容,他们会尽到随礼的社区义务;汉人乡邻亦会遵照当地豪尼人的传统,参加其祭献守灵、随礼、送葬等仪式。这些互惠性、友好性的行为,使豪尼人与个人相关的生死问题与整个社区紧密联系。个体作为社区成员,在社区生活中得到其他社区成员的帮助与认同,并在此过程中形成与巩固了村落共同体的意识。

另一方面,鉴于亡灵的"危险性",个体死亡不仅与丧家有关,更与整个村落的安稳息息相关。乡邻除参与协助丧家筹办丧葬礼仪

---

[1] 访谈对象:佚名,男,哈尼族,90后,小芭蕉村人;访谈人:石鸿;访谈时间:2019年4月23日;访谈地点:小芭蕉村。

外，也是整个丧葬礼仪的见证者与监督者。他们会对能造成村落危险的逝者及其亡灵抱有更为谨慎的态度，也会时刻监督丧家在丧葬礼仪中的行为，以使其符合传统与礼制。

自村中有病危者起，病家与乡邻皆会进入一种紧张的状态。他们除积极救治病者外，亦时刻守在病者身边，以防病者突然离世而未来得及为其完成"喂水""接气"等仪式，导致其亡灵有威胁村落日常生活秩序的危险。实际上，从病家为病危者"喂饭"开始，便已将村中有人可能离世的消息散发，乡邻便会调整各自的行程或计划。他们除积极参与病家的"喂饭"仪式外，其家庭中一些"行好"的仪式，如"奥绍""窝奥绍"的个体/集体"讨力"仪式、婚礼，以及迁居除秽等仪式，会被推迟至丧葬礼仪结束后，以免逝者亡灵破坏"行好"仪式的有效性。豪尼人认为，若在村中有人离世时举行"奥绍"的个人"讨力"仪式，那么"逝者亡灵就会将仪式主体祭献给神灵的祭品吃掉，就讨不到力了"。[1] 与此相似的是，为防止亡灵带来负面影响，豪尼人会避免在自己或家庭成员生日的属相日去丧家守灵。

当死亡降临时，暂未得妥善"安置"的亡灵值得包括丧家在内的全村人提高警惕。因此乡邻须积极参与相关仪式，协助与监督丧家按习俗完成仪式并安置亡灵，以免亡灵破坏村落生活的秩序。实际上，当村中有病危者时，乡邻只要突然在村中听到鞭炮声或锣鼓声，便知道病者已逝。届时，他们会及时赶往丧家，协助、指导丧家完成相关工作，尤其是处理遗体，以防丧家因处理不当而威胁到整个村落的安全。遗体入棺后，需要乡邻防备的事务便是停灵与送葬仪式，尤其是送葬仪式。几乎全村的乡邻都会主动参与丧家的送

---

[1] 访谈对象：李KS，女，哈尼族，属虎，1950年生，69岁，咪哩村人；访谈人：石鸿；访谈时间：2019年2月10日；访谈地点：咪哩村。

葬仪式，这除体现了村落共同体的互助精神外，亦体现了乡邻对丧家的仪式监督。乡邻在送葬仪式中会监督丧家抬棺材绕村游走的路线，因为棺材绕出村外后，豪尼人是绝对不允许棺材再返回村寨的，以免亡灵留恋村寨或获知回村的路线而侵扰村落生活。此外，参与送葬的乡邻会在送葬过程中向棺材撒米以驱邪。在此防御行为中，乡邻严格区分了生与死的不同生命状态。即使是那些因故无法参加送葬仪式的乡邻也会为此做相关的防护措施，此部分将在第五章中具体叙述。若葬后丧家或其他豪尼人的家中、村中发生较严重的连续性、集体性变故，如瘟疫、流行病等，豪尼人也会将灾害与事故的原因联系到已埋葬的逝者身上。他们认为，若逝者变成"精怪"便会从"自己家先'吃'出来，然后'吃'本家，那些'吃'完后还没被发现的话，他就会到村里面来'吃'"。[1] 即使没有乡邻的严格监督，作为村落共同体的一员，丧家也会严格坚守"生死区隔"的防御措施。但是，有了乡邻的参与与监督，丧葬礼仪作为村落集体事件的地位得到了凸显。

值得注意的是，只要丧家符合豪尼人的传统礼仪习俗，豪尼人便能在一定程度上容忍并体谅丧家在村中较长时间的停灵。以农历六月"土黄天"丧家将棺材砌在家中为例，乡邻能够接受丧家的此种做法，仅会督促丧家在出"土黄"后及时筹办丧葬礼仪并完成埋葬仪式。但是，有一种极端的停灵方式是被豪尼人严格抵制的。有的丧家会在临近传统节日的一两个月内将棺材砌在家中，他们欲使逝者"过完"节日后才操办丧葬礼仪，这种做法是其他豪尼人绝对不会容忍的。以咪哩村为例，村中曾出现过一起类似的案例，逝者在腊月间去世，丧家欲等"玛舍早"即年节后才举办丧葬礼仪，此

---

[1] 访谈对象：佚名，女，哈尼族，咪哩村人；访谈人：石鸿；访谈时间：2019年2月13日；访谈地点：咪哩村。

举便被全村乡邻抵制。其后，丧家不得不及时按礼仪筹办了丧葬礼仪。此外，如前所述，在"玛舍早"与"苦努早"两个重要传统节日前夕与节期内，乡邻会对有死亡可能的家庭进行严格的监督，以督促其在特殊时间节点将遗体及时运送出村，以维护村落祭献神灵、祖先，以及驱赶鬼怪仪式的有效性。

（二）丧家与朋友、同事间的关系

丧家与朋友、同事间的关系通过丧葬礼仪得到发展与认同。随着社会的发展，豪尼人与外界的交往快速增多，其社会关系因学习、工作等拓至村外。在丧葬礼仪的参与者中，这部分基于学缘、业缘、趣缘等因素而发展起来的个人关系占总参与人数的比重较少，但是通过丧葬礼仪中的人情往来与仪式互动，双方的亲密关系能够得到进一步的发展，且增进彼此的认同。丧葬礼仪集中强化或分化了这种基于情感、工作层面的个人关系。

总体而言，豪尼人的丧葬礼仪以丧家为中心，形成了"丧家—本家—外家—友邻"的社会关系结构。他们举家、举村治丧的传统凸显了其亲属关系、友邻关系的重要性，这使丧葬礼仪这一家庭事务成为连接家族、社区甚至超社区网络的集体事件。借此，丧家得以强化其与亲属、友邻间的关系，村落自组织的协调能力亦得到训练。丧葬礼仪中的社会关系，亦可通过参与者在人力、物力、财力等方面的支持来体现。首先是本家亲属，他们在丧葬礼仪中给丧家在各方面的支持皆是最多的。其次是外家，尤其是"舅家"与外嫁女儿家，他们提供的支持更多是物力与财力上的。随着外出务工人员的增多，为避免日后还礼麻烦，很多豪尼人会避免大肆邀请外村的亲友，哪怕是其曾经送过礼金的外家亲属。但是，部分外家亲属会在得知消息后主动前往丧家参与丧葬礼仪，这也是丧葬礼仪与其他礼仪不同的地方。在其他礼仪中，尤其是婚礼，豪尼人若没有得到专门的邀请便不能随意参加。再次是友邻，其中作为村落共同体成员的乡邻，对丧家最多的支持来自人力。若没有乡邻的参与，丧家无法完成整个丧葬礼仪，尤其是丧宴、送葬仪式与埋葬仪式等。此外，丧葬礼仪亦协调了两性关系。在传统豪尼人以男性为本位的男权社会中，女性居于从属地位，并因之形成了一整套的性别观念与制度体系。男尊女卑在豪尼人的丧葬礼仪中被不断强调，除丧葬礼仪参与者承担的义务因性别而不同外，女性逝者与男性逝者得享的仪式规范更是具有明显的区别。[1] 丧葬仪式潜移默化地巩固豪尼人的性别观念，进而维持性别壁垒，维护了地方社会的"稳定"。

## 第二节 村落自治：豪尼人丧葬礼仪中的村落组织

豪尼人在村落中的自治组织，主要包括传统组织老年协会，以及同乡会代表的新村落组织。二者在村落公共事务中发挥了重要作用，尤其是在作为村落集体事件的丧葬礼仪中。其中，老年协会具有深远的历史传统，作为现代村落管理中的自治组织，替代了传统时期以男性长者所组成的"长老社会"。他们代表了民族与村落生活经验、知识及权力的积累与传承。同乡会主要是在现代化的历史进程中，沟通与连接着常年在外的本乡人与村落之间的联系，促进村落共同体的凝聚与发展。虽然老年协会与同乡会在豪尼村寨产生的时间不同，但二者皆共同致力于村落公共事务的发展，这也体现在集体治丧之中。

### 一、老年协会：传统"长老社会"的延续

在变化较少的传统乡土社会中，文化具有稳定性，"生活是一套

---

[1] 如临终"接气"的次数、逝者长子在逝者手中来回倒米的次数、逝者长媳在盖棺前洒水的次数、念家谱"喂饭"的次数等。

传承的办法"。[1] 传统上，豪尼村寨有由熟悉乡土礼俗与文化的男性长者所组成的专门组织，他们充分运用自己的经验与智慧协助"铺批"，并一同参与村落生活的管理。这种与"长老社会"相似的传统组织，在新时期元江流域豪尼人聚居的大部分村落中也得以延续。在豪尼人当下的村落生活中，几乎都有长者组成的"老年协会"，协会的组织者与参与者身体力行，积极参与村落的建设与发展。

以组织制度较为完备的咪哩村为例，该村于1995年成立了老年协会，村中只要年满60岁及以上者，皆可自愿入会，这种年龄设置正好符合豪尼人"正常"死亡的年龄标准。老年协会由会长、会计、出纳三人组成管理核心，其任期不定，现有会员100余人。在老年协会的会长换届之时，通常由在任会长先推荐一名候选人，其后由在会会员民主商议后确定新会长。老年协会在咪哩村已有20余年的历史，村里至今已选任了三届会长。

制度化的咪哩村老年协会，于每年重阳节向会员收取会费、组织聚会活动，并在会员生病或去世时组织成员慰问。老年协会每年收取会员5元会费，但会费的收取仅为维持协会运作及慰问会员，如在会员生病"喂饭"时送糕点慰问，在其去世时送30元慰问金。老年协会的收入主要来自村民在协会活动室筹办红白事宴席时缴纳的租金，以及各单位或个人的捐款。通常，老年协会的这笔收入或捐赠会用于维护村落集体设施的建设，如修缮公共活动室、添置公共厨房的餐厨用具、购买村落集体使用的器具等。此外，若有足够的经费，老年协会也会承担起村中农历八月更换集体仪式器具牛皮鼓的主要活动费用。

在当代社会生活的语境中，老年协会在地方政府的支持下开展

---

[1] 费孝通：《乡土中国》，北京：北京出版社，2005年，第96页。

组织活动，如各豪尼人村寨所建立的活动室便由地方政府资助。同时，老年协会亦能作为村落代表，与政府、其他单位组织或村落进行协商与谈判，积极参与到村落事务之中。在作为村落集体事件的丧葬礼仪中，老年协会也发挥了重要作用。他们为乡邻提供了送葬仪式中捆绑棺材用的绳索、筹办丧宴的场所与设施等。以咪哩村老年协会为例，其活动室位于村西北角，邻近村寨后门。其活动室的主体建筑，是在村中民主人士李和才于20世纪30年代左右修建的学堂的基础上扩建而成。2004年与2008年，在时任会长的李永清、李黑保的组织下，活动室进行了2次规模较大的工程扩建，进一步修葺与完善了活动室及其基础设施。现在，咪哩村老年协会活动室主要由一间公共活动室、两间公共厨房组成，老年协会还在其中添置了桌椅、碗筷、厨具、灶具等，这为村民筹办红白宴席提供了很大的便利。

咪哩村老年协会的会计兼任公共活动室的管理员，按老年协会的要求在老年协会公共活动室的公告栏上布告了七条管理制度，详细内容见附录三。其中，与丧宴筹办相关的共有五条：第二条，"在收取的管理费中提30%作为管理人员的报酬"。此处的"管理费"便是来自老年协会向筹办红白宴席的村民所收取的费用，具体费用体现在管理制度的第三条，"谁家使用活动室要先交押金100元，使用结束后，多退少补。同时，要指定专人向管理员领取大门钥匙所需炊具、碗具，办喜事60元，办丧事20元（电费不在内），摆夜宵借碗具每次20元，未参加投工投劳或捐资每天100元。"老年协会作为村落自治组织的代表，代表了村民的集体利益，十分注重维护村民作为共同体的凝聚力，且这明显地体现在村民借碗具时的费用规定上。若村民在村落基础设施建设中未参与投工、投劳或捐资，其在借"摆夜宵借碗具"时，便要比其他参与的村民多出五倍的费用。

此外，管理制度中还明确规定了借用老年协会公共设施的赔偿细则与要求，如第四条，"炊具、碗具、桌凳等，除夜宵借用外，一律不准拿到外面去使用，在家摆桌、自家准备碗具到厨房打饭菜"；第五条，"炊具、碗具、桌凳等造成损坏要按价赔偿，大碗每个1元，小碗每个0.5元，有意损坏或盗窃的要加倍赔偿"；第六条，"使用后的炊具、碗具要高温消毒洗净，如数交还管理人员，室内桌凳要收整洁，场地要打扫干净，并经管理人员验收合格"。

完善的制度规定使得咪哩村老年协会的公共设施未产生"公共资源悲剧"（The Tragedy of the Commons）。[1] 相比较来看，哈尼族与汉族杂居的紫驼骆村未形成完善的老年协会制度，其村落中较完备的自治组织仅有同乡联谊会，且其组织化程度也没有咪哩村高，故其公共事务的推动与建设主要依靠基层政府。以紫驼骆村中筹办红白宴席的公共厨房为例，村里在21世纪初设立了筹办红白宴席的公共厨房，并配置了灶具、桌椅、碗筷等公共设施，但因缺乏专门的管理与维护，公共厨房的桌椅损坏严重，碗筷也被村民在宴席结束后顺带回家。这导致现在村中筹办宴席时，碗筷需由村民自带，桌椅则由筹办宴席的主家派人去其他村落有偿地筹借。

## 二、同乡会：新村落自治组织的形成

元江流域各豪尼村寨成立同乡会的时间较晚，它不像老年协会的成立一样有历史传统。作为一个新兴的村落自治组织，其成立的初衷是为连结常年在村外工作与生活的同乡人与村落之间的关系。

---

[1] "公共资源悲剧"主要指有限的资源因自由使用和不受限的要求而被过度剥削，这是一种个人利益与公共利益对资源分配有所冲突的社会陷阱。此概念源于威廉·佛司特·洛伊（William Forster Lloyd）在1833年讨论人口的著作中所使用的比喻。1968年时，加勒特·哈丁（Garret Hardin）在期刊《科学》将这个概念加以发表、延伸，称为"公共资源悲剧"（The Tragedy of the Commons）。

从组织性质上来说，同乡会是具有现代意义的超村落自治组织。虽然同乡会也根据自愿原则吸纳在村村民成为会员，但其主要成员还是在外工作的同乡人。尽管同乡会的大部分成员不常在村中居住，但他们为村落的发展做出了许多实质性的贡献。

同样以组织制度较为完备的咪哩村为例，该村由在外工作的同乡人牵头，于2012年5月组织成立了咪哩村同乡联谊会，吸纳在外工作的150余名同乡人成为会员，并设立会长、副会长、秘书长、副秘书长等理事会成员，每届理事会成员任期三年。咪哩村同乡会章程"总则"中明确规定了协会成立的初衷："为了加强命利村同乡之间的沟通联系，增强交流，团结互助，增进友谊，特成立本会。"[1]同乡会在章程的第二章第六条中，对入会要求作出了明确规定："凡命利村年满18周岁以上者，在党政机关、企事业单位或是外出务工以及在本村务农的人士，承认联谊会章程，并愿意积极参加联谊会活动者，均可以申请成为联谊会会员。"据2015年同乡会的资料统计显示，在会会员中以务农或务工为主的会员占总会员人数的6.3%，同乡会的主要成员是在党政机关、企事业单位工作的同乡人。此外，同乡会在章程第二章第七条中，规定了不同类别会员会费的缴纳标准："每位会员每年按下列规定缴纳会费：（一）党、政、事业单位（财政供养）的干部职工200元；（二）企业职工100元；（三）农民工、务农者50元；（四）自愿多缴者，不受以上标准规定的限制。"虽然，同乡会在章程第六章第十六条中提及，"联谊会经费来源：（一）会员缴纳的会费；（二）同乡非会员自愿捐款；（三）其他合法收入"，但同乡会的主要收入来自会员缴纳的会费，而会费支出主要用于村

---

[1] 该村落名称依据哈尼语转译，1949年后被写作"命利村"或"咪哩村"，1982年元江县地名普查时被确定写作"咪哩村"，但在2000年村干部组织村民修建的村寨正门上，依旧写着"命利"二字。实际上，在村民的日常书写和口头表达时，依旧习惯使用"命利"二字代表村名。

中及会员子女考学奖励、老人去世及其他支出。其中，章程的第六章第十七条规定："凡命利村已成家的村民、全体会员、友好会员及友好会员的直系老人去世给予一次性资助500元。"即使是咪哩村不在会的村民，其子女升学和家中直系老人去世时，家属都能得到同乡会的资助与慰问金。正是因为同乡会心系同乡的情谊，得到了村民的广泛认可与参与热情。

　　咪哩村同乡会在每年年节期间在村中召开年会，并组织会员在老年协会活动室聚餐。在一些其他的节日，如妇女节、重阳节等，他们会组织慰问相关会员并开展相应的集体活动。此外，他们还会在村民遇到重大疾病等情况时，积极组织村民与会员捐款。2013年，咪哩村同乡会与老年协会协商合办重阳慰问活动，自此便形成传统。在具体的组织过程中，咪哩村同乡会无论是在财物支出或劳力投入方面皆较老年协会多。作为村落传统与现代相结合的两大自治组织，二者皆致力于村落公共事务的发展，促进村落共同体的形成与发展。正是在这两大村落组织的共同促进下，咪哩村恢复选举了主持村落祭祀的"铺批"，修复了象征村寨父母神的"朱玛阿碧"，完善了在节日、丧葬礼仪中所需要的包括大铓、小铓、牛皮鼓等在内的仪式器具。此外，在现代性的社会生活中，二者也积极服务村民，为村民排忧解难，也代表村落共同体的利益与他者协商与谈判。

　　咪哩村同乡会是新村落自治组织的典型，但并不是所有同乡会都能够像咪哩村同乡会那样积极参与到村落建设事务中去。大部分豪尼人村寨，尤其是在村落规模上较小的豪尼人村寨，其所发挥作用更多的是联络乡民，而这也是同乡会的基本作用。通常，同乡会除每年发布年会与会员聚餐等活动通知外，作为村落集体事件的丧葬礼仪信息是同乡会最经常通知的事情。几乎所有的同乡会都印发了成员通讯录，也筹建了相应的网络通信群，以保证重要消息能得到及时、有效地传递。作为村落共同体的一员，只要村中有筹办丧葬礼仪的信息，豪尼人皆会积极回乡，即使是远在外地无法回乡的乡邻，也会在得知消息后想办法尽到随礼的社区义务，包括赠送柴火与礼金等。同乡会所构建的信息传播网络，为村内与村外心系故土的同乡人搭建了一个沟通与交流的平台。

## 第三节 从国家到地方：移风易俗下的殡葬改革

元江县的殡葬改革经历了三个主要阶段，包括2015年1月至2018年1月的试点阶段，2018年1月至2022年1月的全面推行阶段，以及2022年1月以来的深化改革阶段。改革初期的首要任务，是将辖区内民众对遗体的处理方式由土葬改为火葬。哈尼族族源于西北古羌，本有火化遗体的传统。古羌经向南迁徙、族源分化并与其他民族交融后，形成具有现代意义的哈尼族，其丧葬礼仪逐渐转变为以土葬为主、火葬为辅。火在哈尼族的文化中具有"区隔""净化"与"通衢"的作用，现在豪尼人的丧葬礼仪中亦有火葬"非正常"死亡者的习俗。随着殡葬改革在哈尼族村寨的全面推行与深化实施，必然会使其丧葬礼仪发生新的嬗变。

### 一、元江县殡葬改革的过程[1]

在国家推行殡葬改革的政策之下，元江县的殡葬改革工作也拉开了帷幕。元江县所属的云南省玉溪市于2013年8月全面启动殡葬

---

[1] 本部分内容主要参考了元江县殡仪馆和殡葬管理所、元江县殡葬改革工作领导小组的年度报告。

改革[1]，2017年11月玉溪市被国家民政部列为全国殡葬综合改革试点城市，成为全国80个殡葬综合改革首批试验区之一，并于2018年3月1日起在辖区内全面实现改革目标。其中哈尼族豪尼人聚居的元江县因具有良好的改革条件，于2018年1月1日便提前完成了辖区内的殡葬改革工作目标。

新事物的产生与发展，必然需经历一个过程。具体来说，元江县为顺利推行辖区内的殡葬改革工作，完善了相关的基础设施、组织机构，在地方上制定与出台了相关政策，并积极对辖区内的民众进行宣传与教育。

（一）基础设施建设

元江县殡葬改革的基础设施建设，主要包括殡仪馆建设与公墓建设。此外，虽然公路建设未纳入元江县殡葬改革的基础设施建设中，但元江县从21世纪以来逐渐完善的县乡与乡村公路建设，也为殡葬改革提供了便利。正是完备的基础设施，使殡葬改革得以在元江县这样一个典型的山区少数民族农业县得以顺利推行。

其一，元江县的殡仪馆建设。1998年，元江县在元江东岸建成了一个占地3亩的小型殡仪馆。但殡仪馆建成后一直对外承包，未收归地方政府经营管理。2010年起，元江县政府组织开展了殡仪馆的扩建工作。其中，一期工程投入资金242万元，完成土地征用3.25

---

1 从2004年起，玉溪市政府便相继发布《玉溪市殡葬管理办法》（2004年）、《玉溪市人民政府关于加强殡葬改革工作的实施意见》（2009年）等与殡葬改革相关的文件。2013年玉溪市推进殡葬改革，相继出台的政府文件包括：《玉溪市人民政府办公室关于进一步深化殡葬改革的意见》（2013年）、《玉溪市殡葬改革目标责任考核办法的通知》（2013年）、《关于调整玉溪市殡葬改革领导小组的通知》（2013年）、《玉溪市国家公职人员违反殡葬管理法规政策问责规定》（2013年）、《玉溪市人民政府办公室关于加快推进农村公益性公墓建设的意见》（2013年）、《玉溪市殡葬改革三年行动计划（2013—2015年）》（2013年）、《关于推行移风易俗促进文明殡葬的实施意见》（2013年）、《玉溪市农村公益性公墓管理办法》（2014年）、《2016年—2020年度玉溪市殡葬管理目标责任书》等。

亩、"三通一平"[1]，新建火化房、太平间，修建围墙，并购置了火化设备2台。2011年，在殡仪馆扩建二期工程中，政府投资310万元铺设殡仪区水泥地板，建造殡仪区进出大门，维修改造告别厅、厨房和其他用房，新建停车场挡墙等。2013年玉溪市启动殡葬改革后，下辖的元江县于同年5月1日，将元江县殡仪馆收归地方政府管理，并在运营中启用了新安装的中高档火化炉。2014年8月，政府再次投入20余万元，修缮了3间守灵室、告别厅，以及殡仪馆馆内电路线路等相关设施与设备。此外，政府还投资15万元，对殡仪馆进行绿化与美化；投资150多万元，对殡仪馆内600米道路进行扩建与硬化。2015年，元江县部分区域划入火化区后，殡仪馆火化炉使用率增加。同年6月，政府对殡仪馆内一台平板炉进行升级改造，进一步提高了火化炉安全运行时间，满足当地民众遗体和棺木一起火化的需求。2017年5月，政府投资4万元在殡仪馆内安装了一套监控设备，加强了殡仪馆内的安全管理工作。同年7月，政府投入17万元对现有两台火化炉进行维修，提高了火化炉安全运行的时间。

整体来看，元江县殡仪馆自1998年建成后，政府先后投资共计7次758万余元，对殡仪馆内的基础设施进行了建设与完善，为元江县全面推行殡葬改革提供了基础与保障。

其二，元江县的公墓建设。2013年，元江县政府按市政府要求，积极筹建经营性公墓1个，公益性公墓12个。2014年，政府在完成选址后，计划至2015年前共建成51个农村公益性公墓和1个经营性公墓。2016年，政府对未建农村公益性公墓的42个村居委会进行考察并筹建农村公益性公墓。至2017年6月30日，42个农村公益性公墓已完成建设，元江县实现了农村公益性公墓在所有村居委

---

[1] "三通一平"是建设项目在正式施工以前，施工现场应达到水通、电通、道路通和场地平整等条件的简称。

会的全覆盖。在2017年底，元江县全面推行殡葬改革的前夕，共建成1个经营性公墓，有墓穴4650冢；93个农村公益性公墓，有墓穴31747冢，且全部已投入使用。

其三，元江县的公路建设。早在2001年，元江县的县乡公路网络已基本形成，至2003年元江县基本实现了"村村通公路"的目标。此后，政府开始将工作重心放在县乡公路的路面硬化和乡村公路晴雨畅通上，并于2004年基本实现此目标，至2007年，元江县县乡公路全部实现路面硬化。2008年至殡葬改革全面实施之前，元江县政府陆续完成了境内县乡与乡村公路的路面改造，这为殡仪车直达乡村提供了便利，大力推进了元江县殡葬改革的工作。[1]

（二）组织机构建设

在国家、市级政府的殡葬改革工作推进之下，元江县结合县情成立了相应的组织机构，这为推进元江县殡葬改革工作提供了有力的组织保证。这些组织机构，主要包括元江县殡仪馆和殡葬管理所、元江县殡葬改革工作领导小组等。

其一，元江县殡仪馆和殡葬管理所。2010年，元江县成立了殡仪馆和殡葬管理所。其为元江县民政局下属财政全额拨款的事业单位，核定事业编制5人。2013年，在玉溪市全面启动殡葬改革工作后，元江县殡仪馆和殡葬管理所正式将原本对外承包的殡仪馆收归管理。其通过公开招考，从退伍军人"双考"安置中安排了3人到殡仪馆工作，安排1人到殡葬管理所工作，又从其他单位调动1人到殡葬管理所工作。此后，元江县殡仪馆又先后聘请了6名临时工开展日常火化工作。2014年，政府通过向社会公开招标的方式，先后规范了殡仪馆附近的殡葬用品市场、丧事办理场所，并采取政府购买服

---

[1] 元江县政府信息公开网：历年政府工作报告：http://xxgk.yuxi.gov.cn/yjxzfxxgk/zfgzbg11096/.

务的方式安排了殡仪馆内遗体接运的工作人员。2017年，政府通过购买服务岗位的方式，新增12名殡仪服务人员，确保了殡仪工作的正常开展。同时，元江县殡仪馆和殡葬管理所加强了殡仪服务人员的管理、业务培训、职业道德，以为丧属提供更便捷与规范的殡葬服务。

其二，元江县殡葬改革工作领导小组。2013年，元江县成立了殡葬改革工作领导小组，并以县政府分管副县长为组长，县民政局、发改委、财政局等22个部门为成员单位，下设办公室在县民政局，负责处理日常事务。2014年，元江县委、县政府对殡葬改革领导小组进行了调整，由县政府县长任组长，县委副书记、县人大常委会副主任、县政协副主席和县政府分管副县长为副组长，成员单位由22个增至24个，进一步明确了领导小组各成员单位的工作职责。工作小组成立后，通过不定期召开殡葬改革工作推进会，及时研究解决殡改工作面临的各种困难和问题，进一步统一了全县各级干部群众的思想，理清了改革工作的思路，推进了元江县殡葬改革工作的有序开展。

（三）殡葬改革政策

首先，是与民生紧密相关的殡葬改革补贴政策。根据市政府文件，元江县自2010年5月1日起，除国家公职人员外，对进入公益性公墓安葬或采取生态葬法的一般群众给予1000元补助，特殊困难群众[1]给予1500元补助。

2014年12月，元江县将境内10个乡镇（街道）23个村（居）委会158个村（居）民小组及元江监狱划定为火化区，并于2015年

---

1 特殊困难群众主要包括：城乡低保对象、享受定期定量生活补助的在乡老复员军人、六级以上伤残军人和带病回乡军人、20世纪60年代精简退职人员、享受定期定量生活补助的原大队一级离职干部等。

1月开始在火化区执行殡葬改革政策。相应地，元江县结合地方实际出台了相关的补贴政策。自2015年1月起，除国家公职人员外，元江县政府对具有元江县户籍，且死亡后在殡仪馆火化并进入公墓安葬的民众，每具遗体补助提高至5000元，其中500元用于支付火化费，1000元用于支付运尸费，3500元补助金直接给家属。此后至2017年9月，元江县将全县尚未实行火化的所有村居民小组划为火化区，从2018年1月起元江县实现了辖区内的火化区全覆盖。据统计，自执行部分火化区的2015年至全面执行火化的2018年3月止，元江县共发放殡葬惠民补助资金681.13万元。

其次，是规范化的文件、管理制度与有效举措。随着元江县殡葬改革的不断推进，改革成果初见成效。自2013年以来，元江县出台了与殡葬改革相关的若干政策与文件，并实施了相应的改革举措，包括相关的收费标准、经费保障、政策文件、整治措施与发展举措等。

第一，收费标准。2012年4月20日，元江县殡仪馆出台《元江县殡仪馆火化费运尸费收费标准》和《元江县殡仪馆殡葬服务项目收费标准》等，完善了殡仪服务的制度与规范。

第二，经费保障。根据《元江县人民政府关于进一步深化殡葬改革的意见》，元江县将殡葬改革事业经费列入县级财政预算，农村公益性公墓乡镇级补助40万元，村级补助20万元，其他费用按照市级文件精神匹配。

第三，政策文件。2013年以来，元江县相继出台了《元江哈尼族彝族傣族自治县殡葬改革发展规划》《元江县人民政府关于加强殡葬改革工作的实施方案》《元江哈尼族彝族傣族自治县殡葬管理实施细则》《元江哈尼族彝族傣族自治县火化区划定方案》《元江县基本殡葬服务费用补助实施办法》等文件。此外，元江县政府与各乡镇（街道）每年签订《元江县殡葬改革工作目标管理责任书》，按照目标管理责任书，县领导督办，各成员单位积极配合，各乡、镇（街道）落实工作。

第四，整治措施。2014年，元江县全力整治"三沿五区"[1]范围内视野可见坟山墓地。同年8月，县政府与各乡镇（街道）人民政府（办事处）签订了《乱埋乱葬专项整治工作责任书》，对辖区内进行了调查摸底和排查工作，共排查出"活人墓"、超标准建造墓、"圈地墓"719冢，其后对之进行编号登记、落实墓主，截至2014年9月30日将问题墓冢全部清除并植树1800棵。

2015年，元江县各乡镇（街道）成立殡葬改革突发事件应急处置工作领导小组，制定了突发事件的应急处置方案和工作措施，以应对在火化区不执行火化政策的丧属。自2015年划定火化区以来，元江县强制起棺火化5起。此外，相关负责人组成督察组，定期对公墓与乡镇（街道）的落实情况展开专项督查。

2015年，元江县对中心城区游丧现象进行整治，对辖区内丧事大操大办和封建迷信现象进行治理。此外，工作小组对元江县丧葬用品市场进行整治，同时，为了规范殡葬用品市场、丧事办理场所，向社会公开招标，并将相关市场搬迁至殡仪馆旁。

2016年，元江县制定相关文件以加强公墓管理，保证辖区内无乱批乱建行为、无非法公墓，进一步规范公墓安葬秩序。

第五，发展举措。2015年以来，元江县积极开放经营性公墓与农村公益性公墓花葬、树葬、草坪葬、塔葬多样化安葬方式，使元江县绿色生态殡葬工作进一步加强。2017年，元江县在哈尼族聚居的那诺乡进行农村移风易俗改革试点，革除陋俗进一步推动改革。同年，根据玉溪市殡葬改革推进会议精神，元江县殡仪馆于2017年

---

[1] "三沿"即沿铁路、沿公路、沿河道两侧；"五区"即水源保护区、文物保护区、风景旅游区、住宅区、开发区。

9月起提供免费可循环利用的绢花圈,以深化殡葬改革。

(四)政策宣传与教育

结合元江县的具体情况,各相关部门、各乡镇(街道)按照县政府的统一安排部署和要求,充分利用电视、广播、网络、报纸、村务公开宣传栏、宣传标语、宣传单等进行宣传。此外,他们还通过逢赶集天开展宣传活动、召开群众会议、制定"清明"殡葬改革宣传方案、配合司法局进行咨询活动等多种形式,对殡葬改革进行广泛宣传。

2009年以来,元江县电视台多次播放"文明祭祀、平安清明"的倡议书。元江县人民广播电视台多次播报《元江县人民政府关于开展专项整治乱埋乱葬的通告》等,倡导群众文明节俭办丧事,反对封建迷信、丧事大操大办等陋习,营造殡葬改革良好氛围。

2015年,在元江县部分区域划为火化区后,殡葬改革工作领导小组对《国务院殡葬管理条例》《云南省殡葬管理暂行办法》《玉溪市殡葬管理办法》《元江县关于进一步深化殡葬改革的意见》《元江县国家公职人员违反管理政策法规问责办法(试行)》等相关法律法规,以及元江县惠民殡葬政策进行了更广泛宣传,并将印制的《关于殡葬改革致全县人民的一封公开信》《元江县殡葬改革告知书》《殡葬管理法规、规章、文件汇编》,以及乱埋乱葬入户通知书等宣传资料进行免费发放。

此外,宣传工作依托党员、干部、共青团员、村民代表深入村寨,大力宣传国家殡葬改革的方针、政策和殡葬改革的重要意义,切实提高了群众对殡葬改革的知晓率,逐步消除广大群众思想上的负担。针对元江县殡葬改革存在的问题,进一步明确殡葬改革热点、难点,突出工作重点,出台相关文件,要求共产党员、广大干部群众积极投身殡葬改革,营造殡葬改革良好氛围。

2016年4月27日，元江县殡仪馆举办首届"殡仪馆开放日"活动，邀请社会各界代表到元江县殡仪馆实地参观，引导活动参与者参观殡仪馆业务厅、告别厅、火化设备、骨灰寄存等场所，让公众了解殡仪服务项目、收费标准、服务内容、服务程序、服务承诺和服务监督，了解殡仪服务流程设置、设施设备建设情况，了解民政部门和殡仪馆在争取惠民政策、健全管理制度和提高服务质量方面所做的工作。促进了社会各界对殡仪服务和殡葬改革的认知和理解，让更多群众支持和参与殡葬改革。

2017年，曼来镇还成立了专门的"百姓宣教队"，他们到各村社区以自编自作的花灯歌舞等形式进行宣传殡葬改革相关政策法规，让地方民众了解殡葬改革给家庭带来的好处，营造了良好的宣传氛围。

总之，自2013年起元江县政府鼓励、引导普通民众对遗体处理方式进行改革，通过有效的改革举措，元江县的火化率得到明显提升。2013年1月至11月30日，元江县死亡人口898人，火化遗体275具，其中到殡仪馆火化120具，民俗火化155具，火化率30.6%。2014年1月至12月20日，元江县死亡1022人，火化遗体655具，其中到殡仪馆火化300具，民俗火化355具，火化率64%。2015年，全县死亡人口1080人，其中火化区430人，非火化区650人。火化遗体760具，其中到殡仪馆火化652具，民俗火化108具，火化区火化率100%，全县火化率70.3%。2016年，全县死亡人口1150人，其中火化区430人，非火化区720人。火化遗体743具，火化区火化率100%，全县火化率64.6%。2017年，元江县死亡人口1350人，火化遗体841具，火化区火化率100%，全县火化率62.2%。2018年，元江县全境划入火化区，截至2018年3月全县死亡385人，火化遗体385具，火化区火化率实现了100%，并完成了火化后100%进入公墓安葬的工作目标。

表4—1 元江县2013—2018年死亡人口与火化情况

| 时间 | 死亡人数 | 火化遗体 | 火化率 |
| --- | --- | --- | --- |
| 2013年1月—11月30日 | 898人 | 275具 | 30.6% |
| 2014年1月—12月20日 | 1022人 | 655具 | 64% |
| 2015年全年 | 1080人 | 760具 | 70.3% |
| 2016年全年 | 1150人 | 743具 | 64.6% |
| 2017年全年 | 1350人 | 841具 | 62.2% |
| 2018年1—3月 | 385人 | 385具 | 100% |

资料来源：笔者根据元江县民政局2013—2018年《殡葬改革工作自查自评报告》制表；制表时间：2019年12月13日

## 二、殡葬改革前豪尼人丧葬礼仪中的用火传统

哈尼族的族源主体为古羌，"羌"在文献中亦常被泛称为"氐羌"。吕思勉在《中国民族史》中记述道："羌亦东方大族。其见于古书者，或谓之羌，或谓之氐羌。"[1] 虽然学界有关于"氐"与"羌"族源的辨析，认为二者"同源异流"或完全是两个不同的民族[2]，但笔者在此无意于区分二者的源流问题，仅将此作为宽泛概念讨论。从文献记载来看，氐羌至少在战国时还保留着火化遗体的传统，《吕氏春秋·孝行览·义赏》记载："氐羌之民，其虏也，不忧其系累，而忧其死不焚也。"[3] 东汉时期许慎《说文·羊部》言："羌，西戎牧羊人也，从人从羊"，羌人火化遗体的传统与其游牧的生计模式有一定关联。

古羌南迁后逐渐分化融合而形成的聚居于云南境内的哈尼族先

---

[1] 吕思勉：《中国民族史》，南昌：江西教育出版社，2018年，第202页。
[2] 杨铭：《氐族史》，北京：商务印书馆，2014年，第11页。
[3]（战国）吕不韦：《吕氏春秋》。

民，其生计方式也逐渐由游牧转为农耕，其丧葬礼仪亦发生嬗变。如前所述，及至清代及民国时期地方志记载，哈尼族先民还有"丧无棺，吊击锣鼓摇铃，头插鸡尾跳舞，名曰洗鬼。忽泣忽饮，三日采松为架，焚而葬其骨"[1]"葬火化"[2]"以木编床，发尸火化"[3]"葬者火化"[4]"葬用火化"[5]"葬皆火化"[6]等火葬习俗的记载，但也有"死者葬，以鸡雌雄各一殉之"[7]"死葬同汉俗"[8]"丧葬刳木为棺"[9]"至山郊掷鸡蛋以宜葬地，如蛋壳毁滥之处，即以宜葬焉"[10]等土葬习俗的记载。实际上，云南境内哈尼族先民丧葬礼仪的变迁，与汉族等其他民族文化的互嵌有关。同样在地方志中记载道："近来风气稍开，渐与汉族类化，一切风俗有逐渐改之象焉""近亦渐渐同化汉俗矣"[11]"近亦略向化汉俗矣"[12]等。那些依旧保留火化遗体习俗的哈尼族先民，与其较为封闭、保守的居住与生活文化相关，如民国时期《墨江县志稿》中便记载道："此种'夷人'离城较远，一切尚未向化。"[13]

哈尼族由火葬转为土葬的传统，若从汉文献中最早对哈尼族先民土葬习俗记载的清代康熙年间算起，至今至多有300余年。但咪哩村的豪尼人却认为，这是"老辈人一直留下来的传统""几千年来都

---

1（清康熙）张毓碧：《云南府志》。
2（清康熙）章履成：《元江府志·彝人种类》。
3（清乾隆）汤大宾：《开化府志·风俗·人种》。
4（清道光）《云南通志稿·南蛮志三之五·种人五》。
5（清道光）广祜修，王垲增补：《元江州志·种人》。
6（清光绪）《续云南通志稿·南蛮志·种人》。
7（清康熙）张嘉颖等修：《楚雄府志·地理志·土人种类》。
8（清康熙）章履成：《元江府志·彝人种类》。
9（清雍正）《景东府志·夷民种类》。
10（民国）《墨江县地志资料》。
11（民国）《墨江县志稿》。
12（民国）《墨江县地志资料》。
13（民国）《墨江县志稿》。

实行着土葬"。诚如英国学者埃里克·霍布斯鲍姆（Eric Hobsbawm）所言：那些看似古老的"传统"，在起源时间上通常是较晚近的。习俗是流动且变化的，即使在传统社会，生活也是流动且变化的，流动与变化才是社会生活的常态。[1]

从田野调查来看，现豪尼人中"正常"死亡者皆实行土葬，只有"非正常"死亡者的遗体才会在逝后三日之内火化，或完成特殊的丧葬礼仪。

> 石鸿：请问以前村里人死后，会去火化吗？
> 李ZX：很早就有，"不三不四"的那些都是被火化的，平常的人不火化，都是抬走的。
> 石鸿：哪些属于"不三不四"的？
> 李ZX：胡乱死掉的。
> 李YQ：出车祸或者怎样的那些，除了"正常"老死的那些才会被抬走。[2]

"火"在豪尼人的文化认知中，具有"区隔""净化"与"通衢"的神圣作用。

首先，"火"的"区隔"与"净化"作用。因"非正常"死亡者与"正常"死亡者的亡灵相比更具危险性，故需重点防御。丧家通过火化此类死亡者的遗体，能够使其家中或村中不再出现此类死亡现象。

---

[1] [英]埃里克·霍布斯鲍姆：《导论：发明传统》，[英]E.霍布斯鲍姆、T.兰格：《传统的发明》，顾杭、庞冠群译，南京：译林出版社，2004年，第1、3页。

[2] 访谈对象：李ZX，男，哈尼族，属兔，1939年生，80岁，咪哩村人；李YQ，男，哈尼族，属牛，1937年生，82岁，咪哩村人；访谈人：石鸿；访谈时间：2019年1月30日；访谈地点：咪哩村。

除火化遗体外,"火"的"区隔"与"净化"作用还体现在豪尼人丧葬礼仪中的其他仪式上。如"弥兮兮"的"祛邪"仪式,即豪尼人在完成与亡灵等凶秽之物,尤其是"非正常"死亡者亡灵有关的仪式时,包括孝子送葬后返回家屋前、职业"摩批"主持完丧葬仪式后回家前,主家皆令其跨过在家屋门口或村寨门口用水浇灭的小火堆后,才允许其进入。"弥兮兮"仪式除在丧葬礼仪中举行外,也会在日常生活中举行。如豪尼人认为一些疾病与亡灵作祟相关,尤其是久治不愈的顽疾或突如其来的重疾,若豪尼人因病去医院就诊,尤其是住院治疗,其回村前必会跨过亲友在寨门前点燃的稻草秸秆和带刺的黄泡叶,以将在自己身上或在医院沾染的致病的亡灵等凶秽之物"区隔"开,如图5—4所示。

图4—4 豪尼人在出院回村前举行的"弥兮兮"仪式(拍摄人:石鸿;拍摄时间:2019年4月28日;拍摄地点:咪哩村)

此外，豪尼人不会将在村外为"非正常"死亡者筹办的丧宴中的食物带回村中，他们在不得已需要将之带回家时，会用火象征性地烧一下。以笔者在咪哩村的田野调查为例，在一次丧家为"非正常"死亡者在村外举行的丧葬仪式中，逝者遗孀从未出席丧宴，她在丧葬礼仪期间的所有餐食，全由其亲属在自家专门筹备后送至其家屋。丧家在完成"送舅"仪式后，会按习俗赠与"舅家"一些牛肉，"舅家"在接受这份"礼物"后，会在回村前将此肉用火象征性地烧一烧，并念诵与驱赶凶秽相关的话语，以将肉上携带的凶秽之物驱逐。可以补充的是，在豪尼人看来，"死人的灵魂能够感觉到推力和打击，可以像其他生物一样驱赶它们"[1]，正是因为他们认为"火"能驱赶亡灵等凶秽之物，他们才会在农历六月廿四"苦努早"即火把节时，专门用火把将亡灵等凶秽之物从家门口或村中驱赶到村外。

其次，"火"的"通衢"作用。如前所述，豪尼人将逝者入棺后，会将其遗物送到山上焚烧。其焚烧的目的，就是以"火"的"通衢"作用，将遗物递送给彼岸世界的逝者。豪尼人焚烧遗物的行为，是在20世纪50年代后才逐渐兴起的。旧时豪尼人生活条件艰苦，这些遗物通常会被生者再次利用。此外，豪尼人在丧葬礼仪中为逝者焚烧黄表纸、纸扎的仪式性行为，也是其利用"火"的"通衢"作用的表现。在丧葬礼仪中，孝子会在职业"摩批"举行完"尼豪遥"的"指路"仪式后，专门为逝者焚烧"千张"，并将燃烧后的灰烬在埋葬仪式前撒入墓穴；在送葬出村后，豪尼人会将纸质的"吊钱"与挂"吊钱"用的竹竿在村外焚烧。对于生者而言，"火"的"通衢"作用是其寄托哀思的一种表现，相比较于"火"在丧葬礼仪中的"区隔"与"净化"作用，其重要性更低。

---

1 [英]爱德华·泰勒：《原始文化：神话、哲学、宗教、语言、艺术和习俗发展之研究》，连树声译，上海：上海文艺出版社，1992年，第440页。

### 三、殡葬改革后豪尼人丧葬礼仪的变迁

2014年10月，元江县将境内部分区域划为火化区，并于2015年1月起在火化区推行殡葬改革政策。这次火化区的划定，囊括了豪尼人聚居的咪哩乡咪哩村等各村寨。地方政府为顺利推行殡葬改革，加强了咪哩乡各村寨的基础设施建设，包括修建农村公益性公墓，将土路用水泥进行硬化，拓宽原本狭窄的乡间道路等，并于2018年起基本完成了各村寨与殡葬改革相关的基础设施建设。

在公墓建设方面，咪哩乡的"落里靠落谷主公益性公墓"于2014年9月开始建设，并于同年12月投入使用。此公墓位于小柏木村后山上，其名称取自当地豪尼人称呼此片山地之名。其中，"落里靠落"为山名，"谷主"为"山野，山林"之意。此公墓占地14.955亩，共有931穴，是咪哩乡最早建成的公墓之一。该公墓包括1个乡级和3个村级公益性公墓，2015年，在咪哩乡最早实行殡葬改革的村落中，包括咪哩村、瓦纳村、大黑铺村等居（村）民委员会所在地村落，村民在逝后皆可在此埋葬。此外，当地政府也鼓励其他未划入火化区的村民使用。2014年，地方政府投资建设的村级公益性公墓还包括哈罗村阿波落公益性公墓，主要位于咪哩乡哈罗村委会境内。2016年8月，元江县在未建设农村公益性公墓的瓦纳村委会、大黑铺村委会等建设公墓。在公路建设方面，咪哩村的公路于20世纪70年代由村民集体修建，80年代政府出资完成了道路硬化。相较于其他未修水泥路的村寨而言，咪哩村更具备殡葬改革的基础条件。

元江县殡葬改革初期的任务，主要是针对民众对遗体的处理与埋葬方式上。具体来说，地方政府要求火化区内的民众在逝后进行遗体火化，并将骨灰埋葬在公共墓地或实行其他生态葬。元江县在启动殡葬改革后，各级组织形成了多级联动的监督与管理机制，推动改革的有序开展。以豪尼人聚居的咪哩乡为例，当村中有人离世

后，村民组长与副组长便负责向各村寨所属居（村）民委员会汇报情况。其后，各居（村）民委员会的工作人员前去丧家进行思想疏通与督导检查工作，并为丧家开具相关证明、填写相关表格。丧家也可在相关工作人员的协助下，预定送葬日殡仪车的接送时间，提前向殡仪馆预定墓碑及确定墓碑碑刻的内容等。然后，各居（村）民委员会的工作人员再将所填表格提交至所属的乡政府。最后，乡政府再向元江县民政局下属的殡葬改革工作小组提交材料，汇报其下辖各村落殡葬改革的落实情况，统筹安排相关工作的开展。

在殡葬改革推行初期，地方政府充分尊重豪尼人的丧葬礼俗，仅在送葬与埋葬礼仪中要求豪尼人依照政策行事。2015年咪哩乡在殡葬改革后的第一起丧葬礼仪在咪哩村举行，在丧家及其亲属、乡邻以及相关工作人员的共同努力下得以顺利完成。2018年，在前期试点工作的有效开展下，元江县在辖区内全面推行殡葬改革。结合地方政府在殡葬改革中的有效举措，以及豪尼人在丧葬礼仪中面临的现实困境，殡葬改革得到了各村寨豪尼人的广泛支持。

第一，他们认为此移风易俗的改革政策，有利于减少村民因争夺新祖坟地而产生的矛盾与冲突。首先，殡葬改革有利于减少村民因争夺祖坟地，而由家庭上升到家族之间的矛盾。咪哩村曾出现过两家豪尼人因争夺祖坟地而上升至两家族之间的冲突与矛盾。A家族曾将坟墓立在村寨右上方，即东南方向，B家族认为A家族新设立的坟墓太过靠近本家族祖坟地。B家族在口头警告A家族后未得到合理的反馈，其后，B家族便将A家族已埋葬的棺材挖出，两家人的矛盾最后上升到家族之间的矛盾。在家族内部调解无果的情况下，两家族的成员最后通过法院诉讼的途径解决了此关于祖坟地的争端。在这类的家族矛盾与冲突中，家族人数或家族势力较为单薄者，无论其在事实上的对错与否，在村落生活中皆会受到大家族的限制。

女一：现在有一个公墓的话，是非常好的。

石鸿：您认为建了公墓更好是吗？

女一：更好了，这里不能一起埋的情况就没有了。

女二：人家不给埋，埋了也会挖出来掉。

女一：那些厉害的人家，明明（距离）很远（也会说），是我家的墓地而不让（其他人家）埋，还有就是那些有钱的人家会说，这些是我家的地盘，哪怕距离很远也不让其他人家一起埋葬。[1]

其次，殡葬改革有利于减少因争夺祖坟地问题，而在土著村民与外村迁居者之间产生的冲突。土著村民因在村内定居的时间更长，在村落周边适宜埋葬的山林中几乎都有他们家族的坟茔散落。当地豪尼人出于对祖坟地的归属与划分，使那些从外村搬来咪哩村的定居者在埋葬时，会因没有祖坟地而受到很大的埋葬限制。在传统的埋葬方式下，因祖坟地划分而带来的矛盾与冲突会影响到很多村民，故持此观点的豪尼人是认同殡葬改革政策中人数最多的。

第二，他们认为殡葬改革在一定程度上能够减少家庭的殡葬支出。首先，殡葬改革会促使豪尼人缩短在家屋停灵的时间，有利于减少豪尼人在丧葬礼仪中的支出，尤其是宵夜支出，避免铺张浪费。殡葬改革之后，当村落中有逝者便会引起除村民以外相关政府部门的注意与监督，他们会在尊重民族风俗习惯的前提下允许豪尼人在家屋停灵一段时间，但他们不会允许停灵时间超过一个月，特别是在豪尼人忌讳的"土黄天"。这也是相关工作人员在殡葬改革后，专门拜访村中测算先生的主要原因，以尽量将豪尼人的丧葬礼仪控制

---

[1] 访谈对象：咪哩村丧葬礼仪中参与守灵的妇女们；访谈方式：集体访谈；访谈人：石鸿；访谈时间：2019年2月10日；访谈地点：咪哩村。

在一周之内。其次，遗体火化后在公墓埋葬，减少了豪尼人建造墓穴的支出。殡葬改革后，修建墓室的工作由殡仪馆的工作人员，或销售墓碑的商家提供，这相较于传统墓穴建造时丧家需购买大量砖头、水泥、沙子等费用更低，也更有选择的空间，且在殡葬改革初期，运送遗体、购买墓碑、修建墓室等皆纳入政府财政补贴，豪尼人可减少此部分的开支。

第三，因"火"在豪尼人的传统文化中具有的"区隔"与"净化"作用，他们认为不区分"正常"与"非正常"的死亡下遗体的火化，是一种更"干净"的处理方式。"现在全部（遗体）都送去火化了，就不会变出'怪物'来了，以前（遗体不火化的时候）听说过变'精怪'的很多。"[1]持这种观点的豪尼人多熟悉传统文化，他们能利用传统的地方性知识来对新政策进行合理的解构。

可以补充的是，咪哩村的豪尼人认为，旧时大新村、大旧村豪尼人逝后变"精怪"的情况最多，故那里的豪尼人在殡葬改革前就有主动火化"正常"死亡者的先例。咪哩村的豪尼人在遗体入棺前，用香炷点逝者额头、双耳、四肢的目的便与之异曲同工。2019年笔者在咪哩村田野调查时，通过一乡村医生得知，20世纪80年代末，大旧村、大新村两个相邻的"子母寨"曾暴发过严重的伤寒传染病疫情，为避免伤寒杆菌的进一步传播，有过掘墓焚尸案例。当地豪尼人认为，入葬者肉身不腐变"精怪"作乱，故村寨不得安宁。因此，当时还有村民施加压力，要求被怀疑的家户掘墓验尸并火化的事例。[2]尽管豪尼人对此类事件的解释带有明显的民间信仰色彩，但这无意中使豪尼人对逝后遗体的处理更加谨慎，并强化了其对"火"的"区

---

[1] 访谈对象：李HX，女，哈尼族，属兔，1951年，68岁，咪哩村人；访谈人：石鸿；访谈时间：2019年2月11日；访谈地点：咪哩村。

[2] 访谈对象：李WB，男，哈尼族，属猴，1950年生，69岁，咪哩村人；访谈人：石鸿；访谈时间：2019年6月23日；访谈地点：咪哩村李WB家中。

隔"与"净化"作用的认识。

第四，在村寨中男性乡邻外出务工增多的情况下，豪尼人认为殡葬改革有效地解决了丧葬礼仪中缺少相帮乡邻，尤其是参与抬棺与送葬的男性乡邻的困境。随着豪尼人外出务工人数的增多，村中留下的多为老弱妇孺。若豪尼人在年节以外的时间遇到丧葬礼仪，除非是与丧家有亲密关系的亲友外，那些在外省务工的乡邻并不会为之专门赶回家乡。在传统丧葬礼仪中，参与抬棺、送葬的多为年轻的男性乡邻，若他们无法参与或较少参与，则需由中年的男性乡邻顶替。传统丧葬礼仪中，豪尼人送葬的山路艰险，需要抬棺者有充足的体力，也需要有足够多的参与者能轮流抬棺。若参与抬棺的男性乡邻过少，会给送葬增加困难与风险，也会使丧家在"面子"上觉得不光彩。

在殡葬改革初期，地方政府充分尊重豪尼人的丧葬礼俗，并在此前提下不断深化与推进改革工作，未强制要求豪尼人的丧葬礼俗有更多的改变。而豪尼人也在殡葬改革之下，逐渐调整与适应新政策带来的变化与影响。如在殡葬改革之前，村民多在送葬日午宴后举行送葬仪式，席间丧家对参与的亲邻磕头致谢；在殡葬改革后，村民多在送葬日一早送葬，丧家会将磕头致谢亲邻的仪式提前至前一日晚宴时。此外，因灵柩有殡仪车接送，除丧家及其亲属外，村中参与送葬的男性青年可不再参与送葬至公墓；旧时，丧家还需专门为砌棺者准备礼物，而在墓地宰杀的祭献家禽通常也归砌棺者，现因有专门砌墓碑的工作人员，丧家不用专门为之准备礼物，祭献家禽也多被丢弃。

随着殡葬改革的深入与推进，豪尼人丧葬礼仪中更多的陋俗亦将被逐步革除。地方政府在逐步推进殡葬改革的过程中，也部分地对豪尼人的丧葬礼仪提出了移风易俗的整改要求。如2018年全面推行殡葬改革政策以来，地方政府要求当地豪尼人在丧葬礼仪中设宴不得超过200人、20桌等。在传统乡土社会中，适应性文化虽远落后于物质文化的变迁速度，但在地方政府正确且适当地引导下，能够加速其变迁使之更好地适应现代社会生活。咪哩村于2015年已执行殡葬改革政策，较其他大部分豪尼人村寨提早三年执行。作为元江县第一批划入火化区的村寨，咪哩村的豪尼人实际上较其他村寨的豪尼人更早地形成革除陋俗的意识。以棺材的使用为例，虽然现在咪哩村还未出现弃用棺材的具体案例，但已有部分长者意识到可通过百余元购买殡仪馆提供的尸袋，以减少购置棺材所需的三五千元支出。在豪尼人中，也确有极少数及至古稀却不计划准备棺材的老者。如咪哩村专门制作棺材的木匠李志昌，他已70余岁却不打算为自己制作或购买棺材。"我想着是浪费的，白白地做出来了，干脆（不要棺材）怎样的还更好。……我的（棺材）还没有，我也不（打算）去买了。"[1] 正是在此意识之下，在其他村民急需或有意愿从长者手中购得棺材时，部分长者亦愿意出让。实际上，若豪尼人不再使用棺材，必然会缩短停灵的时间，促使其丧葬礼仪发生更多的嬗变。

2022年1月，元江县政府为深化殡葬改革，发布了《元江县关于进一步加强和规范殡葬管理工作的通知》[2]等通知。新通知涵盖了对火化方式、埋葬方式、治丧活动、殡葬市场、死亡证明等的规范与要求，详见附录七。根据新规定，相关工作人员在向豪尼人传达时表示，自2022年7月起，豪尼人在丧葬礼仪中将不得再使用棺材，逝者离世后丧家须即刻火化遗体，不得在家中或村外停灵。此外，灵堂的设置将以遗照取代灵柩，丧家及其亲友将以戴白花取代穿戴

---

[1] 访谈对象：李ZC，男，哈尼族，属猴，1944年生，75岁，咪哩村人；访谈人：石鸿；访谈时间：2019年2月1日；访谈地点：咪哩村李和才故居1号院内。

[2] 元江县人民政府网：http://www.yjx.gov.cn/yjxzfxxgk/qtwj11/20220116/1323353.html，发布时间：2022年1月16日。

孝布与孝服，丧家亦不能再请职业"摩批"举行相关的仪式。

新通知进一步推动了豪尼人丧葬礼仪的移风易俗，使之适应中国式现代化的发展进程。事实上，在前期改革的推动下，豪尼人对新政策已有所适应，因不再使用棺材，他们主动缩短了停灵时间，但依旧请仪式专家举行相应的仪式。此后，地方政府逐渐取消了殡葬费惠民补贴，殡仪馆的服务费用也需村民自行支付。2024 年，咪哩乡人民政府发布了《咪哩乡公益性公墓维护及管理费备案表》，计划对辖区内的落里靠落谷主公墓、阿波落公墓、大新村公墓等 6 个公益性公墓收取 20 年一次的墓穴使用管理费。值得注意的是，虽然地方政府实施了取消惠民补贴、殡葬服务有偿化、征收公墓管理费等政策，但其限制使用棺材、治丧活动等规定也为豪尼人减少了丧葬支出，尤其是限制使用棺材后，豪尼人在现实与传统因素下主动缩短了停灵时间，极大减少了丧家的殡葬费用。

国家殡葬改革政策在地方社会的实行，体现了在具有政治性的空间中，两种不同权力与秩序的交织与碰撞。[1]空间中包含"近端秩序"与"远端秩序"，即微观与宏观、国家与地方构建下的两种不同秩序。虽然"近端秩序"能被"远端秩序"以技术、资本等手段进行控制，但占有"近端秩序"的是真正使用、生活于其中的人，即地方民众。[2]殡葬改革体现了空间中国家与地方民众之间的博弈，彰显了国家政策进入地方社会后产生的矛盾与张力。当国家制度的"远端秩序"下沉地方社会时，因破坏地方社会的"近端秩序"，即地方民众所建构的秩序时，容易引发群体性事件，而当未破坏地方社会的"近端秩序"时，便能更为顺利地移风易俗。

---

1 [法]亨利·勒菲弗:《空间与政治》(第二版)，李春译，上海：上海人民出版社，2008 年，第 46 页。

2 [法]亨利·勒菲弗:《空间与政治》(第二版)，李春译，上海：上海人民出版社，2008 年，第 37—38 页。

在元江县三个阶段的改革过程中,地方政府并未破坏豪尼人的"近端秩序",即其没有破坏豪尼人丧葬礼仪的功能,更没有触动其生死区隔的生死观。具体而言,在 2015 年殡葬改革的第一阶段,地方政府进行了相关政策的推广与执行,豪尼人亦用地方性知识与地方社会的逻辑去解构火化政策。在 2018 年的第二阶段中,相关政策及执行更成熟与规范,豪尼人的接受度亦逐渐提高,地方政府得以巩固前期改革成果。因此,在 2022 年第三阶段的改革中,地方政府才能进一步深化改革,与地方民众一起推进移风易俗,实现礼与俗的良性互动。

## 小结:地方民众在丧葬礼仪中的"生死区隔"

在"生死区隔"的观念下,豪尼人不但注重"区隔"亡灵,亦注重巩固生者间的关系。死亡事件将逝者的亲属、友邻等聚合在一起,使原本较为专私的死成为公共事件。[1]正因此,豪尼人带有"聚合"性质的丧葬礼仪,能够集中体现并整合地方社会的关系,尤其是以血缘、地缘关系为主的村落社会关系,并提高村落自治组织应对公共事件的能力。此外,基层政府的公职人员会间接参与,这使豪尼人的丧葬礼仪在原有的宗族、社会意义之上,新添了一层政治意义。

第一,丧家及其亲属、友邻在丧葬礼仪"生死区隔"中的存在。丧家及其亲属、友邻是豪尼人丧葬礼仪的主要筹办者、协助者及参与者,共同构成了以"丧家—本家—外家—友邻"为主的社会关系结构。他们出于与逝者或其亲属在血缘、地缘,以及学缘、业缘、趣缘等方面的亲密关系,既注重对逝者的"区隔",又注重维护生者间的关系。

---

[1][英]马林诺夫斯基:《巫术科学宗教与神话》,李安宅译,北京:中国民间文艺出版社,1986 年,第 30 页。

其一，丧家内部由逝者长子、长媳为核心，他们带领逝者的其他儿子、儿媳完成相应的仪式与实践。自父母离世后，扩大家庭中的"新家长"即由长子、长媳继承，他们通过丧葬礼仪明确权利与地位。在长者的指导下，他们根据传统礼俗，主导将逝者从生者世界剥离的仪式与实践，以维护大家庭的集体利益。而逝者的其他儿子与儿媳从旁协助，亦整合并巩固了大家庭成员彼此间的关系。

其二，丧家的亲属分为本家与外家，他们在丧葬礼仪中全力协助丧家，以完成生者与逝者之间的"区隔"。其中，本家亲属分为近房与远房，是与逝者关系最亲密的家族亲属，尤其是近房本家。若丧家对亡灵处理不当，首当其冲的便是与逝者在血缘关系上最为亲近的本家亲属。他们作为丧葬礼仪中的重要协助者，协助丧家筹备每个重要仪式，包括念诵家谱、筹备丧宴、送葬与埋葬等。外家与逝者多为姻亲关系，他们更多地是作为重要参与者，与丧家共同完成仪式，包括"请舅""送舅"，以及开丧日与送葬日的祭献等。此外，丧家的亲属皆通过表达性的送礼与协助，维护了亲属间互惠互助的亲密关系。

其三，友邻主要是丧家的乡邻、朋友与同事，他们在协助、参加丧葬礼仪的同时，也注重监督丧家按传统礼俗完成仪式，顺利将逝者驱逐出生者世界，维护村落社会的秩序。其中，乡邻与逝者作为同一传承母体之下的共同体成员，与丧家生活在同一地域并受相同文化礼俗的规约。乡邻见证、参与了逝者从病危到亡故，或从意外亡故到处理后事的全过程，协助丧家顺利筹办丧宴，完成送葬与埋葬等需要大量人力协助的仪式。丧家的朋友、同事更多是在财力与情感上给予丧家支持，以维系或分化亲密关系。

第二，村落自治组织在丧葬礼仪"生死区隔"中的存在。豪尼村寨中的村落自治组织，主要包括老年协会与同乡会，他们相互协作共同促进了村落社会的发展。其中，老年协会的权力与地位继承自传统社会对长者经验与智慧的尊重，他们在村落社会中拥有一定的话语权。在现代社会中，老年协会得到基层政府、社会力量的支持，为村民修缮了筹办丧葬礼仪的公共设施并提供相关器物，得到了村民集体的认同。同乡会的会员多为常年在外工作与生活的同乡人，他们作为村落中新经济资本的代表，给予筹办丧葬礼仪的丧家更多的是经济上的资助。此外，作为新的村落自治组织，同乡会也通过团结在外的同乡人，积极地参与村落发展的公共事务。

在具体的丧葬礼仪中，老年协会与同乡会会站在村落集体的角度，协助与监督丧家完成丧葬礼仪，以将逝者顺利送出村落进行安葬。当然，在丧家未按传统礼仪完成相关的仪式活动，使村落安全受到亡灵的威胁时，他们亦会代表村民集体及时出面沟通，尤其是老年协会。换言之，村落自治组织在豪尼村落社会生活中代表村民的集体利益，代表村落整体的力量给丧家提供物力、财力等资助，他们也督促或惩戒不合礼仪的行为与实践。

第三，殡葬改革下豪尼人的"生死区隔"。元江县为开展殡葬改革工作，完善了辖区内殡仪馆、公墓等基础设施的建设，成立了元江县殡仪馆和殡葬管理所、元江县殡葬改革工作领导小组两个专门的组织机构，制定了适应地方社会的殡葬改革补贴政策，出台了相关制度与法规，并以多渠道对民众进行宣传与教育。在殡葬改革下，豪尼人的丧葬礼仪发生了新的嬗变。

豪尼人丧葬礼仪中火化遗体的传统，继承自其族源主体古羌，形成于游牧时期。清朝以后，定居今云南省境内的哈尼族先民的丧葬礼仪，逐渐由以火葬为主，转变为以土葬为主、火葬为辅。传统上，豪尼人对"非正常"死亡者依旧保留着民俗火化的传统，以彻底"区隔"亡灵。因豪尼人有火葬的历史与传统，当殡葬改革进入豪尼人的地方社会时，他们会更容易接受与适应改革。

地方文化是生活在其中的民众在"创造、试验、学习、修正的过程中累积下来应付他们的地理和人文处境的办法"。[1]哈尼族在面对殡葬改革时，积极发挥了主体的能动性，从传统礼俗与文化中寻找出路，用乡土社会的逻辑与地方性知识解构政策，使之获得新的合法性与合礼性。如豪尼人认为，现行的殡葬改革能减少人地矛盾与冲突，减少丧家在丧葬礼仪中的支出，能有效解决务工潮下丧葬礼仪中缺少人力的境况等。更重要的是，豪尼人正是通过强调火的"区隔"与"净化"作用，调和了传统丧葬礼仪与殡葬改革间的矛盾。

---

[1] 费孝通：《美国人的性格》，北京：文化发展出版社，2018年，第42页。

# 第五章 豪尼人丧葬礼仪中的信仰与观念

人在面对死亡时，容易产生与信仰、情绪，以及仪式相关的变化与活动。[1]因为死亡的问题，超越了人的经验与理性所构建的知识世界，要想在日常生活中解决此问题，就需要从非经验性的信仰世界中寻找出路。[2]豪尼人的这种信仰，体现在通过丧葬礼仪表达的对灵魂、神灵等超自然物的认知中。具体而言，豪尼人对灵魂的认识、对不同死亡情况下亡灵的安置，体现了其对自我存在的认知与认同。此外，豪尼人丧葬礼仪中还包含众多的神话元素，这体现了其对自然与世界等外在存在的朴素认知。豪尼人的这些超自然的认知，亦是其人生观、价值观与世界观的重要体现。

## 第一节 认知与认同：豪尼人的灵魂观

灵魂崇拜是所有宗教信仰的基础，这种崇拜是从生命消逝的那一刻开始的。[3]豪尼人认为灵魂与肉体二分，当死亡降临时，是灵魂永久地与肉体分离，而非灵魂的死亡。[4]豪尼人的灵魂由神灵赐予，生者有生魂，逝者有亡灵。对生者而言，保护灵魂与肉体的同在，

---

1 [法]罗伯特·赫尔兹：《死亡与右手》，吴凤玲译，上海：上海人民出版社，2011年，第61页。

2 杨庆堃：《中国社会中的宗教》，范丽珠译，成都：四川人民出版社，2016年，第1页。

3 [荷兰]高延：《中国宗教的系统及其古代形式、变迁、历史及现状》（第1卷），广州：花城出版社，2018年，第3页。

4 蒋颖荣：《哈尼族丧葬仪式的伦理意蕴》，《思想战线》2009年第2期。

是保证生命力的根本；对于逝者而言，灵魂脱离肉身后成为亡灵。亡灵需要得到妥善安置，以维护生者世界的秩序，这其实是豪尼人筹办丧葬礼仪的根本目的，即通过仪式使亡灵有归宿，使生者恢复日常生活的秩序。

### 一、豪尼人对灵魂的认知

灵魂作为极富主观性的观念，各支系、地区哈尼族对此有不同认知。有的哈尼族认为人有"十二个魂"，并且各自守护着人体重要的器官。[1]"由于灵魂散布在机体的不同部分，它就分化成为一些片段。每个器官都使其中所含的那一份灵魂个体化了，它们因而就成了一个各不相同、独立存在的灵魂"，而"这些灵魂尽管全都相关，但都被一一区别了，甚至还有不同的名字"。[2]

元江流域的豪尼人认为，人一出生就有灵魂。但与其他地区哈尼族认为人有"十二个魂"不同，他们普遍认为"男人有九个灵魂，女人有七个灵魂"。对此，他们的解释是："男人比女人多两根肋骨，女人才有七根肋骨，男人有九根肋骨，所以女人有七个魂，男人有九个魂是这样得来的。"[3] 豪尼人的灵魂观会在日常生活以及丧葬礼仪中不断被强调，以此强化性别间的差异。

灵魂与肉体紧密相连，灵魂的存在是豪尼人作为生者的基本属性与前提。但是，"灵魂与肉体的性质不同，并且独立于肉体，因为

---

[1] 参见李期博：《哈尼族招魂与保魂习俗探析》，李子贤、李期博：《首届哈尼族文化国际学术讨论会论文集》，昆明：云南民族出版社，1996年，第439页；徐义强：《哈尼族的原始宗教信仰与仪式治疗》，《宗教学研究》2012年第1期；李少军：《哈尼族传统敬神、招魂、驱鬼仪式的哲学解读》，戴庆厦主编《中国哈尼学》（第3辑），北京：民族出版社，2005年，第44页。

[2] [法]爱弥尔·涂尔干：《宗教生活的基本形式》，渠东、汲喆译，北京：商务印书馆，2011年，第333页。

[3] 访谈对象：李KS，女，哈尼族，属虎，1950年生，69岁，咪哩村人；访谈人：石鸿；访谈时间：2019年3月7日；访谈地点：咪哩村。

在生命的过程中它可能随时离开肉体"。[1]对于生者而言，灵魂具有重要意义，灵魂没有保全便会使人生病。与之相关，豪尼人相信口头语言所具有的巫术力量，他们称职业"摩批"或其他具有巫术能力者在仪式中念诵的祭词为"口功"，故"叫魂"在豪尼人的日常生活中亦较常见。此外，面对极不稳定的灵魂，豪尼人为保护灵魂及其完整性，在日常生活中还会举行很多与"保魂""固魂"等相关的仪式与习俗。

在豪尼人看来，孩童的灵魂还未稳固，其在受到惊吓时容易失魂。故家长在其摔跤或遭遇其他意外之时，会立即重复念诵："某某的灵魂，赶快回来吧！回来吧！"以帮其"叫魂"。实际上，豪尼人多少因耳濡目染掌握此技能，当其遭受惊吓、意外时，或从山林、墓地等"危险"之地返回时，也会当即边念诵"捞窝捞"，边用手从外向内扇动或从下向上轻拍身体以"保魂"，防止灵魂落下或被凶秽之物压制。以2019年笔者在咪哩村的田野调查为例，当村里的女性长者得知笔者将跟随逝者长女去公墓选墓穴时[2]，她们皆露出担心的神情，并告知笔者如何防御与"保魂"。

> 女一：你跟着看去（公墓）的话，回来时要"捞窝捞，捞窝捞"地念，因为那些东西你从来都没见过，魂会被吓到，容易丢魂。
> 女二：你还是小孩子，那些地方你应该都没去过，所以去那里你都要"捞窝捞，捞窝捞"地念回来。
> 女一：你去新坟那些地方时，如果那些地方你从来没去过的话，就要"回来了，回来，我回来，跟回来"这样念。

---

[1] [法]爱弥尔·涂尔干：《宗教生活的基本形式》，渠东、汲喆译，北京：商务印书馆，2011年，第332页。

[2] 选墓址通常由逝者长子完成，因逝者无儿子，故由其长女选墓址。

女三：不这样做的话，到时候你就会生病。

女一：什么事都没有也是要念一下，（念）那个也不费什么力气。

女三：自己这样念的话，也就不会害怕了。

女四："要回家了，我要回家了"这样念。

女五："死人留在那，活人回来"就这样念。[1]

豪尼人在日常生活中会经常"叫魂"。只要豪尼人察觉身体抱恙，又没恶化到需要举行"窝绍"的"讨力"仪式时，便会请年长的、有经验的乡邻帮忙"叫魂"。有时豪尼人未及时发现自己的灵魂离开身体，当他去"奥吉测"后得知需要"叫魂"时，便会请有经验的长者或职业"摩批"在家屋大门口或"土掌"门口，又或者专门去其丢魂的地方专门"叫魂"。若丢魂的时间在三日之内，只需以一颗熟蛋、一碗米饭"叫魂"；若超过三日则需要用一对家禽"叫魂"。此外，若豪尼人的灵魂掉入水中、掉到床下等地，"叫魂"时还需一枝金竹、一根刻有七道或九道的木棍，以让灵魂顺着象征梯子的木棍、竹枝等回到主体身上。在哈尼族的招魂词中亦叙述道："人魂上来的金竹梯已经做好。"[2] 很多豪尼人在举行"窝绍"的"讨力"仪式时，会附加"叫魂"仪式，以保护其灵魂的完整性。有意思的是，虽然男女有各自的灵魂数量，但豪尼人在"叫魂"仪式中会多叫两个灵魂。据咪哩村的职业"摩批"介绍："加两个（魂）的话（丢失的灵

---

1 访谈对象：咪哩村丧葬礼仪中参与守灵的妇女们；访谈方式：集体访谈；访谈人：石鸿；访谈时间：2019年2月10日；访谈地点：咪哩村。

2 红河州人民政府编《哈尼族口传文化译注全集·贝纳纳拉枯》（第24卷），昆明：云南民族出版社，2012年，第404页。

魂）更会回来，你的魂不够的话，（叫魂的时候）可以加上去。"[1] 通常，豪尼人为女性"叫魂"时会念诵道："某某的灵魂请你回来吧，回来！女人的七个魂，七个魂、九个魂，你们都回来吧！"豪尼人为男性"叫魂"时则会念诵道："男人的九个魂，九个魂、十一个魂"。他们在"叫魂"的同时，会顺势将手由下往上扫，以将失落的灵魂重新叫到丢魂者身上。最后，"叫魂"者再用黑、白线拴在"叫魂"对象的手上至少三日，或使之自然断裂，以拴住被叫回的灵魂。仪式中使用的鸡蛋、米饭等，则由"叫魂"对象在仪式结束后食用。豪尼人在"叫魂"时，名字具有重要作用，只有叫到失魂者的名字才能将其丢失的灵魂叫回，也是出于相同的原因，豪尼人在山野这类容易丢魂之地时，忌讳大声直呼名字，以免名字被亡灵等凶秽之物听到而使自己失魂。名字对亡灵也具有重要意义，此部分将在后文进行阐述。

名字与灵魂的关系，还可通过豪尼人以"拜干亲"的形式替他人的孩子取名的保育习俗来间接体现，这实际上也是一种"固魂"的做法。豪尼人家中有新出生的婴儿时，会在门口挂带刺的黄泡枝叶，其作用与目的有二，其一为防止凶秽之物进入屋内；其二为提示其他乡邻，家中有新出生的婴儿，请不要随意闯入，以免将凶秽之物带入。即使是在血缘关系上特别亲的亲戚，也不会在婴儿出生的当即便去拜访。而那些曾经生育不顺或得过疟疾等顽疾者，更是不会轻易登门。但是，当旁人无意闯入时，主家会请其做孩子的干亲并为孩子取名。即使当下主家未要求闯入者取名，当孩子出生后若体弱多病，主家也会上门拜访请其为孩子取名。此外，若在孩子出生后无人闯入家屋，但孩子依然体弱多病，或在"奥吉测"后得

---

[1] 访谈对象：王 CW（职业"摩批"），男，哈尼族，属羊，1943 年生，76 岁，新田村人在咪哩村定居；访谈人：石鸿；访谈时间：2019 年 3 月 10 日；访谈地点：咪哩村王 CW 家中。

知孩子"命里要两个阿爸"时，豪尼人也会专门为其拜干亲。

除了请闯入者外，豪尼人还有两种选拜干亲的方式。一种是直接请与主家关系好的，且无亲属关系的友邻。那些多子多福的豪尼人，会更容易被主家选作干亲。以2019年笔者在咪哩村的田野调查为例。

石鸿：您为什么要给孩子拜干亲？

李FC：小孩经常生病所以去拜的。

石鸿：您家给孩子拜的干亲是谁？

李FC：小柏木人。

石鸿：为什么去拜他？

李FC：与他合得来，关系好所以去拜的。

石鸿：为什么不请村里的人？

李FC：人家他的命好，（生了）四五个男孩，我希望我家也能像他家一样好，所以就去请他。[1]

另一种是较传统的方法，即通过"搭桥"拜干亲。届时，主家会去桥梁、河沟边或路口搭木板，搭好后便躲起来等待，然后请第一个踏过木板的人为孩子取名。若主家长时间没有等到"过桥"的人，也会选择以第一个踏过木板的动物之名为孩子命名。

豪尼人不会轻易给别人的孩子取名，他们认为那可能会影响自家孩子的命运。"给别家取了名字后，对他（取名字者）家会不好，相当于他送了一个娃娃给别人，所以取不得，去给别家孩子取名，

---

[1] 访谈对象：李FC，男，哈尼族，属牛，1949年生，71岁，咪哩村人；访谈人：石鸿；访谈时间：2019年2月11日；访谈地点：咪哩村。

自己娃娃会死的也是有的"。[1]在田野调查中，一年长妇人向笔者介绍，其幼子20余岁时不慎误入一户刚生育完的人家，其后主家请其幼子为新生儿取名。因其幼子还未婚育，她便替她的幼子为之取名。"名字是不能随便帮别人取的，取了的话你自己的孩子会不好养大"。[2]而对于被取名字者而言，新的名字能够稳固其灵魂，甚至能被除自己祖先亡灵以外的干亲家的祖先亡灵照看，使其成长过程更顺利。当然，被取名字者也会被要求以对待自己的亲生父母般对干亲尽孝，尤其是在干亲去世时要为其戴孝，以保证此保育习俗的有效性。豪尼人认为，年节期间家中的祖先会点后辈之名以照看后辈。即使在日常生活中两个结为干亲的家庭间走动较少，但是被取名者会在年节专门拜访干亲，也会在干亲家的祖先祭台磕头，以告知干亲的祖先自己是此家庭中的一员，请其照拂。

关于"固魂"的做法，还体现在豪尼人制作的"护身包"上。豪尼人的"护身包"通常由红色布袋制成，里面包着五谷杂粮、辣椒、花椒、八角、茴香等香料，以及狗牙、狗毛、猫毛、小桃木剑、犀牛角块、大象皮等豪尼人认为能"驱邪"的物品，以达到驱鬼辟邪和"保魂"的作用。豪尼人尤其会为婴幼儿佩戴这样的"护身包"，有时他们还会在婴幼儿的帽子上绣上小海贝[3]，在其背巾中包入小剪刀等，以达到相同的目的。此外，为防止灵魂还未稳固的婴幼儿失魂，豪尼人会尽量避免带还在襁褓中的婴孩在夜间出门。

除了受到惊吓或意外容易使灵魂离开身体外，生者的灵魂还会被逝者的亡灵困住或压住，尤其是那些身体虚弱者。所以在哈尼族

---

1 访谈对象：张XY，女，哈尼族，属猴，1944年生，75岁，咪哩村人；访谈人：石鸿；访谈时间：2019年2月24日；访谈地点：咪哩村张XY家中。

2 访谈对象：王LM，女，哈尼族，属鼠，1948年生，71岁，咪哩村人；访谈人：石鸿；访谈时间：2019年4月25日；访谈地点：咪哩村王LM家中。

3 此处的海贝，如前文所叙述，与其迁徙地青海湖，以及印度洋贸易圈相关。

的招魂词《招跟随死者的亡魂》中,有专门叙述道:"从送葬的人群中把魂招回来,从下葬的地方把魂招回来。不让魂在棺材旁惊吓而失魂,不让魂在亡灵旁惊吓而失魂,不让魂在灵柩旁哭泣不止,不让魂在亡灵旁哭哭泣泣","不让亡灵像根一样缠身,不让亡灵咬住这个人的身体,不让亡灵附在这个人的身上,不让亡灵弄晕这个人的头,不让亡灵弄弱这个人的身体。"[1]

通常,这种情况主要发生在守灵期间与送葬仪式之后。其一,在守灵期间。豪尼人出于对亡灵的防范,身体抱恙的本家亲属、与丧家在血缘关系上较为疏离的亲属,皆会避免在逝者离世当日送上遮盖尸身的孝布。因为较早送去的孝布被放在棺材中的概率会增加,他们常在开丧日不得不去时才送去孝布。与之相似的情况是,身体抱恙的亲属或乡邻不会长时间地参与守灵,而那些关系较为普通的乡邻甚至只在开丧日去露个面,以尽到其在传统乡土社会中的个人的社区义务。此外,他们也不会佩戴丧家赠予的孝布。豪尼人的这些行为,皆是为避免因体弱使其灵魂被亡灵掠去而加重疾病。

其二,在送葬仪式之后。若豪尼人在送葬仪式之后的几天内无故病重又无法治愈,主家便认为是生者的灵魂被逝者的亡灵压到了棺材之下因而需要"叫魂"。也有的豪尼人在送葬之后未及时发现自己的灵魂被亡灵压制,他们通过"奥吉测"后也会采取相应的措施以"叫魂"。正是出于逝者的亡灵易将生者灵魂牵制的原因,那些体弱多病的豪尼人会有意回避参与送葬仪式。当送葬队伍经过自家门前时,家中其他成员也会在家门口向棺材撒米并念诵祭词,以免逝者的亡灵将家中体弱多病者的灵魂牵走。在送亡灵出村后,除非关系紧密的亲友外,其他豪尼人出于防御保魂,也会尽量不出村大门。

---

[1] 红河州人民政府编《哈尼族口传文化译注全集·贝纳纳拉枯》(第24卷),昆明:云南民族出版社,2012年,第404页。

此外，豪尼人认为人在睡觉时灵魂容易出走，尤其是那些体弱多病者。因此当送葬队伍在村中绕行时，他们亦忌讳躺在床上睡觉，以免生者的灵魂也被逝者的亡灵带走。

若豪尼人在"奥吉测"后确定自己的灵魂被亡灵压制，主家便会悄悄请职业"摩批"去逝者的墓地"叫魂"。其时，主家为职业"摩批"准备仪式所需的一只小母鸡、一只公鸡与一颗鸭蛋，以及若干的黑、白线。届时，职业"摩批"先在主家为失魂者念诵祭词，其后到逝者墓地念诵。他边念诵祭词边将四根小木棍插到坟包四周，再用黑、白线将坟墓围住。然后，职业"摩批"边念诵祭词边象征性地将小木棍向上拔起，以将被压住的灵魂从地下叫出来。在此过程中，墓地爬出的任何动物，都会被主家视作寄有生者灵魂之物。诚如美国学者伊利亚德所言，在很久远的时代，灵魂的信使或是死者的新形象，就被想象成所有的动物。[1] 待职业"摩批"抓住随之爬出的动物后，其将专门准备的两根缠着黑、白线的小木棍一并带回主家。然后，他把木棍与动物放在失魂者的床榻之下，拴在两根小木棍上的黑、白线则拴在失魂人手上。当失魂者的灵魂被请回后，其疾病也会逐渐痊愈。仪式结束一周后，主家再把两根小木棍轻放在野外人迹罕至的地方。届时，这两根木棍不能被随意扔下，否则失魂者有再失魂的可能与危险。

豪尼人相信墓地与家族命运的联系，故被职业"摩批"做过"叫魂"仪式的坟墓，多少会影响墓主后辈家庭的运势。"那样拴了线的坟墓会让（墓主后辈）家里受到伤害，会亏损，（家里人）会容易疼病。"[2] 有的墓地有时甚至被多个人叫过魂而拴着许多道黑、白线，故

---

[1] [美] 米尔恰·伊利亚德：《萨满教：古老的入迷术》，段满福译，北京：社会科学文献出版社，2018年，第93页。

[2] 访谈对象：李XN，女，哈尼族，属猴，1956年生，63岁，咪哩村人；访谈人：石鸿；访谈时间：2019年2月24日；访谈地点：咪哩村。

在清明节上坟时，若豪尼人发现此类小木棍和绳子便会及时进行清理。实际上，职业"摩批"出于职业道德，在举行此类仪式时会把握分寸，或将木棍浅插，或在完成"叫魂"仪式后将拴在墓地的黑、白线扯断，既使失魂人得以复魂，又不影响墓主后辈的运势。当然，也有职业"摩批"出于利益或其他原因，在举行此类仪式时会用一根长木棍深插在坟包中心，从而破坏墓地风水影响墓主后人的运势。当豪尼人见此情况后便会说：这个职业"摩批"的心太"狠毒"了。为了避免不必要的矛盾与冲突，主家在请职业"摩批"做此类仪式时亦比较低调。

除人有灵魂以外，豪尼人认为"万物有灵"，日常生活中的器物、自然物、动植物等皆有灵魂，这使他们依照自我经验与感知去认识万物。如豪尼人在日常生活中售卖自家圈养的家禽、牲畜时，会将家禽、牲畜的毛抓几把扔在圈中，并为家禽、牲畜"叫魂"，使其灵魂留在主家，以为将来能继续顺利地饲养。同样地，豪尼人在年节宰杀年猪时，主家也会在宰杀猪时专门倒茶、酒、点香，以为明年能饲养出更大的年猪而祈愿。出于相同的目的，豪尼人还会将猪的颚骨挂在烹煮猪食的灶旁，并对之念诵祈愿性祭词。在丧葬礼仪"柘木塔"的"祭献"仪式中，丧家祭献给亡灵的猪、牛等牲畜实际上是牲畜的灵魂，以让亡灵在彼岸世界饲养、耕作。这种祭献行为是一种礼物"即赠即还"的象征性交换，丧家以超自然的方式赠予亡灵以牲畜的灵魂，亡灵再将牲畜的肉体还于丧家以宴请吊唁者，在此过程中丧家从赠与者变成了接受者。[1]

---

[1] 郑宇：《箐口村哈尼族丧礼献祭礼物的象征性交换》，《民族研究》2009年第4期。

## 二、豪尼人对亡灵的分类与安置

死亡能清楚地表达灵魂与肉体之间的差异性和独立性，因为自肉体消逝后，灵魂还将独立存在于另一个世界中。[1] 当人离世后，所有灵魂将完全离开肉体而成为亡灵。正如哈尼族哭丧歌中唱述道："古有人死后变成鬼神的古经，人死后要与鬼划分界限。"[2] 因死亡情况不同，豪尼人将死亡者分为"正常"与"非正常"，与之相应，他们将亡灵亦分为"正常"与"非正常"。不同亡灵的归属亦有所不同，其中，"正常"死亡者的亡灵相对于"非正常"死亡者的亡灵而言属于善灵，能得到祭献与供奉；而"非正常"死亡者的亡灵则属于恶灵，是被豪尼人重点防御的对象。豪尼人丧葬礼仪的主要目的，便是有差别地对未被神灵收回的亡灵进行"区隔"，以尽力维护村落的安宁。[3]

### （一）"正常"死亡者的亡灵及其安置

不论死亡情况正常与否，豪尼人皆需对亡灵进行合理安置，以维护生者世界秩序，达到"生死区隔"之目的。如前所述，豪尼人认为男人有九个灵魂，女人有七个灵魂。当豪尼人死亡后灵魂变为亡灵，但不是每个亡灵都能在丧葬礼仪中得到安置。通常，"正常"死亡者在丧葬礼仪中需被安置的有四个亡灵，被分别置于祖居地、墓地、"窝里"祭台与地下，其余的亡灵则被天神"少卯优卯"收回。

病者亡故前，主家从"喂饭""喂水"等仪式起，便开始筹备与亡灵的"生死区隔"。其中，"喂饭"仪式除显示后辈对长者的孝心外，最重要的是让病者在离世前通过共餐的形式与所有乡邻亲友产生联

---

1 [法]爱弥尔·涂尔干：《宗教生活的基本形式》，渠东、汲喆译，北京：商务印书馆，2011年，第332页。

2 杨俣嘎演唱，卢朝贵、杨羊就、长石搜集整理：《阿妈去世歌》，昆明：云南民族出版社，2004年，第187页。

3 马昌仪认为，"正常"死亡的哈尼人的十二个魂皆会回祖居地。参见马昌仪《原始返祖：灵魂回归的一种途径》，《首届哈尼族文化国际学术讨论会论文集》，第455—456页。

系，使其逝后亡灵不再留恋生者世界。此外，病者离世前还会向其子讨要山泉水喝，此山泉可能源自村寨水源地，也可能是其印象深刻的某股山泉。其子跋山涉水也会满足其心愿，这同样是为不让其亡灵留恋生者世界。病家在家屋门口各地备水，也与亡灵相关。因豪尼人认为，亡灵离开生者世界后需要长途跋涉才能到彼岸世界的大门，亡灵在进入地下世界的大门前需饮足水。彼岸世界门外的水为肮脏的泥水，若主家为其准备干净的水，亡灵便不需要再饮用泥水，亡灵也不会因怨恨而记挂生者世界。与之异曲同工，在逝者离世当即举行的"接气"仪式，也是为了让逝者能够在亲友守护下安心离世，不让亡灵怪罪后辈。实际上，让亡灵安心、安稳归置，不记挂生者世界，是豪尼人在"正常"死亡者丧葬礼仪中所有行为的根本。

停灵期间，丧家举行所有仪式的目的，皆为逐渐地统一逝者的生理性死亡与社会性死亡，以将逝者驱逐出生者世界。其间，丧家通过念诵"父子连名制"家谱举行"喂饭"仪式，即以口传记录的"正常"死亡的男性先祖之名，引亡灵之一在其家族祖先的带领下回归祖居地，与祖先亡灵一同生活。"用自家的家谱给他领路，让他跟'鬼'一起去。"[1]此外，在开丧夜职业"摩批"主持"尼豪遥"的"指路"仪式中，丧家须在正式祭词开始前与念诵族群迁徙路线前，为亡灵举行"父子连名制"的"喂饭"仪式，同样是为了协助亡灵之一沿族群迁徙的路线回归祖居地与祖先亡灵一同生活。豪尼人将个体生命看作是家族生命的延续，即将个人的死亡看作是向群体生命过渡的一个环节。[2]他们在丧葬礼仪中念诵"父子连名制"家谱，便

---

[1] 访谈对象：李FC，男，哈尼族，属牛，1949年生，71岁，咪哩村人；访谈人：石鸿；访谈时间：2019年2月5日；访谈地点：咪哩村。

[2] 邓晓芒：《中西人生观念之比较》，《湖南社会科学》2001年第3期。

能使逝者的亡灵和已逝祖先的亡灵产生联系。可以说，逝者在与已逝祖先团聚后得到了新生与改变，获得了超人的力量与尊严。换言之，死亡如同入会仪式，是其生命转化新的开始。[1]

"父子连名制"家谱将父与子之名世代相连，形成一条完整的父系血亲链条。[2] 与名字对生者灵魂的重要性一样，名字对逝者亡灵同样具有重要意义。当豪尼人念诵已逝祖先之名时，其亡灵便会出现。也正是出于此原因，豪尼人在日常生活中不会轻易念诵"父子连名制"家谱，他们认为"茶、酒不倒是不能随便念老祖宗的名字"。[3] 豪尼人若在日常生活中需提及某一位已逝祖先的名字，便会先说一句"（让他）耳朵不要烫"，以免祖先怪罪。"老祖宗的名字是不能随便念，不能随便说的，这个只有在人死的时候才能讲。我们讲老祖宗的名字时，人家老祖宗的耳朵会烫，会听到，所以是不能随便讲的。"[4]

在访谈中，豪尼人不断强调，"家谱只有在人死的时候才能说，并且只能在自己家念，不能在别人家里念。还有就是，出去外面的时候不能说，去山上也不能说。"[5] 传统上，他们也仅在除夕或六月廿四，即"玛舍早"年节与"苦努早"火把节期间祭献祖先，及为逝者"喂饭"时在家中念诵，在此之外念诵"父子连名制"家谱则须专门测算时间。但凡与丧葬礼仪、逝者相关的内容，豪尼人皆只在使用时谈及，他们忌讳对之随意谈论。现在"父子连名制"家谱在

---

1 [法]罗伯特·赫尔兹:《死亡与右手》，吴凤玲译，上海：上海人民出版社，2011年，第63页。

2 白克仰、黄世荣、普亚强:《阿波李和才》，昆明：云南民族出版社，2009年，第12页。

3 访谈对象：李ZE，男，哈尼族，50后，咪哩村人；访谈人：石鸿；访谈时间：2019年2月15日；访谈地点：咪哩村。

4 访谈对象：李FC，男，哈尼族，属牛，1949年生，71岁，咪哩村人；访谈人：石鸿；访谈时间：2019年2月5日；访谈地点：咪哩村。

5 访谈对象：佚名，男，哈尼族，80后，孟鹏村人；访谈人：石鸿；访谈时间：2019年2月1日；访谈地点：孟鹏村。

豪尼人的家族传承中已出现断裂，他们在传统节日祭献时已较少使用家谱。但是，在丧葬礼仪的"喂饭"仪式中，他们会尽力请到家族中会念诵家谱的长辈，以使亡灵顺利回归祖居地。

逝者被埋葬于家族祖坟地或新墓地后，亡灵之二被留居墓室。墓地是豪尼人逝后的家屋，主要由两部分组成，其一是墓室，其二是山神位。旧时，墓室主要由石头和泥土砌成，多无墓碑。20世纪80年代后，墓室的修建逐渐被砖头与水泥替代，墓碑的使用亦增多。通常，豪尼人会在墓室后方的树下置一块大石头、砖头或石碑，代表山神位。值得注意的是，豪尼人在为逝者选择墓地时，要符合逝者的心意。如前所述，逝者新墓地的选择主要为逝者长子以左手向身后抛扔鸡蛋后鸡蛋所破裂之处。豪尼人相信亡灵能对生者世界产生影响，故对此类说法深信不疑。此外，他们还流传着许多相关的带有灵异色彩的传说故事，如因逝者长子不孝或逝者与长子不和，其抛扔的鸡蛋始终无法破裂。其后，由逝者的其他儿子抛扔鸡蛋时，鸡蛋才破裂等。

豪尼人对祭献与上坟进行了区分。祭献是主家将祭品带到墓地，上坟则需主家在墓地前专门宰杀活禽或活牲，在祭献、烹煮后与同行者分胙。逝者入葬后遇到的首个传统节日，主家要到墓地祭献逝者，相当于让亡灵过节之意。从逝后到葬后次年首个清明节以前，这类祭献的次数必须是单数，通常为一次或三次。按传统，逝者的第一个清明节较为隆重，主家会邀请家族亲属、关系较好的乡邻一同上坟。届时，被邀请参与上坟的亲属、乡邻会给主家送去一碗米、一只鸡或30元的折现，旧时生活条件艰苦，也有参与者会以一小块腊肉或一颗熟蛋，一碗熟糯米送予主家。主家则会购买牛、羊或猪等牲畜，以及祭献土地神与逝者的一对雌雄鸡。他们先在"山神位"宰杀公鸡祭献山神，然后到墓碑前宰杀母鸡祭献逝者，最后宰杀牲畜，祭献、烹煮后再请参与者分胙。此后的清明节，主家主要以家庭为单位组织上坟，宰杀一对雌雄鸡作为祭品。豪尼人认为，新坟至少上满一年或三年，其后可根据主家意愿决定是否继续上坟。

现在很多豪尼人出于方便，也会将上坟用的鸡禽在家中宰杀，然后带着一部分鸡翅毛、鸡血去墓地祭献，祭献时他们会将鸡血、鸡毛擦在碑门上。通常，豪尼人只在农历三月的清明节前后才谈论与墓地相关的事。一些重要的传统节日或日子中，如年节期间，任何人皆不得随意对之进行谈论，更不要说在清明或传统节日以外的其他时间随意拜访墓地。即使是仪式需要，只要不在清明前后，他们都要测算日子后才去墓地。事实上，被安置在墓地的亡灵，是被豪尼人逐渐遗忘的对象。

在咪哩村，有的家族曾有过不上坟的传统，如"尼哈"家族。原因是旧时其家族上坟后，家中多出现疾病、死亡等变故，豪尼人认为这是留在墓地的祖先亡灵作祟的结果。一段时间后，相关家族中的豪尼人通过"奥吉测"或上坟的仪式实践得知或发现，家族中不再出现此类变故，一些家族中的小家庭才逐渐恢复了清明上坟的传统，但他们只为上一辈，即父辈的亲人上坟。豪尼人在上坟时，若发现墓室有裂痕，便会用糯米或泥土堵住裂缝。其这样做的目的，同样是为了防止留居在墓室的亡灵的怪罪，而危害生者的日常生活。

埋葬当日或次日，亡灵之三被"逝巴套"仪式"驱赶"至"地下"。尽管其为"正常"死亡者的亡灵，但对豪尼人来说生死殊途。诚如哈尼族殡葬祭歌《斯批黑遮》中所叙述："鹰和鸭不会在一起，人和鬼不能住在一处。"[1] 豪尼人出于防范心理，必须在送葬仪式后请职业"摩批"将遗留在家屋的亡灵进行驱逐。此外，哈尼族殡葬祭歌《斯

---

[1] 赵呼础、李七周演唱，李期博、米娜译：《斯批黑遮：哈尼族殡葬祭歌》，昆明：云南民族出版社，1990年，第158页。

批黑遮》中详细描述了亡灵生活的"地下"世界，不同身份地位或死亡情况的亡者，对应其在阴间要走的三条路。其中，上面的路是官人、贝玛走的，中间是"正常"死亡者走的，下面的路是"非正常"死亡者走的。每条路上都有水井、树木、竹子、河流、房子、寨子，寨中有家禽、牲畜，还有被死神看管的九道门，亡灵便和同一家谱的祖先生活在那里。[1]

"逝巴套"的"驱赶"仪式结束后，职业"摩批"举行"中套固"的"请灵"仪式，以将亡灵之四请上"窝里"祭台，使其成为主家的祖先神。相较于早已去世的、能庇佑后辈的祖先，人们更害怕那些新近离世者。[2] 豪尼人亦如此，故其"请灵"仪式，就是将刚去世的人转化为家族保护人或祖先神，以降低亡灵的危险性。当然，对豪尼人而言，祖先是一个相对的概念，"一个人的祖先可能是另一个人的鬼"。[3] 祖先依旧是亲属群体的成员，能够体现亲属群体的利益，而鬼则会给人们带来痛苦与灾难。以2019年笔者在咪哩村的田野调查为例：

　　李ZX：六月廿四是攒鬼的。

　　石鸿：鬼是从哪里来的？

　　李ZX：到处都有鬼，家家都有鬼。

　　石鸿：他们在家的哪个位置？

　　李ZX：在"奥布窝里"那里。

---

[1] 赵呼础、李七周演唱，李期博、米娜译：《斯批黑遮：哈尼族殡葬祭歌》，昆明：云南民族出版社，1990年，第158—168页。

[2] [美]米尔恰·伊利亚德：《萨满教：古老的入迷术》，段满福译，北京：社会科学文献出版社，2018年，第207页。

[3] [美]武雅士：《神、鬼和祖先》，[美]武雅士主编：《中国社会中的宗教与仪式》，彭泽安、邵铁峰译，南京：江苏人民出版社，2014年，第151页。

石鸿:"奥布窝里"那不是供奉着自家的老祖先吗?他们是鬼吗?

李 ZX:是老祖先,但还有其他人家的,那个是不一定的。

石鸿:那六月廿四自家"奥布窝里"上的祖先不会被赶走吧?

李 ZX:不赶,那个不赶。[1]

豪尼人将"窝里"祭台上的祖先亡灵当作自己的祖先神来祭献,与其他亡灵相比,其与生者的联系最为紧密,能够照看后辈的日常生活。诚如学者许烺光所言,与生者有血缘关系的祖先灵魂,会经常协助或庇佑后辈。祖先与后辈之间有紧密的联系,并能相互影响。[2]故此,照看后辈是祖先亡灵责无旁贷的责任,而祭献祖先则是后辈不可推卸的义务。在此意义上,祖先亡灵的存在对豪尼人而言是生死互渗的典型,即祖先虽已逝,但也以另外的方式存活。祖先属于逝者,同时也与生者的生命相互渗透。[3]

豪尼人的祖先亡灵通过仪式实践被物化,以实物表征其真实存在。[4] "窝里"祭台作为实物在生者与亡灵间架起"桥梁",借助这一桥梁,生者以"可控"的方式联系亡灵。豪尼人在已分家且父母弃养后,会在职业"摩批"在祖屋完成"中套固"的"请灵"仪式后,顺便请其将祖屋"窝里"上的祖先请到自家家屋专门设置的"窝里"祭台上接受祭献,以使祖先照看自己小家庭的成员。此外,豪尼人

---

1 访谈对象:李 ZX,男,哈尼族,属兔,1939 年生,80 岁,咪哩村人;访谈人:石鸿;访谈时间:2019 年 3 月 10 日;访谈地点:咪哩村。

2 许烺光:《祖荫下:中国乡村的亲属,人格与社会流动》,王芃、徐隆德译,台北:南天书局有限公司,2001 年,第 209 页。

3 [法] 列维-布留尔:《原始思维》,丁由译,北京:商务印书馆,2011 年,第 342 页。

4 罗兆均、王思亓:《丧葬仪式操作下灵魂世界的建构——基于对墨江哈尼族豪尼人的田野调查》,《西藏民族学院学报》2013 年第 3 期。

也可在传统节日中，尤其是年节时，由自己或职业"摩批"完成"分灵"仪式。届时，主家或职业"摩批"端茶、酒、肉等祭品，以一枝"茨蒲"叶、三根香烛，念诵与请祖先亡灵相关的话语即可。

正是出于祖先亡灵能够照看后辈的原因，在豪尼人家中新添人口时需要专门向祖先汇报。首先在婚礼中，当男方去女方家接亲时，其作为女方家中的女婿需要给女方"窝里"祭台上的祖先磕头，而女方在嫁到男方家时，男方家要请职业"摩批"专门在自家门口举行相关仪式，以防止女方身后的祖先亡灵或其他不洁之物带到男方家。此外，女方进入男方家后，职业"摩批"还要专门以一只小公鸡祭献"窝里"祭台上的祖先，以告知祖先此女日后为家中成员。在职业"摩批"完成生祭、死祭、熟祭之后，新婚的夫妻俩便在火塘或灶台处不与旁人交谈地进行分胙，豪尼人称之为"偷吃'股禄'"，以祈愿新婚夫妇日后富足。其次，当豪尼人家中因生育而新添一员时，也要由家中长辈专门向"窝里"祭台上的祖先祭献，以使祖先亡灵保佑家中新添的后辈。

"窝里"祭台上的"正常"死亡的祖先亡灵作为家中保护神，会阻止家中"非正常"死亡的祖先亡灵进入家屋。此外，其也会在主家"走阴"时被请去"奥吉"处参与找出家中出现问题的原因，其与生者间的联系是积极且可控的。得享供奉的祖先神会"庇佑"后辈，但也会因故"惩罚"后辈。近年来，殡葬改革要求的火化程序导致豪尼人在"奥吉测"时祖先神"抱怨"身体发烫，有碍于庇佑子孙。故豪尼人会在"中套固"的"请灵"仪式时，或在日后"奥吉测"后，再专门为祖先增加祛火的仪式。

在日常生活中，"窝里"祭台上"正常"死亡的祖先亡灵能在每日三餐都得到祭献。在传统节日中，豪尼人也会对之进行专门的祭献。如咪哩村的豪尼人会在"玛舍早""奥皮突""苦努早""嘞扑扑"，即年节、祭龙节、火把节、过冬节等四大传统节日中,专门祭献在"窝里"与"咪索"祭台上的祖先亡灵。尤其是"玛舍早"时,豪尼人从除夕日晚上起,至少要祭献到正月初三。这种祭献与豪尼人在其他仪式分胙前的祭献不同,"玛舍早"中祖先亡灵得到了专门的重视,女主人最先祭献"窝里""咪索"上的祖先亡灵,其后才是天神、谷仓神、灶神与门神等。在除夕日晚间,村里的小男孩向各家祈福时,还需专门给各家"窝里"祭台上的祖先神磕头。外嫁女儿在年节期间回娘家,也会专门祭献"窝里"祭台上的祖先,而当他们返回夫家若带回娘家人春的粑粑,也会专门祭献夫家"窝里"祭台上的祖先,而被赠送粑粑的本家亲属,也同样会用此粑粑专门祭献家中"窝里"祭台上的祖先。每年新谷成熟后,豪尼人也会最先用新米去祭献"窝里"祭台上的祖先。

有意思的是,豪尼人不欢迎那些已从"窝里"与"咪索"祭台让位后,寄居在家屋背后的祖先的叨扰。在家屋背后的祖先亡灵只能在传统节日中得到主家的集中祭献,但有时他们也会主动向主家讨食。2018年笔者在紫驼骆村进行田野调查时观察到,一户豪尼人家在火把节的传统节日将近,家中孩童无故生病时,家中长辈便在灶台附近竖了3根筷子,并告知那些在家屋背后的祖先亡灵:"别着急,明天就给你吃了,你现在不要吓到小孩。"[1] 此外,若豪尼人在"走阴"时"奥吉"告知是家屋背后的祖先亡灵在向后辈讨食时,便会在深夜无人之时,在自家屋后杀鸡祭献并分胙,且参与者不得相互交流。有时候,寄居在家屋背后的祖先亡灵会因喜爱后辈而"触碰"后辈,导致后辈生病,主家便须请职业"摩批"才可消解疾病。主家也会在"走阴"时告知祖先,生死两隔,请其保佑后辈,而不要

---

[1] 访谈对象:石EN,女,哈尼族,属羊,1955年生,63岁,紫驼骆村人;访谈人:石鸿;访谈时间:2018年8月4日;访谈地点:紫驼骆村石EN家中。

伤害后辈。故祖先亡灵对豪尼人而言，是一种既危险，又安心的存在。危险在于生死殊途，祖先亡灵可能会伤害到生者；安心在于祖先亡灵能以超自然的方式照看后辈。

可以指出的是，尽管在豪尼人的日常生活中祖先亡灵是重要的存在，但他们也在刻意保持着与祖先亡灵的距离。逝者的妻子或丈夫会尽量少去墓地，以免逝者亡灵对与之有亲密关系的人产生留恋而纠缠，使生者生病。此外，若豪尼人梦到已逝祖先，这种现象尤其出现在那些体弱多病者身上，豪尼人便会当作身体抱恙的预兆，而请职业"摩批"提前为其举行相关仪式。他们也会去"奥吉测"，以验证祖先是否有"话"要说，以免因未及时处理而使家庭运势或个人健康受到影响。

对豪尼人而言，在"正常"死亡者被安置在祖居地、墓地、家屋祭台以及地下的亡灵中，只有回归祖居地与祖先亡灵一同生活的亡灵才是永恒的，这也是豪尼人最为看重的死亡的终极归属。家屋祭台、墓地的两个亡灵的归属看似与生者世界的联系更为紧密，但是，这种联系至多在三代人之间维系，三代之后，豪尼人可能会不再为逝者上坟，家屋祭台上的逝者亡灵也会被新的亡灵取代。此外，地下的亡灵作为被驱赶的对象，更是没有与生者世界产生联系的机会。但对于回归祖居地而与祖先亡灵一同生活的亡灵而言，他们的名字已成为家族记忆的一部分，只要有新的家族成员离世，他们便会被再提及与再记忆。

（二）"非正常"死亡者的亡灵及其安置

根据"非正常"死亡者的不同死亡形式与死亡原因，豪尼人会分三种方式安置其亡灵，包括能被妥善安置的亡灵、被特殊安置的亡灵，以及只能被驱赶的亡灵。前两种"非正常"死亡者能够得到较完整的丧葬礼仪，故其亡灵能够得到一定的安置，而且其能够与生者产生可控的联系；后一种"非正常"死亡者通常没有得到丧葬礼仪的资格与机会，其亡灵只能被驱赶出生者世界。豪尼人在处理亡灵的过程中，皆会请职业"摩批"举行"逝巴套"的"驱赶"仪式，以将亡灵"驱赶"至"地下"。此仪式最为豪尼人所看重，无论丧家经济能力、社会地位是否理想，这都必不可少，这也是豪尼人"驱赶"亡灵的主要仪式。

首先，"非正常"死亡者中能得到与"正常"死亡者相似安置的亡灵。这类主要指"非正常"死亡者中的特殊者，即在家中逝世且有子嗣，但在直系长辈前离世的"短命"者。其亡灵的安置与"正常"死亡者最为接近，其被安置的亡灵同样为四个。开丧日，亡灵之一通过"父子连名制"家谱、"尼豪遥"的"指路"仪式回归祖居地，埋葬后亡灵之二留居墓室，埋葬当日或次日亡灵之三通过"逝巴套"的"驱赶"仪式被驱赶至"地下"，埋葬次日亡灵之四被请上家中特殊的祭台，即位于正房上房门外或上房与中房相接的下墙角处。

此类死亡者的亡灵之一是能够回归祖地的，但若逝者为男性，则其名字不能僭越于其未去世的男性直系长辈之名记叙在"父子连名制"家谱中，故此其亡灵不能为在其后离世的后辈子孙"引路"。此外，此类死亡者的亡灵虽能被请到家中，但不能直接请到"窝里"祭台上。其原因亦如上所述，只有当逝者的直系长辈离世时，逝者的儿子才可顺便将其亡灵请至"窝里"祭台，其亡灵能够"照看"家中后辈。豪尼人的"窝里"祭台上只能供奉同一辈逝者的亡灵，当"窝里"上有两代逝者的亡灵时，前一代逝者的亡灵会自动更迭至"咪索"，这也是豪尼人传统民居中设置两个祭台的原因。

其次，"非正常"死亡者中能得到特殊安置的亡灵。这类主要指"非正常"死亡者中在村外离世，但留有子嗣的豪尼人，其被特殊安置的亡灵同样为四个。虽然，此类死亡者的亡灵无法同"正常"死亡者,以及"非正常"死亡者中的特殊者那样,安葬在家族的祖坟地,但是因为此类死亡者也能够得到较完整的丧葬礼仪,所以其亡灵能够被安置于祖居地、埋葬地、"地下",以及丧家门口或门后。

具体来说,此类死亡者的亡灵之一同样能在开丧日通过"父子连名制"家谱,以及"尼豪遥"的"指路"仪式而回归祖居地,但其不能进入彼岸世界的村寨与"正常"死亡的祖先亡灵一同生活。其无法照看家中后辈,名字也不能被记叙在家谱中,故也不能为后辈子孙的亡灵引路。其遗体在埋葬日被埋葬在墓地后,亡灵之二留居墓地;埋葬当日或翌日,亡灵之三被"逝巴套"的"驱赶"仪式逐至"地下";亡灵之四于埋葬日被逝者长子请回家中,并在"中套固"的"请灵"仪式后,由职业"摩批"安置于丧家门外。

与"正常"死亡者的亡灵能被请上"窝里"祭台,"非正常"死亡者中的特殊者的亡灵能被请回家中不同,虽然此类死亡者因有子嗣得享较完整的丧葬礼仪,且其亡灵有机会被请到丧家门外接受祭献,但其亡灵绝对不能进家屋,主家也多在传统节日中对其祭献,其也无法在家中后辈"走阴"时作为祖先神与"奥吉"对话,更不能成为祖先神"照看"后辈的生活。

主家对"非正常"死亡者的特殊供奉是出于情感上的依赖,而这种依赖往往很脆弱,其祭献容易被忽视,也不具有连续的稳定性。若主家重建、改建居所或分居,一定会再请"窝里"上的祖先神去新居所接受祭献,但门外的祭台则不一定会被保留。其在两代人之后,有被遗忘的风险。若亡灵不再被生者祭献,便会与其他"非正常"死亡者的亡灵一样四处游荡,容易威胁生者社会的秩序。

最后,"非正常"死亡者中只能被驱赶的亡灵。此类亡灵,主要指"非正常"死亡者中无子嗣且在村外离世的豪尼人的亡灵,此外,还包括在家中去世但无子嗣的豪尼人的亡灵。同样地,其亡灵会被职业"摩批"通过"逝巴套"的"驱赶"仪式驱赶至"地下",而且会被豪尼人当作重点防范的对象。此类死亡者的遗体通常得被火化,其后骨灰在火化地被草草填埋。豪尼人出于防御心理,会在传统节日或相关仪式中,以泼残羹冷炙做成的"水饭",对无人祭献的亡灵进行施舍与打发。与祭献祖先亡灵不同,以"玛舍早"即年节为例,祖先亡灵在除夕到正月初三的早晚会得到专门的祭献,而无人祭献的亡灵只能在日间祭献时被施舍一次"水饭"。而在每年六月廿四的火把节,豪尼人还会用火把将"非正常"死亡且无人供奉的亡灵赶出村外。此外,豪尼人在筹办"正常"死亡者的丧葬礼仪中,也会专门为"非正常"死亡且无人供奉的亡灵准备黄表纸、祭品等,以防止其破坏丧葬礼仪。

传统豪尼人的日常生活以村寨为中心,并认为村寨之外的世界充满危险。[1] 殡葬改革前,村外的整个山野皆是逝者的埋葬之地;殡葬改革后,无论豪尼人死亡情况是否"正常",逝后皆将葬于公墓。大部分豪尼人出于对公墓丛聚的各种亡灵,尤其是外村"非正常"死亡者亡灵的恐惧,在埋葬仪式中放弃了男女眷不能在墓地及附近碰面的旧俗,并在平日尽量远离公墓。

"非正常"死亡者中的未成年人,因其对灵魂的"所有权"暂不"稳固",按理并无亡灵可安置。但丧家出于谨慎,往往会在家中举行丧葬礼仪时,一并为之行"逝巴套"的"驱赶"仪式,将其亡灵驱赶至"地下"。且为避免村寨、村民遭殃,职业"摩批"也会在每次举行"逝巴套"仪式时,主动与丧家确认家中是否有"非正常"死亡者的亡灵需一并驱逐。无论豪尼人的死亡情况"正常"与否,也无论豪尼人是何种情况下的"非正常"死亡,逝者的亡灵之

---

[1] 卢鹏:《哈尼族鬼魂世界的二元划分——基于箐口的个案分析》,《宗教学研究》2012年第2期。

一都会通过"逝巴套"仪式被"驱赶"至地下。豪尼人认为,那些"非正常"死亡者去到"阎洼"地府时,在入门前还会被泡在"阎洼"大门口的水缸中九天九夜,以洗净身上因"非正常"死亡而携带的凶秽。

可以补充的是,"正常"死亡者与"非正常"死亡者的亡灵在集体迁坟中也有不同的境遇。逝者被埋葬后,丧家与逝者被留在墓地的亡灵之间的联系逐渐减弱。在传统上,如同家中设置的"窝里"与"咪索"祭台一样,豪尼人只祭献与料理两代先人的坟墓,而对三代及其以上的旧坟无料理义务。又因料理旧坟将涉及协调多个家庭的时间与利益等问题,故旧坟多无人问津。以咪哩村的集体迁坟为例,约在2006年以前,咪哩村南面,即现咪哩小学、咪哩中学、咪哩派出所、咪哩烟叶工作站、咪哩养路站等处,曾是李姓各家族的祖坟地,且多为三代以上的旧坟,其附近也分散埋葬着部分"非正常"死亡者的旧坟。20世纪50年代,村中修建的公路经过村南的坟地及附近,故旧坟区便没有再添新坟。传统坟墓的建造多以土穴、山石堆砌,年久后与自然融作一处,除自家人外他人难以辨认。21世纪初,相关部门因建设需要,组织村民统一迁坟,并予以每棺150元的财政补贴。尽管此次迁坟有财政补贴,但因没有直接的料理义务,部分长期在外务工的村民也没有专门为此事回村,此事便由留在村中的各家族长者统一负责。如据"老背"家族的老者介绍,其家族在村南的坟墓至少迁过两次,分别领到了约4000元、1000元的补贴款。有些在外的族人没有参与此事,家族中的长者在商量后,将迁坟后剩余的补贴采购了一头牛,在村北的公共厨房宴请家族及部分村里60岁及以上的老者飨食。[1] 在此次迁坟过程中,并非所有旧

---

[1] 访谈对象:李SR,男,哈尼族,属鼠,1936年生,83岁,咪哩村人;访谈人:石鸿;访谈时间:2019年5月9日;访谈地点:咪哩村李SR家中。

坟都得到迁移和妥善安置。祖坟地的埋葬者皆为"正常"死亡或至少有子嗣、年龄稍长者,这些旧坟基本皆得到了迁移,而"非正常"死亡者集中埋葬之地的旧坟,基本无人问津。

## 第二节 自然与世界:豪尼人的神灵观

豪尼人的丧葬礼仪涉及的神灵观,体现了对自然与世界的认知。他们通过对自我与神灵、自我与自然关系的朴素思考,以一种神话叙述的方式探究了自我在世界中的位置与归宿。豪尼人的丧葬礼仪,亦表达了对自然秩序的敬畏之情。具体来说,豪尼人关于神灵的信仰,主要表现在神话传说等民间叙事与具体的仪式实践中,尤其是丧葬礼仪实践。豪尼人的神话传说所构建的神灵系统,为其仪式实践创造了可能性。仪式实践中涉及的神灵观念,又反过来支撑了神灵系统存在的合理性。

### 一、民间叙事中的神灵系统

豪尼人在民间叙事中的神灵系统,主要包括至上天神"摩咪"及其麾下"少卵优卵"等掌管人间各司的天神,以及始祖神"塔普""睦耶"等。总体来看,至上天神"摩咪"及其麾下的神灵共同掌管了世间万物,豪尼人社会生活的秩序也由其规定,其中也包括了豪尼人重要的生死问题。如同提及祖先之名时一样,豪尼人出于对神灵的敬畏,在日常生活中提及神灵之名时也会不自觉地先说一句"耳朵不要烫"。豪尼人认为,在日常生活中只要提及神灵之名,其所说的话就会被神灵听到,而豪尼人通常是看不到神灵,亦听不到神灵的语言。若普通人在意外的情况下看到神灵或听到其说话就会生病,此时便需要请职业"摩批"举行相关的祛除仪式。

## （一）"摩咪"：至上天神

与大部分的创世神话一样，豪尼人认为世界是由神创造的。在天地万物诞生之前，便出现了豪尼人一次创世的至上天神"摩咪"，其下按科层等级分众神掌管天地人间，建立了天地的秩序。在天神"摩咪"的掌管下，混沌的宇宙中出现了天、地，然后是人、动物、植物的诞生。在日常生活中，豪尼人也会用"窝奥布"来尊称至上天神"摩咪"。"窝"即"天，天空"之意；"奥布"即"爷爷，老祖"，是一种对男性长辈的尊称。在哈尼族的民间叙事中，天神"摩咪"发挥了重要作用。

在元江县豪尼人聚居的咪哩乡、曼来镇及因远镇，流传着关于天神"摩咪"为世间带来光与热的民间故事。流传于元江县咪哩乡、曼来镇及因远镇一带的哈尼族创世歌《开天辟地歌》中叙述道，在开天辟地之初，造天与造地的五个天神与三个地神分别向至上天神"摩咪"借来了工具。天神在造好天、地后，又造了太阳、月亮、星星；地神则造了世间的山水树木、花草禾苗、人群兽禽。天上的太阳、月亮、星星不发光，"摩咪"便告诉造天的神灵："让太阳月亮星星快发光，天上地上没有光亮，人和万物就无法生长。"其后，"摩咪"用金梳、玉梳把太阳光、月亮光梳下人间，使太阳与月亮分别撒下的十二道金光与银光照亮了人间四方。"摩咪用金梳把太阳光梳下地，摩咪用银梳把月亮光梳下地，太阳撒下了十二道金光，月亮撒下了十二道银光，一道光照的是天边，一道光照的是地边，一道光照的是天和地中间，一道光照的是人，一道光照的是飞禽，一道光照的是走兽，一道光照的是山岗，一道光照的是大地，一道光照的是栽五谷的田地，一道光照的是栽花草树木的大地，一道光照的是栽棉花的河谷，一道光照的是栽荞子的高山，四面八方都照到了，世间没有照不着的地方,从此人禽兽能生长了,从此万物能生存了。"[1]流传于红河州地区的哈尼族史诗《十二奴局》对此也有相似的记载,在《十二奴局》的记载中,天神"摩咪"还为哈尼族人带来了人种、籽种、火种等。

此外,流传于元江县的哈尼族民间故事《人鬼分家》中,叙述了天神"摩咪"曾帮助人与鬼分家、为人与鬼划分边界、教人防止鬼侵扰的办法的故事。传说在很早以前,人和鬼是亲兄弟,后二者不和,便请天神"摩咪"帮忙分家。分家后,作为弟弟的鬼贪心,不停地与作为哥哥的人争抢地盘、东西,还捣乱。天神"摩咪"为了帮二者解决冲突问题,为他们划分了边界,从此人住的寨子里鬼不能来捣乱,鬼住的悬崖边人不能去。但鬼依旧去侵扰人的村寨,人与鬼便再次协商重分地盘,包括水和地,此后二者相安无事许多年。渐渐地人看不见鬼也听不懂鬼话,但鬼依旧能看见人,听懂他们的语言。人通过耕作过得越来越好,鬼便又跑到人的村寨捣乱。人只得再次请天神"摩咪"帮忙,天神"摩咪"告诉人,在建寨时倒顶一架三脚、边敲铓打锣边吆喝撵神、在寨子周围撒一圈灰糠,并派自己的女儿做护寨女神,要求哈尼族人每年都要祭献她。从此,哈尼族村寨便没有鬼的侵扰。[2]

豪尼人的天神概念往往比较模糊,他们在遇到危难时祈求的对象多为至上天神"摩咪",以代表向整个神灵系统求救。此外,在传统节日的祭献中,豪尼人在专门祭献"窝里"与"咪索"祭台上的祖先亡灵后,会上"土掌"祭献包括至上天神"摩咪"在内的所有天神。因为在豪尼人的信仰观念中,至上天神"摩咪"及其麾下掌

---

[1] 元江县哈尼文化学会、元江县史志编纂办公室编:《元江哈尼族古歌集》,玉溪:玉溪日报印刷厂,2005年,第9—12页。

[2] 毛里仰讲述,毛佑全、傅光宇搜集整理:《人鬼分家》,刘辉豪、阿罗编:《哈尼族民间故事选》,上海:上海文艺出版社,1989年,第68—69页。

管天地人间各司的神灵皆常居于天上，故豪尼人皆通过向天磕头或举祭品以完成祭献。而在年节等传统节日期间，豪尼人习惯在房屋前后、"朱玛阿碧"上插松树枝的行为，也意在请包括"摩咪"在内的天神下界与豪尼人同乐。如孟鹏村的豪尼人会在年节期间，特别是在宰年猪的腊月三十日时，将松树枝插在家门口、灶台、"窝里"祭台等处，以示对包括至上天神"摩咪"在内的所有天神的敬意。

在谈到人的生死命运时，豪尼人常言："人的命是'奥布摩咪'管着的，什么时候生、什么时候死都是他说了算"[1]，借此聊以自慰。天神"摩咪"作为至上神，有掌管豪尼人生死命运的权力，但其下有专门掌管此职之神灵，即"少卯优卯"。

（二）"少卯优卯"：掌管人生死命运的神灵

"少卯优卯"又被豪尼人称作"皮力叶萨"，是至上天神"摩咪"之下直接掌管豪尼人生死命运的专职神灵。豪尼人习惯将"少卯优卯"合并称呼，有时也会分开称呼，并将"少卯"和"优卯"视作夫妻神。豪尼人常将与命运相关的解释与此二神产生联系。他们认为，在豪尼人出生时是由"少卯优卯"赐予的生命与灵魂，死后再由"少卯优卯"将其部分亡灵收回。流传于元江流域的哈尼族古歌《哭丧歌》中唱道："索莫要你到人间，现在要把你收回去了"[2]，"索莫"被收集者注解为"哈尼族传说中管人生死的天神"，即为"少卯"。

在豪尼人的民间传说故事中，出现"非正常"死亡现象的原因与"少卯优卯"有一定关联。传说在远古时，人既能上天，也能与神灵交流。豪尼人的"摩批"经常会上天询问天神，天神也会经常到人间指导豪尼人的生活。有一次，"摩批"去问"少卯优卯"关于

---

[1] 访谈对象：石SZ，女，哈尼族，属羊，1967年生，52岁，紫驼骆村人；访谈人：石鸿；访谈时间：2019年6月4日；访谈途径：网络访谈。

[2] 元江县哈尼文化学会、元江县史志编纂办公室编：《元江哈尼族古歌集》，玉溪：玉溪日报印刷厂，2005年，第284页。

人如何生死的问题，"少卯优卯"告诉他："先出生的人就先死，后出生的人就后死。"但他因耳背、记忆力差而未记住"少卯优卯"的话，便多次折返重复地向"少卯优卯"询问。起初"少卯优卯"还耐心地回答他，最后"少卯优卯"被问得不耐烦了，便说道："你们就随便地去死吧，爱怎么死就怎么死。"自此以后，豪尼人中就有了早死、横死，即"非正常"死亡现象的存在。[1]

相似的异文还出现在哈尼族古歌《窝果策尼果·丧葬的起源》中："德摩莫批领着众人走出天门，来到半路忘记神王说的寿限，莫批跑回去问，烟沙大神说：老人死年轻人活。莫批为了追赶伙伴，不慎半路踩着牛屎滑倒，扑通一声摔倒在路边，忘记了神王教的话。莫批又去请教天神烟沙，天神烟沙不耐烦地对莫批说：不要再问了，老人死少壮活。德摩一路念着老人死少壮活。念去念来弄错了，记成'老人死，少壮死'。如今老人小娃少壮都会死，就是德摩传错了天神烟沙的话。"[2]

在古歌中，哈尼人同样因将天神的话传错，导致"正常"与"非正常"两种死亡现象在哈尼族社会中出现。可以补充的是，在哈尼族哭丧歌《米刹威》中，对"正常"死亡者的唱述时亦提及，"先生的先走去，后生的在后来。"[3] 所以，那些未能达到"正命"而在长者前离世的，就属于"非正常"死亡者的类别，即"年轻人也死"的情况。豪尼人常言："错生不错死，错死不错命。"[4] 他们往往不会抱怨

---

[1] 访谈对象：王ZX（职业"摩批"），男，哈尼族，属蛇，1953年生，66岁，小柏木村人；访谈人：石鸿；访谈时间：2019年3月6日；访谈地点：咪哩村。

[2] 红河州人民政府编《哈尼族口传文化译注全集·窝果策尼果（三）》（第3卷），昆明：云南民族出版社，2009年，第430页。

[3] 张罗者演唱，毛佑全翻译、整理：《米刹威》，元江县民委、文化馆：《罗槃之歌》，昆明：云南民族出版社，1985年，第93—108页。

[4] 访谈对象：李KS，女，哈尼族，属虎，1950年生，69岁，咪哩村人；访谈人：石鸿；访谈时间：2021年11月1日；访谈方式：电话访谈。

个人的寿命长短、命运多舛或顺遂，他们认为这是"少卯优卯"给豪尼人生命与灵魂时便携带的，是命中注定的。

"少卯优卯"曾为人世间的万物立下过规则，也是豪尼人二次创世神话产生的源头。流传于咪哩村、甘岔村豪尼人中与"少卯优卯"相关的民间故事，其内容与流传于墨江县豪尼人的民间故事《豪尼人的祖先》相近。以已出版的《豪尼人的祖先》故事为例，该民间故事讲述了"少卯优卯"的一匹纯白千里马被山上的魔鬼"寿碑熬厄"偷走，在"少卯优卯"寻神马的过程中，配合他的柳树、蜜蜂与"塔普""睦耶"两兄妹得到了他的祝福和礼物，得以繁衍生长；而未配合他的松树、柏树、七里蜂则受到了诅咒，生命力被减弱。如松树、柏树旁有马蹄印，它们却在"少卯优卯"询问时说没有看到神马，"少卯叶卯"便说道："你们这样不老实，将来让人从根脚砍你们，叫你们不会发芽，还要让人把你们的骨头解成板，哪怕你们腐烂掉，还要为人做事！"通过这个故事，豪尼人解释了"松树、柏树砍掉就不会发芽，烂了还要被人拿去当柴烧"的原因。与之相比较，柳树告诉了"少卯优卯"神马的踪迹，"少卯优卯"便说道："谢谢你，诚实的大哥，你有一副热心肠，将来被人砍断后，还要给你发芽生枝。只要你沾着土和水，天涯海角到处能活，连鬼都怕你！"同样地，豪尼人通过这个故事解释了"只要有点湿气的地方，柳树就可以生根发芽，人们还用柳枝、柳叶驱鬼除邪"。其后，"少卯优卯"在艰难寻找到神马的踪迹后，与魔鬼"寿碑熬厄"大战了一场，最终"少卯优卯"发动滔天洪水取得了艰难的胜利，寻回了被偷走的白马，但人间也被洪水淹没，人种只剩下曾经帮助过"少卯优卯"寻找神马的"塔普""睦耶"两兄妹。[1]

---

[1] 王定均等讲述，明江、蓝珊搜集整理：《豪尼人的祖先》，姚宝瑄主编：《中国各民族神话·哈尼族 傣族》，太原：山西出版传媒集团·书海出版社，2014年，第19—24页。

此民间故事还有其他的异文。如广泛流传于元江流域咪哩乡、羊岔街乡及因远镇一带的哈尼族古歌《洪水歌》中叙述道，天神"皮力叶萨"的飞马被地神"木胡包布"偷走，其后天神挖开天湖堤冲毁了大地，最终大地上只剩下了"塔普""睦耶"兄妹二人。此古歌的详细叙述可参见附录四。在此故事中，天神的名称发生了改变，但故事的主旨并未改变。

（三）"塔普""睦耶"：二次创世后的人类始祖神

在传统神话的叙事中，洪水产生的毁坏是世界再生的必要先声[1]，即洪水神话是二次创世神话产生的必要前提。在豪尼人的民间故事《豪尼人的祖先》中，"少卯优卯"在得到"塔普""睦耶"两兄妹的帮助后说道："现在是恶人当道，勤劳善良的人很少，这葫芦送给你们，如果遇上什么灾难，就骑上它，它会帮你们度过灾难的。"[2] "塔普""睦耶"两兄妹借助"少卯优卯"赠予的宝葫芦，成了洪水灾难之后的幸存者。通常洪水之后就是与之对立的创世，是一种在混乱中重构秩序的行为。[3] 他们成了二次创世时的人类祖先，开始重构人类社会的秩序。相比较而言，豪尼人对一次创世神话的叙述较模糊，而对二次创世神话中"塔普""睦耶"的叙述更为完整。他们认为"塔普""睦耶"作为豪尼人二次创世的"始祖神"，与族群发展的联系更为紧密。许多豪尼社会中的发明、创造与规则，会被层累到与他们相关的故事中。

同样地，这与流传于咪哩村二次创世的民间故事相似。在《豪

---

1 [美]戴维·舒尔曼：《泰米尔的洪水神话与桑格姆传说》，[美]阿兰·邓迪斯编《洪水神话》，西安：陕西师范大学出版总社有限公司，2013年，第273页。

2 王定均等讲述，明江、蓝珊搜集整理：《豪尼人的祖先》，姚宝瑄主编《中国各民族神话·哈尼族 傣族》，太原：山西出版传媒集团·书海出版社，2014年，第19—24页。

3 [美]戴维·舒尔曼：《泰米尔的洪水神话与桑格姆传说》，[美]阿兰·邓迪斯编《洪水神话》，西安：陕西师范大学出版总社有限公司，2013年，第273页。

尼人的祖先》中，洪水消退后，兄妹俩成为世间仅存的人类，他们为了繁衍人种不得不结婚，其后他们生养下76个孩子，其中有12个民族的祖先，孩子们又结为12对夫妇，剩下的26对则成为地上的各种神灵。[1] 流传于红河州地区的哈尼族民间史诗《十二奴局》中也有与之相似的记载，但是《十二奴局》中人类的始祖的称呼不同，为"莫鲁"与"沙崩"两兄妹，他们在洪水后为繁衍人种生了三个儿子和三个姑娘，他们的后辈又相互成婚，且为了传播人种而分散到了高山、半山、平地安了家。[2] 在哈尼族二次创世的异文中，同一祖先的叙述中包含了哈尼族典型的"兄弟祖先"母题，它代表了豪尼人作为共同体的集体意识，也成了其典型的文化标志。[3]

此外，在豪尼人"父子连名制"的谱系中，也记述了"塔普""睦耶"这两位人类始祖。如前所述，豪尼人在天地初开时经历过人、神、鬼混居的时代，人与神、鬼互称兄弟。后人、鬼因各自发展不平衡而产生矛盾与隔阂，在天神"摩咪"的主持下他们各立边界分了家，此后逐渐形同陌路。在豪尼人"父子连名制"的家谱中皆现过人、神、鬼的名字。所有咪哩村豪尼人的家谱皆以"提席利""利博必"开头，他们是天地诞生后最早的人类。其中"利博必"是"父子连名制"家谱中少见的女性名字之一，因其地位特殊被记叙在家谱中。在他们之后的名谱中，还包含着神、鬼的名字或他们共同祖先之名，人、神、鬼分家后，"父子连名制"家谱中才没有了神、鬼的名字。在整个咪哩乡豪尼人的"父子连名制"家谱中，第十一、十二代，即"吉塔甫"与"塔甫睦"以后全部为人的名字，而"塔甫睦"则是豪尼

---

[1] 王定均等讲述，明江、蓝珊搜集整理：《豪尼人的祖先》，姚宝瑄主编《中国各民族神话·哈尼族 傣族》，太原：山西出版传媒集团·书海出版社，2014年，第19—24页。

[2] 赵官禄、郭纯礼、黄世荣、梁福生搜集整理：《十二奴局》，昆明：云南人民出版社，1989年，第12—26页。

[3] 陈建宪：《论比较神话学的"母题"概念》，《华中师范大学学报》2000年第1期。

人"父子连名制"家谱中另外一个女性名字。当地豪尼人言："'吉塔甫'是男性，与'塔甫睦'是兄妹，也是夫妻，他们是在洪水后活过来的人。"[1]在田野调查中，豪尼人也向笔者证实，"吉塔甫"与"塔甫睦"就是豪尼人神话故事中在洪水之后幸存的人类始祖"塔普""睦耶"两兄妹。

## 二、仪式实践中的神灵系统

豪尼人的仪式实践中涉及了重要神灵，尤其在丧葬礼仪中，包括掌控雨水的天神、土地神或山神，他们多与埋葬仪式相关。此外，豪尼人在日常生活中举行的重要仪式，包括"奥绍""窝奥绍""保付氏"等与"讨力"相关的仪式，也集中出现在其完整的丧葬礼仪中。这些仪式实践背后皆有各司其职的神灵掌控，包括掌管人气力的天神、祖先神、"竜树神"等。除丧葬仪式外，豪尼人在日常生活中有专门的仪式，旨在祭献神灵以保佑丰收，以及驱逐凶神、亡灵、鬼怪等，尤其是防御"非正常"死亡者亡灵的侵扰。这些仪式的祭献对象主要包括：为孩童或青年保命增寿的天神，寄居新居的凶秽之神与庇佑家屋的家屋神，寄居在"朱玛阿碧"上的村寨父母神，以及村落周围的神灵等。

（一）与埋葬仪式相关的神灵

豪尼人在埋葬仪式的过程中，涉及的神灵主要包括天神、土地神与山神。

首先是天神与土地神。正如笔者在第三章第三节所述，每年农历六月进入"土黄天"后，豪尼人不再举行入葬、建房等与动土相关的活动。旧时，有些豪尼人还忌讳在"土黄天"从外面拿泥土回家。

---

[1] 访谈对象：李ZE，男，哈尼族，50后，咪哩村人；访谈人：石鸿；访谈时间：2019年2月15日；访谈地点：咪哩村。

他们认为,"土黄天"是天神下地与土地神交媾的日子,天神因天亮后无法离开土地,故在地下停留,届时豪尼人要忌"土黄"而不再动土,以免冲撞到天神与土地神。[1]豪尼人习惯称天神为"窝奥布","窝"即"天;天空"之意,"奥布"即"爷爷",也是对男性长者的尊称;他们称地神为"魅草奥瑶","魅草"即"地;土地"之意,"奥瑶"即"奶奶",也是对女性长者的尊称。农历六月的"土黄天"通常为豪尼人的雨季,此时由天而下的天神能够掌控雨水,土地神又与植物生长相关。传统上,"以农为本"的豪尼人对土地有极高的崇敬,而雨水又对农业生产具有重要意义。他们的日常生活顺应历法与节气,这也是他们产生相关信仰的主要原因。[2]此外,豪尼人中还流传着,若"土黄天"举行埋葬仪式,则遗体不会腐烂且容易尸变为"精怪";若在"土黄天"建房,则房屋容易因地基不稳而坍塌;若在"土黄天"用泥土夯实"土掌",则日后容易屋顶漏雨等。豪尼人用此类故事或传说传递着民族生活的经验与智慧,从环境与科学的角度,此做法存在一定的合理性。

其次是埋葬地的山神。豪尼人在埋葬逝者时,会在墓室后方寻找一棵树,并在树下安一块石头、砖头或刻有"山神位"的石碑,代表山神之位。若逝者在祖坟地埋葬,则所有埋葬者可共用一棵"山神树"与"山神位"。"山神树"与"山神位"紧密相关,也正是出于此原因,豪尼人为避免冒犯山神,通常不砍坟墓后面的树。

豪尼人对山神的认识与汉族对土地公的认识相似。美国学者武雅士认为,"鬼是土壤的产物",土地公有管理众鬼并监督他们行为

---

1 访谈对象:李KS,女,哈尼族,属虎,1950年生,69岁,咪哩村人;访谈人:石鸿;访谈时间:2019年5月9日;访谈地点:咪哩村。

2 石鸿:《梯田人生:一个哈尼族村寨的日常生活及其变迁——以云南省元江县咪哩村为核心个案》,山东大学硕士学位论文,2017年。

的职能。[1] 豪尼人聚居山区，故他们也会将"山神"称作"土地神"。但在实际上，"土地神"比"山神"的职能更大，相应地其管辖范围也更广。豪尼人认为，"山神比死人更大"[2]，山神的地位高于亡灵。他们相信"山神位"所设之处，是埋葬在墓室的亡灵出入墓地的正门。豪尼人出于对山神的崇敬，亦出于山神能够"区隔"与"控制"亡灵出入墓地，在上坟时会先祭献山神，其后才祭献埋葬在墓室的逝者。

殡葬改革后，许多豪尼人聚居的村寨修建了公共墓地。有的公共墓地在最上方种有一棵树，并在树下设立了一块写有"山神碑位"的碑，如图6—1所示。虽然公共墓地设有"山神位"，但一些豪尼人还是会在自家墓碑后方另外安置"山神位"，甚至还种上小树苗。他们认为，若自家墓碑后面有专属的"山神位"，能够更好地保护墓地及其风水，从而庇佑后辈。

豪尼人在坟墓后寻树，并在树下设"山神位"的做法，与他们在村寨后方设立"奥皮"即"竜树神"类似。《元江哈尼族古歌集》中记述

图5—1 "落里靠落谷主"公益性公墓中的山神碑位（拍摄人：石鸿；拍摄时间：2019年2月10日；拍摄地点："落里靠落谷主"公益性公墓）

道："座座大山都是山神管着，要把山神请到寨后的大树脚，树脚下

---

[1]〔美〕武雅士：《神、鬼和祖先》，〔美〕武雅士：《中国社会中的宗教与仪式》，彭泽安、邵铁峰译，南京：江苏人民出版社，2014年，第140页。

[2] 访谈对象：李HX，女，哈尼族，属兔，1951年生，68岁，咪哩村人；访谈人：石鸿；访谈时间：2019年2月11日；访谈地点：咪哩村。

立一块光滑的石头,这就是山神居住的处所。山神把灵气附在石上,主宰着寨子的吉凶祸福,人们只要虔诚祭献,寨子就会平平安安,人们只要虔诚祭献,人畜就会无灾无难,要是触怒山神,灾难就会降临。"[1]豪尼人亦坦言道:"(墓室后的)那棵树就相当于'奥皮',是死人的'奥皮'。"[2]

如前所述,豪尼人除了在个人仪式中对"竜树神"祭献外,他们会以村落为单位,在每年春耕开始前对之进行集体祭献。在他们看来,这种集体祭献的行为是在对村寨所在地的山神林表达敬意,"(祭献是表达)对山神林的孝敬,就是对(掌管)那片地盘上的山神、林神"的敬意。[3]豪尼人在墓碑后设立"山神位"的做法,也是其延续村落空间布局的一种体现。墓地作为逝后亡灵居所之一,豪尼人为其仿照村落空间布局,在墓碑后设置了如同"竜树"与"竜树神"一般的具有神圣意义的树木与"山神位"。旧时,豪尼人上山砍柴时,出于敬畏,皆会避免砍伐此类树木做木柴。

可以补充的是,有的哈尼族人还会将村落的空间结构映射到天神世界中。如同哈尼族村寨后山上必不可少的"竜树"那样,他们认为在天神屋后也有一棵象征生命的"寿树"。哈尼族哭丧歌中对逝者因无法医治而不可避免地离世的原因唱述道:"天神屋后的寿树倒了吧,如果天神屋后的寿树倒了,因为世人的生死是天神开创的,色偶城里金银满仓的国王也有死,村寨里粮食满仓的富翁也有

---

[1] 元江县哈尼文化学会、元江县史志编纂办公室编《元江哈尼族古歌集》,玉溪:玉溪日报印刷厂,2005年,第332—335页。

[2] 访谈对象:李YP,男,哈尼族,属狗,1982年生,37岁,咪哩村人;访谈人:石鸿;访谈时间:2019年4月5日;访谈地点:咪哩村公墓。

[3] 访谈对象:王CW(职业"摩批"),男,哈尼族,属羊,1943年生,76岁,新田村人在咪哩村定居;访谈人:石鸿;访谈时间:2019年2月2日;访谈地点:咪哩村。

死。"[1]实际上,哈尼族村寨后山上的"竜树"、山神碑位后的"山神树",以及天神屋后的"寿树",是他们与自然关系的一种神话表达。

(二)与"讨力"相关的神灵

豪尼人的"讨力"仪式主要包括为生者举行的"奥绍""窝奥绍"与"保付氏",这些仪式既在其日常生活中举行,也在丧葬礼仪之后举行。此外,还包括为逝者举行的"逝奥绍"的"讨力"仪式。

首先是"奥绍"与"窝奥绍"的个体/集体"讨力"仪式。二者的仪式内容、仪式过程相近,主要区别在于仪式主体、祭献对象。其中,"奥绍"仪式主体为个人,"窝奥绍"的仪式主体则是以家庭为单位。这两个仪式除了在日常生活中举行外,也会在埋葬礼仪之后举行,是豪尼人完整丧葬礼仪的组成部分。

第一,"奥绍"的个人"讨力"仪式。"窝绍"仪式的祭献对象主要为掌管人气力的天神夫妇与"窝里"祭台上的祖先神。根据仪式主体性别的不同,掌管其气力的神灵不同,祭献物、递献枝叶、祭献地亦不同。若职业"摩批"为男性举行此仪式,则在正房门口举行,掌管男性气力的天神夫妇为"布补窝嗦奥泡"与"布补窝咪奥卯",此二神是男性出生时的保护神。职业"摩批"举行此仪式时,需以"摩批氏系"枝叶向其分别祭献一只公鸡和一只母鸡。若职业"摩批"为主家的女性举行此仪式,则会在"咪索"祭台下举行。此外,若职业"摩批"为外嫁女性举行此仪式,也可在灶台边举行。掌管女性气力的天神夫妇为"窝拓奥济"与"娥比阿亦",此二神是女性出生时的保护神。职业"摩批"举行"窝绍"仪式时,需以杉老树、"额比"枝叶分别向其祭献一只公鸭和一只母鸡。此外,无论仪式主体的性别,该仪式都会专门祭献"窝里"祭台上的祖先神。豪尼人

---

[1] 杨偰嘎演唱,卢朝贵、杨羊就、长石搜集整理:《阿妈去世歌》,昆明:云南民族出版社,2004年,第17页。

供奉在"窝里"祭台上的祖先神,本就有照看后辈成员的义务,且职业"摩批"在举行此仪式时,祭词中会涉及请祖先照看后辈的相关内容,故祖先神在此仪式中也会得到专门的祭献。

第二,"窝奥绍"的家庭"讨力"仪式。职业"摩批"举行此仪式的地点,主要在家屋的中心柱。届时,他分别以一只公鸡和一只母鸡祭献在中心柱上掌管家屋的家神夫妇"窝奥铺喇阿兹"与"窝奥逝喇阿兹",此外,还要以一只大公鸡专门祭献村中的"浦木逝熬奥济"即"竜树神"。豪尼人在建屋前举行验地仪式之处,正是中心柱树立的地方。家屋神寄住在中心柱上,故豪尼人很多与家屋或家庭成员相关的仪式皆在此柱下完成。传统村落以家庭为单位,"竜树神"作为村寨神的代表,在"窝奥绍"的家庭"讨力"仪式中有义务保护各家庭,故在此仪式中会被专门祭献。

通常,豪尼人每年至少会举行一次"窝绍"或"窝奥绍"的个体/集体"讨力"仪式。"一年一次是经常要举行的,这样身体会更不容易疼病。去其他地方时,自己也更不容易发生意外,不会和别人起冲突。什么事都能更顺利,因为死了的(祖先)会帮忙照看(后辈)"。[1]他们习惯在年节期间举行此仪式,尤其是在豪尼人外出务工的情况增多后,"举行这个仪式是能被(祖先)保佑的,这样自己在外面打工也更安全。"[2]其时,职业"摩批"一天最多时需要帮四五户主持相关仪式。此外,他们会择吉日即"好日子"举行此类仪式,而且,个人与家庭的"好日子"有所区别。相对于个人而言,他会将他生日的属相日当成"好日子",故部分豪尼人习惯在生日的属相日举行"奥绍"的个人"讨力"仪式。但他们也认为,若选择在生

---

[1] 访谈对象:李HX,女,哈尼族,属兔,1951年生,68岁,咪哩村人;访谈人:石鸿;访谈时间:2019年2月11日;访谈地点:咪哩村。

[2] 访谈对象:王ZX(职业"摩批"),男,哈尼族,属蛇,1953年生,66岁,小柏木村人;访谈人:石鸿;访谈时间:2019年2月13日;访谈地点:咪哩村。

日举行此仪式便需要每年都举行，否则反而不利于自身健康。相对于家庭来说，"好日子"是家中祖先死亡或埋葬的日子。如紫驼骆村、孟鹏村的豪尼人认为家中祖先死亡的日子是家庭的"好日子"，而咪哩村的豪尼人认为家中祖先的埋葬日是家庭的"好日子"。通常，他们会在家庭"好日子"时举行有益于家庭发展的，包括"窝奥绍"的家庭"讨力"等仪式。此外，各村有专门的"好日子"，但多为农历二月或八月的寅虎日或子鼠日，即在春、秋季农忙前后的农闲之时举行此仪式。部分豪尼人认为寅虎日"日子硬"，办事不会被冲撞；而子鼠日最有生机，是万物诞生的日子。如咪哩村、小柏木村的"好日子"即为寅虎日，当地豪尼人便习惯将此类仪式集中在此日举行。

可以补充说明的是，豪尼人在日常生活中处理与送礼、动土、除秽、祛邪等相关的仪式或活动时，也会注意避开自家的"好日子"。如为丧家送去遮盖尸身的孝布的日子、在除夕之外杀年猪的日子、在腊月二十四以外打扫家屋的日子、建房动土的日子、搬迁新居的日子等。有时豪尼人在选择这些日子时，会去找测算先生测算，但大部分是家中的长辈选定，只要排除家中的"好日子"，尤其是家中成员生日的属相日即可。

其次是"保付氏"的个人"讨力"仪式，该仪式的主体为家中长子。此仪式既出现在豪尼人的日常生活中，也在豪尼人的埋葬仪式之后举行。如前所述，"保付氏"的个人"讨力"仪式有两种规格，这主要是根据其背后主管神灵的等级划分。首先，是最高规格的"保付氏"仪式。豪尼人认为，天空也分十三层，在"保付氏"仪式中，职业"摩批"需祭献掌管人气力的居住在天空高层的天神夫妇"批里木咪黑套搞奥刨"与"批里木咪黑套搞奥茅"，相应地，其祭献物的等级与价值也较高，包括一只山羊和一只公鸡；其次，是次等规格的"保付氏"仪式。职业"摩批"需祭献掌管人气力的居住在半空中白云之上的天神夫妇"窝脱窝罗臊窝几拓熬奥浦"与"密尼密钠阿茅道脱舞阿拿",其祭献物的等级与价值也相对较低,仅包括一只白公鸡。

虽然"窝绍"与"保付氏"两个仪式皆是针对个体举行的"讨力"仪式,但整体上后者的仪式等级更高,仪式效果也更佳。即使是较次等级的"保付氏"仪式,其神灵等级也是较"窝绍"仪式中祭献神灵的等级高。这也是豪尼人若在丧葬礼仪之后举行过"保付氏"仪式,便不能再举行"奥绍"仪式的主要原因。此外,豪尼人认为在60岁以前皆可以举行"窝绍"与"保付氏"这样针对个体的"讨力"仪式,但在60岁以后便只能通过"奥福碧早"的"喂饭"仪式来达到相似的作用与目的。

最后是"逝奥绍"仪式。"逝奥绍"是为逝者举行的仪式,以为其即将踏上寻找祖居地的遥远路途而"讨力"。虽然此仪式与为生者举行的"奥绍"仪式异曲同工,但因为仪式主体生命体征的不同,其祭献神灵亦有所不同。"逝奥绍"的对象为掌管豪尼人生命的天神"少卯优卯",届时职业"摩批"会专门为之祭献一对雌雄鸡。

(三)与增寿保命相关的神灵

在豪尼人看来,孩童或青年容易受到"非正常"死亡者亡灵等凶秽之物的侵扰、纠缠,导致体弱多病或成长不顺。通常遇到此类情况,主家在"奥吉测"或自行判断后,便会请职业"摩批"专门举行除秽与增寿的仪式。

为孩童举行的增寿保命仪式为"打祖擦",祭献神灵包括主管寿命的男性天神"搭他择我奥拓",需祭献一只公鸡或一对雌雄鸡,以及主管孩童成长的天神夫妇"厄窝搭路刨"与"厄窝搭路茅",需祭献一头猪仔或一只羊。此仪式在正房中房举行,需要主家准备一小桶谷子、一卷白粗布、一只孩子母亲的银手镯、三根香炷,以及仪式常用的米、盐、茶、酒等,职业"摩批"准备包括"摩批氏系"、柏树、芦苇、"茨蒲"、金竹叶、万年青等6种递献祭品的枝叶。仪式开始后,仪式主体按职业"摩批"的要求磕头,职业"摩批"根据祭物的生命状态分为活祭、死祭、熟祭。

为青年举行的增寿保命仪式为"任祖擦",祭献神灵包括主管寿命的天神夫妇"搭他择我奥拓""搭奥择租熬补",需分别祭献一只公鸡、一只母鸭或母鸡,以及"浦木逝熬奥济",即"竜树神",需祭献一只公鸡。此仪式在正房中房举行,准备的物品、仪式过程与"打祖擦"相同,仅念诵祭词的内容不同。仪式结束后,主家在家中宴请村中部分年长辈。届时,如同葬后仪式中"保付氏"的个人"讨力"仪式一样,仪式对象即青年人会挨个向赴宴长辈讨要象征"福禄"的现金,通常为几十元不等。

相比较而言,孩童的成长较青年而言更为艰难,需更多的、专门的神灵对之进行庇佑,也需要高等级的祭物,这样才能达到仪式目的。从祭献对象来看,为孩童举行的"打祖擦"仪式中的神灵皆为天神;而为青年举行的"任祖擦"仪式中的神灵包括天神与"竜树神",且两个仪式中,主管寿命的男性天神"搭他择我奥拓"皆有出现。从祭物等级来看,"打祖擦"仪式中的祭物包括一只公鸡、一只猪仔;"任祖擦"仪式中的祭物包括一只公鸡、一只母鸭,前者祭物等级的规格更高。随着豪尼人医疗与生活水平的提高,现很少有家庭再为孩童举行"打祖擦"仪式,但"任祖擦"仪式还偶有举行。

(四)与家屋相关的神灵

豪尼人在新建或购买家屋后,要请职业"摩批"举行专门的仪式,包括除秽的"坐擦遥"仪式与庇佑新居的"坐奥绍"仪式。

首先,职业"摩批"举行"坐擦遥"仪式以为新居除秽。"坐"即指代"房屋"等建筑物,"擦"有"不洁"之意,"遥"则代表"驱赶"。豪尼人与驱赶相关的仪式，皆会带"遥"字，如"尼豪遥"的为亡灵"指路"仪式，便带有驱赶鬼怪的意思。"坐擦遥"仪式的主要对象为寄居家屋的凶神夫妇"卯绍浦熬坐碑奥厄"与"铺落坐碑哑饶"，以及寄居在新居地基之下或房屋内外的亡灵，尤其是"非正常"死亡者的亡灵。在此仪式开始前，职业"摩批"需提前筹备仪式所需的9种长在山上或野外的枝叶，以将家屋中的凶秽驱赶至山野；主家则需准备茶、酒、米等常规的祭献物，以及能凑成一对的鸡、鸭。仪式开始后，职业"摩批"用棕树叶穿过鸭鼻，然后手抓鸭、鸡与枝叶，对新居的每间房屋边撒米边念祭词，由里到外进行"打扫"。其后，职业"摩批"在主家门口念诵祭词，念毕则将祭物带到野外水边。职业"摩批"根据家禽的生命状态，进行活祭、死祭与熟祭，其后同行者才分胙。在野外举行此类驱赶仪式时，除同行者外，其他人不会也不愿意参与分胙，而参与分胙的人不会将之带回家屋。分胙结束后，职业"摩批"对火堆念诵祭词，再将做灶台的石块翻倒。

清除新居凶秽之后，职业"摩批"举行"坐奥绍"仪式，以请家屋神庇佑新居。"奥"为"气力"之意，"绍"即"讨要"之意。为家屋举行的"坐奥绍"仪式，与为豪尼人举行"奥绍"或"窝奥绍"的个人/家庭"讨力"仪式有相似之处，它们皆为庇佑类的仪式。此仪式的主要对象，为庇佑家屋的天神夫妇"窝坐坐佘尼努"与"密坐坐佘娆米"。届时，职业"摩批"在正房中心柱处举行仪式，并将一对雌雄鸡分别祭献给家屋神夫妇。祭祀仪式同样根据祭品的生命状态，分为活祭、死祭与熟祭。其中，在举行死祭、熟祭前，主家夫妇需对中心柱磕头撒米，然后职业"摩批"才继续念诵祭词完成仪式。仪式结束后，主家在新居宴请亲友。

（五）与村寨相关的神灵

"朱玛阿碧"是传统豪尼村寨的标志性存在，豪尼人立"朱玛阿碧"是为了祭献最先在此立寨的祖先，他们称之为"布底抵配绍老"。"布底抵"为"活着的，出生的"，延伸为"初生的，最早生下的"之意。他们认为，若村中没有"朱玛阿碧"，人种就不会得到繁衍，故他们将寄居在"朱玛阿碧"上的祖先神当作村寨父母

图5—2 传统豪尼村寨的"朱玛阿碧"（拍摄人：石鸿；拍摄时间：2019年2月1日；拍摄地点：咪哩村）

神，也是豪尼村寨最重要的保护神之一。"'朱玛阿碧'就是全村的顶梁柱，就像我们建房子没有柱子没法建一样，一个村子没有这个是要不成的""总的来说，树立'朱玛阿碧'会让村子变得更好。"[1]豪尼人的"朱玛阿碧"与其家屋中设立的"窝里"祭台相似，皆是为祭献祖先神。豪尼人以村落为单位进行"奥吉测"时，也是如同家庭中由长辈先祭献"窝里"祭台上的祖先神一般，由"铺批"先祭献"朱玛阿碧"，并请寄居其上的村寨父母神一同到"奥吉"处，借助"奥吉"之口叙述村中之事。此外，"朱玛阿碧"还相当于具有神圣意义的村寨门，一切神灵、灵魂或亡灵，尤其是"非正常"死亡者的亡灵等，皆要由此处入寨或被阻挡。如"奥吉"的灵魂及其供养的神灵、主家"窝里"祭台上的祖先亡灵等，正是由"朱玛阿碧"处进入村寨。

"朱玛阿碧"通常设在"龙树林"下方、村寨最上方，相当于村

---

[1] 访谈对象：李FG，男，哈尼族，属鼠，1948年生，71岁，咪哩村人；访谈人：石鸿；访谈时间：2019年2月1日；访谈地点：咪哩村。

落的上边界。豪尼人认为,"竜树神"在经过村寨或在传统节日中,也会在"朱玛阿碧"处停留与接受祭献。从外形来看,"朱玛阿碧"由两根斜对的树干相搭,其中,上面的是"茨蒲"即白锥栗树干,树形更大,树干顶部刻出三道圆环,代表村寨之父;下面的为"茨卡"即黑锥栗树干,树形更小,树干顶部呈"Y"字形分枝状,抵住上面的"茨蒲",代表村寨之母,如图6—2所示。这两根树干表征着豪尼人对男根的朴素崇拜,两根树干间用一木棒连接,以保持稳定性。

如前所述,年节期间,"铺批"会在两根树干交接处插上松树枝,以请天神下界同乐。此外,在连接两根树干之间的木棒上,会由"铺批"专门拴上小秋千,如图6—3所示。"铺批"在正月初一祭献"朱玛阿碧"时,会先用带刺的黄泡枝叶荡秋千。届时,他以东为内、西为外,从东方荡向西方,共来回荡三次,以将村中不好的、凶秽的驱赶出去,将好的、干净的请到村中。同样地,正月初一豪尼人会在村寨的几片空地上搭建供村民娱乐的秋千架,此秋千要等"铺批"祭献过"朱玛阿碧",且同样要先用带刺的黄泡枝叶来回荡三次后,村民才可以使用。正月初一至初三,"铺批"还会请寄居在"朱玛阿碧"上的村寨父母神到年节的长街宴处飨食。届时,"铺批"在长街宴最上席预留位置,并摆上两副碗筷,倒两杯茶、酒以敬村寨父母神。村里的"铺批""阿窝"解释道:"'朱玛阿碧'是村里的父母亲,最大的就是坐在那里了,其他谁都不能坐""这个是村里面最大的官了。"[1]除年节外,在豪尼人的传统节日,如"奥皮突""苦努早""勒扑扑"等祭竜节、火把节、过冬节,"铺批"皆要到"朱玛阿碧"处专门上香并祭献一只熟鸡。祭献时,"铺批"边磕头边念诵祈愿性

---

[1] 访谈对象:李X(咪哩村"铺批"),男,哈尼族,属鼠,1960年生,59岁,咪哩村人;李FG(咪哩村"阿窝"),男,哈尼族,属鼠,1948年生,71岁,咪哩村人;访谈人:石鸿;访谈时间:2019年2月8日;访谈地点:咪哩村老年协会广场。

图 5—3 "铺批""阿窝"在年节祭献"朱玛阿碧"（拍摄人：石鸿；拍摄时间：2019 年 2 月 7 日；拍摄地点：咪哩村）

的话语。祭毕，"铺批"将茶、酒倒在柱子周围，并撕下三小块肉，即可将剩余的鸡肉拿回家分胙。

20 世纪 40 年代末以后，许多村寨的"朱玛阿碧"或因人口增加、村寨扩张，或因无人打理等原因，已经凋敝或消失。以笔者的主要田野点咪哩村为例，2018 年 10 月，为推动传统文化复兴与乡村旅游发展，在咪哩村干部、同乡会、老年协会的共同推动下，村里恢复修建了"朱玛阿碧"，并按传统，在修复当日集体出资祭献了一只公猪仔、一只公鸡与一只小母鸡。传统上，豪尼人的民居建在"朱玛阿碧"之下，但咪哩村"朱玛阿碧"的旧址之上早已建有房屋，且因旧址处无法再利用，咪哩村的"朱玛阿碧"未建在原来的旧址上而是向上移动了几百米。村中男性青年参与了修复与祭献仪式，但仅有 70 岁及以上的男性长者才有资格参与分胙。咪哩村的"朱玛阿碧"修复后，"铺批"恢复了在传统节日中祭献"朱玛阿碧"的文化传统。与之相比较而言，在与咪哩村相邻的小柏木村，村中的"朱玛阿碧"周围早已被房屋包围，且因无人料理而早已凋敝。但是，咪哩村这种恢复村落传统文化与祭祀习俗的做法，已不适应当代村落生活的语境，它更多地是作为一种民俗旅游的文化资源而对他者进行展演。此外，这种展演活动让传统村落权威"铺批"的神圣性降低而变得更加职业化，而普通豪尼人尤其是年轻人，对此类祭献仪式往往没有其长辈虔诚与富有敬畏心。

（六）村落周围的神灵

传统上，豪尼人认为聚落周围的山林，尤其是水库、大石块等地是神灵、鬼怪与亡灵等超自然存在物的聚集空间，这些区域天然地与豪尼人居住的聚落空间既接近又分离。在豪尼人看来，一方面，他们通过祭献村落周围的神灵，能够得到其庇佑，尤其是能够阻挡山林中存在的亡灵、鬼怪等对村落的侵扰；但另一方面，某些神灵也有可能给豪尼人带来灾害，尤其在被豪尼人无意冒犯之时，故与之保持适当的距离十分必要。

在咪哩村周围的山林中，也有神灵或与之相关的神圣空间。具体来说，包括村寨上方即东面，有与"竜树神"相关的神圣空间；村寨下方即西面，豪尼人祈福祭献的神圣空间；村寨左侧即北面，豪尼人专门用于举行神裁与祭献的神圣空间；村寨右上方即东南面，有寄居在石洞中的神灵；村寨右下方即西南面，有专门祈福祭献的圣地等。

其一，在咪哩村上方，即村东面为"竜树林"。如前所述，每年农历二月"奥皮突"即祭竜节时，"铺批"及其助手"阿窝"会专门对之祭献，而村中的男性长辈、男性青少年则会参与仪式。若祭献当年"竜树神"离开了"竜树"，"铺批""阿窝"与村里的男性长者还需到村东南边更远的一处叫"物突突"的大石头处去专门请"竜树神"回来。据当地豪尼人介绍，咪哩村的"竜树神"为女性，很久以前"竜树老爷"因与草坝水库的"龙爷"起冲突，被"龙爷"杀死在咪哩村附近的山林里，故那片沾染了"竜树"老爷血的土地一直是红色，而当地人出于敬意从不在那片山林里嬉戏或喧哗。豪尼人专门祭献"竜树神"的"奥皮突"，是一个与农业生产紧密相关的节日。每个豪尼村寨有专门的节日时间，但基本都在农历二三月间，节日过后豪尼人便进入春耕的农忙时节。故在豪尼人看来，祭献"奥皮"即"竜树神"更多地与丰收祈愿相关。

此外，"竜树林"与村寨的上边界是一条小河沟。过去这条河沟的源头曾是咪哩村村民的水源，因此地靠近"竜树林"，天然地具有神圣性。每年农历八月午马日，村里需要更换牛皮鼓时，便会在此地换鼓并举行除秽仪式。通常，豪尼人三年换一次牛皮鼓面，鼓身用"茨蒲"树干制作，通常不容易损坏。换牛皮鼓面时，上午村中的男性豪尼人主动聚集在此地，宰杀由集体出资或老年协会出资购买的黄牛，并在男性长者的指挥下以新牛皮制鼓。被换下的旧鼓皮面，则被扔在河沟上方的一棵"茨蒲"老树上。新鼓修好后，男性长者击鼓、跳棕扇舞。其后，村民敲打新鼓，并在村中绕行一圈，以驱赶村中凶秽。其时，一部分男性年轻人手持沾了牛血、锅灰的木刀等在敲鼓者前面开路，并大声喊着："妙奥卯、捎奥卯"出去，"拢奥卯、靠奥卯、者奥卯、布奥卯"进来。其中，"妙奥卯、捎奥卯"即指带来饥饿、灾难的恶灵，尤其是那些无人供奉的"非正常"死亡者的亡灵；"拢奥卯、靠奥卯、者奥卯、布奥卯"即指带来粮食、动物、人口，并使村落团结的善灵。其后跟随的是敲鼓、击铓者，再后为手持棕叶跳舞的老者；另一部分男性年轻人则扮作将被驱赶的恶灵，同样手持沾了牛血、锅灰的木叉倒行并象征性地阻碍前行者。最后，开路者将象征恶灵的拦路者驱赶出村，再将新鼓送到"铺批"家中保存。传统上,在换鼓处将牛肉煮熟后,当日下午村中每户出一人参与分胙。现因换鼓处烹煮不便,以及村中人口增多,村民习惯在老年协会公共厨房烹煮祭肉后再拿到换鼓处祭献,其后修鼓者、"铺批""阿窝",以及村中长者等在换鼓处分胙,其余村民则到老年协会公共活动室分胙。

其二,在咪哩村下方,即村西面,原本为一个风口。在咪哩乡大新村一职业"摩批"的建议下,村民集资筹建了一间"奥卯",相当于汉族的庙房,以堵住风口煞气让村民寿命增加、村落有更好的发展。"'奥卯'建起来以后,村里不会出现小偷,出去打仗也不会死人,别人也不会来杀了。"[1] 豪尼人没有偶像崇拜（idolatry）,"奥卯"中亦没有传统庙宇中供奉的神像。但是,大新村的职业"摩批"要求咪哩村的村民在其死后专门供奉他,故"奥卯"中有与家屋中相似的祭台。在20世纪40年代末以前,每年农历二月初八及八月初二,专门负责料理"奥卯"的豪尼人会专门宰杀一只公鸡祭献,有时村民还会集体出资购买牲口,在"奥卯"处祭献、烹煮后分胙。实际上,"奥卯"是咪哩村的一个特例,在其他豪尼村寨并没有这样的建筑与祭献习俗。20世纪40年代末后,"奥卯"曾被作为学堂、临时羁押室、电影放映室、家具厂、面条厂等。20世纪90年代,在村里的老年协会组织下,村民自愿捐款、出力,对"奥卯"正房进行修缮,并在正房刻了一块落款时间为1998年12月的功德碑。其后,"奥卯"因自然损坏及长期无人管理等原因而残破不堪。

在"奥卯"下方,被当地豪尼人称作"灯洛河"的地方有一棵老拐枣树,每年秋收后村民会自愿集中去此地烹食、祭献,以感谢今年的收成与祈求来年的丰收。届时,由所有自愿参与者共同出资

---

[1] 访谈对象:李FC,男,哈尼族,属牛,71岁,1949年生,咪哩村人;访谈人:石鸿;访谈时间:2019年2月5日;访谈地点:咪哩村。

购买牲畜,并参与祭献与分胙。20世纪40年代末以后,村中逐渐不再举行此活动,老树也被一次雷电意外击中,知晓或参与过此仪式的村民变得越来越少。

其三,在咪哩村左方,即村北面,被当地豪尼人称作"套替"的空地上,旧时"铺批"每年都要在此地组织神判大会,并集体宰杀一头猪祭献与分胙。举行神判大会时,全村的成年人,尤其是60岁以上的长者都会聚集此地。届时,"铺批"先对一口煮水的土锅念祭词,待水沸腾后,在场者先后将手伸入滚水中。豪尼人认为,在神灵的庇佑下清白者无恙,曾经偷窃或作恶者则会被烫伤,以此受到神灵的处罚。故在旧时,那些做过坏事心虚的豪尼人在神判大会时不敢随意前往。其后,青年人宰杀集体购买的猪,"铺批"祭献神灵后,60岁以上的长者参与分胙。

其四,在咪哩村右上方,即村东南方,有一大石块与石洞,且石洞中驻有神灵。据豪尼人介绍,旧时此地还未修通公路,村民筹办红白宴席,尤其是丧宴时会去石洞处向神灵借碗。借碗时,豪尼人先对石洞磕头,其后背过身,神灵便将碗筷送出。但有一年,一新媳妇在洗碗归还神灵时,碗无意间被狗舔了一下,还碗时神灵十分生气,从此豪尼人再也无法从石洞中借到碗了。而且,无论是"正常"死亡者还是"非正常"死亡者的送葬仪式,咪哩村的豪尼人皆会特意绕过驻有神灵的地方,以示对神灵的尊重。此外,在咪哩村右下方,即村西南面,有一处被当地豪尼人称作"告遮"的地方,每年也会举行相应的祭献仪式。

## 小结:"生死区隔"背后的文化认知

在豪尼人丧葬礼仪的行为与实践背后,是其信仰与观念的体现。

二者相辅相成，凝结成了"生死区隔"的丧葬文化。具体而言，豪尼人通过丧葬礼仪中体现的灵魂观，展现了对自我的认知与认同；通过丧葬礼仪中体现的神灵观，展现了对自然与世界的朴素认知。

首先，灵魂观念展现了豪尼人对自我的认知与认同。豪尼人的灵魂观，包括其对生者灵魂与逝者亡灵的信仰与观念。豪尼人对生者灵魂与逝者亡灵的区分，是其"生死区隔"生死观产生的前提。其中，对生者灵魂的认知，是豪尼人对自我构成的探究。豪尼人对生者灵魂的认知带有明显的性别色彩，他们认为女性有七个魂，男性有九个魂，这体现了传统社会对不同性别的规训与要求。在豪尼人看来，灵魂容易离开肉体，当生者的灵魂不完整时便容易生病。在日常生活中，他们有许多"保魂""固魂"习俗，如他们习惯对灵魂不稳固的孩童、被惊吓者，以及曾经到过"危险"之地或"凶秽"之地者举行"叫魂"仪式。名字与灵魂密切相关，为避免丢魂，豪尼人也会避免在野外大呼人名。"拜干亲"是豪尼人在家庭之外获取新名字以"保魂"的重要仪式。此外，豪尼人还会以佩戴"护身包"的方式来"固魂"。在丧葬礼仪中，生者灵魂容易被逝者亡灵压制，因此也需要通过"叫魂"仪式以"护魂"。

逝者亡灵是豪尼人对终极归宿进行探求的媒介。豪尼人丧葬礼仪的目的之一，是安置未被天神"少卯优卯"收回的亡灵。其中，"正常"死亡者依性别而生的九个或七个亡灵中，分别有五个或三个亡灵会被天神收回，其余的四个亡灵则被安置在祖居地、墓地、祭台与地下。"非正常"死亡者的亡灵则需要根据其死亡的具体情况，有差别地进行安置。在"非正常"死亡者中，家中逝世、有子嗣但直系长辈健在的，以及村外离世但有子嗣的豪尼人，有四个亡灵能得到与"正常"死亡者相似的安置，唯一的区别在于亡灵不能上祭台而被分别安置在正房与屋外。其余的"非正常"死亡者，主要为无子嗣的豪尼人，尤其是在村外去世者，其未被天神收回的四个亡灵只能被驱出村外，而沦为孤魂野鬼。在迁坟时，"非正常"死亡者的坟墓亦往往会被遗弃。

逝者亡灵能回归祖地与祖先亡灵一同生活是最理想的终极归宿，这是豪尼人向往"正常"死亡的主要原因。这体现了豪尼人作为个体对家族所负的责任与义务，因为只有在儿孙簇拥的家屋主榻上安然离世的豪尼人，才能成为祖先神庇佑后辈的发展。

其次，神灵观念展现了豪尼人对自然与世界的认识。豪尼人的神灵系统，主要包括天神系统、地神系统与人神系统，主要体现在民间叙事与仪式实践中。

第一，天神系统体现了豪尼人与天的关系。天神包括至上天神"摩咪"，掌管生死的天神"少卯优卯"，"土黄天"与降雨相关的天神，掌管气力的天神夫妇，掌管家屋的天神夫妇，掌管寿命的天神等。豪尼人与天神的关系，是等级关系的典型体现。在相对封闭且保守的地域文化之下，豪尼人参照科层制所建构的天神系统，是其对自然与世界认知的一种朴素表达。豪尼人对天神的崇拜，体现的是对不可控的大自然的崇拜。

第二，地神系统体现了豪尼人与地的关系。地神包括"土黄天"中与万物生长有关的土地神，掌管村寨的"竜树神"，与埋葬地相关的山神等。豪尼人与地神的关系，是一种顺应关系，即按一种循环的自然时间，周期性地安排农业生产与日常生活。此外，豪尼人通过地神系统，构建了村内与村外、生者与亡者之间的边界，维护了其日常生活的稳定与秩序。

第三，豪尼人的人神系统，体现了人与人之间的关系。人神包括二次创世的始祖神"塔普睦耶"，"正常"死亡后的祖先亡灵，以及最早立寨寄居在"朱玛阿碧"上的村寨父母神等。他们作为由人而成的祖先神，与生者间天然地存在互惠关系，即祭奠—受祭—受佑—保佑关系。

在豪尼人的神灵系统中还包括凶神，如天神中寄居家屋的凶神夫妇，人神中"非正常"死亡者的亡灵。虽然数量较少，但作为特殊的神灵，他们亦会对豪尼人的日常生活造成困扰。

总之，豪尼人在区分生者灵魂与逝者亡灵的灵魂观下，产生了与保护生者灵魂、安置逝者亡灵相关的习俗。这是豪尼人对自我构成与终极归宿的反思，也是其丧葬礼仪完成"生死区隔"的前提。此外，豪尼人在民间叙事与仪式实践中表达的由天神、地神、人神组成的神灵系统，是其对人与天、人与地、人与人关系的思考，也是其对自然、物候与生命世界的朴素认知。在丧葬礼仪中，豪尼人借助这套认知自我、认知自然与世界的灵魂观与神灵观，既完成了对亡灵体系化的"区隔"，又再生产了生者之间的关系。

# 结论与讨论

　　豪尼人的丧葬礼仪与"生死区隔"的生死观，是在多民族互动与交融的过程中形成的。这是豪尼人作为"多元一体"的中华民族共同体之一员，其文化上"一体多元"，即"你中有我，我中有你"的侧面体现。民族的历史与记忆多通过仪式进行表达，豪尼人的丧葬礼仪，是其在社会变迁的过程中保留最为完整的礼俗文化，也是表现其民族历史与文化的典型仪式。丧葬礼仪作为豪尼人日常生活中重要的人生仪礼，是由个体死亡而引发的超村落集体事件。豪尼人丧葬礼仪中的诸多仪式非常清楚地表明，"生死区隔"的生死观作为其"核心民俗文化"贯穿仪式始终，并通过核心符号进行表达。在丧葬礼仪中，不同身份的豪尼人皆能通过集中展现的灵魂观与神灵观，表达对自我、自然与世界的朴素认知，并探寻自身的存在意义与价值，即寻获"为我们存在"的日常生活及意义。

　　国家相关政策在地方社会的实践下形成"礼俗互动"，这使得远离中心的边缘少数民族地区的礼俗文化带有"国家在场"的政治表现。近年来，殡葬改革在边疆少数民族地区逐步推广，豪尼人的传统丧葬礼仪亟须进行移风易俗。为更有效地推进地方社会的礼俗改革，相关的决策者与执行者都有必要在充分了解地方文化传统与地方文化逻辑的基础上，尊重地方民众，并以"民俗协商"的方式或姿态，有步骤地推进符合历史发展潮流的现代化改革，以期形成国家与地方间的良性互动与协调发展。

## 一、多民族交融下哈尼族的丧葬礼仪

哈尼族的形成是一个历史过程，其丧葬礼仪的变迁，及其"生死区隔"的生死观的形成，同样经历了历史的形塑。作为一支有迁徙历史的民族，哈尼族在迁徙过程中不可避免地与其他民族互动与交融，这对其丧葬礼仪的变迁，及其"生死区隔"的生死观的形成产生了重要影响。结合哈尼族由北向南的迁徙路线，豪尼人集中分布在中、西两条迁徙线上，且集中于两条迁徙线的中段。他们与迁徙路线上的其他支系与民族有更密切的往来，这也使其丧葬礼仪更具民族互嵌的典型性与代表性。

首先，在其他民族文化的影响下，哈尼族的生计模式由游牧逐渐转变为农耕，并发展出建村立寨的定居方式。这是哈尼族丧葬礼仪从火葬为主，转变为土葬为主、火葬为辅的经济基础与物质前提。

根据史诗《哈尼阿培聪坡坡》的记载，哈尼族先民生活在"虎尼虎那"时，还过着狩猎、采集的集体生活。迁徙至"什虽湖"后"盖起住房"、圈养野畜，种植谷子、高粱等旱作物。他们来到"嘎鲁嘎则"时，遇到了住在竹林里的"阿撮"，并学会了编竹篾、织笋壳帽。当他们迁徙至"惹罗普楚"时，已经盖起蘑菇房，开始打埂犁耙种水田，并出现"二月祭树"的传统节日。[1] 据哈尼族学者史军超考证，"惹罗普楚"在今四川盆地与川西北高原的交汇处，[2] 是哈尼族先民第一次"安寨定居"与"开发大田"的地方。

如前所述，哈尼族先民在公元前3世纪，已经迁徙至今大渡河

---

[1] 朱小和演唱，史军超、卢朝贵、段贶乐、杨叔孔译：《哈尼阿培聪坡坡》，昆明：云南民族出版社，1986年。

[2] 史军超：《滨海文化与高原文化的嫡裔——哈尼族迁徙史诗研究》，红河哈尼族彝族自治州民族研究所编《哈尼族研究文集》，昆明：云南大学出版社，1991年，第30—54页。

南岸、雅砻江以东及安宁河流域，即今四川省、云南省境内，并已掌握水田稻作的生产技术。据该史诗的收集者史军超、卢朝贵等人的注解，"阿撮"可能为傣族先民[1]，其在汉文典籍中被称作"僚""鸠僚""金齿""白衣"等。有学者指出，古代百越是最早驯化野生稻的民族[2]，古代百越的后裔即包括傣族在内。从哈尼族先民的迁徙地域来看，其时比邻而居的傣族先民很可能是"夜郎僚"，其居住范围主要包括今贵州省黄平县以西，云南省曲靖市东部、红河州东北与东南部、文山州，广西百色市以西等。[3]"秦、汉之际，夜郎地区的农业生产已经有了一定程度的发展"，加之部分"夜郎僚"与汉人的交往密切，其经济、政治与文化的发展程度高于周边其他少数民族。[4]虽然该史诗未明确记载哈尼族先民的稻作技术受哪个民族的影响，但根据傣族先民"僚"耕种水田的历史与传统，以及哈尼族先民在该史诗中多次提及与傣族先民"阿撮"之间的交往，包括其从"惹罗普出"迁徙至"诺马阿美"时，还曾与傣族先民"摆夷"产生交往与联系，故其稻作传统很可能是受到了傣族先民的影响。

此外，从汉、晋到元、明时期，从中原逐渐涌入今云南境内的汉族移民带来了先进的种植生产技术，这也对哈尼族先民生计方式的改变产生了重要影响。尤其在明朝，以军屯、民屯、商屯三种主要形式移入的汉人数量，已经超过任一少数民族。汉族开始成为云南的主体民族，并在经济文化发展中发挥着主导作用。在此基础上，云南的经济文化发展日渐繁荣，尤其在大规模的屯田垦殖中，农业生产技术得到快速提高。因汉人与今云南境内靠内地区的少数民族

---

[1] 有意思的是，元江流域的哈尼族豪尼人称当地的傣族为"比撮"，与史诗流传地红河流域的哈尼族哈尼人称呼傣族为"阿撮"相近。

[2] 李昆声：《亚洲稻作文化的起源》，《社会科学战线》1984年第4期。

[3] 尤中：《云南民族史》，昆明：云南大学出版社，1994年，第30页。

[4] 尤中：《云南民族史》，昆明：云南大学出版社，1994年，第39—41页。

杂居，其周边的少数民族的经济文化也得到快速发展，并逐渐影响到边疆地区的少数民族。[1]根据迁徙史诗《哈尼阿培聪坡坡》记载，哈尼族先民迁徙至"诺马阿美"时，与汉族、彝族、白族等先民"腊伯"有往来，还做了邻居、结了亲家。[2]可以补充的是，本研究的田野点元江流域即是一个多民族的杂居之地，境内居住着哈尼、彝、傣、白、汉等民族。通常，傣族、白族居住在河谷、坝子地带，坐拥适于农业生产的海拔、温度、地形、土壤、水源等条件，与汉人的交往更为密切。其农业发展水平较高，在政治与文化方面的发展也较繁荣，往往成为其他少数民族学习汉文化的桥梁。

总之，哈尼族先民在受到汉族、傣族等其他民族文化的影响后，居住方式由传统的逐水草而居逐渐变为建村立寨，生计模式则由传统的游牧逐渐变为水田稻作，形成了丧葬礼仪变迁的经济基础与物质前提。

其次，哈尼族先民与其他民族间互动与交往的程度，决定了其丧葬礼仪的变迁速度与变迁内容。

丧葬礼仪作为哈尼族适应性文化的典型，其变迁速度慢于物质文化。虽然早在公元前3世纪时哈尼族先民已经开始种植"大田"，但在清代的地方志中，他们拥有"焚而葬其骨"的火葬与"死同汉俗"的土葬两种方式。直到民国时期，哈尼族先民"葬火化"的习俗还记载在《元江志稿》《墨江县志稿》等地方志中。从汉文典籍的相关记载来看，那些在居住空间上与其他民族比邻而居，有便利的交通条件，并与其他民族有商贸往来的哈尼族先民，其丧葬礼仪更容易发生变迁。

---

1 尤中：《云南民族史》，昆明：云南大学出版社，1994年，第359—368页。

2 朱小和演唱，史军超、卢朝贵、段贶乐、杨叔孔译：《哈尼阿培聪坡坡》，昆明：云南民族出版社，1986年，第53—62页。

如前所述，在元代《云南志略》中记载道，哈尼族先民"斡泥蛮"居住在"临安西南五百里"的山林中。临安为今云南省建水县的古称，现今也是一个多民族聚居之地，境内居住着汉、彝、回、哈尼、傣、苗等民族。从至元十五年（1278年）四月丁丑日，世祖忽必烈在"云南行省招降临安、白衣、和泥分地城寨一百九所"[1]的记载可知，其时哈尼族先民"和泥"与政治、经济、文化都更为先进的傣族先民"白衣"一同聚居在临安境内。从《云南志略》的记载来看，其时远居在临安山林中的哈尼族先民"斡泥蛮"对外有一定的商贸活动，且已出现了以具有货币价值的贝类做殉葬品的习俗。在清康熙《云南府志》中，对其时聚居于包括今建水县内的哈尼族先民"窝泥"丧葬礼仪的记载，"窝泥"除"积贝来生用"以外，还保留着"焚而葬其骨"的习俗。死后使用殉葬品，是在以土葬为主的丧葬礼仪中较为常见的习俗。无疑，哈尼族先民正是在与其他民族进行商贸交往后，丧葬礼仪开始发生变迁。

再从清康熙《元江府志》中对元江府的哈尼族先民"阿泥"/"窝泥""卡惰""糯比""黑铺"的记载来看，至少在清代，哈尼族先民"阿泥"/"窝泥""黑铺"已经过着男耕女织的农业生活，他们性格朴实，因"常入市贸易""与齐民杂处村寨"而与汉族交往频繁。他们除"死葬同汉俗"外，在服装、饮食、民居等方面也多与汉人有相同之处。相较于同一区域内生活的其他哈尼族先民，"卡惰""糯比"保留着更为传统的生活方式。尽管"糯比"是"阿泥之别种"，但"僻处不入城市"，即居住地远离城市，另外在发饰、服饰方面与汉人不同，在丧葬礼仪方面还保留着"葬火化"的习俗，"卡惰"亦

---

[1]《元史·本纪卷十·世祖七》："丁丑，云南行省招降临安、白衣、和泥分地城寨一百九所，威楚、金齿、落落分地城寨军民三万二千二百，秃老蛮、高州、筠连州等城寨十九所。"

如此。[1]

总之，那些与汉族、傣族等在经济、文化上更先进的民族在居住空间上相邻的哈尼族先民，其居住空间往往更开放，交通条件亦更便利。这促进了民族间的商贸往来，使他们更能受到汉文化等其他民族文化的影响，其丧葬礼仪的变迁速度更快、变迁内容更多。相反，居住空间更为闭塞的哈尼族先民，则与汉族等其他民族交往较少，更多地保留着传统的生活方式与礼仪习俗。

最后，哈尼族丧葬礼仪中"生死区隔"的生死观，间接体现了其在迁徙过程中与其他民族交往的历史记忆。

将逝者的死亡情况分类，以有区别地将亡灵"区隔"出生者世界，恢复生者日常生活的秩序，是哈尼族丧葬礼仪的核心。这种仪式要求与行为实践背后，体现的是哈尼族人"生死区隔"的生死观，与其在迁徙途中遭遇民族冲突的集体记忆有关。从民间叙述与汉文典籍的相关记载来看，哈尼族先民迁徙的原因主要包括躲避中原战乱、被其他族群驱赶，以及寻找宜居地等。其中，前两个原因体现了族群关系，也是哈尼族先民被动迁徙的体现。

哈尼族源于氐羌氏族，据民族史学家尤中先生考证，在中原地区融合为华夏族即汉族前身的黄帝族、夏族、周族等可能源于羌族。而未融合为华夏族的一些羌族人聚居于甘青高原过着四处迁徙的游牧生活，并不断向陕西、河南流动，先后在东周初年、秦朝受到中原汉族的排挤、征服、驱逐，而逐渐向西部和西南地区迁徙。[2] 这一部分迁徙的羌人沿河流不断迁徙，成为"藏彝走廊"上的一支迁徙族群。他们通过与其他族群的互动与交融，最终形成包括哈尼族在内的新的现代民族。

---

1（清康熙）章履成：《元江府志·彝人种类》。

2 尤中：《云南民族史》，昆明：云南大学出版社，1994年，第6—8页。

在史诗《哈尼阿培聪坡坡》中，哈尼族先民经历了9次迁徙。哈尼族先民在"虎尼虎那"出生，生活在"什虽湖"。他们在"什虽湖"时，因狩猎不慎引火烧山，便主动迁徙至"阿撮"居住的"嘎鲁嘎则"。在"嘎鲁嘎则"居住两辈人后，哈尼族先民被"阿撮"赶走。其后，他们来到第一次"安寨定居""开发大田"的"惹罗普楚"，但因瘟疫又开始寻找新的家园。他们跨过大河，来到河边的平原"诺马阿美"，建立了新的大寨。居住了十三代人后，"诺马阿美"被异族觊觎，"腊伯""摆夷"派来马帮、牛帮做生意，其后，"腊伯"用诡计与战争，将哈尼族先民赶出"诺马阿美"。哈尼族先民迫于"腊伯"的追杀不断迁徙，在大湖泊边的坝子"色厄作娘"时，被住在"得威"坝子边的异族"哈厄"邀请同住。哈尼族先民分三路前往"哈厄"分给的神山"佐甸"，但其中一路人马不幸走散。在"色厄作娘"居住三年后，哈尼族先民又被"哈厄"驱赶，迁徙至"爱开荒种田"的异族"蒲尼"居住的河边平原"谷哈密查"，接受了"蒲尼"的管辖，第三代头人还迎娶了"蒲尼"头人的独女。在"蒲尼"的欺压下，哈尼族先民奋起反抗但不幸溃败。为保留人种，哈尼族先民重新踏上了迁徙的路途，在经过"那妥"时遇有汉族手艺人搬来，其后去到已经有"蒲尼"居住的"石七"立寨，两族又因居住矛盾引发战乱。最终哈尼族先民分开迁徙，其中一支跨过红河，最终在红河两岸的哀牢山林中分寨定居，繁衍至今。

在哈尼族先民建寨过程中，狗血、寨神石、竹篷、河流等都曾作为其设立村落边界的物品。史诗中明确表示，这皆是为将鬼怪、野兽、异族等挡在外部而设立的，是哈尼族先民对外部世界充满危险性的集体记忆的体现。具体而言，哈尼族先民第一次设立边界是在第一次建寨的"惹罗普楚"，头人西斗用狗血绕村一圈，以区分人鬼、人兽边界，"鲜红的狗血是天神的寨墙，它把人鬼分开两旁；黑亮的血迹的地神的宝刀，它把豺狼虎豹阻挡"。[1] 其后，哈尼族先民每寻到新宜居地，便会重新立下从"惹罗普楚"神山上带来的立寨基石，并按照在"惹罗普楚"建寨定居的方式，重新划定村落边界。他们"按照惹罗的规矩，哈尼把寨子来兴建：定居的基石是寨子的父母，它从遥远的惹罗普楚搬来；占卜的贝壳是神灵的嘴，会告诉哈尼天神的意愿；最直最粗的树选做神树，它庇佑着哈尼子孙繁衍。"[2] 在该史诗中，哈尼族先民第二次设立边界是在"诺马阿美"，头人还把居住在"嘎鲁嘎则"时，从"阿撮"处学会种植的竹子栽种在诺马河支流矣玛、吾玛河的岸边，将河间的诺马平原围住，以河流做边界。"乌木率领着哈尼涉过矣玛大河，把嘎鲁嘎则的竹子种下一蓬，大家又来到吾玛河边，把大竹的种子埋进地面，乌木指着两蓬竹子中间，庄严地划下哈尼的界限。"[3] 最终，哈尼族先民跨过红河，在岸边山林建寨定居时唱道："前头有条哈查（大河），翻滚着红河的大浪，在红水的两边，是青青的大山；那里有遮天的大树，那里有温暖的凹塘，恶鬼恶人难找到，是哈尼中意的地方。"[4] 他们以河水、高山、大树等作为阻挡"恶人"与"恶鬼"的天然边界与屏障。

哈尼族丧葬祭词《搓西能批突·建村立寨》中，用以驱邪避灾的边界物则更加丰富："远古建村时杀公狗来驱邪，远古立寨时杀母鸡来祝福，埋下避邪镇妖的物品：雏鸭雏鸡各一只，九块小木炭，九颗白石子，九点铜屑九粒铁屑，九枝草尖，野外虎豹腋下的绒毛，

---

[1] 朱小和演唱，史军超、卢朝贵、段贶乐、杨叔孔译：《哈尼阿培聪坡坡》，昆明：云南民族出版社，1986年，第27页。

[2] 朱小和演唱，史军超、卢朝贵、段贶乐、杨叔孔译：《哈尼阿培聪坡坡》，昆明：云南民族出版社，1986年，第46页。

[3] 朱小和演唱，史军超、卢朝贵、段贶乐、杨叔孔译：《哈尼阿培聪坡坡》，昆明：云南民族出版社，1986年，第47页。

[4] 朱小和演唱，史军超、卢朝贵、段贶乐、杨叔孔译：《哈尼阿培聪坡坡》，昆明：云南民族出版社，1986年，第189页。

空中兀鹰翅膀的羽毛，野外虎豹腋下的毫毛，空中兀鹰翅下的绒毛，豹屎九团，豹牙九颗，蟒蛇口中的大牙，林中松鼠蓬松的尾巴……如果天上的邪祟下来，就用栗树牢固的枝叶阻挡。要是水中的灾难上来，已经埋好了林中松鼠蓬松的尾巴，埋好了蟒蛇的大牙，埋好了老熊的颌骨……但是并不阻断它们的去路，只是把它们的来路挡住。不把虎豹的去路阻断，要把虎豹的来路挡住。不让病魔来寨里作祟，不让灾害来村里作乱，不让邪祟进入家门，不让灾难进入巷口，不让虎豹蹲在村边，不让兀鹰伏在寨门！"[1]

总之，哈尼族丧葬礼仪中"生死区隔"的生死观，体现的是一种分类与边界意识，也是为日常生活建立秩序的表现。而其产生，与哈尼族先民迁徙过程中受异族驱赶的历史记忆有关。因此，哈尼族通过丧葬礼仪，不断地强化外部世界的危险性，并将其视作"危险"的亡灵送出村寨。

## 二、豪尼人丧葬礼仪中的"核心民俗文化"

"核心民俗文化"是民众在日常生活及其变迁中坚守的民俗文化，通常体现于观念或信仰层面，具有极强的稳定性与生命力。诚如学者张举文所言，"核心信仰与价值观"代表中国文化的"生命力"，也是"传统传承机制"内驱动力。[2] 核心信仰与价值观所代表的核心民俗文化，主要通过核心符号在仪式之中进行表达。对传统文化而言，核心符号是生命力的体现，能代表传统文化的核心信仰和价值

---

[1] 红河州人民政府编《哈尼族口传文化译注全集·搓西能批突（一）》（第25卷），昆明：云南民族出版社，2012年，第361页。

[2] 张举文：《文化自愈机制及其中国实践》，《北京师范大学学报》2018年第4期。

观，具有重要的传承作用。[1] 豪尼人丧葬礼仪中以"生死区隔"为主的核心民俗文化，主要通过在现实世界中能"区隔"亡灵的自然物，以及一套在现实世界中相对或相反的概念作核心符号进行表达。

首先，豪尼人在丧葬礼仪中大量使用了火、水、米、植物等自然物作核心符号，表达其"生死区隔"的生死观。

第一，在豪尼人的丧葬礼仪中，表达"生死区隔"的核心符号首先是火。就丧葬形式而言，豪尼人处理遗体的方式发生过变迁，经历了由火葬为主，向土葬为主、火葬为辅的转变过程。早在从古羌中分化以前，哈尼族先民就"忧其死不焚也"[2]，明清以前的相关史籍中记载着其"焚而葬其骨"的习俗。清代以后，哈尼族先民在其他族群文化的影响下，逐渐地"死葬同汉俗"，并形成以土葬为主、火葬为辅的丧葬礼仪形式。清代以后，哈尼先民丧葬礼仪的变迁显得表面化，且带有随机性。但无论如何变迁，其内在的核心信仰与价值观是相对稳定的，即一直秉持"生死区隔"的生死观。

现在豪尼人"生死区隔"的生死观中，火是深具代表性与典型性的核心符号。如前所述，火在豪尼人的文化中具有极强的"区隔"与"净化"作用。豪尼人以对火的极度重视表达了"生死区隔"的生死观，如对更危险的"非正常"死亡者保留了火化，而"正常"死亡者也会在入棺后被香炷烧烫四肢。此外，他们还以火为护具，举行"弥兮兮"的"祛邪"仪式防身。

第二，在豪尼人的丧葬礼仪中，具有"区隔"亡灵作用的核心符号还包括水。豪尼人在丧葬礼仪中，主要注重对两种水的使用。其一是流动的水。豪尼人认为流水形成的水界能作为自然边界"区隔"亡灵等凶秽之物，还能有濯洗之效使凶秽之物顺流水祛除。豪

---

[1] 张举文：《文化自愈机制及其中国实践》，《北京师范大学学报》2018年第4期。
[2]《吕氏春秋·义赏》："氐羌之虏也，不忧其系累，而忧其死不焚也。"

尼人对此类水的使用，主要出现在职业"摩批"主持的仪式中。职业"摩批"在主持"区隔"亡灵等凶秽之物的仪式，尤其是针对"非正常"死亡者亡灵的仪式时，通常会选在河流堤岸举行，较为典型的有"努靠山靠登"的"推开"仪式。此外，职业"摩批"在外出主持丧葬礼仪后的归家途中，也会在河流堤岸处行"区隔"仪式，以免亡灵等凶秽之物尾随。值得一述的是，现居山地的豪尼人作为有迁徙历史的民族，旧时会专在河流附近兴建寨址，以用其作"区隔"外敌与凶秽之物的天然屏障。如迁徙史诗《哈尼阿培聪坡坡》描述哈尼族先民在"诺玛阿美"定居时，就曾以河流设立边界。其二是特殊调制的水。水中会被置入辣椒、花椒等香料，黄泡等带刺的植物，及生米等具有驱邪作用的食物。送葬仪式完毕之后，豪尼人皆会在回村前或回家屋前，专门用特地摆在村寨门口或丧家门口的特殊调制的水漱口或洗手，以"区隔"亡灵等凶秽之物。特制的水因置于其中的添加物而特殊，因为后者也是表达"生死区隔"生死观的核心符号。

第三，在豪尼人的丧葬礼仪中，表达"生死区隔"的核心符号还有米。米在豪尼人丧葬礼仪中同时具有"区隔"与"聚合"的特殊功效。首先，米有"聚合"之效。在逝者病危时的"喂饭"仪式中，相关的亲属、乡邻皆会带碗米，助病者"聚合"在生者世界。与之相似的是，在丧葬礼仪后首个清明节的较为隆重的上坟仪式中，亲临的受邀者同样要带碗米，其后主家彻底"聚合"到生者世界中。此外，丧家在"正常"死亡者的"拉套撒配绍"仪式中使用的米，能留下逝者所遗"福禄"，亦能使丧家顺利"聚合"到生者世界之中。而职业"摩批"在丧葬仪式结束后生吃几粒米护身，也有利于自己顺利"聚合"到生者世界。其次，米有"区隔"之效。在送葬仪式中，乡邻不但在衣袋中装米护身，而且还撒米至棺材上驱赶亡灵及时出村。这种习惯还被豪尼人延伸到日常生活中，如在夜间出行或到访墓地时，豪尼人也会行装米或撒米的仪式。在豪尼人随身佩戴的"护身包"中，米是最常见，也是必不可少之物。职业"摩批"在举行完"驱逐"亡灵的仪式后，也会食用生米以护身。

第四，在豪尼人的丧葬礼仪中，表达"生死区隔"的核心符号还包含一些植物，其"区隔"亡灵的意义主要通过两方面体现。其一，豪尼人在与亡灵等凶秽之物打交道的过程中，会使用带特殊气味或带刺的植物。事实上，豪尼人在驱邪或者抵御鬼怪的侵扰时，使用带刺或味重的植物是常见的现象。[1] 如棺材内逝者胸前防"尸变"的"尖刀草"，送葬过程中豪尼人随身携带的带刺的黄泡枝，洗手或漱口的水中所泡的花椒叶、辣椒等植物，还有职业"摩批"返回村寨前在河流处专门扔下的黄泡枝等，皆旨在阻挡亡灵等凶秽之物的尾随。其二，豪尼人在与神灵或亡灵等超自然存在交往的过程中，会借用植物进行"区隔"。如职业"摩批"在祭献仪式中，通过"摩批氐兮""茨蒲"等不同种类的植物为神灵或亡灵递献祭品。此外，在"逝巴套"等"驱赶"仪式中，他们专门用植物为亡灵"区隔"生死。而在埋葬仪式后，逝者长子还以"茨蒲"枝叶引领亡灵返回家屋。相较于具有特殊气味或带刺的植物而言，豪尼人在此处所用的植物更为常见，更经常地被用作仪式类植物。

其次，豪尼人丧葬礼仪中使用了内与外、上与下、昼与夜、右与左、生/冷与熟/热等，在现实世界中相反或相对的概念作核心符号，以表达其"生死区隔"的生死观。

第一，豪尼人在丧葬礼仪中，使用了内与外的概念。内与外的概念在对死亡分类时即有明显的体现，豪尼人以村落、家屋为日常

---

[1] 马翀炜、毛晓玲：《植物的文化意涵：聚焦小凉山彝族毕摩仪式》，《思想战线》2021年第1期。

生活的中心，将村外去世的情况归为"非正常"死亡。在丧礼的筹办方面，这类死亡者完全没有"民俗协商"的空间，"非正常"死亡者必须在村外举行仪式，这再次强调了豪尼人对内与外的区分。在丧葬礼仪中，丧家对已逝祖先与其他亡灵也有内与外的区别对待。他们恭敬地焚烧冥器、冥币祭献自家的祖先，而其他亡灵都是鬼，为免其骚扰，会以泼"水饭"、撒纸钱的方式进行驱赶。丧葬礼仪结束后，只有那些"正常"死亡者的亡灵才能被请到家屋内的祭台上接受供奉，"非正常"死亡者中的特殊者的亡灵有机会接受供奉，但祭台通常在家屋外。豪尼人被请在家屋祭台上的祖灵也有内与外的区分。豪尼人的祭台分为主祭台"窝里"与次祭台"咪索"，豪尼人两代以内的祖灵被供奉在家屋内，两代以上的祖灵则被撵到屋外房后，只有在特殊情况下才会被专门祭献。同豪尼人亲属关系的差序格局一样，内与外的区分也体现在豪尼人对远祖与近祖的供奉中。当"正常"死亡者与"非正常"死亡者中的部分亡灵回归祖地时，只有那些"正常"死亡者的亡灵能与祖先一同生活在彼岸世界的村落内，"非正常"死亡者的亡灵只能在彼岸世界祖居地外游荡。

职业"摩批"主持的仪式也通过具体肢体语言的内外之别，强调祭献对象地位的不同。比较典型的例子是，职业"摩批"在"尼豪遥"的"指路"仪式中，以向内倒酒的方式祭献神灵、其祖先，以向外倒酒的方式祭献逝者、孤魂野鬼。还有职业"摩批"先在丧家屋外施舍孤魂野鬼，其后才进入丧家屋内为逝者"指路"。此外，职业"摩批"在每次仪式结束后祭献家祖，在祭献"正常"死亡的祖先时，祭品被放在桌上；在祭献"非正常"死亡的祖先时，祭品或越过肩膀往身后扔，或直接往屋外扔。

第二，豪尼人在丧葬礼仪中，使用了上与下的概念。豪尼人将世界分为上、中、下三层，其中上层与中层主要为神灵与人类的居住空间，下层为亡灵的世界。豪尼人在丧葬礼仪中将亡灵驱赶至地下，尤其是在"指路"仪式与"驱赶"仪式中。而当丧家需要将逝者亡灵请上祭台时，亦会呼唤地下亡灵。此外，当豪尼人驱赶可能附在身上的亡灵等凶秽之物时，习惯将其从身上往地下扫。相对地，当举行"讨力""叫魂"等"行好"的仪式时，他们象征性地从地下往身上扫，以将迷失的灵魂或被亡灵压制的灵魂重新叫回仪式主体身上。

第三，豪尼人在丧葬礼仪中，使用了昼与夜的概念。豪尼人通常将公鸡啼鸣作为昼夜之分，认为白昼属于生者，黑夜属于亡灵。哈尼族殡葬祭歌《斯批黑遮》唱道："晨曦来临公鸡开口叫，开头叫一遍，要把人鬼来分开。"[1]在豪尼人的丧葬礼仪中，较为重要的"指路"及其后的祭献仪式通常在公鸡啼鸣前的夜间举行。其中，"指路"仪式是职业"摩批"为亡灵指引回归祖居地的重要仪式，其后祭献的牲畜、焚烧的纸钱，则是为亡灵在祖居地生活准备的物资。如同先民迁徙一般，亡灵亦须跋山涉水回归彼岸世界的祖地。为了使亡灵能够顺利回归祖地，此类仪式通常在夜间举行。

豪尼人认为孩童的灵魂不稳固，所以通常不会在日落后让孩子逗留屋外，以免被亡灵等凶秽之物侵害。他们还会在孩童身上携带生米、特殊的枝叶、剪刀或小刀等尖锐物以驱邪。事实上，无论是成年人还是孩童，出于对主要在夜间活动的亡灵等凶秽之物的恐惧，皆会避免在日落后滞留村外。

第四，豪尼人在丧葬礼仪中，使用了右与左的概念。只要是与逝者相关的仪式，豪尼人都会以生者或逝者的左手为主，而避免使用与生命、神圣性相联系的右手，以体现神圣与世俗的对立、生者

---

[1] 赵呼础、李七周演唱，李期博、米娜译：《斯批黑遮：哈尼族殡葬祭歌》，昆明：云南民族出版社，1990年，第178页。

与死者的区别。如象征逝者之手的绳子被拴在逝者的左手拇指上；逝者长子选择墓地时，用左手向身后抛鸡蛋；祭献位置通常也选在逝者左侧；而职业"摩批"在"指路"仪式中将绳子拴在左手拇指，并在送亡灵入地时将长刀向左摆，在自己回到地面时则将长刀向右摆。豪尼人在丧葬礼仪中恪守着相关的礼仪与规范，只要还存在神圣与世俗的边界，左手和右手间被严格限制的特权便不能被侵犯。[1]

第五，豪尼人在丧葬礼仪中，使用了生/冷与熟/热的概念。豪尼人在驱赶、祭献类的仪式中，习惯使用生食或冷食施舍需要被驱赶或无人供奉的亡灵，以区别于生者或被祭献的祖先亡灵所使用的熟食或热食。如在"逝巴套"的"驱赶"仪式中，职业"摩批"会使用生冷的食物专门用以驱赶亡灵；豪尼人在每次祭献仪式后，必然会用残羹冷炙制成的"水饭"施舍无人供奉的亡灵，而煮熟的祭品在祭献"窝里"上的祖先后被生者分胙。文明化的存在，需要有火，以及能被火烹煮的驯化植物。[2] 生食与熟食是人类思想中普遍存在的二元对立编码之一，二者分属于自然与文化的范畴。在豪尼人与逝者"交往"的礼仪中，为维护生者世界的秩序，这种二元对立的观念较为普遍。

值得注意的是，核心符号并非静态的，它有与随机符号发生转换的可能，并会在转换中发展出新的文化传统。[3] 以核心符号米为例，哈尼族先民曾在甘青高原过逐水草而居的游牧生活，在生计模式转为农耕之后，米才可能时常在仪式生活中被强调，并成为豪尼人丧葬礼仪中的核心符号。此外，不同村落的豪尼人因迁徙路径及与周

---

1 [法] 罗伯特·赫尔兹：《死亡与右手》，吴凤玲译，上海：上海人民出版社，2011年，第112页。
2 [法] 克洛德·列维-斯特劳斯：《神话学：生食和熟食》，周昌忠译，北京：中国人民大学出版社，2007年，第202页。
3 张举文：《文化自愈机制及其中国实践》，《北京师范大学学报》2018年第4期。

边民族的交往情况不同，其丧葬礼仪在仪式细节上或过程中有所差别。如前所述，包括丧家举行的"喂水"、梳洗、入棺、"请舅"、过棺等仪式，以及仪式专家举行的"指路""祭献""驱赶"等仪式。但无论如何，豪尼人在丧葬礼仪中通过相同或相似的核心符号，表达的核心是与以"生死区隔"为核心的生死观一致的。

总之，在豪尼人的丧葬礼仪中，丧家及其亲友、乡邻，以职业"摩批"为代表的仪式专家，还有村落自治组织等，都通过核心符号集中表达其"生死区隔"的生死观。豪尼人的"生死区隔"生死观作为一种适应性文化，同核心符号一样必将发生嬗变，但相较物质文化的变迁，它的变化具有一定的稳定性与滞后性。相关研究需要动态发展的眼光，既关注到其中的变异性，又关注到其中的稳定性，因势利导推动移风易俗。

## 三、豪尼人"为我们存在"的日常生活

现代人所追求的"有意义的生活"，是在具有持续挑战与冲突的开放世界中日常生活的"为我们存在"（being-for-us）。[1] 换言之，当代的"为我们存在"，是"以持续的应战与发展为前景的有意义的日常生活"。因此，"有意义的生活不是封闭实体，而是不再压抑个性，敢于面对新挑战，在应战中展示自己个性发展的过程"。[2] 豪尼人丧葬礼仪的形成同其作为现代民族实体的形成相似，是一个动态且开放的过程，在其丧葬礼仪的变迁过程中亦充满了不断的挑战与持续的冲突。豪尼人通过丧葬礼仪，不断深化对自我、自然与世界的认识。

---

1 [匈牙利] 阿格妮丝·赫勒：《日常生活》，衣俊卿译，1990年，第288—292页。

2 张政文等著：《马克思主义文学阐释观的哲学研究》，哈尔滨：黑龙江人民出版社，2005年，第419—420页。

他们在日常生活的实践中，也践行着对自我生命与世界的理解与反思，并按照自我对生与死的认知与区分，赋予个体新的人生意义与生命价值。最终，豪尼人将"自在存在"（being-in-itself）的物质世界变成了"自为存在"（being-for-itself）的生存状态，最后变成了"为我们存在"（being-for-us）的意义世界，从而使其日常生活变得富有意义与价值。

首先，豪尼人在丧葬礼仪中强化了对自我构成、终极归宿的认知。豪尼人对自我构成的认知，主要通过其对生者灵魂的认识来体现；豪尼人对终极归宿的认知，则通过离开肉体的灵魂，即亡灵来体现。其一，豪尼人在丧葬礼仪中，强化了对自我构成的认知。豪尼人认为，生者由肉体与灵魂构成，且女人有七个灵魂，男人有九个灵魂。生命的终结是灵魂离开肉体的过程，肉体会被分解腐烂，但灵魂不会消失。豪尼人逝后，除被"少卯优卯"收回的亡灵外，丧家得通过丧葬礼仪妥善安置好逝者其余的亡灵，否则不利于维护生者世界的秩序。其二，豪尼人在丧葬礼仪中，强化了对终极归宿的认知。豪尼人认为，"正常"死亡者的亡灵能被妥善安置在祖居地、墓地、祭台与地下。亡灵最理想的归宿，是能回归祖地与祖先亡灵一同生活，庇佑本家族的后辈，并在日后为本家族逝者的亡灵引路。豪尼人通过丧葬礼仪，表达了对永恒生命与安定生活的向往。作为一支拥有艰难迁徙历史的民族，豪尼人通过丧葬祭词、哭丧歌等民间叙述不断重复、表达着对祖居地的向往，也表现了其对超越有限生命的努力。在此观念影响下，他们追求"正常"死亡，并能坦然面对死亡。另外，对"非正常"死亡者而言，少数亡灵的归宿包括祖居地、墓地、祭台、地下，当然并非所有此类亡灵皆能得到如此妥善的安置。无论如何，其共同归宿之一是被驱逐至地下。正是出于对自我终极归宿的认知，豪尼人想象并强化了外部世界的危险性，尤为重视"正命"、有子嗣,以及在家屋内安然离世等,希望"正常"死亡以求亡灵得到妥善安置。

其次,豪尼人通过丧葬礼仪对世界进行观察,并展现了对神灵世界的构想。豪尼人对世界有秩序地进行分类,从而明确了世界的构成,及自己所处的位置。具体而言,豪尼人认为世界由天、地、神、人、动物、植物与亡灵等凶秽之物构成。这些要素分别位于上层、中层与下层世界中,并以不同的方式彼此联系,从而使世界成为一个完整的有机体。

哈尼族古歌《窝果策尼果》中,描述了这个三层世界:"这个时候天地的中间,匀匀地分成了三层,上头一层叫奔梭哈海,那是太阳月亮玩耍的地方,是天神们赶街热闹的地方,那里有高大壮丽的神殿,是天神相聚的寨房。底下一层叫罗梭梭海,那是地神们的家乡,不单地神们居住,一切有脚不会站,只游不会爬的族类,都聚集在那一方,中间一层叫涅搓搓海,那里最初一片空荡,天神走去瞧瞧,爱着那个地方,地神走去望望,瞧着那块地方,得闲个个都去走,走出的路通地下天上,地神到天上做客,要在这里歇脚,天神到地下玩耍,也从这里来往。天神地神走来说话,要把这里造得像地下天上,天神地神就来造天地"。[1]

在中心观与对称观的影响下,豪尼人建构的三层世界是以中层,即以生者居住的地面为中心,并形成天上十三层与地下十三层的对称。在天上与地下的每一层空间中,皆有不同的景观,这在职业"摩批"的祭词中有详细的叙述。豪尼人以三层世界为基础,抽象构建了主要由神灵、自我组成的双重防御系统,并以上与下、内与外的

---

[1] 朱小和演唱,史军超、杨叔孔采录,卢朝贵翻译,史军超整理:《窝果策尼果》,西双版纳傣族自治州民族事务委员会编:《哈尼族古歌》,昆明:云南民族出版社,1992年,第14页。

双重结构，抵御凶神、恶灵等凶秽之物的侵扰，维护其有秩序的日常生活。

第一，居住在上层天空的为天神。他们多为善神，是豪尼人以科层制的方式构想出的神灵系统，包括至上天神"摩咪"及其麾下掌管人间秩序的各类神灵。他们经常出现在豪尼人民间叙事与各类仪式实践中，是祈愿与祭献的主要对象。他们也常以道德礼制对人间社会的善恶进行惩戒，帮助豪尼人建构与恢复日常生活的秩序。

第二，居住在中层地面上的，除了豪尼人、祖先亡灵、善神之外，还包括无人供奉的亡灵、凶神等能带来灾难的凶秽之物。豪尼人以其居住的村寨为中心，对中层的地面世界进行了内与外的区分。其中，第一层空间为豪尼人聚居的村寨，属于内层空间，受供奉的祖先亡灵，即"正常"死亡者的亡灵可共享此层空间。第二层空间为村寨周围，是内层与外层之间的过渡区间。此间聚居着能庇佑村寨与豪尼人的善神，包括"竜树神"，以及与丰收祈愿、惩恶扬善相关的神灵等，能够缓冲或阻挡外界的凶秽之物带来的危险。第三层属于外层空间，主要聚居着无人供奉的亡灵，即纠缠生者以求施舍的恶灵，此外还包括山崩神、洪水神等凶神，以及其他会带来厄运，甚至带来死亡的超自然神秘力量。

第三，居住在地面之下的为地神与亡灵。地神同样多为善神，包括掌管万物生长的土地神，以及直接管理居住在地下亡灵的神灵。事实上，地下世界主要是亡灵的世界。如前所述，豪尼人终极归宿的祖居地也在地面之下，当然并非所有亡灵都能回归祖居地，尤其是"非正常"死亡者中那些没有子嗣又在村外因意外离世者。此外，无论死亡情况"正常"与否，豪尼人死后产生的诸多亡灵之一皆要被职业"摩批"以"逝巴套"的"驱赶"仪式驱逐至地下。

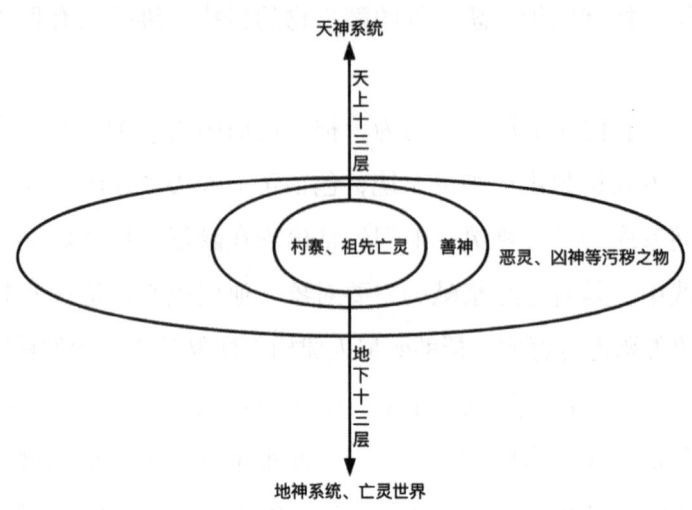

图6—1 豪尼人为抵御凶秽侵扰构建的双重防御系统（绘制人：石鸿；绘制时间：2021年6月22日。）

豪尼人通过丧葬礼仪表达了对自我与世界的认知。豪尼人以此明确了自我存在的价值与意义，也明确了自我在世界之中的位置。他们在处理生者与死者、灵魂与亡灵的关系问题时，强化了以村寨为中心的内部世界的安全性，同时也建构了一套双重防御系统以抵御外部世界的危险。

民俗学研究以日常生活为取向，关注普通民众在现代日常生活的实践中体现的人生意义与生命价值。[1]豪尼人通过丧葬礼仪发现自我存在与自我价值，其"为我们存在"的日常生活的确是"有意义的生活"。在表层意义上，他们通过丧葬礼仪完成了生者与逝者的"区隔"，并维系了生者与生者之间的关系。在深层意义上，他们还通过丧葬礼仪探究自我的存在意义与存在价值，并对自己从何而来、向何而去，及在世界上的位置进行了探究。

---

[1] 刘晓春：《探究日常生活的"民俗性"——后传承时代民俗学"日常生活"转向的一种路径》，《民俗研究》2019年第3期。

# 参考文献

## 一、著述、文集

（一）中文类

［匈］阿格妮丝·赫勒：《日常生活》，衣俊卿译，重庆：重庆出版社，2010年。

［法］阿诺尔德·范热内普：《过渡礼仪》，张举文译，北京：商务印书馆，2012年。

［法］爱弥尔·涂尔干：《宗教生活的基本形式》，渠东、汲喆译，北京：商务印书馆，2011年。

［英］爱德华·泰勒：《原始文化：神话、哲学、宗教、语言、艺术和习俗发展之研究》，连树声译，上海：上海文艺出版社，1992年。

［美］爱德华·希尔斯：《论传统》，傅铿、吕乐译，上海：上海人民出版社，2014年。

［英］安东尼·吉登斯：《现代性与自我认同：现代晚期的自我与社会》，赵旭东、方文译，北京：生活·读书·新知三联书店，1998年。

［美］保罗·唐纳顿：《社会如何记忆》，纳日碧力戈译，上海：上海人民出版社，2000年。

白永芳：《哈尼族服饰文化中的历史记忆——以云南省绿春县"窝拖布玛"为例》，昆明：云南人民出版社，2013年。

白玉宝、王学慧：《哈尼族天道人生与文化源流》，昆明：云南民族出版社，1998年。

［英］布罗尼斯拉夫·马林诺夫斯基：《巫术科学宗教与神话》，李安宅译，上海：上海社会科学院出版社，2016年。

［英］布罗尼斯拉夫·马凌诺斯基：《文化论》，费孝通译，北京：华夏出版社，2002年。

陈进国：《信仰、仪式与乡土社会：风水的历史人类学探索》，北京：中国社会科学出版社，2005年。

曹贵雄、龙倮贵：《哈尼族传统宗教文化研究》，北京：民族出版社，2014年。

邓启耀：《中国神话的思维结构》，重庆：重庆出版社，1992年。

戴庆厦主编，中央民族大学哈尼学研究所编《中国哈尼学》第1—3辑，昆明：云南民族出版社，2000、2002、2005年。

段德智：《死亡哲学》，武汉：湖北人民出版社，1996年。

［美］杜赞奇：《文化、权力与国家——1900—1942年的华北农村》，王福明译，南京：江苏人民出版社，1996年。

［德］恩内斯特·康托洛维茨：《国王的两个身体：中世纪政治神学研究》，徐震宇译，上海：华东师范大学出版社，2018年。

费孝通：《民族研究文集》，北京：民族出版社，1988年。

费孝通：《乡土中国 生育制度 乡土重建》，北京：商务印书馆，2015年。

费孝通主编《中华民族多元一体格局》，北京：中央民族大学出版社，2018年。

方国瑜：《云南民族史讲义》，昆明：云南人民出版社，2013年。

范元昌、何作庆主编：《红河哈尼族文化研究》，昆明：云南大学出版社，2008年。

［德］斐迪南·滕尼斯：《共同体与社会：纯粹社会学的基本概念》，林荣远译，北京：商务印书馆，1999年。

［法］菲利普·阿里耶斯：《面对死亡的人》（上、下），王振亚译，北京：商务印书馆，2019年。

［挪威］弗雷德里克·巴斯主编《族群与边界——文化差异下的社会组织》，李丽琴译，北京：商务印书馆，2014年。

［法］葛兰言：《中国人的信仰》，汪润译，哈尔滨：哈尔滨出版社，2012年。

郭于华：《死的困扰与生的执著：中国民间丧葬仪礼与传统生死观》，北京：中国人民大学出版社，1992年。

郭于华主编《仪式与社会变迁》，北京：社会科学文献出版社，2000年。

高丙中主编《现代化与民族生活方式的变迁》，天津：天津人民出版社，1997年。

［荷兰］高延：《中国的宗教系统及其古代形式、变迁、历史及现状》（第1—6卷），林艾岑译，广州：花城出版社，2018年。

高海生、郑生权、高庆荣、赵国顺主编《殡葬文化与殡葬改革》，北京：红旗出版社，2003年。

［德］海德格尔：《存在与时间》（修订译本），北京：生活·读书·新知三联书店，2012年。

［法］亨利·勒菲弗：《空间与政治》（第二版），李春译，上海：上海人民出版社，2008年。

何彬：《江浙汉族丧葬文化》，北京：中央民族大学出版社，1995年。

何大明、汤奇成等：《中国国际河流》，北京：科学出版社，2000年。

何星亮：《中国自然神与自然崇拜》，上海：三联书店上海分店，1992年。

贺喜：《亦神亦祖：粤西南信仰构建的社会史》，北京：生活·读书·新知三联书店，2011年。

黄绍文：《诺玛阿美到哀牢山——哈尼族文化地理研究》，昆明：云南民族出版社，2007年。

侯杰、范丽珠：《世俗与神圣：中国民众宗教意识》，天津：天津人民出版社，2001年。

霍巍、黄伟：《四川丧葬文化》，成都：四川人民出版社，1992年。

［英］简·艾伦·哈里森：《古代艺术与仪式》，刘宗迪译，北京：生活·读书·新知三联书店，2016年。

［美］焦大卫：《神·鬼·祖先：一个台湾乡村的民间信仰》，丁仁杰译，台北：联经出版事业股份有限公司，2012年。

［德］卡西尔：《神话思维》，黄龙保、周振选译，北京：中国社会科学院出版社，1992年。

［美］克利福德·格尔兹：《文化的解释》，韩莉译，南京：译林出版社，1999年。

［美］克利福德·格尔茨：《地方知识——阐释人类学论文集》，杨德睿译，北京：商务印书馆，2016年。

［美］罗伊·A.拉帕波特：《献给祖先的猪——新几内亚人生态中的仪式》（第2版），北京：商务印书馆，2016年。

雷兵：《哈尼族文化史》，昆明：云南民族出版社，2002年。

赖亚生：《神秘的鬼魂世界：中国鬼文化探秘》，北京：人民中国出版社，1993年。

［美］罗斯：《论死亡和濒临死亡》，邱谨译，广州：广东经济出版社，2005年。

罗开玉：《中国丧葬与文化》，海口：海南人民出版社，1988年。

蓝吉富主编《中国人的精神生活与礼俗》，合肥：黄山书社，

2012年。

江绍原：《发须爪——关于它们的风俗》，上海：上海文艺出版社，1987年。

金泽：《中国民间信仰》，杭州：浙江教育出版社，1995年。

［日］柳田国男：《民间传承论与乡土生活研究法》，王晓葵、王京、何彬译，北京：学苑出版社，2010年。

靳凤林：《窥视生死线：中国死亡文化研究》，北京：中央民族大学出版社，1999年。

李泽厚：《由巫到礼 释礼归仁》，北京：生活·读书·新知三联书店，2015年。

李玉洁：《先秦丧葬制度研究》，郑州：中州古籍出版社，1991年。

李玉洁：《先秦丧葬与祭祖研究》，北京：科学出版社，2015年。

李亦园：《宗教与神话论集》，台北：立绪文化事业有限公司，1998年。

李期博：《哈尼族文化新论》，昆明：云南民族出版社，2009年。

李子贤、李期博：《首届哈尼族文化国际学术讨论会论文集》，昆明：云南民族出版社，1996年。

李少军：《诗性的智慧——哈尼族传统哲学思想研究》，北京：民族出版社，2006年。

刘晓春：《仪式与象征的秩序——一个客家村落的历史、权利与记忆》，北京：商务印书馆，2003年。

林耀华：《义序的宗族研究》，北京：生活·读书·新知三联书店，2000年。

林力：《哈尼族剪纸文化研究》，北京：人民日报出版社，2016年。

路遥等：《中国民间信仰研究述评》，上海：上海人民出版社，2012年。

[英]拉德克利夫-布朗:《原始社会的结构与功能》,潘蛟等译,北京:中央民族大学出版社,1999年。

[法]列维-布留尔:《原始思维》,丁由译,北京:商务印书馆,2011年。

[法]列维-斯特劳斯:《野性的思维》,李幼蒸译,北京:中国人民大学出版社,2006年。

[美]露丝·本尼迪克:《文化模式》,王炜等译,北京:社会科学文献出版社,2009年。

[英]理雅各:《中国人关于神与灵的观念》,齐英豪译,福州:福建教育出版社,2018年。

[法]罗伯特·赫尔兹:《死亡与右手》,吴凤玲译,上海:上海人民出版社,2011年。

[德]罗梅君:《北京的生育、婚姻和丧葬——19世纪至当代的民间文化和上层文化》,王燕生、杨立、胡春春译,北京:中华书局,2001年。

[英]莫里斯·弗里德曼:《中国东南的宗族组织》,刘晓春译,上海:上海人民出版社,2000年。

[法]米歇尔·福柯:《疯癫与文明》,刘北成、杨远婴译,北京:生活·读书·新知三联书店,2019年。

[罗马尼亚]米尔恰·伊利亚德:《神圣与世俗》,王建光译,北京:华夏出版社,2002年。

[美]米尔恰·伊利亚德:《神圣的存在:比较宗教的范型》,晏可佳、姚蓓琴译,桂林:广西师范大学出版社,2008年。

[美]米尔恰·伊利亚德:《萨满教:古老的入迷术》,段满福译,北京:社会科学文献出版社,2018年。

[英]麦克斯·缪勒:《宗教的起源与发展》,金泽译,上海:上

海人民出版社，2010年。

［英］玛丽·道格拉斯：《洁净与危险》，黄剑波、卢忱、柳博赟译，北京：民族出版社，2008年。

毛佑全：《哈尼族文化初探》，昆明：云南民族出版社，1991年。

马健雄：《再造的祖先：西南边疆的族群动员与拉祜族的历史建构》，香港：中文大学出版社，2012年。

马翀炜、陈庆德：《民族文化资本化》，北京：人民出版社，2004年。

纳日碧力戈：《现代背景下的族群建构》，昆明：云南教育出版社，2000年。

［法］皮埃尔·布尔迪厄：《区分：判断力的社会批判》（上、下），刘晖译，北京：商务印书馆，2015年。

彭兆荣：《人类学仪式的理论与实践》，北京：民族出版社，2007年。

蒲慕州编：《鬼魅神魔——中国通俗文化侧写》，台北：麦田出版有限公司，2005年。

蒲慕州：《追寻一己之福——中国古代的信仰世界》，上海：上海古籍出版社，2007年。

［美］佩顿：《阐释神圣——多视角的宗教研究》，许泽民译，贵阳：贵州人民出版社，2006年。

［法］让·波德里亚：《象征交换与死亡》，车槿山译，南京：译林出版社，2009年。

施联朱：《民族识别与民族研究文集》，北京：中央民族大学出版社，2009年。

史军超：《哈尼族文学史》，昆明：云南民族出版社，2015年。

史宗主编《20世纪西方宗教人类学文选》，金泽、宋立道徐大建等译，上海：三联书店，1995年。

宋兆麟：《巫与巫术》，成都：四川民族出版社，1989年。

上海民间文艺家协会、上海民俗学院编：《中国民间文化——丧葬文化研究》，上海：学林出版社，1996年。

［日］山折哲雄：《民俗学中的死亡文化：日本人的生死观与丧葬礼仪》，熊淑娥译，北京：社会科学文献出版社，2015年。

万建中：《中国历代葬礼》，北京：北京图书馆出版社，1998年。

王明珂：《华夏边缘——历史记忆与族群认同》，北京：社会科学文献出版社，2006年。

王明珂：《羌在汉藏之间——川西羌族的历史人类学研究》，北京：中华书局，2008年。

王明珂：《英雄祖先与弟兄民族——根基历史的文本与情境》，北京：中华书局，2009年。

王明珂：《毒药猫理论：恐惧与暴力的社会根源》，台湾：允晨文化，2021年。

王铭铭、潘忠党主编《象征与社会：中国民间文化的探讨》，天津：天津人民出版社，1997年。

王铭铭：《人类学讲义稿》，西安：世界图书西安出版公司，2011年。

王铭铭：《村落视野中的文化与权力——闽台三村五论》，北京：生活·读书·新知三联书店，1997年。

王铭铭、［英］王斯福主编《乡土社会的秩序、公正与权威》，北京：中国政法大学出版社，1997年。

王霄冰主编《仪式与信仰：当代文化人类学新视野》，北京：民族出版社，2008年。

王霄冰、迪木拉提·奥迈尔主编《文字、仪式与文化记忆》，北京：

民族出版社，2007年。

王夫子：《殡葬文化学：死亡文化的全方位解读》，长沙：湖南人民出版社，2007年。

王尔松：《哈尼族文化研究》，北京：中央民族大学出版社，1994年。

为则：《哈尼族自然宗教形态研究》，昆明：云南民族出版社，1995年。

［英］王斯福：《帝国的隐喻——中国民间宗教》，赵旭东译，南京：江苏人民出版社，2009年。

［美］武雅士：《中国社会中的宗教与仪式》，彭泽安、邵铁峰译，南京：江苏人民出版社，2014年。

［英］维克多·特纳：《仪式过程：结构与反结构》，黄剑波、柳博赟译，北京：中国人民大学出版社，2006年。

［英］维克多·特纳：《象征之林——恩登布人仪式散论》，赵玉燕、欧阳敏、徐洪峰译，北京：商务印书馆，2006年。

［美］威廉·费尔丁·奥格本：《社会变迁——关于文化和先天的本质》，王晓毅、陈育国译，杭州：浙江人民出版社，1989年。

徐吉军：《中国丧葬史》，武汉：武汉大学出版社，2012年。

徐吉军、贺云翱：《中国丧葬礼俗》，杭州：浙江人民出版社，1991年。

许烺光：《祖荫下：中国乡村的亲属，人格与社会流动》，王芃、徐隆德译，台北：南天书局有限公司，2001年。

徐杰舜主编《族群与族群文化》，哈尔滨：黑龙江人民出版社，2006年。

徐义强：《哈尼族疾病认知与治疗实践的医学人类学研究》，北京：中国社会科学出版社，2016年。

夏之乾：《中国少数民族的丧葬》，北京：中国华侨出版公司，1991年。

尤中：《云南民族史》，昆明：云南大学出版社，1994年。

尤中：《尤中文集》（1—6卷），昆明：云南大学出版社，2009年。

尤伟琼：《云南民族识别研究》，昆明：民族出版社，2013年。

原源：《精神世界里的欢愉——云南边境民族的民间信仰》，昆明：云南大学出版社，2015年。

岳永逸：《灵验·磕头·传说：民众信仰的阴面与阳面》，北京：生活·读书·新知三联书店，2010年。

杨树达：《汉代婚丧礼俗考》，上海：上海文艺出版社，1988年。

杨庆堃：《中国社会中的宗教：宗教的现代社会功能与其历史因素之研究》，范丽珠译，成都：四川人民出版社，2016年。

杨六金：《中南半岛哈尼族文化研究》，昆明：云南人民出版社，2018年。

蒋颖荣：《民族伦理学研究的人类学视野——以哈尼族为中心的道德民族志》，北京：人民出版社，2015年。

杨世华、白碧波主编：《玉溪哈尼族文化研究》，昆明：云南民族出版社，2003年。

杨晓勇、徐吉军编著：《中国殡葬史》，北京：中国社会出版社，2008年。

杨知勇、秦家华、李子贤编《云南少数民族生葬志》，昆明：云南民族出版社，1988年。

杨知勇：《西南民族生死观》，昆明：云南教育出版社，1992年。

叶远飘：《青藏高原东部的丧葬制度研究》，广州：中山大学出版社，2013年。

余英时：《中国思想传统的现代诠释》，南京：江苏人民出版社，

1995年。

余英时：《东汉生死观》，侯旭东等译，上海：上海古籍出版社，2005年。

余舒：《象征人类学视野下彝族丧礼文化研究——以威宁沙石村红彝支系为例》，北京：知识产权出版社，2017年。

云南省民族事务委员会编：《哈尼族文化大观》，昆明：云南民族出版社，2013年。

姚宝瑄主编《中国各民族神话·哈尼族 傣族》，太原：山西出版传媒集团·书海出版社，2014年。

［美］阎云翔：《私人生活的变革：一个中国村庄里的爱情、家庭与亲密关系（1949—1999）》，龚小夏译，上海：上海人民出版社，2017年。

钟敬文：《建立中国民俗学派》，哈尔滨：黑龙江教育出版社，1999年。

张亮采：《中国风俗史》，南昌：江西教育出版社，2012年。

章景明：《先秦丧服制度考》，台北：台湾中华书局，1971年。

周大鸣主编《中国的族群与族群关系》，南宁：广西民族出版社，2002年。

周星、王铭铭主编《社会文化人类学讲演集》（上、下），天津：天津人民出版社，1997年。

周星、王霄冰主编《现代民俗学的视野与方向：民俗主义·本真性·公共民俗学·日常生活》，北京：商务印书馆，2018年。

郑宇：《箐口村哈尼族社会生活中的仪式与交换》，昆明：云南人民出版社，2009年。

郑培凯主编《宗教信仰与想像》，香港：香港城市大学出版社，2007年。

赵世瑜：《狂欢与日常——明清以来的庙会与民间社会》，北京：生活·读书·新知三联书店，2002年。

赵泽洪：《魂归人间：普洱地区少数民族丧葬文化研究》，昆明：云南大学出版社，2008年。

［英］詹·乔·弗雷泽：《金枝：巫术与宗教之研究》，徐育新、汪培基、张泽石译，北京：中国民间文艺出版社，1987年。

［英］詹·乔·弗雷泽：《永生的信仰和对死者的崇拜》，李新萍、郭于华、王彪译，北京：中国文联出版公司，1992年。

（二）外文类

Christopher Daniell, *Death and Burial in Medieval England, 1066-1550*, NewYork: Routledge, 1998.

Douglas Davies, *Death, Ritual and Belief The Rhetoric of Funerary Rites*, London: Bloomsbury Publishing, 2017.

Emily Martin Ahem, *The Cult of the Dead in a Chinese Village*, Palo Alto: Stanford University Press, 1973.

Erik Mueggler, *Songs for Dead Parents: Corpse, Text, and World in Southwest China*, Chicago: University of Chicago Press, 2017.

Erik Mueggler, *The Age of Wild Ghosts: Memory, Violence, and Place in Southwest China*, Berkeley and Los Angeles: University of California Press, 2001.

Frederick S. Paxton, *Christianizing Death: The Creation of a Ritual Process in Early Medieval Europe*, Ithaca and London: Cornell University Press, 1996.

Hugo Adolf Bernatzik, *Akha and Miao: Problems of Applied Ethnography in Farther India*, Innsbruck: Kommissionverlag Wagner'sche Univ.-Buchdruckerei, 1947.

Ian Morris, *Death-Ritual and Social Structure in Classical Antiquity*, Cambridge: Cambridge University Press, 1992.

James L. Watson and Evelyn S. Rawski, eds., *Death Ritual in Late Imperial and Modern China*, Berkeley: University of California Press, 1988.

James Thayer Addison, *Chinese Ancestor Worship: A Study of its Meaning and its Relations with Christianity*, Shanghai/Tokyo: Church Literature Committee of the Chung Hua Sheng Kung Hui, 1925.

Joseph François Lafitau, *Mæurs des sauva es amériquains comparées aux mæurs des premiers temps*, Paris: Saugrain l'Aīné, 1724.

João José Reis, *Death is a Festival: Funeral Rites and Rebellion in Nineteenth-Century Brazil*, Chapel Hill: UNC Press, 2003.

John Mckinnon, Bernard Vienne, *Hill Tribes Today: Problems in Change*, Bangkok: White Lotus Co.,Ltd., 1989.

John Mckinnon, Wanat Bhruksasri, eds., *Highlanders of Thailand*, Oxford: Oxford University Press, 1983.

Janet C. Sturgeon, *Border Landscapes: The Politics of Akha Land Use in China and Thailand*, London: University of Washington Press, 2005.

Loring M. Danforth and Alexander Tsiaras, *The Death Rituals of Rural Greece*, Princeton: Princeton University Press, 1982.

Mu Peng, *Religion and Religious Practices in Rural China*, London: Routledge, 2019.

M. Bloch, J. Parry, eds., *Death and the Regeneration of Life*, Cambridge: Cambridge University Press, 1982.

Mihwa Choi, *Death Rituals and Politics in Northern Song China*,

Oxford: Oxford University Press, 2017.

Matthias Schumann and Elena Valussi, eds., *Communicating with the Gods: Spirit-Writing in Chinese History and Society*, Leiden: Brill, 2023.

Nicolas Standaert, *The Interweaving of Rituals: Funerals in the Cultural Exchange Between China and Europe*, London: University of Washington Press, 2008.

Paul Binski, *Medieval Death: Ritual and Representation*, New York: Cornell University Press, 1996.

Sue Fawn Chung, Priscilla Wegars, eds., *Chinese American Death Rituals: Respecting the Ancestors*, Lanham, MD: AltaMira Press, 2005.

Tong Chee Kiong, *Chinese Death Rituals in Singapore*, London: Routledge, 2004.

William Graham Sumner, *Folkways: A Study of the Sociological Importance of Usages, Manners, Customs, Mores and Morals*, New York: Dover Publications, 2002.

## 二、期刊论文、析出文献

安德明：《家乡——中国现代民俗学的一个起点和支点》，《民族艺术》2004年第2期。

安德明：《中国民俗学史中的家乡民俗研究》，刘迎秋主编，文学国副主编《社科大讲堂》第2辑第2卷下册，北京：经济管理出版社，2015年。

白永芳：《哈尼族口述史地名"谷哈"考及哈尼族南迁历史》，《云南师范大学学报》2013年第2期。

白永芳：《丧葬仪式：生命的另一种延续——哈尼族丧葬个案调

查》,《中南民族大学学报》2009年第1期。

白永芳:《丧葬仪式:村落人际关系网络的梳理和强化——一个哈尼族老者丧葬的调查报告》,邢莉:《民间信仰与民俗生活》,北京:中央民族大学出版社,2008年。

白学光:《哈尼族丧葬音乐初探》,《艺术探索》1997年第S1期。

白宇:《哈尼族生死观浅析》,《思想战线》1993年第1期。

白玉宝:《论哈尼族葬礼的终极指归》,《西南民族学院学报》1994年第5期。

白玉宝:《哈尼族人生价值学说概要》,《思想战线》1995年第4期。

曹天明:《哈尼族丧葬礼俗中的扇子舞》,《民族艺术研究》2000年第2期。

曹天明:《哈尼族丧葬舞蹈保存现状调查》,《民族艺术研究》2003年第1期。

曹军:《哈尼族葬礼仪式中的"歌"——云南省红河州绿春县下子雄寨哈尼族葬礼音乐"谜萨威"调查》,《中国音乐》2013年第2期。

陈华文:《殡葬改革:土地、木材和金钱浪费及其讨论》,《民俗研究》2020年第1期。

长石:《历史的迹化——哈尼族送葬头饰"吴芭"初考》,《山茶》1988年第2期。

邓启耀:《金平哈尼族丧葬换装象征意义》,姜彬主编《中国民间文化——民间仪俗文化研究》1993年第1期总第九集,上海:学林出版社,1993年。

范可:《魂归何处?》,《读书》2007年第7期。

高丙中:《世界社会的民俗协商:民俗学理论与方法的新生命》,《民俗研究》2020年第3期。

郭立新:《荣耀的背后:广西龙背壮族丧葬仪式分析》,《中南民族大学学报》2005年第1期。

何作庆、瞿东华:《哈尼族祖先崇拜丧葬习俗及调适作用探讨》,《宗教学研究》2010年第3期。

何作庆:《哈尼族丧葬习俗中的人际关系》,《云南民族大学学报》2007年第4期。

何杨波:《秩序重构——云南文山州壮族布侬支系丧葬礼仪及葬经考释》,《广西民族研究》1994年第3期。

胡鸿保、周星、刘援朝、陈丁昆:《人类学本土化与田野调查——元江调查四人谈》,《广西民族学院学报》1998年第1期。

黄绍文:《哈尼族文化源地》,《红河学院学报》2005年第5期。

[美]华琛:《中国丧葬仪式的结构——基本形态、仪式次序、动作的首要性》,《历史人类学学刊》2003年第1卷第2期。

江倩倩:《云南墨江卡多人丧葬仪式音乐研究》,《黄河之声》2016年第10期。

蒋颖荣:《哈尼族丧葬仪式的伦理意蕴》,《思想战线》2009年第2期。

蒋悟真:《殡葬改革的法治挑战及应对》,《政治与法律》2021年第10期。

李宣林:《哈尼族的历史渊源及社会发展》,《云南民族学院学报》1994年第3期。

李国文:《论哈尼族社会中的原始宗教》,《云南民族学院学报》1994年第1期。

李少军:《哈尼族传统世界观探析》,《中央民族学院学报》2000年第6期。

李云霞:《哈尼族丧葬礼仪中的舅权——以元阳县水沟脚村哈尼族多尼人为例》,《中南民族大学学报(人文社会科学版)》2003年第

S1 期。

李文琪：《禁忌文化的解构与重构——河西哈尼族双胞文化的人类学分析》，《西南边疆民族研究》2018 年第 2 期。

刘锡诚：《神话与象征——以哈尼族为例》，《中央民族大学学报》1993 年第 3 期。

刘铁梁：《"标志性文化统领式"民俗志的理论与实践》，《北京师范大学学报》2005 年第 6 期。

刘晓春：《资料、阐释与实践——从学术史看当前中国民俗学的危机》，《民俗研究》2011 年第 4 期。

刘晓春：《探究日常生活的"民俗性"——后传承时代民俗学"日常生活"转向的一种路径》，《民俗研究》2019 年第 3 期。

刘琪、胡梦茵：《共融与差异：云南德钦茨中村丧葬仪式的人类学考察》，《民族研究》2017 年第 1 期。

刘琪、高松：《被送走的"祖先"——云南德宏景颇族丧葬仪式的宇宙观探析》，《开放时代》2020 年第 6 期。

林耀华：《中国西南地区的民族识别》，《云南社会科学》1984 年第 2 期。

吕微：《实践民俗学的提倡》，《民间文化论坛》2016 年第 1 期。

吕微：《"过渡礼仪"理论概念与实践模型的描述与建构——对话张举文：民俗学经典理论概念的实践使用》，《民间文化论坛》2016 年第 1 期。

龙晓添、萧放：《丧礼知识传统的当代民俗实践——以湖南湘乡礼生"喊礼"为例》，《中央民族大学学报》2015 年第 5 期。

龙晓添、萧放：《"热闹"的白喜事：复合的仪式过渡与身体表述》，《云南民族大学学报》2017 年第 1 期。

龙晓添：《丧葬礼仪传统与当代生活传承》，《遗产与保护研究》

2017年第2期。

龙晓添：《当代民间礼俗秩序与日常生活——以湖南湘乡丧礼为例》，《文化遗产》2018年第4期。

龙晓添：《世代生成式"死亡教育"的展演、内涵及其现代价值》，《宗教学研究》2019年第4期。

龙晓添：《礼俗互动中的多元一体秩序构建》，《民俗研究》2023年第5期。

格朗：《哈尼族哲学思想探索》，高宗裕主编《民族学与博物馆学》，昆明：云南民族出版社，1996年。

蓝明红：《豪尼人的丧葬纪实——以墨江县连珠镇桑田洛竜寨为例》，墨江哈尼族自治县民宗局、哈尼文化研究所编《第五届国际哈尼：阿卡文化学术讨论会论文集》，昆明：云南民族出版社，2007年。

罗丹、马翀炜：《哈尼族迁徙史的灾害叙事研究》，《西南边疆民族研究》2018年第2期。

罗兆均、王思亓：《丧葬仪式操作下灵魂世界的建构——基于对墨江哈尼族豪尼人的田野调查》，《西藏民族学院学报》2013年第3期。

洛婕：《试论哈尼族的死亡观——以丧葬仪式为考察》，《吉首大学学报》2013年第S2期。

卢鹏：《哈尼族鬼魂世界的二元划分——基于箐口的个案分析》，《宗教学研究》2012年第2期。

[美]罗友枝：《一个历史学者对中国人丧葬仪式的研究方法》，《历史人类学学刊》2004年第2卷第1期。

毛佑全：《哈尼族原始族称、族源及其迁徙活动探析》，《云南社会科学》1989年第5期。

毛佑全：《评哈尼族族源四说》，《思想战线》1992年第5期。

毛佑全：《哈尼族历史源流及其南迁活动》，《玉溪师专学报》

1996 年第 3 期。

毛佑全：《明清以来汉文化对哈尼族文化的影响》，《云南社会科学》2001 年第 3 期。

毛佑全：《略论哈尼族馈赠礼俗及其社会功能》，《云南师范大学学报》1992 年第 2 期。

毛佑全：《哈尼族祖先崇拜文化内涵》，《云南社会科学》1994 年第 3 期。

毛佑全：《滇南哀牢山区哈尼族占卜、招魂述略》，《云南民族学院学报》1991 年第 4 期。

毛佑全：《哈尼族的"莫批"和原始宗教残遗》，《中央民族学院学报》1992 年第 3 期。

毛佑全：《叶车人的"灵魂"观念与原始宗教调查》，中国民间文艺研究会云南分会、云南省民间文学集成编辑办公室编《云南民俗集刊》（第一集）（内部刊物），1984 年。

马翀炜：《何以"当大事"——双凤村丧葬个案的人类学分析》，《广西民族研究》2005 年第 4 期。

马翀炜、张帆：《传统的保护与发明》，《云南大学学报》2005 年第 2 期。

马翀炜、戚剑玲：《规训之门与解构之道：世界文化遗产红河哈尼梯田核心区的个案》，《广西民族大学学报》2015 年第 6 期。

马翀炜：《村寨主义的实证及意义——哈尼族的个案研究》，《开放时代》2016 年第 1 期。

马翀炜、戚剑玲：《"索爬干玛"的隐喻与发展路径的反思》，《北方民族大学学报》2016 年第 5 期。

马翀炜：《遭遇石头：民俗旅游村的纯然物、使用物与消费符号》，《思想战线》2017 年第 5 期。

马翀炜、孙东波:《遭遇理性的牛——关于红河哈尼梯田景观遗产的思考》,《西南民族大学学报》2019年第11期。

马翀炜、毛晓玲:《植物的文化意涵:聚焦小凉山彝族毕摩仪式》,《思想战线》2021年第1期。

聂文晶:《新中国成立以来西南地区民族识别研究概述》,《民族学刊》2013年第5期。

彭牧:《祖先有灵:香火、陪席与灵验》,《世界宗教文化》2012年第2期。

彭牧:《灵屋、物质性与冥界的日常生活》,《世界宗教文化》2015年第3期。

彭牧:《记忆与想象:神堂上的家与世界》,《民俗研究》2015年第2期。

彭兆荣:《人类学仪式研究述评》,《民族研究》2002年第2期。

彭兆荣:《人类学仪式理论的知识谱系》,《民俗研究》2003年第2期。

彭文斌、郭建勋:《人类学仪式研究的理论学派述论》,《民族学刊》2010年第2期。

史军超:《哈尼族与"氏羌系统"》,《民族文化》1987年第5期。

史军超:《滨海文化与高原文化的嫡裔——哈尼族迁徙史诗研究》,红河哈尼族彝族自治州民族研究所编:《哈尼族研究文集》,昆明:云南大学出版社,1991年。

史军超:《论"和夷"——兼及哈尼族历史文化渊源》,《云南民族学院学报》2002年第5期。

史军超:《哈尼族神话中的不死药与不死观》,《民族文学研究》1989年第2期。

孙官生:《从传说与历史看哈尼族族源》,《云南社会科学》1990

年第 2 期。

孙璞玉：《丧葬仪式与情感表达：西方表述与中国经验》，《思想战线》2018 年第 5 期。

宋靖野：《从仪式理论到社会理论：过渡礼仪的概念系谱》，《民间文化论坛》2016 年第 1 期。

[美] 托马斯·拉奎尔：《现代火葬的出现与亡者的作业》，《华东师范大学学报》2009 年第 3 期。

王霄冰：《也谈人生礼仪研究的实践性》，《民间文化论坛》2016 年第 1 期。

王加华：《个人生活史：一种民俗学研究路径的讨论与分析》，《民俗研究》2020 年第 2 期。

王清华：《哈尼族的迁徙与社会发展——哈尼族迁徙史诗研究》，《云南社会科学》1995 年第 5 期。

王清华：《哈尼族非物质文化遗产〈斯批黑遮〉研究》，《云南民族大学学报》2007 年第 1 期。

王亚军、杨云：《脱域与调适——西双版纳景洪勐宋哈尼族丧葬仪式考察》，《宗教学研究》2017 年第 4 期。

王琴：《法制与习俗的融合：粤北瑶族丧葬仪式的再造》，《世界宗教研究》2022 年第 9 期。

王国梁：《云南少数民族非正常死亡丧葬研究》，高宗裕主编《民族学与博物馆学》，昆明：云南民族出版社，1996 年。

吴飞：《慎终追远：现代中国的一个童话》，《读书》2014 年第 4 期。

吴飞：《论殡葬改革》，《开放时代》2022 年第 1 期。

伍雄武：《哈尼族哲学思想的萌芽》，《思想战线》1993 年第 5 期。

邢莉：《生命礼仪的过渡意义及精神价值》，《重庆三峡学院学报》2018 年第 1 期。

岩本通弥：《以"民俗"为研究对象即为民俗学吗——为什么民俗学疏离了"近代"》，《文化遗产》2008年第2期。

杨世华：《文化互动与社会变迁：明清以来哈尼族与汉族文化的交流》，《思想战线》2003年第3期。

徐义强：《祭词、医疗与民族文化遗产——哈尼族宗教祭词〈斯批黑遮〉的疾病认知体系探究》，《西南民族大学学报》2013年第3期。

余英时：《中国古代死后世界观的演变》，余英时：《中国思想传统及其现代变迁》，桂林：广西师范大学出版社，2004年。

张举文：《非物质文化遗产与中国文化的自愈机制》，《民俗研究》2018年第1期。

张举文：《民俗认同：民俗学关键词之一》，《民间文化论坛》2018年第1期。

张举文：《文化自愈机制及其中国实践》，《北京师范大学学报》2018年第4期。

张举文：《重认"过渡礼仪"模式中的"边缘礼仪"》，《民间文化论坛》2006年第3期。

张宁：《西双版纳僾尼人的丧葬等级制及其变迁》，《民族研究》2010年第1期。

张佩国：《汉人的丧葬仪式：基于民族志文本的评述》，《民俗研究》2010年第2期。

张建军：《布傣人的丧葬礼仪及其文化意义与功能》，《广西民族大学学报》2007年第S1期。

赵旭东、张洁：《"差序"秩序的再生产——围绕皖南一村落丧葬仪式的时空过程而展开》，《民俗研究》2019年第3期。

郑宇、谭本玲：《经济消耗与社会构建——箐口村哈尼族丧礼的经济人类学阐释》，《广西民族研究》2009年第1期。

郑宇:《箐口村哈尼族丧礼献祭礼物的象征性交换》,《民族研究》2009年第4期。

曾静、郑宇:《哈尼族丧礼中"哈巴惹"的戏剧特征探析》,《北方民族大学学报》2018年第1期。

朱文旭、李泽然:《哈尼族祖居地考》,《思想战线》1998年第2期。

朱爱东:《过渡礼仪:云南巍山坝区汉族丧葬习俗研究》,《广西民族研究》2002年第1期。

宗喀·漾正冈布、杨才让塔:《甘南夏河藏族的丧葬习俗及其当代变迁——以拉卜楞寺周边村庄为中心》,《民族研究》2021年第4期。

## 三、学位论文

崔荣根:《朝鲜民族传统生死观研究》,中央民族大学民族学博士学位论文,2005年。

达福兴:《仪式与社会秩序——基于勐宋村哈尼族阿克人丧葬仪式的实地研究》,云南民族大学社会学硕士学位论文,2020年。

李武江:《墨江县龙坝镇哈尼族布都人丧葬祭祀舞蹈"色尼尼"文化研究》,云南艺术学院音乐与舞蹈学硕士学位论文,2018年。

马永红:《曲硐回族丧葬文化研究》,云南大学民族学博士学位论文,2014年。

石鸿:《梯田人生:一个哈尼族村寨的日常生活及其变迁——以云南省元江县咪哩村为核心个案》,山东大学民俗学硕士学位论文,2017年。

陶钰:《哈尼族丧葬仪式中的舞蹈研究——以绿春县戈奎乡子雄村"棕扇舞"为例》,云南艺术学院艺术人类学硕士学位论文,2014年。

吴吉芬:《红河县咪竜村哈尼族丧葬习俗调查研究》,大理大学民族学硕士学位论文，2021年。

# 四、口述文献

白杨才演唱，胡旭琨译，李广学、刘曙等搜集整理：《洛奇洛耶与扎斯扎依》，昆明：云南民族出版社，1999年。

白然里演唱，白金明记录，杨羊就、白金明译：《缩最禾土玛绕：哈尼族神话古歌》，昆明：云南民族出版社，2005年。

白碧波等：《哈尼族礼仪习俗歌》（上、下），昆明：云南民族出版社，1999年。

白祖额、白碧波：《哈尼朵阿玛》，昆明：云南民族出版社，1991年。

白祖额等：《哈尼族民间故事》（1—5册），昆明：云南民族出版社，1988年。

红河州人民政府编《哈尼族口传文化译注全集》（1—40卷），昆明：云南民族出版社，2009—2016年。

《哈尼族民间故事》编辑组编《哈尼族民间故事》，昆明：云南人民出版社，1984年。

景洪县民委编《雅尼雅嘎赞嘎——哈尼族迁徙史诗》，施达、阿海译，昆明：云南人民出版社，1992年。

罗有忠演唱：《哈尼族起源歌》，昆明：云南民族出版社，2008年。

李期博等编《哈尼族习俗歌》，昆明：云南民族出版社，2006年。

刘辉豪、阿罗编《哈尼族民间故事选》，上海：上海文艺出版社，1989年。

卢保和、龙元昌：《都玛简收：哈尼族神话古歌》，昆明：云南民族出版社，2004年。

西双版纳傣族自治州民族事务委员会编《哈尼族古歌》，昆明：云南民族出版社，1992年。

杨倮嘎演唱，卢朝贵、杨羊就、长石搜集整理：《阿妈去世歌》，昆明：云南民族出版社，2004年。

赵呼础、李七周演唱，李期博、米娜译：《斯批黑遮：哈尼族殡葬祭歌》，昆明：云南民族出版社，1990年。

赵官禄、郭纯礼、黄世荣、梁福生搜集整理：《十二奴局》，昆明：云南人民出版社，2009年。

赵官禄、周天泉编《哈尼族叙事长诗集》，北京：中国民间文艺出版社，1989年。

朱小和演唱，史军超、卢朝贵、段贶乐、杨叔孔译：《哈尼阿培聪坡坡——哈尼族迁徙史诗》，北京：中国国际广播出版社，2016年。

朱小和演唱，史军超、杨叔孔、卢朝贵译：《窝果策尼果》，昆明：云南民族出版社，2009年。

元江哈尼族彝族傣族自治县民委、文化馆编《罗槃之歌》，昆明：云南民族出版社，1985年。

## 五、地方文献

（清康熙）《元江府志》。

（清道光）《元江州志》。

（民国）黄元直修，刘达式纂：《元江志稿》，台北：成文出版社，1968年。

（民国）彭松森编《元江乡土韵言》，民国九年（1920年）。

元江哈尼族彝族傣族自治县人民政府编《云南省元江哈尼族彝族傣族自治县地名志》（私密资料），1983年。

云南省元江哈尼族彝族傣族自治县志编纂委员会编《元江哈尼族彝族傣族自治县志》，北京：中华书局，1993年。

元江县民委、县志办编《元江哈尼族彝族傣族自治县民族志》，昆明：云南大学出版社，1990年。

元江哈尼文化协会编《元江哈尼文化》第一辑，玉溪：玉溪日报社印刷厂，2004年。

元江哈尼文化协会编《元江哈尼文化》第二辑，玉溪：玉溪玉报印务有限责任公司，2009年。

元江县哈尼文化学会、元江县史志编纂办公室编《元江哈尼族古歌集》，玉溪：玉溪日报印刷厂，2005年。

元江哈尼文化协会编《元江哈尼族史略》，昆明：滇黔桂石油勘探局昆明印刷厂，2010年。

元江哈尼文化协会编《元江哈尼文化集锦》，玉溪：云南玉溪紫光印务纸业有限公司，2012年。

元江县咪哩乡人民政府统计站：2010—2015年统计年鉴（内部资料），玉溪：元江县统计咨询服务部，2011—2016年。

中国人民政治协商会议元江哈尼族彝族傣族自治县委员会文史资料委员会编《元江文史资料（合编本）》（上、中、下），玉溪：玉溪玉报印务有限责任公司，2016年。

## 六、其他文献

国家民委全国少数民族古籍整理研究室编《中国少数民族古籍总目提要·哈尼族卷》，北京：中国大百科全书出版社，2008年。

《哈尼族简史》编写组：《哈尼族简史》（修订本），北京：民族出版社，2008年。

姜定忠：《哈尼族史志辑要》，昆明：云南民族出版社，2007年。

李凯冬、敏塔敏吉：《中国元江哈尼族多塔人文化实录》，昆明：云南人民出版社，2016年。

吕大吉、何耀华等：《中国各民族原始宗教资料集成·哈尼族卷》，北京：中国社会科学出版社，1999年。

民政部一零一主编《中国殡葬事业发展报告》（2010—2017年），北京：社会科学文献出版社，2010—2017年。

《民族问题五种丛书》云南省编辑委员会、《中国少数民族社会历史调查资料丛刊》修订编辑委员会编《哈尼族社会历史调查》，北京：民族出版社，2009年。

全国老龄工作委员会办公室：《中国人口老龄化发展趋势研究报告》，《中国社会报》2006年2月27日第6版。

夏之乾编《中国各族葬俗研究论著目录索引》，北京：中国社会科学院民族研究所民族学研究室，1989年。

云南省民间文学集成办公室编《哈尼族神话传说集成》，北京：中国民间文艺出版社，1990年。

云南省少数民族古籍整理出版规划办公室编《云南少数民族古籍珍本集成·哈尼族》，昆明：云南人民出版社，2015年。

云南省少数民族古籍整理出版规划办公室编《云南民族口传非物质文化遗产总目提要·史诗歌谣卷》（上、下），昆明：云南教育出版社，2008年。

云南省少数民族古籍整理出版规划办公室编《云南民族口传非物质文化遗产总目提要·民间故事卷》（上、下），昆明：云南教育出版社，2008年。

云南省少数民族古籍整理出版规划办公室编《云南民族口传非物质文化遗产总目提要·神话传说卷》（上、下），昆明：云南教育出版社，2008年。

中国科学院民族研究所云南民族调查组、云南省民族研究所编《哈尼族简史简志合编》，昆明：中国科学院民族研究所云南民族调查组、云南省民族研究所，1964年。

赵德文、王红晓：《中国墨江哈尼族豪尼人文化实录》，昆明：云南人民出版社，2017年。

# 附 录

## 一、豪尼人丧葬礼仪的个案

（一）"正常"死亡者的丧葬礼仪个案

例一：以咪哩乡紫驼骆村豪尼人张 SZ 的丧葬仪礼为例。逝者张 SZ，男，1963 年生，紫驼骆村下寨豪尼人。2015 年左右，其因一起交通事故瘫痪后一直卧病在床，2018 年 7 月 23 日凌晨 1∶00 左右因病离世，享年 55 岁。其妻子健在，两人育有三个儿子，皆已成年但未婚育，常年在外务工。丧家为其在家屋举办了丧葬礼仪。

| 时间 | 安排 | 内容 |
| --- | --- | --- |
| 2018 年 7 月 23 日 | 临终与离世 | 1. 临终：在逝者弥留之际，家人为其"接气"备水等。<br>2. 离世：凌晨 1∶00 左右逝者离世，主家放鞭炮、电话通知亲友、筹备后事。<br>3. 测算与入殓：丧家派人去测算丧葬礼仪的吉时。其后，丧家按吉时为逝者梳洗、剃头、更衣、入棺。<br>4. 灵堂与守灵：丧家布置灵堂，其后丧家及其亲友、乡邻为逝者守灵。丧家或其亲属每夜为守灵者准备宵夜。26 日上午，丧家在家屋张贴白色挽联。 |
| 7 月 28 日 | 开丧 | 1. "起身"与戴孝：凌晨 4∶00，丧家为逝者"起身"。其后，丧家祭献逝者，为逝者烧"千张"然后戴孝，其后，丧家挂吊钱，迎接吊唁者。<br>2. "请舅"：中午，丧家完成"请舅"仪式，舅家祭拜上礼后其他亲友祭拜逝者。<br>3. 宴请：中午，丧家在村广场宴请相帮乡邻，下午宴请乡邻及外宾。 |

(续表)

| 时间 | 安排 | 内容 |
| --- | --- | --- |
| 7月29日 | 送葬与埋葬 | 1. 送葬前，舅家和本家念家谱为逝者"喂饭"，其后丧家为逝者祭献牲畜完成"柘木塔"仪式。<br>2. 送葬：丧家按吉时完成送葬及相关仪式，丧家亲友与乡邻一同送葬。<br>3. "请灵"：丧家完成埋葬仪式后，逝者长子将亡灵请回家中堂屋。<br>4. "送舅"：晚餐后丧家举行"送舅"仪式。<br>5. 宴请：中午、下午丧家在村广场宴请乡邻及外宾。 |
| 7月30日 | 葬后仪式 | 1. "逝巴套"：上午，丧家请职业"摩批"在村外举行彻底驱赶亡灵与净化家屋的"逝巴套"仪式。<br>2. "保付氏"：中午，逝者儿子请职业"摩批"完成"保付氏"的"讨力"仪式。<br>3. 宴请：中午，丧家在村广场再次宴请相帮乡邻；下午，丧家在家中宴请乡邻，届时村中每户出一人赴宴，席间赴宴者象征性地交一元钱给丧家。<br>4. 结算：宴请结束后丧家结算丧葬礼仪的收支。本次丧葬礼仪，丧家支出约3万元，收入人情礼金45320元。 |

例二：以咪哩乡咪哩村豪尼人李SN的丧葬仪礼为例。逝者李SN，女，生于1930年，原籍为堕谷村豪尼人，嫁至咪哩村后在当地定居。2019年2月10日凌晨3：54，其因病在家屋主榻离世，享年89岁。其丈夫已离世，两人育有三个女儿，且其三个女儿皆已婚育。丧家为其在家屋举办了丧葬礼仪。

| 时间 | 安排 | 内容 |
| --- | --- | --- |
| 2019年2月10日 | 临终与离世 | 1. 临终：逝者弥留之际，主家为其"接气"、喂水等。<br>2. 离世：凌晨3：54左右逝者离世，丧家放鞭炮、电话通知亲友，筹备后事。<br>3. 测算与入殓：丧家在天明后找测算先生测算丧葬礼仪的吉时，并按吉时为逝者梳洗、更衣、入棺。<br>4. 灵堂与守灵：早晨，丧家去"铺批"家借大铓，其后丧家布置灵堂，丧家及其亲友、乡邻开丧为逝者守灵。丧家或其亲属每夜为守灵者准备宵夜。 |

（续表）

| 时间 | 安排 | 内容 |
| --- | --- | --- |
| 2月13日 | 开丧 | 1. "起身"与戴孝：凌晨3:00左右，丧家为逝者"起身"。其后，丧家点香祭拜逝者并戴孝，然后，丧家挂吊钱，准备迎接吊唁者。<br>2. 祭献：逝者无舅家，"请舅"仪式省略。中午，外家与亲友祭献逝者。<br>3. 仪式：中午，丧家请职业"摩批"完成"拉套撤配绍""逝奥绍"仪式。晚间，职业"摩批"完成"尼豪遥""柘木塔"等仪式。<br>4. 宴请：中午，丧家在村广场宴请相帮乡邻；下午宴请乡邻及外宾。 |
| 2月14日 | 送葬与埋葬 | 1. 送葬：丧家按吉时完成送葬及相关仪式，丧家亲友与乡邻一同送葬。<br>2. 埋葬与"请灵"：丧家完成埋葬仪式后，逝者长女将亡灵请回家中堂屋。<br>3. "逝巴套"：送葬后，职业"摩批"为丧家在家屋举行"逝巴套"的驱赶亡灵与净化家屋的仪式。<br>4. 宴请：中午、下午丧家在村广场宴请乡邻及外宾。 |
| 2月15—16日 | 葬后与仪式 | 1. 仪式：15日上午，丧家请职业"摩批"主持"中套固"，将亡灵请至"窝里"。下午，丧家请职业"摩批"完成"窝奥绍"仪式。<br>2. 结算：15日中午，丧家结算丧葬礼仪的收支。本次丧葬礼仪，丧家总支出34285.5元，收入人情礼金28069元。<br>3. 宴请：15日中午，丧家在村广场再次宴请乡邻；下午，丧家宴请相帮乡邻与村中长者。<br>4. "窝绍"：16日，逝者长女请职业"摩批"举行"窝绍"仪式。 |

例三：以咪哩乡咪哩村豪尼人李 LY 的丧葬仪礼为例。逝者李 LY，女，1936 年生，咪哩村豪尼人。李 LY 家中还有一个妹妹，其作为大姐负责继承家业。其丈夫为堕谷村豪尼人，两人婚后在咪哩村生活。2019 年 6 月 26 日午夜 12∶25 左右，其因病在家屋主榻上去世，享年 83 岁。其时，其丈夫已去世，两人育有三个儿子与三个女儿，除其幼子外其余子女皆已婚育。丧家为其在家屋举办了丧葬礼仪。

| 时间 | 安排 | 内容 |
| --- | --- | --- |
| 2019 年 6 月 26 日 | 临终与离世 | 1. 临终：逝者弥留之际，主家为其"接气"、喂水等。<br>2. 离世：午夜 12∶25 左右逝者离世，丧家放鞭炮、电话通知亲友、筹备后事。<br>3. 测算、仪式与入殓：丧家在天明后找测算先生测算丧葬礼仪的吉时，并按吉时为逝者梳洗、更衣。在逝者入棺前，丧家请职业"摩批"完成"拉套撒配绍"仪式。<br>4. 灵堂与守灵：早晨丧家去"铺批"家借大铓，其后丧家布置灵堂，丧家及其亲友、乡邻开丧为逝者守灵。丧家或其亲属每夜为守灵者准备宵夜。 |
| 6 月 30 日 | 开丧 | 1. "起身"与戴孝：上午 6∶30，丧家为逝者"起身"。其后，丧家点香祭拜逝者并戴孝，然后，丧家挂吊钱，准备迎接吊唁者。<br>2. 祭献：中午，丧家完成"请舅"仪式，外家与亲友祭献逝者。<br>3. 仪式：中午，丧家请职业"摩批"完成"逝奥绍"仪式。晚间，职业"摩批"完成"尼豪遥""柘木塔"等仪式。<br>4. 宴请：中午，丧家在村广场宴请相帮乡邻；下午宴请乡邻及外宾。 |

（续表）

| 时间 | 安排 | 内容 |
|---|---|---|
| 7月1日 | 送葬与埋葬 | 1. 送葬：丧家按吉时完成送葬及相关仪式，丧家亲友与乡邻一同送葬。<br>2. 埋葬与"请灵"：丧家完成埋葬仪式后，逝者幼子将亡灵请回家中堂屋。<br>3. "逝巴套"：送葬后，职业"摩批"为丧家在家屋举行"逝巴套"的驱赶亡灵与净化家屋的仪式。<br>4. 宴请：中午、下午丧家在村广场宴请乡邻及外宾。 |
| 7月2—4日 | 葬后与仪式 | 1. 仪式：2日中午，丧家请职业"摩批"主持"中套固"，将亡灵请至"窝里"。下午，丧家请职业"摩批"完成"窝奥绍"仪式。<br>2. 结算：2日中午，丧家结算丧葬礼仪的收支。本次丧葬礼仪，丧家总支出44613元，收入人情礼金77048元。<br>3. 宴请：2日中午，丧家在村广场再次宴请乡邻；下午，丧家宴请相帮乡邻与村中长者。<br>4. "保付氏"：14日，逝者长子请职业"摩批"举行"保付氏"仪式。 |

（二）"非正常"死亡者的丧葬礼仪个案

例一：以咪哩乡咪哩村豪尼人李SP的丧葬仪礼为例。逝者李SP，男，1970年生，咪哩村豪尼人。2019年5月12日，其因交通意外在村外死亡，享年49岁。逝者的妻子为甘岔村豪尼人，两人育有一儿一女。其中，其女儿生于1994年，已婚育，随夫居于外村；儿子生于1998年，已婚并育有两个儿子，与父母一同在咪哩村生活。丧家为其在村外举办了丧葬礼仪。

| 时间 | 安排 | 内容 |
| --- | --- | --- |
| 2019年5月12日 | 离世与发现 | 1. 离世：凌晨3:00左右李SP骑摩托车外出，在途中意外离世。<br>2. 发现：附近豪尼村寨村民于清晨发现尸体，用叶片遮盖逝者脸部并报警。丧家到事故地后，附近豪尼人村寨村民抵制在其村落境内为逝者小殓。警方实地调查取证后，将尸体送至殡仪馆尸检。 |
| 5月14日 | 火化 | 14日，警方定案为交通意外死亡后，丧家请职业"摩批"到殡仪馆为逝者举行防止厄运遗传的仪式，其后丧家火化遗体。测算时间后，丧家定于17日开丧，18日送葬。 |
| 5月17日 | 开丧 | 1. 17日逝者长子将骨灰运送回村外，并搭建灵堂。在途中河流处，丧家请职业"摩批"举行"努靠山靠登"仪式。<br>2. 灵堂搭建后，丧家点香祭拜逝者并戴孝。其后，丧家完成"请舅"、祭拜等仪式。丧家及其亲友、友邻为逝者守灵。<br>3. 丧家请职业"摩批"举行"逝奥绍""尼豪遥"等仪式。<br>4. 宴请：中午丧家在村外宴请相帮乡邻，下午宴请乡邻及外宾，并在席间磕头感谢参与者。夜间，丧家为守灵者准备宵夜餐食。 |
| 5月18日 | 送葬与埋葬 | 1. 送葬：丧家按吉时完成送葬及相关仪式，丧家亲友与乡邻一同送葬。<br>2. 埋葬与"请灵"：丧家完成埋葬后，逝者长子请亡灵至家屋门外。<br>3. "逝巴套"：送葬后，职业"摩批"为丧家在家屋举行"逝巴套"的驱赶亡灵与净化家屋的仪式。<br>4. "送舅"：晚宴后，丧家在村外灵堂搭建处举行"送舅"仪式。<br>5. 宴请：中午、下午丧家在村外宴请乡邻及外宾。 |

(续表)

| 时间 | 安排 | 内容 |
|---|---|---|
| 5月19日 | 葬后仪式 | 1."请灵":职业"摩批"将逝者亡灵请上家屋外的祭台。<br>2."窝奥绍":职业"摩批"为丧家举行"窝奥绍"的"讨力"仪式。<br>3.宴请:中午丧家在村外宴请乡邻及外宾;下午宴请相帮乡邻。 |
| 5月20日 | 结算 | 1.结算:上午,丧家结算丧葬礼仪的开支与收入。本次丧葬礼仪,丧家总支出34397.5元,收入人情礼金57695元。<br>2.宴请:中午,丧家宴请丧葬礼仪总管、记账者等相帮乡邻与至亲亲属。 |

例二:以咪哩乡咪哩村豪尼人李DF的丧葬仪礼为例。逝者李DF,男,1976年生,咪哩村豪尼人。2018年8月6日凌晨2:00左右,其因突发疾病离世,享年42岁。逝者妻子在世,两人育有两个儿子与一个女儿。其中,大儿子17岁正在上高中;二女儿15岁正在上初中;小儿子7岁正在上小学。逝者80余岁的母亲健在。丧家为其在家屋举办了丧葬礼仪。

| 时间 | 安排 | 内容 |
|---|---|---|
| 2018年8月6日 | 离世与开丧 | 1.离世:凌晨2:00左右逝者离世,主家放鞭炮、电话通知亲友,筹备后事。<br>2.丧家发现逝者离世后,由逝者长子补充为逝者"接气"。其后,丧家为逝者擦洗、更衣、剃头,其后入棺。<br>3.灵堂:丧家布置灵堂、挂吊钱,其后去村后山烧逝者衣物。<br>4.戴孝与守灵:上午,灵堂搭建完成后,丧家及其亲属点香磕头与戴孝。丧家及其亲友、乡邻开丧为逝者守灵。 |

（续表）

| 时间 | 安排 | 内容 |
| --- | --- | --- |
| 2018年8月6日 | 离世与开丧 | 5. 上午，丧家请职业"摩批"主持"逝奥绍"等仪式。晚间，丧家请职业"摩批"主持"尼豪遥""柘木塔"等仪式。<br>6. 宴请：中午，丧家在村公房宴请相帮乡邻；下午宴请乡邻及外宾；夜间，丧家或其亲属为守灵者准备宵夜。 |
| 8月7日 | 送葬 | 1. 送葬：上午，丧家及其亲友、乡邻等完成送葬等相关仪式。因遇"土黄天"，丧家火化后将骨灰寄存殡仪馆，未及时入葬。<br>2. "逝巴套"：送葬后，职业"摩批"为丧家在家屋举行"逝巴套"的驱赶亡灵与净化家屋的仪式。<br>3. 宴请：中午、下午，丧家在村公房宴请乡邻及外宾。 |
| 8月8日 | 宴请 | 1. 中午，丧家在村公房宴请乡邻，赴宴者每人交一斤半大米或折价四元五角。<br>2. 下午，丧家在村公房宴请以酬谢相帮乡邻和村中老者。 |
| 8月9日 | 结算 | 9日下午，相帮记账的乡邻到主家家中交账，结算收支。本次丧葬礼仪，丧家总支出18186元，收入人情礼金25330元。其后，丧家在家屋宴请部分相帮乡邻及亲友。 |
| 8月18—19日 | 埋葬与仪式 | 1. 埋葬：18日上午，逝者长子从殡仪馆取回骨灰，埋葬至村公墓。其后，逝者长子将亡灵从墓地引回家屋。<br>2. 仪式：19日丧家请职业"摩批"主持"中套固"仪式，将亡灵请到上房门外墙角处。然后，丧家再请职业"摩批"举行"窝奥绍"仪式。 |

## 二、豪尼人"父子连名制"家谱选录

（一）元江县咪哩乡咪哩村豪尼人李和才家家谱[1]

1.提席利；2.利博必；3.博必无；4.无奴绕；5.奴绕昭；6.昭塔查；7.塔查哈；8.哈莫祚；9.祚莫耶；10.莫耶吉；11.吉塔婆；12.塔婆母；13.母优；14.优纳；15.纳里哦；16.哦里庇；17.庇里由；18.由啰牟；19.牟随差；20.差莫同；21.莫同舒；22.舒布嗨；23.嗨莫早；24.早莫耶；25.莫耶铺；26.铺洛；27.洛几；28.几欧；29.欧拉；30.拉哦；31.哦纽；32.纽成；33.成孰；34.孰谦；35.谦都；36.都吉；37.吉欧；38.欧腊；39.拉哦；40.哦补；41.补吉；42.吉哦；43.哦拖；44.拖萨；45.萨腰；46.荷萨；47.萨龙；48.几呃；49.章成；50.石生；51.和才。

（二）元江县咪哩乡咪哩村豪尼人李发文家家谱[2]

1.奇习令；2.令保比；3.保比伍；4.伍努饶；5.努饶皂；6.皂唐产；7.唐产含；8.含母助；9.助母燕；10.母燕井；11.井唐彭；12.唐彭倅；13.倅云用；14.云用哪；15.哪哩俄；16.俄哩媳；17.媳哩荣；18.云永倅；19.倅堕秤；20.称谋同；21.谋同树；22.树部恒；23.恒母糟；24.糟母燕；25.母燕铺；26.铺陆；27.陆金；28.金鳄；29.鳄我；30.我妞；31.妞成；32.成蜀；33.蜀秤；34.秤布；35.布粗；36.粗糟；37.糟鳄；38.欠本；39.本欠；40.欠杜；41.杜荷；42.荷痛；43.痛百；44.百儒；45.荷腰；46.捞我；47.崇兜；48.兜萨；49.冲我；50.我逋；51.逋通；52.务者；53.闪者；54.阿四；55.石兜；56.翁灯。

---

[1] 李和才属于咪哩村"老背"家族。家谱收录参见白克仰、黄世荣、普亚强：《阿波李和才》，昆明：云南民族出版社，2009年，第11—12页。

[2] 李发文属于咪哩村"都够"家族。该家谱为李发文收集整理，石鸿采录。采录时间：2015年8月27日，采录地点：咪哩村李发文家中。

（三）元江县咪哩乡紫驼骆村豪尼人黄文二家家谱[1]

1.七七利；2.利簸本；3.簸本福；4.福牛杂；5.牛杂咱；6.咱塔查；7.糖查寒；8.寒木初；9.初木义；10.木义井；11.井塔朋；12.塔朋墨；13.墨月又；14.月又那；15.那里欧；16.欧里批；17.批里由；18.由里墨；19.墨用；20.墨卡；21.卡铺；22.铺去；23.国从；24.从铺；25.铺吉；26.喆阿三；27.三安阿欧；28.欧三阿正；29.三正阿簸；30.簸三普得；31.普得拾欧；32.拾欧欧得；33.欧得阿龙；34.龙得阿社；35.阿社阿昆；36.阿昆那欧；37.那欧贺丈；38.贺丈宜福。

（四）红河县三村乡规洞村豪尼人李为者家家谱[2]

1.提拾利；2.利帮卑；3.帮卑俄；4.俄农牙；5.农牙咱；6.咱塔朋；7.塔朋部；8.部黑努；9.黑努哪；10.哪里额；11.额里批；12.批里儒；13.儒里墨；14.墨舍勒；15.舍勒空；16.空车沫；17.沫里苏；18.苏培黑；19.黑比雨；20.比雨东；21.东拾；22.拾为；23.为朋；24.朋咪；25.咪央；26.央克；27.克蜡；28.蜡车；29.车卑；30.卑叔；31.叔为；32.为此；33.此祖；34.祖玛；35.玛推；36.推宏；37.宏者；38.者夯；39.夯者；40.者沙；41.沙车；42.车波；43.波为；44.为此；45.此欧；46.欧汤；47.汤沙；48.沙们；49.们龙；50.龙机；51.机为；52.为者。

（五）红河县三村乡规洞村豪尼人杨黑者家家谱[3]

1.提拾利；2.利帮卑；3.帮卑俄；4.俄农牙；5.农牙咱；6.咱塔朋；7.塔朋部；8.部黑努；9.黑努哪；10.哪里额；11.额里批；12.批里

---

[1] 黄文二认为，其家族是由北京、南京等地迁居至紫驼骆村后，被逐渐同化为豪尼人的汉族。该家谱为黄文二收集整理，石鸿采录。采录时间：2018年7月29日，采录地点：紫驼骆村。

[2] 杨六金编著：《红河哈尼族谱牒》，北京：民族出版社，2005年，第2页。

[3] 国家民委全国少数民族古籍整理研究室编《中国少数民族古籍总目提要·哈尼族卷》，北京：中国大百科全书出版社，2008年，第83页。

儒；13. 儒里墨；14. 墨舍勒；15. 舍勒空；16. 空车沫；17. 沫里苏；18. 苏培黑；19. 黑比雨；20. 比雨东；21. 东拾；22. 拾为；23. 为朋；24. 朋咪；25. 咪央；26. 央克；27. 克车；28. 车种；29. 种坡；30. 坡机；31. 机欧；32. 欧俗；33. 俗憨；34. 憨树；35. 树张；36. 张轰；37. 轰直；38. 直昌；39. 昌哈；40. 哈规；41. 规单；42. 单者；43. 者直；44. 直龙；45. 龙才；46. 才者；47. 者坡；48. 坡坐；49. 坐没；50. 没章；51. 章黑；52. 黑者。

### 三、咪哩村老年活动室管理制度

咪哩村老年活动室管理制度

为了充分发挥老年活动的作用，发扬爱护公物的良好风气，切实保护集体财产和公用场地设施，特制定如下管理制度：

一、爱护公物人人有责，确保集体财产公用场地设施完好无损，延长使用年限。

二、财产登记造册实行专人管理，认真负责，在收取的管理费中提30%作为管理人员的报酬。

三、谁家使用活动室要先交押金100元，使用结束后，多退少补。同时，要指定专人向管理员领取大门钥匙所需炊具、碗具，办喜事60元，办丧事20元（电费不在内），摆夜宵借碗具每次20元，未参加投工投劳或捐资每天100元。

四、炊具、碗具、桌凳等，除夜宵借用外，一律不准拿到外面去使用，在家摆桌，自家准备碗具到厨房打饭菜。

五、炊具、碗具、桌凳等造成损坏要按价赔偿，大碗每个1元，小碗每个0.5元，有意损坏或盗窃的要加倍赔偿。

六、使用后的炊具、碗具要高温消毒洗净，如数交还管理人员，室内桌凳要收整洁，场地要打扫干净，并经管理人员验收合格。

七、桌凳、走道栏杆、门窗、围墙等公用设施要加以保护，严禁小孩乱爬摇，违者罚款 5 元，有意造成损坏的加以十倍罚款。

## 四、元江流域流传的哈尼族古歌选录

（一）哭丧歌[1]

依舍呃——舍[2]

长命的柏树怕断头

断了头枝叶就要枯萎

最美的花怕断根

断了根叶枯花谢死临头

年老的人怕病久

病久了再好的良药也难救

依舍呃——舍

人人都这样说

人死了像只虎

人人都这样说

虎死了像枝花

寿高死去的老奶奶呵

你不像虎也不像花

你就像一棵吉祥的树

人们都来求你赐给幸福

你就像一潭福水

人们都来沾沾你的福寿

依舍呃——舍

寿高死去的老奶奶呵

儿孙们祭献你来了

他们哭赞你的好心

他们哭赞你的深情

活时儿孙们离不开你的暖怀

活时儿孙们深受你的宠爱

一时不见儿孙面

你跑遍寨子找回来

家中有的好饭菜

你省口来把儿孙待

依舍呃——舍

寿高死去的老奶奶呵

你的亲姐妹来哭你了

他们哭赞你的好心

---

1 流传于元江县咪哩乡、羊岔街乡及因远镇一带。元江县哈尼文化学会、元江县史志编纂办公室编《元江哈尼族古歌集》，玉溪：玉溪日报印刷厂，2005 年，第 280—287 页。

2 调头，无具体意义。

他们哭赞你的深情
活时姐妹离不开你的相助
活时姐妹离开不你的关怀
见姐家中不和睦
你甜言甜语来说服
见妹家中有困苦
你送钱送米去帮助

依舍呃——舍
寿高死去的老奶奶呵
莫把天怪莫把地怪
做人一生有喜悲
生为喜来死为悲
人人都是一个样呵
要经生死两关口
生你之时爹妈喜
你死之时儿哭啼
笑声哭声一回事呵
都是真心喜爱你


依舍呃——舍
寿高死去的老奶奶呵
莫把人怪莫把命怪
天万代不会烂
地万代不会烂
月亮万代不会坠

大地万代不会毁
可是人不会长生不老
总有一天会死去
如今你闭上了双眼
你的一生已经过完

依舍呃——舍
寿高死去的老奶奶呵
你欢欢喜喜地去吧
人们该来看你的来看了
你该医的疼处病处已医了
你说头疼得像蜂子叮
给你疼的地方扎了脉针了
扎了三针后头像锥子戳
病越来越加重了
看你那双温善的眼睛
已经布满通红的血丝了

依舍呃——舍
寿高死去的老奶奶呵
不要再想念人间了
你说手疼得不会动了
给你疼的地方用牛角呃了
牛角呃了呃不出血
呃出的是些黄水了
牛角呃后手越来越疼

病情越来越加重了
看你那甜言如蜜的嘴唇
嘴唇上已经有血了

依舍呃——舍
寿高死去的老奶奶呵
不要再想世间的衣禄了
你说脚疼得不会动了
给你疼的地方擦药扎针
擦药扎针不见效呵
疼得你在床上又翻又滚
人们说脚手连着心呵
你说像撕心扯肺痛难忍
看看你那鼻子
鼻孔里已经没有鼻涕了

依舍呃——舍
寿高死去的老奶奶呵
你安安心心地去吧
寨子里会看病的人都来看了
汉人能医病的人都来医了
你就像坐在风口上
大风把你刮走了
你就像坐在水口处

大水把你冲走了
索莫[1]要你到人间
现在要把你收回去了

依舍呃——舍
寿高死去的老奶奶呵
儿孙来为你洗身了
人们说儿孙为你洗身子
洗了身子儿孙好
生出儿子身强壮
生出姑娘如花俏
可洗身子的水呵
要到哪里去寻找
可洗身子的水呵
哪里的水算最好

依舍呃——舍
寿高死去的老奶奶呵
儿孙们来为你洗身了
洗身的水有十二道
要一道一道地去找
究竟哪道最好呵
请燕子为你去寻找
燕子飞到天上找天水

---

1 索莫：哈尼族传说中掌管人生死的天神。

那天水是神洗的水
不是给凡人洗的水

依舍呃——舍
寿高死去的老奶奶呵
儿孙们来为你洗身了
洗身的水有十二道
要一道一道地去寻找
究竟哪道最好呵
请穿山甲为你去寻找
穿山甲钻进地下去找水
那地水是地神洗的水
不是给凡人洗的水

依舍呃——舍
寿高死去的老奶奶呵
儿孙们来为你洗身了
洗身的水有十二道
要一道一道地去寻找
究竟哪道最好呵
请鹌鹑为你去寻找
鹌鹑到山上去找水
那山水是山神洗的水
不是给凡人洗的水去找

依舍呃——舍
寿高死去的老奶奶呵
儿孙们来为你洗身了
洗身的水有十二道
要一道一道地去寻找
究竟哪道最好呵
请报春的布谷鸟去寻找
布谷鸟找到出太阳的地方
那是太阳神洗的水
不是给凡人洗的水

依舍呃——舍
寿高死去的老奶奶呵
儿孙们来为你洗身了
洗身的水有十二道
要一道一道地去寻找
究竟哪道最好呵
请白鹤为你去寻找
白鹤找到出月亮的地方
那是月亮神洗的水
不是给凡人洗的水

依舍呃——舍
寿高死去的老奶奶呵
儿孙们来为你洗身了
洗身的水有十二道

要一道一道地去寻找
究竟哪道最好呵
儿孙们亲自为你去寻找
找到了山肚中淌出的泉水
这是真正给人洗身的水了
儿孙们背回清清的泉水
给你的身子洗得干干净净了

依舍呃——舍
寿高死去的老奶奶呵
你清清秀秀地去吧
儿孙该为你做的已经做了
已从你身上得到福气了
亲友该来哭的哭了
已从你身上得到福气了
乡亲们该来送葬的都来了
已从你身上得到福气
你体体面面地去吧
不要再怀念人间了

(二) 米刹威[1]
嗯——哼！
白发苍苍的老奶奶啊，
你降生的那日，

箐沟边画眉鸟婉转歌唱；
你呱呱堕地的那天，
山坡上杜鹃花怒放。

请来能说会道的大贝玛，
手不停地摇着锥栗叶，
让你继承了祖先的老根根；
祝你生得聪明又伶俐，
祝你幸福长寿好生辰。

嗯——哼！
白发苍苍的老奶奶啊，
辉煌的太阳落山了，
腐根的刺桐树站不稳；
东流的江河水，
不能再回头了，
飘落的麻栗树叶，
再不能回到枝上，
不病前就给奶奶叫魂了，
奶奶的魂叫不回来；
不死前就给奶奶接气了，
奶奶的气接不上了。

---

[1] 张罗者演唱，毛佑全翻译、整理：《米刹威》，元江县民委、文化馆编《罗槃之歌》，昆明：云南民族出版社，1985年，第93—108页。

嗯——哼！
奶奶的头发像洁白的雪花，
浑身骨架像散了的椽子，
老奶奶得病了，
奶奶离开我们走了；
先生的先走去，
后生的在后来，
奶奶回去的路有三条：
左边是荆棘丛生的毛毛路，
你不要走；
右边是巉岩嶙峋的陡峭路，
你也不要走；
要走中间那条宽敞明亮的大路，
大路尽头是打俄[1]地方
我们的老祖先，
煮好大锅肉，
在那里等着你老人家。

嗯——哼！
白发苍苍的老奶奶啊，
你用得着的针线、工具，
都已拿来给你了，
不美的礼物，
没有给奶奶，

不要埋怨，
不要牵挂，
静静闭上你的眼睛吧！
传宗接代有儿孙，
继承后辈有儿女；
冷了烧火给你烤，
渴了舀水给你喝，
饿了添饭给你吃，
生病不是你兴起的头，
回去不是你开辟的路；
开始生病的是秃尾巴鹌鹑，
冷了没有烧火取暖的儿子；
开头死的是花尾巴野鸡，
渴了没有递水送汤的小伴。

嗯——哼！
白发苍苍的老奶奶啊，
奶奶已得病了，
病了不必伤心，
莫米[2]要奶奶死了，
死了不要牵挂；
奶奶生病的时候啊，
我们全家多焦急，
儿子拄着樱桃树拐杖，

---

[1] 打俄：传说中安葬哈尼族祖先的地方。
[2] 莫米：哈尼族崇敬的天神。

到荒山上去找药啊,
可是樱桃树,
被牛啃嚼了;
手捏稻草去找员玛,
贝玛卜了一次鸡卦,
鸡卦不吉祥,
只怪鸡骨歪着。

嗯——哼!
白发苍苍的老奶奶,
向莫米然迷[1]祈求了七十七回,
请贝玛爷爷祝诵了九十九回,
地下的龙王感动得翻滚着身子,
人间的大公猪也落下泪花,
只有田边的红嘴雀,
安然无恙地叫个不停,
我们的奶奶留不住了。

嗯——哼!
我们的好奶奶哟,
吃了七十七付药,
奶奶的病不会退;
叫了九十九次魂,

奶奶的魂仍不回来;
假如吃药病会好,
假如叫魂魂能来,
上寨有能医百病的阿波搓莫[2],
下寨有能撵百魔的阿皮然莫[3],
给药的只拿手指头撮,
讨药的用手掌也接不着。

要是吃药病会退,
生络腮胡的姐夫会挖药,
勤劳的姐姐会煨药,
可给药的只用手指头撮,
讨药的用手掌也接不着。

嗯——哼!
白发苍苍的老奶奶啊,
姐夫到有药引子的高山上去找药,
姐姐到发药声音的平坝去找药,
山山岭岭去找药,
箐箐洼洼去找药,
荆棘丛生的地方去找药,
泉水叮咚的涧边去找药,
江河尽头的地方去找药,

---

1 莫米然迷:天神的女儿。

2 阿波搓莫:"老爷爷"之意。

3 阿皮然莫:"老奶奶"之意。

大山悬岩处去找药,
走遍天南海北啊,
找不到给奶奶治病的妙药,
见不到药的引子,
闻不到药的气味。
只有埂边丁丁雀给我们指教,
鸡毛鸭毛铺路是妙药。
可是没有煨药的土瓦罐,
也没有喝药的土巴碗啊。

嗯——哼!
白发苍苍的老奶奶啊,
去赶山梁那边的大街子,
从街头走到街尾哟,
大街上人多声嘈杂,
见到了拄着拐杖的老人,
见到了挥刀舞棒的大汉,
可是听不到卖土瓦罐人的声音,
见不到卖土巴碗人的影子。

嗯——哼!
白发苍苍的老奶奶啊,
去赶山梁那边的长街子,
从街南走到街北哟,

长街上人多声音嘈杂,
见不到卖土巴碗的人;
七十人的糯比[1]小街上,
背着粗糠赶街的人倒不少,
有人低头讲着价钱,
有的卖鸡,有的卖鸭,
见不到卖土瓦罐的人。
去赶山那边的长街子,
赶长街的人各自奔忙,
他们不讲我们的闲话;
到遥远的美河地方,
躺在灰白的多依树叶上;
到阴森的美甲河边,
跟孤魂野鬼跳舞;
到彝家车古丛林边呼喊,
再也听不到卖土巴碗的声音,
找不到卖土瓦罐人的影子了。

嗯——哼!
白发苍苍的老奶奶啊,
要是买到煨药的土瓦罐,
要是买到喝药的土巴碗,
就会找到了长生不死药了,
可是没有买到碗和罐啊,

---

[1] 糯比:哈尼族的支系。

奶奶的一生就这样结束了，
奶奶的呼吸就这样停止了；
喷上三口水不睁眼，
喊上三声不回话；
先生的先去了，
后生的在后来。

满头白发的好奶奶，
死后别牵挂，
死后别埋怨，
安安心心的去吧，
快快乐乐的走吧，
传宗接代有儿有女，
继承祖根有孙女孙男。

嗯——哼！
白发苍苍的老奶奶啊，
第一个生病的不是你，
开始死的不是你，
活着时候是高高兴兴，
死去了也要愉愉快快，
生时不曾忧伤，
死了也别悲哀；
太阳也有落山的时候，
太阳落山天昏黑了，
太阳找不到了，

白天死去了；
大地也有死的时候，
大地死去山崩岩塌，
大地轰轰隆隆，
大地死去了，
天死没有守灵的儿和女，
地死没有送葬的子和孙。

白发苍苍的好奶奶啊，
你是我们家的老祖根，
活时拿好食品给你吃，
死了煎出鸡蛋献给你，
全家人为你守灵柩，
全寨人给你送葬到坟地，
女儿给你吟唱送别的挽歌，
男儿给你送葬到山间。

嗯——哼！
白发苍苍的老奶奶啊，
大树也有死的时候，
大树一倒树就死了，
地下重新发出嫩芽；
人也有死的时候，
人间死了一个老人，
子孙后代一大群。

牲畜也有死的时候，
牲畜死了，
不能臭在山坡上，
牲畜死了，
要在楼板上晾干；
人也有死的时候，
人死了，
不能晾干在楼板上，
白发老人安葬的地方啊，
是在向阳开阔的山腰上；
埋在好的地方，
儿女兴旺多光彩。

嗯——哼！
白发苍苍的老奶奶啊，
病了不要伤心，
死了请别埋怨，
继承先辈有儿女，
光耀门庭有儿孙，
请奶奶静静闭上眼睛，
你的头上已打上了大包头，
身上穿着光彩发亮的长衫，
手腕上戴着粗大的银镯头，
指头上套着发亮的金戒指，
花花的丝袜给了你，
勾尖花鞋给了你。

白发苍苍的老奶奶啊，
标直的青松木给了你，
结实的杉劳木给了你，
毛虫不在树叶上爬行过，
麻蛇不在树干上缠绕过，
蜜蜂不在树根做过窝，
葫芦蜂不在树头上结巢。

给奶奶一头健壮的牯子牛，
不是偷来骗来的，
是自家喂养长大的牛牯子；
牛蹄生得齐，
牛背光光滑滑，
牛角长得平平正正，
牛尾长甩甩。

嗯——哼！
白发苍苍的老奶奶啊，
病了不必伤心，
死了不要抱怨，
哈尼大房分作木为和奎朗，
不是为了隔离活人和死人，
木为奎朗是古人定下的规矩，
不是调换活人的床铺，
死了人才把床铺调换，
活人不垫翻席子，

附录

425

死人要垫翻席子。

嗯——哼!
三代尊敬的白发老奶奶啊,
从此以后啊,
面前熊熊燃烧的火塘,
把你和我们隔开了;
背后挡风的篾笆墙,
把你和我们隔开了;
舍不得离开的夫妻也得离开了,
不愿分别的儿女也得分别了。

嗯——哼!
三代尊敬的白发老奶奶哟,
从此以后啊,
你要到打俄地方去了,
族人本家要和你分别了,
吱呀作响的寨门要和你分别了,
先盖的大房门坎要和你分别了,
后盖的小屋窗口要和你分别了,
松木柱子要和你分别了,
栗木椽子要和你分别了,
煮饭用的三脚架要和你分别了,
茅屋脊梁也要和你分别了;

不是故意分出上路和下路,
因为你离开了我们,
才分出阴间和阳间;
打俄的肥沃土地有你一份,
阴间的清清泉水有你一股,
奶奶安葬在向阳的山梁上,
那里有温暖的阳光照耀。

去吧!去吧!
三代尊敬的白发老奶奶啊,
快快乐乐的去吧,
不要走上崎岖不平的上边路,
不要走上荆棘丛生的下边路,
要走上平坦明亮的中间路,
死后不要再找活人了,
活人也不再找死人了。

大山上的思浪树[1],
一年要结一次果,
三代尊敬的老奶奶啊,
十年见不到一次面了。

来自北方的燕子,
一年一度飞回来,

---

[1] 思浪树:一种灌木,春天结果,可食。

叽叽喳喳唱不停，
在农家屋檐做窝；
离去了的白发老奶奶啊，
从此再也见不到你了。

坝子丛林里的杜鹃鸟，
一年要啼叫一次哟，
离去了的白发老奶奶，
再也见不到你的影子了。

田边柳梢上的布谷鸟，
一年一度报春来，
白发苍苍的老奶奶呀，
你已经到打俄地方了，
但活着的子孙们，
个个都在心里想念你。

我们活着的子孙们，
快把脚尖往回转，
就像轻捷的小鸟，
飞回自己温暖的窝里。

我们活着的子孙们，

全家老小快快回家来，
影子不要掉在荒凉的坟地边；
棺材面前不能打瞌睡，
死人面前不能多停留；
村口上有收拾污物的昌麻[1]，
影子不要掉在村口上，
村口实在太寒冷；
影子不要掉在天井里，
天井里蚊虫太咬人；
回来回来快回来，
全家老小统统回家来，
回到自家温暖的火塘边。

（三）莫搓搓歌[2]
老古经是这样的讲
老古歌是这样的唱
哈尼人的莫搓搓呵
很古时就有了这种习俗

天地刚刚造成
天地间只有一个妇人
她叫朋然夏阿玛
大山洞就是她的家

---

1 昌麻：哈尼族处理死人污物的人。

2 "莫"即老，"搓"即跳；意为给死亡的老者跳舞。流传于元江县羊街乡、那诺乡及因远镇清水河一带。元江县哈尼文化学会、元江县史志编纂办公室编《元江哈尼族古歌集》，玉溪：玉溪日报印刷厂，2005年，第275—279页。

她采食崖上的花朵
她采食林中的野果
一天要攀崖几十次
一天要爬树几十回

渴了喝山箐中的清泉水
累了就在树脚下大睡
有一天睡得迷迷糊糊
一阵风吹得她身子不舒服

她醒来一看自己的身体
全身圆鼓得稀奇
她全身已经怀孕了
体内发出婴儿的哭啼

他生下了七十七种人和动物
刚生下他们就跑向四处
老大是只大花虎
嗷嗷叫着跑向树林的深处

老二是一股清风
呼呼呼地吹得无影无踪
老三是一个人
他去到了很遥远的地方

老四是一条龙

它摇头摆尾地游入大江中
其他的七十三个人和动物
也离开阿妈各去一方

阿妈望着一个个儿女散去
气得落泪如下雨
只盼有儿女随身相伴
哪料还是孤单一人冷凄凄

阿妈一月又一月的盼望
阿妈一年又一年的等待
等盼到头发全白了
还是没有谁来把她照管

衣服穿得筋筋吊吊
全身挂满了藤条树皮
无力再上树摘野果
只有挖些山药来充饥

一个夏天的中午
太阳热得草木晒枯
老阿妈走到山箐边
想挖山药把嘴糊

突然树棵唰啦一响
从林里跳出了一只花虎

老阿妈吓得心惊胆战
细看原来是大儿花虎

花虎儿呵花虎儿
你怎能把阿妈吓唬
我是生你的亲阿妈呵
难道亲阿妈你也要吞进肚

虎儿嗷嗷叫得不停
告诫老阿妈不要再到山箐
我专门吃肉喝血
阿妈你要小心注意

虎儿离开了老阿妈
吼叫着到林中去了
老阿妈十分伤心难过
想找个儿把自己养着

她来到悬崖边呼唤风儿
风儿呼呼地大吼着
它说自己无影无形无脏腑
不会把老阿妈照顾

老阿妈一摇一晃走到海边
悲凄地把龙儿呼唤
龙儿游到海岸边

说它也不能把老阿妈照管

它送给老阿妈一对铓鼓
有难时叫阿妈击铓敲鼓
听到铓鼓声它会来看阿妈
老阿妈把龙儿的话牢牢记住

老阿妈活到了九十九岁
她预感到死已临头
她用最后的一口气
击铓敲鼓唤龙儿

龙儿听到老阿妈击敲的铓鼓
知道老阿妈有急难催促
它急忙赶到阿妈身边
见老阿妈双眼紧闭气不出

千声呼唤阿妈不答应
探探阿妈已断气
龙儿唤回了七十六个兄弟姐妹
一起来把阿妈尸体送走

要怎样来举行阿妈的葬礼
要怎样把阿妈送到山上最好的地坪
兄弟姐妹们已经商量好
一起来办莫搓搓葬礼

附录

429

人儿唱起了伤心的挽歌

禽兽儿跳起了送葬舞

哭唱跳三位一体的丧葬

成了哈尼族流传至今的习俗

（四）开天辟地歌[1]

很古很古的时候

天地一片漆黑

没有人群没有禽兽

没有树木没有山水

天神没有住的地方

四面八方到处走

地神没有住的地方

四面八方到处游

不造天地不行了

是八个大神来开天辟地

天是属龙那天造的

地是属蛇那天造的

造天的是天上的五个神

造地的是地上的三个神

造天的神把天一片一片劈出来

造地的神把地一块一块挖出来

劈出来的天高高低低不整齐

劈出来的天粗粗糙糙不光滑

为了把天造得整齐光滑

五神向摩咪[2]借来了牛和耙

五神一齐耙天

天头天中天脚各耙了三遍

高低不整齐的天呵

已经耙得整齐光滑了

开出来的地凸凸凹凹不平坦

开出来的地七凸八凹不好看

为了把大地造得平坦

地神向摩咪借来了牛和耙

三个地神一齐耙地

地头地中地尾各耙了三遍

凸凸凹凹的地呵

已经耙得平平坦坦

---

1 流传于元江县咪哩乡、羊岔街乡及因远镇一带。元江县哈尼文化学会、元江县史志编纂办公室编《元江哈尼族古歌集》，玉溪：玉溪日报印刷厂，2005年，第9—12页。

2 摩咪：管天的神。

天上五神各显神通
大神用金子做成了太阳
二神用玉石做成了月亮
三四五神用银子做成了满天星星

地上的三个神各显神灵
大神用绿泥巴做成了山水树木
二神用花泥巴做成了花草禾苗
三神用黄泥巴做成了人群兽禽

地上的花草树木要用阳光照
没有阳光照它们就会死掉
地上的人群兽禽也要阳光照
没有阳光照他们活不了

摩咪告诉造天的五个大神
让太阳月亮星星快发光
天上地上没有光亮
人和万物就无法生长

大神二神叫太阳月亮发光
三四五神叫星星闪烁
从此天上一片光明
从此地上一片光亮

摩咪用金梳把太阳光梳下地
摩咪用玉梳把月亮光梳下地
太阳撒下了十二道金光
月亮撒下了十二道银光

一道光照的是天边
一道光照的是地边
一道光照的是天和地中间
一道光照的是人

一道光照的是飞禽
一道光照的是走兽
一道光照的是山岗
一道光照的是大地

一道光照的是栽五谷的田地
一道光照的是栽花草树木的大地
一道光照的是栽棉花的河谷
一道光照的是栽荞子的高山

四面八方都照到了
世间没有照不着的地方
从此人禽兽能生长了
从此万物能生存了

三个地神喜爱天上的仙景
五个天神喜爱地上的美景

附录

431

他们都想占天占地

刀戈争斗得十分激烈

从天上打到半空中

从半空中打到地上

从地上打到半空中

从半空中打到天上

天神呼出的气变成云雾

地神呼出的气变成山风

它们的吼声和刀戈相碰声

变成了雷鸣和闪电

（五）洪水歌[1]

世间本来就有人种

世间本来就有物种

只因天神的洪水

把大地毁得人绝物空

管天的神叫皮力叶萨[2]

他管着浩瀚的蓝天

管地的神叫木胡包布[3]

他管着无边的大地

皮力叶萨有一匹飞马

它有无穷无尽的神力

一日能飞遍浩瀚的蓝天

半日能飞遍无边的大地

木胡包布十分羡慕飞马

心里时时打着飞马的主意

要是我能得到天神的飞马

骑着它就比天神神气

心里越想越高兴

心里越想越甜蜜

他驾着祥云到了天宫里

寻到了关飞马的金圈里

为了不让飞马嘶叫

他用云彩把马嘴塞起

为了不让飞马看见天神

他用雾露将马头包起

木胡包布把飞马拉到天门

---

[1] 流传于元江县咪哩乡、羊岔街乡及因远镇一带。元江县哈尼文化学会、元江县史志编纂办公室编《元江哈尼族古歌集》，玉溪：玉溪日报印刷厂，2005年，第27—33页。

[2] 皮力叶萨：豪尼人传说中管天的神。

[3] 木胡包布：豪尼人传说中管地的神。

他正想骑着偷偷飞奔
天神的飞马很聪明
它想屙屎告诉它的主人

木胡包布听天神说过
飞马一屙屎他就能见着
为了不让天神看见马屎
他用围腰把马屎兜着

他骑着飞马跳下天门
拨着马头向大地上飞奔
天神的飞马很聪明
它想屙尿告诉主人

木胡包布听天神说过
飞马一屙尿他就能见着
为了不让天神看见马尿
他用带来的竹筒将马尿接着

飞马奔驰了一段时间
平安地落到了大地上
木胡包布用自己的神链
套住飞马让它听自己使唤

皮力叶萨不见飞马
已知道地神把它偷去

他恶狠狠地望着大地
痛骂木胡包布无情无义

你这样对我无情
休怪我对你无义
你把我的飞马偷走
我将冲毁你的大地

皮力叶萨抬着锄头
挖开了天湖的天堤
大水呼啸着冲下大地
人间下起了倾盆大雨

大地上到处洪水滚滚
惊涛骇浪真是吓人
天神骑着神鸟看水涨
天神骑着神鸟看水淹

大水淹没了田野
不见木胡包布露面
他四处找呵四处看
直找到地边边上

只见木胡包布骑着飞马
神气地在地边边上游逛
皮力叶萨咬牙切齿

皮力叶萨气破肝胆 立即赶回了天上

他将天湖堤挖塌一堵

你快去看看你的大地 大水咆哮着冲到地上
洪水已淹没了你的田野
要是不还我的飞马 田地里的庄稼被淹没了
就让你的大地在洪水中毁去 大地上的房屋被淹没了

连高耸的大山也被淹没了

木胡包布不慌不忙 整个大地全泡在洪水中了
对天神说了一番戏言
我不怕你的大雨 做官的坐着金船漂在水上
人们有帽把雨挡 大富的坐着银船漂在水上

穷人们坐着木船漂在水上

我不怕你的洪水 还有一个木盆漂在水上
人们有船漂在水上
富人家有金船银船 木盆里坐着两兄妹
穷人家有木板木船 哥哥叫塔泼[1]，妹妹叫莫依[2]

这木盆就像一个鸡蛋壳

金船银船水上漂 随着洪峰恶浪漂去
金光银光水上闪
木板木船水上漂 无情的雨越下越大
又自在来又舒畅 凶猛的洪水越涨越高

千层波涛万层浪呵

所有的船都灌进水了

皮力叶萨恼羞成怒

木胡包布心中着急

---

[1] 塔泼：豪尼人传说中的男始祖。
[2] 莫依：豪尼人传说中的女始祖。

骑着飞马向天奔去
他到了天湖旁一看
原来天湖被挖倒了一堵

他急忙拿雾露去堵天湖堤
用了多少雾露也堵不起
他又用云彩去塞天湖堤
用了多少云彩也塞不起

水中的金船落下去了
水中的银船落下去了
水中的木船落下去了
只剩下木盆中的塔泼和莫依

木胡包布心里发慌
木胡包布心里着急
他立即用自己的神链
把木盆高高吊起

这是大地上的生命之根
不能让他们再被洪水吞去
要是没有这对兄妹存在
大地上将万物绝灭
木胡包布越想越伤心

木胡包布越想越有气
为了一只显神气的飞马
天神却如此凶狠无比

皮力叶萨看看大地
万物都被洪水毁灭
他立即把天湖堵起
用宝葫芦把洪水收回天湖里

大地露出来了
一切生物都被埋进泥土里
只有塔泼和莫依兄妹
站在茫茫无边的大地上哭泣

（六）兄妹成婚歌[1]

洪水吞噬了大地上的万物
大地上一片光秃秃
塔泼和莫依兄妹
分头去寻找幸存的人和物

妹妹到西边寻找
哥哥到东边寻找
到处是被冲毁的树林房屋
到处是被淹死的尸体白骨

---

[1] 流传于元江县咪哩乡、羊岔街乡及因远镇一带。元江县哈尼文化学会、元江县史志编纂办公室编《元江哈尼族古歌集》，玉溪：玉溪日报印刷厂，2005年，第34—40页。

妹妹眼睛哭成红桃了
哥哥嗓子哭干哭哑了
大地上没有人和物存在
兄妹俩怎么生存呵

妹妹寻找累了
朝远远的东边看
隐隐见一个人坐着
弹着悠悠的三弦

哥哥寻找累了
朝远远的西边看
隐隐见一个人站着
用手弹着动听的口弦

兄妹俩喜出望外
朝看到的人影走来
急忙忙走近一看
原来是他们兄妹二人

哥哥气得叹长气
妹妹气得泪淋淋
一时欢喜的心情呵
就像泼上了一盆冰

兄妹俩又一次商量好
继续分头去寻找
哥哥到北边寻找
妹妹到南边寻找

哥哥寻找累了
朝远远的南边看
隐隐见一个人坐着
在伤心地吹着筚篥[1]

妹妹寻找累了
朝远远的北边看
隐隐见一个人站着
在颤抖地吹着竹笛

兄妹俩喜笑颜开
朝看到的人影走来
急忙忙走近一看
还是他们兄妹二人

哥哥气得垂头丧气
妹妹气得脚手瘫软
兄妹俩绝望地抱头痛哭
困倦使他们走进梦乡

---

[1] 筚篥：一种用竹子做成的民间乐器。

哥哥梦见一个大肉团
大肉团金光闪闪
肉团突然炸开
四下都被人群站满

妹妹也梦见一个大肉团
大肉团银光闪闪
肉团突然炸开
到处都被飞禽走兽站满

哥哥高兴得大声呼喊
妹妹高兴得又跳又唱
他们醒来朝四处看望
原来是甜蜜的空梦一场

清凉的风向兄妹俩吹来
困眼又渐渐闭上
兄妹俩呼呼甜睡
梦神又将他们引进梦乡

哥哥梦见一只大白虎
大白虎衔着两个大肉团
白虎把那铜头一甩
肉团变成了无数的小动物

小动物蹦蹦跳跳

全部钻进了妹妹的肚腹
哥哥急得大声喊叫
醒来见自己紧紧把妹妹抱住

妹妹也梦见一只白虎
见个青年坐在虎的背脊
走近她白虎猛一跳跃
小伙子被颠进她的怀里

小伙子紧紧抱着她
乞求和她结为夫妻
莫依接受了小伙子的爱
幸福地躺在了他的怀里

她得到这突然的幸福
高兴得满心欢喜
她同小伙子幸福地逗趣
醒来见同哥哥抱在一起

兄妹俩抱在一起
羞涩的红云在脸上升起
哥哥羞愧得低下头
妹妹羞愧得把脸捂起

忽见一对小鸟在眼前
叽叽喳喳唱得欢喜

437

兄妹俩急忙用眼看
它们嬉戏着向远方飞去

兄妹俩目送小鸟飞去
心中感到十分稀奇
这是哪里飞来的小鸟
双飞得如此亲热甜蜜

忽又见一对白鹤
双双展翅在头上飞着
只听白鹤声声叫唤
兄妹成婚快结合

兄妹俩此时已经醒来
是地神要他们结为夫妇
他们喜笑得多么甜蜜
就像并蒂莲绽开一样美丽

兄妹俩紧紧相依着跪下
向地神表白了心里话
要是准我们兄妹结为夫妻
求地神送我们银锄两把

眼前一时银光闪闪
从地里冒出了一道白烟
兄妹俩揉揉眼定睛一看

两把银锄已摆在眼前

兄妹俩一道向地神磕头
同声向地神乞求
要是准我们兄妹结为夫妻
求地神赐给茅屋让我们同居

眼前突然亮光闪闪
从地里冒出一道白烟
兄妹俩揉揉眼定睛一看
一间新茅屋出现在眼前

兄妹俩一道向地神作揖
同声向地神乞求
要是准我们兄妹结为夫妻
求赐给泉水让我们饮用种地

眼前突然出现一道白光
白光闪过后出现一个泉潭
泉潭里的水清如明镜
潭中长出了一棵并蒂莲

从此兄妹俩结为夫妻
相亲相爱十分甜蜜
大地上繁衍万物的大业呵
就全靠这对恩恩爱爱的夫妻

（七）人种物种歌[1]

自从洪水冲毁大地以后
大地上只剩下了两兄妹
兄妹俩结为了夫妻
亲亲热热相伴相随

兄妹俩恩爱地过了一段时间
妹妹的身孕越来越明显
兄妹俩欢天喜地
盼望着婴儿早早出世在眼前

欢喜的日子夹着忧伤
妹妹一身都在发痒
她痒得十分难受
请求哥哥为她抓痒

哥哥在胸前抓了七十七次
胸前长出了七十七只奶
哥哥在背上抓了七十七次
背上长出了七十七只奶

妹妹急得号啕痛哭
哥哥急得哭地喊天
兄妹为了这难看的奶惊奇呵
兄妹为了这难看的奶忧伤

婴儿降生下地了
生下了两个大肉团
先生下的肉团金光闪闪
后生下的肉团银光闪闪

先生的肉团在地上滚了三转
肉团慢慢地张开裂散
一时跳出七十七个人
个个都生得貌美体壮

后生的肉团在地上滚了六转
肉团慢慢地张开裂散
跳出了七十七只飞禽走兽
只只禽兽都羽美毛艳

人围着阿妈蹦蹦跳跳
禽兽围着阿妈叽喳鸣叫
都在争着阿妈喂奶
都在争着阿妈吻抱

莫依被吵得头昏脑涨
莫依被吵得心里发慌

---

[1] 流传于元江县咪哩乡、羊岔街乡及因远镇一带。元江县哈尼文化学会、元江县史志编纂办公室编《元江哈尼族古歌集》，玉溪：玉溪日报印刷厂，2005年，第41—51页。

这批大地上的种呵
究竟要怎样才能喂养

突然地上冒出一道白光
一只白虎跳到莫依身旁
它从莫依胸前撕下一只奶
扔给旁边站着的一个姑娘

姑娘吮吸着母亲的奶
嘻笑着走朝一方
莫依一时心中欢喜
她把塔泼叫到身旁

你把我背上的奶撕下
拿给飞禽走兽们去分享
塔泼把奶撕下分给禽兽
它们衔着奶各走一方

莫依把胸前的七十五只奶
撕下分给儿子姑娘
身上留下两只奶
把最小的一男一女喂养

人群和兽禽都长大了
莫依喂养的小儿女也长大了
男儿取名叫萨莫[1]
女儿取名叫叶莫[2]

小兄妹喜欢射箭
哥哥造弓妹妹造箭
莫依见到他们造弓箭
对他们告诫一番

飞禽是你们的哥哥姐姐
走兽是你们的哥哥姐姐
你们不能把它们当靶
你们不能把它们射击

大地一片光秃秃
小兄妹没有练箭处
他们把太阳月亮
当他们练箭的靶物

他们第一次练箭的时候
把箭射向太阳
才射到几丈高的地方

---

[1] 萨莫：豪尼人传说中管风雷雨雾的神。
[2] 叶莫：豪尼人传说中管花草树木的神。

箭又慢悠悠地落到地上　　　　　嗖嗖两声向高空射去

看练箭的牛哥哥姐姐见了　　　　两箭射中了太阳
也为小兄妹急得发慌　　　　　　太阳冒出了无数金光
它们把自己的牛力　　　　　　　从此阳光像箭一样
慷慨地送给小兄妹使用　　　　　刺得人两眼难张

小兄妹得到牛哥姐的力气　　　　小兄妹一鼓作气
再三对它们表示感谢　　　　　　向哥姐们显示他们的神力
小兄妹使出所有的力　　　　　　他们借着通亮的明月
第二次朝高高的天空射去　　　　嗖嗖两声向星星射去

箭虽比前次射得高了　　　　　　萨莫射下了一颗大星
但射不到高挂太阳的天上　　　　大星掉落到大地
才射到半空中的地方　　　　　　星体已经砸碎了
箭又慢悠悠地落到地上　　　　　向大地的四方飞去

看练箭的虎豹狮熊象　　　　　　这大团大团的碎星
也为小兄妹急得发慌　　　　　　在大地的四方隆起
它们把各自所有的力气　　　　　从此大地上有了大山
全部送给小兄妹使用　　　　　　大山像星星一样布满大地

小兄妹得到了那么多力气　　　　大星落下时砸凹的地方
对众位哥姐们表示感谢　　　　　成了很深很深的深渊
他们使出所有的力气　　　　　　碎星落下时砸凹的地方

附录

成了很多很多的山箐

叶莫射下了一颗小星
小星掉落到了大地
星体已经砸碎了
向大地的四方飞去

这小团小团的碎星
在大地的四方突起
从此大地上有了石头
石头像星星一样布满大地

小星落下时砸凹的地方
成了大地上蓄水的湖泊
碎星落下时砸凹的地方
成了大地上蓄水的沼泽

大地上虽然有了山山水水
但无花草树木相伴随
看山山不青不美
看水水不清不秀

听说有的星星上花草奇异
听说有的星星上树林茂密
人哥哥姐姐们请来小兄妹

叫他们把这些星星射落大地

小兄妹应哥姐们的请求
举目向高高的天空看去
他们只能看到满天的星点
不知花草树木在哪颗星星

哥哥们聚拢一起想办法
姐姐们聚拢一起打主意
他们想了很长很长的时间
想不出一个适当的妙计

还是小兄妹聪明
还是小兄妹多计
他们按照上次射星星的办法
叫哥哥姐姐送给他们视力

哥姐们把视力全送给小兄妹
小兄妹对哥姐们表示感谢
小兄妹高兴地举目向天空看去
每颗星星他们看得很清晰

他们看到长长的银河边上
有很多的星星在闪烁发光
有的星上长满奇异花草

有的星上长满茂密树林　　　　是他们使大地变得壮观美丽

美丽壮观的星星　　　　　　　地神已经无忧无虑
已把小兄妹看得醉迷　　　　　地神已经满心欢喜
他们左挑右选呵　　　　　　　他不再羡慕天神的飞马
选好了自己要射的星体　　　　大地上游历跟天堂一样的神奇

小兄妹张弓搭箭　　　　　　　他想把飞马交给萨莫和叶莫
嗖嗖两声向星星射去　　　　　叫他们把飞马给天神送去
萨莫射下了长树木的星星　　　皮力叶萨一定会感激不尽
叶莫把长花草的星射落大地　　封他们兄妹管天管地

从此大地上山清水秀　　　　　皮力叶萨一定会欢欢喜喜
从此大地上鸟语花香　　　　　消除对地神的满腹仇气
从此大地上人烟稠密　　　　　皮力叶萨一定会行慈行善
从此大地上的人们幸福安康　　不会再给大地带来灾难

地神看到江山多娇　　　　　　地神把萨莫和叶莫叫到跟前
心里十分欢喜　　　　　　　　对他们兄妹吩咐一番
地神看到大地丰饶　　　　　　你们快骑着飞马上天
心里十分满意　　　　　　　　把它送到天神的跟前

他对塔泼和莫依十分敬佩　　　天神见到他的飞马
是他们重新繁衍了大地　　　　一定会满心喜欢
他对萨莫和叶莫十分宠爱　　　他会对你们倍加重赏

附录

443

把神位赐给你们担当

不管你们做了什么神
别忘了养育你们的亲人
阿爹阿妈盼着你们赐福
哥哥姐姐盼着你们施恩

大地上能风调雨顺
亲人们会感谢你们降下的福分
大地上能平平安安
亲人们会感谢你们降下的吉祥

小兄妹向地神拜谢一番
又来到塔泼和莫依面前
他们双双跪在地上
向爹妈倾吐了肺腑之言

地神叫我们去还飞马
从此不能再见爹妈面
临行前来看看爹妈
把眼泪洒在爹妈面前

此一去天和地远远相隔
此一去不会再返回人间
和爹妈分别多难受呵
和大地分别多悲伤

此一去当然吉利
天神对我们会百般酬谢
不管我们做了天上的什么神
不会把大地的亲人忘记

拜别爹妈后骑上飞马
飞马欢嘶着向天空飞去
他们去到了神奇的天堂
飞马将他们引到神宫里

皮力叶萨见自己的飞马归来
心中说不出的欢喜
他对送还飞马的小兄妹
说了很多的甜言蜜语

他封萨莫为管风雷雨雾的神
他封叶莫为管花草树木的神
小兄妹向天神多次叩头
小兄妹向天神多次拜谢

从此大地上五谷丰登
从此大地上六畜兴旺
从此大地上事事吉祥
从此大地上人丁无恙

（八）能人歌[1]

天上出了绚丽的云彩
红花白色裹在一块
人们说这是吉利的征兆
大地上要出能人了

绚丽云彩落在河边
河边上出现了三个神奇的蛋
每个蛋有三排长
每个蛋有一排宽

三个蛋是三种颜色
一个蛋是白色
一个蛋是花色
一个蛋是红色

这是天生的蛋吗
不见天边动一动
这是地生的蛋吗
也不见地动一动

人们到处去找蛋的娘
人们到处去拜访
找到欧合代麻取提[2]地方
见一条大鱼漂在江上

人们热情拜问大鱼
河边的蛋是你生的吗
大鱼摆摆它的尾巴
即刻钻进水里去了

人们到处去找蛋的娘
人们到处去拜访
找熬扫老代麻[3]地方
见一只大象在树下乘凉

人们热情地拜问大象
河边的蛋是你生的吗
大象摇摇它的长鼻
慢悠悠地走进林中去了

---

1 流传于元江县咪哩乡、羊岔街乡及因远镇一带。元江县哈尼文化学会、元江县史志编纂办公室编《元江哈尼族古歌集》，玉溪：玉溪日报印刷厂，2005年，第52—57页。

2 指有江河的地方，具体地址不详。

3 指有森林的地方，具体地址不详。

人们到处去找蛋的娘　　　　　人们抱着很多母鸡来孵蛋
人们到处去拜访　　　　　　　孵了三天蛋没有一点温暖
找到得米期楚巴期[1]地方　　　人们抱着很多大鹅来孵蛋
见一条大蟒躺在路上　　　　　孵了三天蛋仍没一点温暖

人们热情地拜问大蟒　　　　　人们去请野猪来孵蛋
河边的蛋是你生的吗　　　　　孵了七天蛋没一点温暖
大蟒摇摇它的头　　　　　　　人们去请熊来孵蛋
钻进大岩洞里去了　　　　　　孵了九天蛋仍没一点温暖

人们找不到蛋的娘　　　　　　人们正在垂头丧气
又到河边来看蛋　　　　　　　一位老奶奶走近蛋前
只见三个蛋放出异彩　　　　　她用拄棍扒动三个蛋
能人就可能孕在蛋中间　　　　一时张开了她的笑颜

要怎样才能孵出能人　　　　　这三个蛋是神祖莫叶生
人们议论纷纷　　　　　　　　这三个蛋是神祖塔泼降
有人说用家禽来孵蛋　　　　　想要孵出这三个蛋的能人
有人说请走兽来孵蛋　　　　　得请太阳月亮来孵蛋

能人不能及早出世　　　　　　人们拜求太阳来孵蛋
人们的心里焦虑不安　　　　　太阳投下了一道金光
明知禽兽难孵出能人　　　　　人们拜求月亮来孵蛋
也只有执意试试看　　　　　　月亮投下了一道银光

---

1 指岩石多的地方，具体地址不详。

金光银光一起孵
蛋色一天一个样
第一天变成五颜六色
第二天蛋上出现了一个圆圈

金光银光一起孵
蛋壳一天一个样
第三天蛋壳开裂
第四天蛋中跳出人了

三个蛋出了三种人
一种人是做官的
一种人是做贝玛的
一种人是做工匠的

三种能人以蛋色来分
做官的人是白蛋中孵出的
做贝玛的人是花蛋中孵出的
做工匠的人是红蛋中孵出的

做官的人到土木鲁[1]去了
做贝玛的人到收底阿剥[2]去了
做工匠的人到阿斯乔堵[3]去了

各自去显自己的才能去了

做官的人去的地方
恶人不敢胡乱行
歹人不敢把人伤
人们太平安康了

做贝玛的人去的地方
龙神有人祭献了
山神有人祭献了
村寨无灾无难了

做工匠的人去的地方
铁锤叮当打出锄镰了
铁锤叮当打出用具了
人们都有工具使用了

三种人出三样好
三种能人来管世道
能人管好人世道
人们吉祥如意了

附录

---

[1] 地名，具体地址不详。
[2] 地名，具体地址不详。
[3] 地名，具体地址不详。

（九）种子歌[1]

谷穗为什么穗头向下
荞子为什么穗头向上
苞谷为什么生在侧面
甜野果为什么苦聪人喜欢

水有源头树有根呵
哈尼人的古歌传真情
让我细细地从头讲
让我慢慢地从头唱

相传很古很古的时候
大地上有一家十兄妹
大的九个是哥哥
最小的是贤惠的十妹

小十妹出嫁以后
九个哥哥都成婚立了门头
十妹十分思念哥哥
回家对哥哥们进行问候

她先到了大哥家
未坐下给他家去背水
她把大哥家的竹筒全背满

可没吃到他家的一口饭

她转到二哥家
又为他家去背水
她把二哥家的竹筒背满
也没吃到他家的一口饭

九个哥哥家她都去了
为各家把竹筒背满
但九个哥哥家哟
没有谁家给她吃上一口饭

十妹又饿又累
十妹又气又悔
她掰根芦苇当拐棍
拄着它艰难往前走

她来到一条河边
把棍插进了沙滩
躺在沙滩上睡着了
整整睡了九天

当她醒来的时候
芦苇棍已长出了茂密的枝头

---

[1] 流传于元江县咪哩乡、羊岔街乡及因远镇一带。元江县哈尼文化学会、元江县史志编纂办公室编《元江哈尼族古歌集》，玉溪：玉溪日报印刷厂，2005年，第79—85页。

她使劲地去摇芦棍
一匹叶落下将她卷上树顶

她变成了一只猫头鹰
在夜间哀啼凄鸣
哀啼一声树长宽一丈
凄鸣一声树长高一尺

它哀啼了九天九夜
它凄鸣了九百九十声
大树把天遮起来了
人们已无法生存

人们痛苦得泪流满面
人们悲伤得叹息声声
人们都认为太阳已经死了
人们都认为大地已降下死神

猫头鹰自知是她哀鸣的恶果
才使大树将大地覆盖着
她本想只啼鸣痛苦和悲伤
却被树妖将啼鸣声用来作恶

猫头鹰心里十分难过
决定助人们见到阳光
她先教哈尼人学会做弓

又教彝家人学会做箭

她说太阳没有死
是因为大树遮住了阳光
她说大地没有降下死神
是因为无阳光万物难生存

只要把树上的叶子射下一片
人们就能见到阳光
只有把大树砍倒
人们才能够得到生存

哈尼人拿来了做好的弓
彝家人拿来了做好的箭
数十箭一齐向树叶射去
才射下了一匹宽大的树叶

阳光从叶的缝隙照到大地
人们高兴得欢天喜地
为了把这棵巨树砍倒
人们求猫头鹰教造砍树的工具

猫头鹰教汉人造砍斧
猫头鹰教哈尼人造偏斧
猫头鹰教彝家人造手斧
猫头鹰教苦聪人造弯刀

各族的人们拿着工具
把大树根团团围起
人们使劲地猛砍
人们相互鼓气

汉人一斧砍进六排深
哈尼人一斧砍进三排深
彝家人一斧砍进两排深
苦聪人一刀砍进一排深

人们从清早使劲砍起
直砍到太阳落下山去
大树已砍进一半深
人们才高高兴兴地回去休息

哪料第二天来到树脚
树干又长得圆圆的
天天都是这样的结果
人们感到古怪稀奇

哈尼人有一对好兄弟
大的叫皮波小的叫皮吉
有一天他们砍累了
兄弟俩睡在树脚下过夜

睡到了深更半夜

他们被寒夜冻得醒起
只听树干和树叶在说话
兄弟俩偷偷地听得仔细

树干笑对树叶道
砍我的人真是没主意
要是在斧口上涂上鸡屎
我就无法长圆我的树体

第二天人们又来砍树
兄弟俩告诉人们这个秘密
大家照着他们的话去做
果真把大树砍倒在地

人们又重见到了太阳
大家高兴得又跳又唱
忽见一只布谷鸟飞来
歇落在一根没砍断的树藤上

布谷布谷树倒人欢
布谷布谷树翻人亡
人们听了十分气愤
一刀砍断了它歇的树藤

大树翻滚起来
发出了巨大的响声

砍树的人们全部被压死了
没有一个人得到幸存

汉人被压死时脸朝地
从他们的衣袋里长出了谷子
所以谷穗低垂着头
向它们的主子表示哀思

哈尼人被压死时脸朝天
从他们的衣袋里长出了荞子
所以荞穗昂着穗头
向世人展示哈尼人的英姿

彝家人被压死时脸朝侧处
从他们的衣袋里长出了苞谷
所以苞谷生在侧面
向它们的主子表示哀思

苦聪人被压死时抱着果树
从他们的衣袋里长出了甜野果
所以苦聪人爱用甜野果祭祖
向祖先表示虔诚的心意

人们说老人的话能做药
人们说古人的歌真情多
所以哈尼人才代代传唱
千秋万代吟唱种子歌

（十）三兄弟歌[1]

阿波[2]烧起了火塘
儿孙们团团围在火塘旁
哈尼族的老古经
一个接着一个讲

阿波讲古不用说
开口就唱老古歌
阿波越唱越有味
古经就像一条河

（1）

哀牢山的哈尼寨子
就像星星一样多
山中有个小小的寨子

---

1 原名《阿萨、阿拉和阿然》，流传于元江县咪哩乡、羊岔街乡及因远镇一带。元江县哈尼文化学会、元江县史志编纂办公室编《元江哈尼族古歌集》，玉溪：玉溪日报印刷厂，2005年，第105—136页。

2 阿波："爷爷"之意，也代表对男性长辈的尊称。

寨名就叫茨托罗[1]
寨中有三个穷兄弟
无父无母真悲苦
他们全靠乡亲来行善
他们全靠乡亲来关照

三个苦命的穷兄弟
他们成长很顺利
个个都生得英俊彪悍
个个都生得聪明伶俐

众人见了都把他们夸
众人见了都把他们议
大家都称赞三兄弟
来日一定有出息

（2）
换了羽毛的山雀
翅膀就变得硬了
能在空中上下飞
能在四处把食找

三个苦命的穷兄弟
聚在一起商量好

他们要到远方去
去把谋生的路找

树有树的影子
百鸟各有自己的音调
春天叫布谷的鸟
人们称它布谷鸟

三兄弟仿照雀鸟
互相取名互相叫
三个亲兄弟呵
个个名字取得好

大哥取名叫阿萨
二哥取名叫阿拉
三弟取名叫阿然
名字好听又好叫

三兄弟四处去帮工
每天的日子很难熬
为了能够求生存
难舍难分各一道

园中种的柿花树

---

[1] 寨名，根据读音笔者推测为今元江县咪哩乡瓦纳村委会下辖的紫驼骆村。——笔者注

秋来结的果子多
摘下一个柿花果
先把大哥事来说

阿萨出门去谋生
爬过了九座大山
走过了一片老林
遇见了一位老人

老人举动很奇怪
同鸟一道玩起来
跟着鸟儿唱起歌
学着鸟儿叽喳叫

阿萨感到很奇怪
走近老人问起来
阿波阿波真有趣
为何同鸟相嬉戏

老人转头见阿萨
样子长得老实巴巴
看来是个好心人
老人热情作回答

我是管鸟的鸟神
经常同鸟在一起生活

你独自一人到林里
有何事要我帮忙

看你一人忙不停
我想为你来帮忙
帮你一同喂鸟食
求你教我学养鸟

好心肠的管鸟神
望着阿萨笑开颜
他点头答应收阿萨
教他做个养鸟人

果园里的柿花树
到了秋天结果多
摘下一个柿花果
又把二哥事来说

阿拉出门去谋生
爬了九个大山坡
走到一间茅屋前
遇见了一位老人

老大爷红光满面
微笑着坐在茅屋前
双手不停地翻动

忙着理地上的草药

阿拉感到很奇怪
走近老人问起来
阿波你的精神好
为何在此理药草

老人转头见阿拉
样子长得老实巴巴
看来是个好心人
老人热情作回答

我是管草木的植物神
经常同花草树木在一起生存
你独自一人到这里
有何事要我帮忙

我看你一人忙不停
我想为你来帮忙
帮你一起理草药
求你把医术教给我

好心肠的植物神
望着阿拉笑开颜
他点头答应收阿拉
耐心向他把医术传

果园里的柿花树
到了秋天果实多
摘下一个柿花果
再把三弟事来说

阿然出门去谋生
过了九个大山坡
走到一棵松树下
遇见一位老大妈

大妈满头是银发
微笑着坐在松树下
双手不停地搓动着
她在忙着搓棕索

阿然感到很奇怪
走近大妈问起来
大妈你忙搓棕索
搓了要给何人用

大妈转头见阿然
样子长得老实巴巴
看来是个好心人
大妈热情作回答

我是管山的山神

家就安在大松树下
你独自一人到山上
有何事要我帮忙

看你一人忙不停
我想为你来帮忙
帮你一同搓棕索
搓索技术求你教

好心肠的好山神
望着阿然笑开颜
她点头答应收阿然
耐心教他搓棕索

(3)
冬天飞了三回雪
春天下了三回雨
三兄弟帮工三年满
他们又相聚到了一起

三兄弟同在一起商量
各人说出了自己的主意
好奇心使他们想到一起
决定去热闹的街场看稀奇

鸡街[1]的草坪街场大
他们要去参加热闹一下
半夜就忙着起床穿衣
披星戴月把路赶

他们爬过了九座大山
他们走过了九条大箐
来到了鸡街街场上
赶街的人就像蜜蜂一样

街上摆满了红线绿线
街上摆满了山林特产
街上摆满了鸡鸭篓筐
树桩拴着很多的牛马羊

阿姐们的背箩里面
装满了沉甸甸的货物
大妈们的背箩里面
土产杂货已装满

别人买到的好东西
样样看着都稀奇
只有三个穷兄弟
无钱一样买不起

---

[1] 鸡街：草坪街名，在今元江县境内。

三个可怜的穷兄弟
他们又朝前走去
又爬过了九个大坡
又走过了九条山箐

他们走到了甘岔林[1]边
又见人们把街赶
买卖的牲畜高声叫
街头街尾都站满

大爹们都把笑脸张
因为他们买到了壮牛羊
阿哥们骑在马上笑哈哈
因为他们买到了心爱的骏马

人们买到的牲畜
体又肥来膘又壮
只有三个穷兄弟
无钱购买瘦瘪瘪

可怜的三个穷兄弟
两手空空街上转
皱着眉头树下坐
你说我语来商量

还是阿萨先开口
说出了三兄弟心愿
我们兄弟衣袋瘪
身上空空没有钱

街上各种好东西
只能看了干瞪眼
要是想买点好货
我们得去算工钱

（4）
三兄弟走过了几道弯
他们来到阿比屋堵山[2]
日落前的晚霞特别美
百鸟又在林中叫声喧

三兄弟拾些干松枝
用松枝烧起了火塘
三人围着火坐在一起
静听百鸟欢声歌唱

突然一阵狂风起
大地变得阴惨惨
树林中欢唱的百鸟

---

[1] 地名，即今元江县境内的甘岔老林。
[2] 村名，在今元江县境内。

都变得惊恐万状

画眉飞出了自己的窝
乌鸦惊得哇哇叫唤
夜莺都去争站高枝
白鹇也扇起了欲飞的翅膀

深夜里百鸟乱闹
是不吉祥的预兆
阿萨三个亲兄弟
警惕着灾难的来到

只因长途行走身困倦
睡眼已难再支撑
他们躺在草地上
三兄弟都进入了梦乡

忽听轰隆一巨声
山在摇动林在响
兄弟三人猛惊起
相依烤火等天亮

东方已渐渐发白
山影已经能分辨
远处传来痛哭声
哭声多么悲伤凄凉

哭声叫人撕肝裂胆
哭声叫人心里不安

三个善良的好兄弟
急急忙忙跑去看

他们爬了一个坡
他们翻了一座山
他们走过一条箐
惨景出现在眼前

原来昨晚大地震
人住茅屋全倒塌
就在残垣断壁下
可怕尸体躺地下

阿萨三个好兄弟
忙把活人救出来
出力流汗不知累
又为伤者来包扎

阿萨三个好兄弟
见这惨景眼泪淌
他们坐在断墙边
共同来把事商量

大哥阿萨先开腔

附录

457

把地震的事说一番
昨晚林中雀鸟闹
今日惨景现眼前

雀鸟惊飞不进窝
乌鸦哇哇惊飞叫
它们知道要地震
才会如此惊飞叫

人若要是知鸟音
地震来临会知道
奔走相告传信息
地震灾难就会小

林中管鸟的鸟神
鸟语他已全知道
求他教我学鸟语
三年工钱我不要

大哥阿萨一番话
已把两个弟弟启发
二弟阿拉摸摸头
说出自己心里话

林中管草木的植物神
他有草药九百九十种

求他教我学治病
三年工钱不再要

三弟阿然听兄言
自己又把计策献
山上管山的山神
她搓的绳索奇又神

她搓绳索搓得精
一根绳索搓一年
已搓绳索九十九
根根都是缩地绳

她把缩地绳一拉
山就能够挨一起
她把缩地绳一拉
地就能够拢一起

我去诚心拜求她
求她恩赐绳一根
三年工钱我不要
就当买这缩地绳

兄弟三人商量好
一齐出发去要宝
先找到善心的鸟神

阿萨求拜十分虔诚

常言说找马先找厩
众人知摘果先到园
我在这里帮工三年
求你把鸟语教我知全

我有很多金山银山
我有很多谷米粮仓
我有的绸缎比路长
我养的牛羊满山岗

这些都是好宝物
由你挑来任你选
这些都是好宝物
由你拿来任你搬

我不要你的金银
我不要你的谷米
我不要你的绸缎
我不要你的牛羊

我求你教我识鸟语
我要用鸟语救乡亲
拜求你慈善的鸟神
耐心教我识鸟音

阿萨良心真是好
慈善的鸟神微微笑
他找来了老乌鸦
耐心来把鸟语教

阿萨天生很聪明
所教鸟语全学到
他诚心地感谢鸟神
您的恩情比天高比海深

辞别了慈善的鸟神
三兄弟又急赶路程
他们找到了植物神
阿拉求他很虔诚

常言说挑水先找桶
众人知舀水先找瓢
慈善的植物神呵
我来求你赐件宝

我想要你的不死药
拿去救受难的乡亲
拜求你植物神呵
为救人发发你的慈悲心

阿拉良心真是好

慈善的植物神微微笑
他拿出一包不死药
用药的方法耐心教

阿拉天很聪明
用药的方法记在心
他诚心感谢植物神
你的恩情比天高比海深

辞别慈善的植物神
三兄弟又急赶路程
他们找到了管山的山神
阿然求山神多么虔诚

常言说栽田找谷种
众人知种地找高粱
慈善的山神呵
我来求你赐件宝

向你要根缩地绳
我要拿去救受难的乡亲
拜求你慈善的山神呵
为救人发发你的慈悲心

阿然良心真是好
慈善的山神微微笑

拿出一根缩地绳
使用方法耐心教

阿然天生很聪明
缩地绳用法全学到
他诚心感谢好山神
你的恩情比天高比海深

三兄弟得到了救人宝
都乐得眉开眼笑
手中有了这三宝
救人不再发愁了

（5）

有了三宝的好兄弟
走起路来如云飘
他们翻山又过岭
一路走来一路笑

他们爬过的山坡
数也没法数
他们攀过的石
有九十九堵

他们走过的山箐
有九十九条

他们走过的岔道
有九十九道

他们一路话不停
他们一路脸带笑
来到了茂密的老林边
又听到鸟儿在啼叫

他们走近瞧一瞧
是群乌鸦在啼叫
哇哇叫了一阵后
全都展翅飞走了

阿拉阿然小兄弟
望着大哥阿萨笑
乌鸦说的什么话
哥哥你快来相告

哥哥走到弟面前
一本正经开口道
萨浦赤伙山[1]顶上
出了三件丧事了

有只威风的大花虎
它在林中蹦蹦跳
哪料一时身抽搐
不幸死在林中了

有只凶猛的大黑狗
它在路边汪汪叫
哪料一时身抽搐
不幸死在路边了

有只勾嘴大老鹰
它的翅膀扇断掉
空中摔到地下来
不幸摔死树脚下

他们为救虎狗鹰
两个哥哥齐声道
我们聪明的小弟弟
此时就要靠你了

阿然急忙拿出缩地绳
缩地绳有九十九排长
用时它能无限伸长
不用时它能缩成一团

---

1 村名,在今元江县境内。

阿然拿出缩地绳
使劲把它拉伸长
一头朝向前面丢
一头朝向后面甩

阿然朝前拉三拉
阿然朝后踩三踩
四周的几座大山
一齐都聚拢过来

阿萨三个亲兄弟
一齐跑到萨浦赤伙山
乌鸦哇哇说的话
句句都真没有假

阿拉拿出不死药
喂进花虎嘴一点
喂进黑狗嘴一点
喂进老鹰嘴一点

阿拉花虎头上拍三拍
阿拉黑狗头上拍三拍
阿拉老鹰头上拍三拍
最后提高嗓门一声吼

阿拉吼声响如雷

吼得大山也发抖
吼得树林哗哗响
吼得落叶满天飞

只见断气的大花虎
尾巴摇得团团转
它轻轻地翻翻身
神气地站立在三兄弟面前

只见断气的大黑狗
鼻孔里喘着粗气
突然汪汪叫起来
翻翻身站在三兄弟面前

只见断翅的大老鹰
断翅长出上下扇
突然腾空高飞起
落下站在三兄弟面前

花虎感谢大恩人
决心要跟阿萨走
黑狗感谢大恩人
亲热舔舔阿拉手

老鹰感谢大恩人
阿然面前转着飞

兄弟三人哈哈笑
他们一同朝前走

（6）

阿萨三个亲兄弟
走起路来如云飘
来到欧比鲁沙山[1]
又听乌鸦在啼叫

懂鸟语的大哥哥
急忙抢先开口道
欧比鲁沙山的寨子里
悲伤丧事出现了

寨中有三个姑娘
大姐名叫优努
二姐名叫优色
三妹名叫优培

昨天阿爹暴病死
今天阿妈又断气
三个姐妹哭爹妈
悲伤泪水如下雨

聪明阿然小弟弟
把缩地绳拿手里
他把寨子拉拢来
急忙去死者家里

阿拉拿出不死药
爹妈口中喂一点
阿爹头上拍三拍
阿妈头上拍三拍

只见死去的老阿爹
慢慢张开紧闭的口
突然翻滚爬起来
挺胸拔背精神抖

只见断气的老阿妈
两手轻轻揩眼泪
突然翻身坐起来
兴高采烈笑开口

这家三个好姐妹
一时愁脸泛春色
姐妹跪拜三兄弟
感谢恩人勤磕头

---

[1] 村名，在今元江县境内。

两位老人得复生　　　　我们生在大第谷足山[1]
谢言谢语如水流　　　　家就住在茨底寨[2]
取出银子几十两　　　　家中无父又无母
送三兄弟做药费　　　　四处流浪把工卖

善心的三个好兄弟　　　我们像天上的云彩
拒收银子摆摆手　　　　满天随意乱飘游
他们转身要出门　　　　我们像大地上的流水
被三姐妹拦门口　　　　山山洼洼到处流

优努拉着阿萨手　　　　两老听了恩人话
优色抱着阿拉腿　　　　乐得欢笑直点头
优培搂着阿然腰　　　　两老心中美心愿
求大恩人不要走　　　　直言直语说出口

善心阿萨三兄弟　　　　我们家的花园里
姐妹盛情难相违　　　　好花开出了三朵
他们停步家中坐　　　　三朵花开俏生生
姑娘阿爹话出口　　　　时时蜂蝶来缠着

清清的泉水从深山出　　蝴蝶天天绕花飞
潺潺流去归大海　　　　已经绕了九十九
你们三位大恩人　　　　蜜蜂天天绕花转
是从哪个地方来　　　　已经转了九十九

---

[1] 村名，在今元江县境内。
[2] 村名，在今元江县境内。

园中的鲜花不点头
多情蝴蝶空飞回
多意蜜蜂空飞回
三朵好花无配偶

三只远来的蜜蜂
可愿落园中的花蕊
三位救命的大恩人
可愿与我家的三女相配

阿萨三个好兄弟
心甘情愿点点头
这家三个俏姐妹
一时心中已甜透

(7)
白鹤双飞头对头
梁上燕子双双飞
新郎新娘过新岁
日子过得甜又美

阿爹勤劳管田地
五谷年年大丰收
阿妈勤快管家务
一家吃穿皆不愁

三个姐妹三朵花
精心织布把花绣
一家亲热又和睦
快乐幸福享甘美

阿萨三个好兄弟
经常四处去行医
三人行医多情趣
兄弟手足情真切

常言春风不常吹
众言好花不常开
幸福快乐天地中
晴空霹雳打下来

阿萨三个亲兄弟
优努三个亲姐妹
一同上山去做活
家中留下老两口

阿爹阿妈老两口
闲在家中不自在
他们翻出不死药
门前摆开晒一晒

太阳看见不死药

偷偷跑到凡间来
俩老晒的不死药
悄悄偷起一半来

月亮看见不死药
偷偷跑到凡间来
太阳偷剩的不死药
月亮全部偷起来

阿萨三个亲兄弟
打得猎物喜归来
优努三个亲姐妹
背着干柴回家来

阿爹看见三女婿
眼泪汩汩淌出来
阿妈看见三姑娘
抱头大声哭起来

阿爹把失药的经过
细细向女婿诉说
太阳月亮真贪心
它们偷完了不死药

阿萨三个亲兄弟
听了心中怒火烧

决心做一架长梯
齐天搭起长梯来

三兄弟请来全寨人
赶做天梯忙得很
暖春做到寒冬末
高高天梯已做成

全寨人来举天梯
天梯搭到天宫里
白云绕在天梯腰
星星见了很惊奇

太阳见了心发慌
月亮见了心着急
它们拿出不死药
全部吞进肚子里

阿萨叫来大花虎
花虎奋力梯上爬
一梯一梯爬到顶
花虎爬了九千九

阿拉叫来大黑狗
黑狗奋力梯上爬
一梯一梯爬到顶

黑狗爬了九千九

阿然叫来大老鹰
老鹰奋力梯上爬
一梯一梯爬到顶
老鹰爬了九千九

花虎黑狗和老鹰
他们爬了九天整
可是人间大地上
时间已经过九年

梯脚埋在深地下
日久慢慢已腐朽
地下的黑蚁和白蚁
一齐聚来啃木头

千万黑蚁和白蚁
围着朽木团团转
它们啃了已九年
朽木已经被啃断

天梯已开始摇晃
花虎急忙跳上天宫
黑狗急忙跳上天宫
老鹰飞回报险情

花虎找到了太阳
黑狗找到了月亮
虎狗怒气满胸膛
又吼又叫声疯狂

哗啦一声天地晃
天梯倒在大地上
好心阿萨三兄弟
望着天空大声喊

花虎听到恩人声
大口大口咬太阳
黑狗听到恩人声
大口大口咬月亮

花虎天天吃太阳
黑狗天天啃月亮

花虎黑狗白出力
它们啃缺又长圆

太阳万代不会死
月亮万代不会残,
大地上的众生灵
生生死死在更换

（尾声）

附录

每当清晨看到东方红日升　　　一代一代仇淡漠
人们就会想起花虎在咬太阳　　一代一代恨消除
太阳虽然不会死
但咬破的鲜血染红了它身　　　太阳为弥补自己的过错
　　　　　　　　　　　　　　天天把阳光投向大地
每当看到月亮残缺　　　　　　让大地上的人们有光亮
人们就会想起黑狗在咬月亮　　让大地上的万物能生长
人们敲着用具高喊
天狗吃月亮啰　　　　　　　　月亮为弥补自己的过错
　　　　　　　　　　　　　　天天把月光投向大地
人与太阳月亮的仇恨　　　　　让大地上夜晚有光亮
不知记了几千年　　　　　　　让人们在月亮下跳舞歌唱

## 五、哈尼族各支系、称谓及居住地表[1]

| 支系 | 称谓 自称 | 称谓 他称 | 主要居住地区 |
|---|---|---|---|
| 哈尼 | 哈尼 | 糯美、糯比、各和、哈乌、腊米、期弟、哈尼 | 红河县、元阳县、金平县、绿春县、元江县 |
| 豪尼 | 豪尼、白宏、和尼 | 豪尼、多塔、阿梭、布都、白宏、布孔、补角 | 墨江县、元江县、宁洱县、镇沅县、普洱市、红河县、景谷县、绿春县等 |
| 多尼 | 多尼 | 多尼 | 元阳县、金平县等 |
| 海尼 | 海尼 | 海尼 | 景谷县 |
| 和尼 | 和尼 | 罗缅 | 禄劝县、武定县等 |
| 雅尼 | 雅尼 | 觉围、觉交、僾尼、哈尼 | 西双版纳州、澜沧县等 |
| 卡多 | 卡多 | 阿里卡多、阿古卡多、多卡 | 墨江县、镇沅县、江城县、宁洱县、景东县、景谷县、普洱市等 |
| 卡别 | 卡别 | 卡别 | 墨江县、绿春县等 |
| 碧约 | 碧约 | 碧约 | 墨江县、宁洱县、镇沅县、江城县、普洱市、红河县、绿春县等 |
| 哦怒 | 哦怒 | 阿西鲁马、西摩洛 | 墨江县、宁洱县等 |
| 阿木 | 阿木 | 阿木 | 墨江县、宁洱县、镇沅县等 |

---

[1] 云南省历史研究所编《云南少数民族》，昆明：云南人民出版社，1983年，第628—629页。

## 六、部分豪尼语对应的国际音标与汉语含义

| 豪尼语 | 国际音标 | 汉语含义 |
| --- | --- | --- |
| 窝榻奥卯 | wo²¹⁴tʰa²¹⁴aʊ²¹⁴maʊ⁵⁵ | 主榻 |
| 窝榻奥枣 | wo²¹⁴tʰa²¹⁴aʊ⁵¹tsaʊ²¹⁴ | 次榻 |
| 窝里 | wo²¹⁴li⁵⁵ | 主祭台 |
| 咪索 | mi⁵¹swo⁵¹ | 次祭台 |
| 辜卯志阔 | ku⁵⁵maʊ⁵⁵tsi⁵¹kʰwo⁵¹ | 阁楼储仓 |
| 尼豪巴窝 | ni²¹⁴xaʊ²¹⁴pa⁵⁵wo⁵⁵ | 鬼洞，鬼门 |
| 尼豪 | ni²¹⁴xaʊ²¹⁴ | 鬼，亡灵 |
| 奥福碧早 | aʊ⁵¹fu²¹⁴pi⁵⁵tsaʊ²¹⁴ | 喂饭 |
| 阎洼 | jan³⁵wa⁵⁵ | 地府，地下 |
| 撒气噗 | sa²¹⁴tɕʰi⁵¹pʰu⁵⁵ | 吹气，接气 |
| 拉套撒配绍 | la²¹⁴tʰaʊ⁵⁵tʂʰr⁵¹pʰeɪ⁵⁵ʂaʊ⁵¹ | 从手上要福禄 |
| 股禄霍早 | Ku²¹⁴lu²¹⁴xoʊ⁵⁵tsaʊ²¹⁴ | 偷吃福禄 |
| 尼豪遥 | ni²¹⁴xaʊ²¹⁴jaʊ²¹⁴ | 赶鬼，指路 |
| 柘木塔 | tsɛ²¹⁴mu²¹⁴tʰa²¹⁴ | 祭献牲畜亡灵 |
| 墨持 | mo⁵¹tʂʰi²¹⁴ | 悄悄地拿出去 |
| 哈腻赞巴 | xa⁵⁵ni⁵¹tsaŋ⁵¹pa⁵⁵ | 喂过亡灵的食物 |
| 奥皮祖瑙 | aʊ²¹⁴pʰi²¹⁴tsu²¹⁴naʊ⁵⁵ | "竜树"背后 |
| 弥兮兮 | mi²¹⁴ɕi³⁵ɕi³⁵ | 将火熄灭 |
| 逝巴套 | ʂi⁵¹pa⁵⁵tʰaʊ⁵¹ | 清理死者留下的凶秽之物 |
| 中套固 | tʂʊŋ⁵⁵tʰaʊ⁵¹ku⁵¹ | 叫亡灵，请灵 |
| 窝奥绍 | wo²¹⁴aʊ²¹⁴ʂaʊ⁵¹ | 为一家人讨灵魂、讨力 |
| 奥绍 | aʊ²¹⁴ʂaʊ⁵¹ | 讨灵魂，讨力 |
| 保付氐 | paʊ²¹⁴fu⁵⁵ti²¹⁴ | 打保护，保护 |
| 朵豁豁 | two²¹⁴xwo⁵¹xwo⁵¹ | 默守家中诅咒 |
| 朱玛阿碧 | tsu⁵⁵ma⁵⁵a²¹⁴pi⁵¹ | 村寨父母神 |
| 尼豪使 | ni²¹⁴xaʊ²¹⁴ʂi²¹⁴ | 驱鬼，赶鬼 |

生死区隔：哈尼族生死观的民俗考察

（续表）

| 豪尼语 | 国际音标 | 汉语含义 |
|---|---|---|
| 逝奥绍 | ʂi⁵¹aʊ²¹⁴ʂaʊ⁵¹ | 为逝者讨灵魂、讨力 |
| 摩批 | mu²¹⁴pʰi⁵¹ | 巫师，祭司，仪式专家 |
| 铺批 | pʰu⁵⁵pʰi⁵¹ | 村落巫师，祭司 |
| 遥批 | jaʊ²¹⁴pʰi⁵¹ | 驱赶仪式专家 |
| 镲批 | tsʰa⁵⁵pʰi⁵¹ | 普通仪式专家 |
| 奥吉 | aʊ²¹⁴tɕi²¹⁴ | 巫师，占卜者，预测者 |
| 奥吉测 | aʊ²¹⁴tɕi²¹⁴tsʰɤ⁵⁵ | 找巫师占卜、预测 |
| 奥皮突 | aʊ²¹⁴pʰi²¹⁴tʰu⁵⁵ | "祭竜"节 |
| 玛舍早 | ma⁵¹ʂɤ²¹⁴tsaʊ²¹⁴ | 吃新，年节 |
| 苦努早 | kʰu²¹⁴nu²¹⁴tsaʊ²¹⁴ | 吃苦荞，火把节 |
| 嘞扑扑 | leɪ⁵⁵pʰu⁵⁵pʰu⁵⁵ | 过冬节 |
| 努靠山靠登 | nu²¹⁴kʰaʊ⁵¹ʂan⁵⁵kʰaʊ⁵¹teɪ²¹⁴ | 推开凶秽之物 |
| 摩咪 | mo²¹⁴mi⁵⁵ | 至上天神 |
| 少卯优卯 | ʂaʊ⁵¹maʊ⁵⁵joʊ⁵¹maʊ⁵⁵ | 生死命运神 |
| 塔普睦耶 | tʰa²¹⁴pʰu⁵⁵mu²¹⁴jɤ⁵¹ | 兄妹神，始祖神 |

## 七、元江县关于进一步加强和规范殡葬管理工作告知书

元江县关于进一步加强和规范殡葬管理工作告知书

为进一步加强和规范殡葬管理工作，深化殡葬改革，根据国家、省、市、县殡葬政策法规相关规定，现将殡葬管理工作有关事项告知如下：

一、从2022年7月1日起，殡仪馆不再承接遗体装木棺火化业务，提倡用环保纸质棺进行治丧。严格按照殡葬法规及政策规定，遗体必须运至县殡仪馆集中火化，骨灰必须进公墓集中安葬。

二、治丧活动严格执行丧事简办相关规定，推行庄重、文明、节俭的治丧方式。采用摆放遗像、佩戴黑纱白花、播放哀乐等方式

哀悼逝者，抵制迷信低俗治丧活动。

三、县城（城区范围内）丧事活动（丧宴）应在县殡仪馆或社区公房集中办理，不得在（生活小区）居民区、城区街道等公共场所搭建灵棚（堂）办理丧事活动。

四、本县区域内死亡人员遗体运送服务由县殡仪馆承办，任何单位和个人不得擅自承办。

五、公益性公墓（骨灰堂）安葬（安放）对象为本地所辖范围内的已故村民（包括原户籍在本地的已故村民），夫妻一方属本地农村集体经济组织成员的允许进入同一墓穴合葬。

六、全县辖区禁止加工、销售棺材等遗体土葬用品。禁止制造、加工、销售遗体墓碑石材及高度超过0.8米、宽度超过0.6米的墓碑。

七、经营性公墓可为任何死亡人员提供墓穴安葬。国家公职人员应该进经营性公墓安葬（符合进公益性公墓安葬的除外）。

八、正常死亡人员的死亡证明由医疗救治机构（含村级卫生室）出具，非正常死亡人员的死亡证明由公安部门辖区派出所出具。

元江县殡葬改革领导小组<br>2022年1月10日

# 后 记

本书的论题源自我在中山大学攻读民俗学专业博士学位期间的研究，是在我学位论文的基础上修改完成的。毕业后我很荣幸地入职云南大学，成为民族学博士后流动站一名研究员。

本书能顺利出版，得到了我博士后合作导师马翀炜教授的悉心指导与帮助。马老师是一位潜心为学、笔耕不辍的学者，在哈尼族文化研究领域颇有建树。在我博士学位论文答辩时，马老师作为答辩委员给我提了很多切实可行的修改意见。在云南大学工作与学习期间，马老师总是提醒我要勤学善思，多向前辈学者请教。马老师严谨治学的态度感染着我，在他谆谆教诲与耳提面命的鞭策下，我的研究工作才得以持续推进。

本书出版得到云南大学民族学一流学科建设经费资助。感谢云南大学民族学与社会学学院将拙著列入出版计划，为我省却了联系出版社、寻求出版资助的诸多困扰，也感谢学院学术委员会的诸位老师对拙著的认可。云南大学的民族学专业有深厚的学术传统，也是国家级重点学科，在学科评估中多次获得A+，学院各位老师对待学术的热情在潜移默化中影响着我，也给予了我在学习研究方面不少帮助，让我在学术上的思考得到不断完善。

此外，我还要感谢学苑出版社的编辑战葆红老师。她对拙著的审阅十分细致，纠正了我在句读、措辞、数据等方面的诸多错误，并在内容上为我提出了专业的修改建议。她的不辞辛劳，才让拙著得以付梓出版。诚如美国学者罗依·拉帕波特所言："著作有时候不是因为其成就，而正因为其错误、局限以及它所激发的引人深思的争论才更有价值"[1]，也感谢学苑出版社让我有幸将当下未必成熟的研究成果放在公共话语空间中讨论，让我得到更多受教益的机会。

谈到博士论文，不由想起我在康乐园的求学时光。第一次去穗城，便被那座城市自由、开放又多元的文化氛围所吸引。白云山高，珠江水长，生长于西南少数民族地区的我，很荣幸能在孙中山先生亲手创立的美丽校园里度过最后的求学时光，也十分感谢这一路遇到的良师益友。

我要感谢我的博士生导师刘晓春教授。还未进入康乐园学习时，刘老师便语重心长地提醒我要多阅读，打牢学术研究的基础。在刘老师的课堂上，他常引导我们一同思考，鼓励我们多发言，并教给我们专注学术的态度与方法。刘老师督促我认真做学问，每当在学习上遇到问题，他总能一针见血地给陷入学习困境的我指出可行的新思路。博士论文从选题到写作的过程中，刘老师曾多次与我讨论，及时指出并纠正存在的问题，给予我很多帮助。毕业时，得知我希望进入云南大学跟随马翀炜老师继续学习，刘老师还热心地为我推荐。

我还要感谢中大中文系与非遗中心的其他老师。黄天骥老师和蔼可亲，他鼓励我们打破学科界限多与其他专业的同学交流学习；王霄冰老师学贯中西，她总是用柔声细语带领我们一同享受学术研究的乐趣；蒋明智老师思维活跃，他常以轻松有趣的发言带给我们在学术上的新启发；黎国韬老师饱读诗书，他鼓励我们多查阅文献，带我们探索田野之外的学术问题……

特别值得感谢的是我的硕导王加华教授。早在山东大学攻读硕士研究生学位期间，王老师便很关心我的学习与生活，时常请同师

---

[1]［美］罗伊·A.拉帕波特：《献给祖先的猪——新几内亚人生态中的仪式》（第2版），北京：商务印书馆，2016年，第9页。

门的我们吃美餐，为我们报销购买书籍的费用、参加学术会议的差旅费。当得知我希望报考刘晓春老师门下时，王老师还积极地为我引荐。在中大攻读博士研究生学位期间，王老师亦时常提醒我多阅读、思考与写作。只要我求教于王老师，他总会在百忙之中不辞辛劳地为我指点迷津，给予我很多启发。

我还要感谢我田野点的老乡们，尤其是筹办丧葬礼仪的丧家及其亲属，是他们的理解与包容，才让我顺利完成了相关的调查工作。感谢李况守、李志昌、王成旺、陈那才、李况娘、李发贵、李永清、李福旺、李志文、李祥娘、李二手、李况得、王正学、李白新、李福倡、李黑香、李增保、李家合、李柴况、李王忠、李永生、李黑娘、李忠二、李志祥、李万保、张学英、王李明、李扎二、石二诺、李世荣、石孙珍、李阳平、李新、王孙发、李新诺、李富花、李发文、石天孙、金富刚、李健鹏、李瑞东、李况文等。由衷地感谢我的姨妈李况守，早在我做硕士论文的田野调查时，她就曾在生活与田野中给我很多照顾，这种照顾也延续到了我博士论文的田野调查中。我称她为村落民俗中的"真人图书馆"，她是一位非常优秀的访谈对象，总能随时随地讨论那些你想知道的事，也能把任何一个小问题进行深入拓展。此外，还要感谢为我在田野点提供住宿与帮助的李元康、李海山、王红东；为我介绍村落概况并提供资料的李建忠、李安平；带我去其他村落调查的李文忠、李况平、李有伟等。纸短情长，感谢在田野中遇到的每一个人，也感谢他们为我讲的每一个故事。

博士求学生涯艰苦而漫长，也感谢一路相伴的好友与同窗。王琴师姐是个热心肠的人，在学术与生活上时常能带给我积极的力量；乔英斐师姐在我备考时，便友善地指导我，求学期间我们也经常一起锻炼、谈心，相互提醒与鼓励；同门蔡青是个漂亮的北方女孩，对学术研究有敏锐的洞察力，文笔又十分流畅，是我学习的榜样。

硕士时的同门孔文丽、本科时的好友柯静、高中时的学伴杨晓兰等，都曾在我陷入研究的低谷时陪我聊天，带给我温暖的慰藉。

最后，还要感谢一直陪伴在我身边的敬敏博士。当我考上山东大学的硕士研究生后，便鼓励他辞去从事九年的中学教职同我一起去泉城求学，我感谢他为这份感情作出的努力，让我们一起在泉城度过了美好的三年。当我们一同考入中山大学后，虽然彼此所学的专业不同，但我们依旧坚持以不同的学科视角，或为对方的论文出主意，或帮忙修改遣词造句。在他先拿到博士学位后，也总是鼓励我、支持我、包容我，给了我很多坚持下去的动力。

拙著出版，诚惶诚恐。虽因自身才疏学浅还存有不少失漏之处，但也算是我阶段性思考的一个呈现，望能得到各位读者的批评指正。

石 鸿

2024年 东陆园